高等职业教育交流传动电力机车规划教材

GAODENG ZHIYE JIAOYU JIAOLIU CHUANDONG DIANLI JICHE GUIHUA JIAOCAI

交流电力机车制动系统

JIAOLIU DIANLI JICHE ZHIDONG XITONG

李益民 马金法 黄志高 ◎ 主编

西南交通大学出版社

·成 都·

内 容 简 介

本书是铁路高职高专规划教材。全书共分八个项目，主要介绍了 HXD_1、HXD_2 和 HXD_3 型交流电力机车风源系统、DK-2 型制动系统、CCB-Ⅱ型制动系统、法维莱 Eurotrol 制动系统、基础制动装置、停放制动装置、制动系统试验及常见故障判断与处理等知识。

本书为高职高专铁道机车专业教材，也可供中等职业学校及其他专业学校（院）电力机车或相近专业学生、电力机车检修工厂和机务段检修人员参考。

图书在版编目（CIP）数据

交流电力机车制动系统 / 李益民，马金法，黄志高主编. —成都：西南交通大学出版社，2014.8（2017.1 重印）
高等职业教育交流传动电力机车规划教材
ISBN 978-7-5643-3365-2

Ⅰ. ①交… Ⅱ. ①李… ②马… ③黄… Ⅲ. ①交流电力机车－车辆制动－高等职业教育－教材 Ⅳ. ①U264.2

中国版本图书馆 CIP 数据核字（2014）第 198314 号

高等职业教育交流传动电力机车规划教材
交流电力机车制动系统
李益民　马金法　黄志高　主编
*
责任编辑　金雪岩
封面设计　何东琳设计工作室
西南交通大学出版社出版发行
四川省成都市二环路北一段 111 号西南交通大学创新大厦 21 楼
邮政编码：610031　　发行部电话：028-87600564
http: //www.xnjdcbs.com
成都蓉军广告印务有限责任公司印刷
*
成品尺寸：185 mm × 260 mm　　印张：19
字数：473 千字
2014 年 8 月第 1 版　　2017 年 1 月第 2 次印刷
ISBN 978-7-5643-3365-2
定价：39.50 元

前 言

本书是普通高等教育铁路系统规划教材。本书系统地介绍了 HXD_1、HXD_2 和 HXD_3 型交流电力机车风源系统、DK-2 型制动系统、CCB-Ⅱ型制动系统、法维莱 Eurotrol 制动系统、基础制动装置、停放制动装置、制动系统试验及常见故障判断与处理等知识。

教材的教学目标是培养具有扎实理论知识，具有较强分析、解决问题能力和操作技能的交流电力机车制动系统应用型人才。全书共计七个项目，其内容有：机车制动系统概述、交流电力机车风源系统、DK-2 型制动系统、CCB-Ⅱ型制动系统、法维莱 Eurotrol 制动系统、基础制动装置与停放制动装置、制动系统试验及常见故障判断与处理。

在编写过程中，我们查阅了大量的参考资料，多次到铁路机车运用和检修现场调研，多次进行专题交流与研讨。在内容的编排上，注意实用性，理论与实践相结合，突出分析、解决问题和实作能力的培养；在内容的组织上，注意逻辑性、系统性和层次分明；在文字表述上，注意准确、精炼、通俗易懂。本教材采用项目任务制编写方法，每个任务都有知识要点，便于指导学生掌握学习重点；每个任务附有实践与训练，供学生巩固所学的知识和技能。

本书由西安铁路职业技术学院李益民教授、郑州铁路职业技术学院马金法副教授和武汉铁路职业技术学院黄志高讲师任主编，山东职业技术学院吴风丽副教授任副主编，西安铁路局机务处工程师范秀忠和高级工程师朱立海任主审。全书由西安铁路职业技术学院李益民教授负责统稿完成，参加编写的还有西安铁路局安康机务段党逸工程师、黑龙江交通职业技术学院潘京涛副教授、武汉铁路职业技术学院王慧霞讲师、南京铁道职业技术学院施璐助教、西安铁路职业技术学院张省伟讲师。教材编写具体分工如下：李益民编写项目一（任务一至六）、项目二（任务三、四）、项目三、项目七（任务一）；马金法编写项目五、项目七（任务二、五）；黄志高编写项目六和附录一；吴风丽编写项目二（任务一、二）；党逸编写项目七（任务三、四）；潘京涛编写项目四（任务一至四）；施璐编写项目四（任务五、六）；张省伟编写项目一（任务七）和附录二。

在编写过程中，得到了全国机车专业高职高专教学指导委员会的大力支持，还得到了西安铁路局安康机务段党逸工程师、西安机务段屈忠印工程师等个人的大力帮助，在此一并致谢。

由于编者水平有限，教材中难免有缺陷和不足之处，恳请广大读者批评指正。

编 者

二〇一四年四月

目　录

项目一

制动系统概述

任务一　制动系统的重要意义

【知识要点】

1. 熟知制动、缓解的含义；
2. 熟知制动作用的种类；
3. 熟知制动能力的含义；
4. 熟知制动系统在列车运行中的重要意义。

【任务实施】

人为地使运动物体减速或阻止其加速称为制动。为了使运行中的列车能迅速地减速或停车，必须对它实施制动；为了防止列车在下坡道时由于列车的重力作用导致列车速度增加，也需要对它实施制动；即使列车已经停车，为避免停放的列车因重力作用或风力吹动而溜车，还需要对它实施制动（又称为停放制动）。反之，对已经实施了制动的列车，解除或减弱其制动作用，这种做法称为缓解。

一、概　述

为了能实施制动或缓解制动，需要在列车上安装由一整套零部件组成的一个完整的制动装置，该装置总称为“列车制动装置”。在铁路上，它可以分为动力集中型列车制动装置和动力分散型列车制动装置。对于动力分散型列车而言，列车制动装置分为动车制动装置和拖车制动装置；对于动力集中型列车而言，列车制动装置分为机车制动装置和车辆（客车、货车）制动装置。无论机车、客车、货车还是动车、拖车，各种车都有它自已的制动装置，起着制动和缓解的作用。只有机车不同，机车还具有操纵全列车制动系统的功能。动车组列车和城市轨道车辆也有操纵全列车制动系统的设备，该设备一般安装在列车两端带有司机室的头车上，头车既可以是拖车也可以是动车。

由制动装置产生的、与列车运行方向相反的外力，称为“制动力”。这是人为的阻力，它比列车在运行中由于各种自然原因产生的阻力要大得多。因此，尽管在列车制动减速的过程中，列车运行阻力（自然阻力）也在起作用，但起主要作用的还是列车制动力（人为阻力）。

一套列车制动装置至少包括两个部分，即制动控制部分和制动执行部分。制动控制部分由制动信号发生与传输装置以及制动控制装置组成；制动执行部分通常称为基础制动装置，包括闸瓦制动与盘形制动等不同方式。

过去由于列车上安装的制动装置比较简单、直观，而且用压缩空气传递制动信号，因此我们称其为一套列车制动装置。但是随着轨道交通技术的发展，制动装置中越来越多地采用了电气信号和电气驱动设备。微机和电子设备的出现使制动装置变得无触点化和集成化，并且使制动控制功能融入了其他电路而不能独立划分。因此，我们只能按现代方法将具有制动功能的电子线路、电气线路和气动控制部分归结为一个系统，统称为列车制动系统。

有效的制动装置，又称制动系统（简称制动机），是铁道机车车辆的重要组成部分。随着社会的发展和科学技术的进步，制动机由原始的手制动机、直通式空气制动机，发展到近代性能较完善的自动空气制动机、电空制动机等。与此同时，伴随着铁道牵引动力的革命，制动技术也得到飞跃发展，再生制动、电阻制动、加馈电阻制动和液力制动以其较强大制动功率、极好的高速性能以及很高的经济性得到较为广泛的应用。

二、制动作用的种类

1. 动力分散型列车

动力分散型列车包含动车组和城市轨道交通车辆，其制动在操纵上按用途可分为五种，即常用制动、紧急制动、快速制动、停放制动和保持制动。

常用制动是指在正常情况下为调节或控制列车速度，包括进站停车所实施的制动。它的特点是：作用比较缓和，制动力可以调节，通常只用列车制动能力的 20%~80%，多数情况下只用 50% 左右。

紧急制动是一种“非常制动”，是在紧急情况下为使列车尽可能快地停车而实施的一种制动。它的特点是：作用比较迅猛，而且要把列车全部制动能力都用上，且只有空气制动作用。

快速制动，也称非常制动，其产生的平均减速度基本上与紧急制动的相当（其他功能与常用制动功能基本相同），但是紧急制动在行车过程中是不可自动缓解的，必须停车后人工缓解，而快速制动在行车过程中是可以缓解的。快速制动一般为电空联合制动，也可以是纯空气制动作用。

停放制动，也称驻车制动，其采用弹簧制动、充气缓解的方式，能使列车停放在一定坡度的线路上不溜车，实现长时间停车。停放制动具有手动缓解的功能，以备在无总风情况下缓解停放制动。停放制动也可采取将铁鞋放入车轮踏面下面阻止列车运动的形式。

保持制动的主要作用是防止列车短时间停在坡道上时发生溜车。保持制动在常用制动模式下且列车速度低于 1 km/h 时触发，是常用制动的一种辅助功能。保持制动的制动力大小要保证列车停在最大坡度线路上时不会发生溜车。保持制动在列车牵引力大于保持制动力时缓解。

从司机实施制动（将司机控制手柄推至制动位）的瞬间起，到列车速度降为零的瞬间止，列车在这段时间内所驶过的距离，称为列车“制动距离”。这是综合反映列车制动装置性能和实际制动效果的主要技术指标。有的国家不用制动距离而用（平均）减速度作为其主要技术指标，其实两者的实质是一样的，只是制动距离较为具体，而减速度较为抽象而已。

列车要启动和以一定速度运行，必须对其施加牵引。同样，为了使运行的列车能够迅速地减速、停车，必须对其施加制动。牵引和制动是确保列车安全运行所必需的功能，二者缺一不可。仅有牵引而没有制动的列车是不完善的，甚至是危险的。试想一下，如果一列车突然失去制动，紧急情况下无法停车时，乘客的生命财产安全将受到严重威胁，这是何等地危险。因此，从某种意义上来说，制动是一个比牵引更为重要的问题。

2. 动力集中型列车

前已述及对于动力集中型列车而言，列车制动装置分为机车制动装置和车辆（客车、货车）制动装置。目前，在我国电力机车上使用的机车制动装置包括 DK-1 型电空制动机、DK-2 型电空制动机和 CCB - II 型制动机（微机控制制动系统）。对于 DK-1 型电空制动机和 DK-2 型电空制动机而言，机车制动装置（或系统）的功能按用途可分为四种，即自动制动、单独制动、备用空气制动和停放制动。对于 CCB - II 型制动机而言，机车制动装置的功能按用途可分为五种，即自动制动、单独制动、紧急制动、备用空气制动和停放制动。下面以 CCB - II 型制动机为例进行简要说明。

CCB - II 型制动机自动制动功能靠自动制动阀（大闸）手柄在不同位置实现，自动制动阀（大闸）手柄在不同位置决定列车制动管不同的减压量。

单独制动功能靠单独制动阀（小闸）手柄在不同位置实现，单独制动阀（小闸）手柄在不同位置决定机车制动缸的压力。单独制动阀手柄还具有快速缓解功能。

紧急制动作用可以通过自动制动阀（大闸）手柄置紧急制动位实现，也可通过按压紧急制动按钮实现，同时列车断钩及惩罚制动（非司机主动操作引起的机车制动，如监控发出的制动命令及故障引起的制动等）也可引起紧急制动作用。

备用空气制动功能是靠备用空气制动阀（备用的制动阀）手柄置于制动位来实现，备用空气制动阀手柄在制动位停留时间的长短决定了列车制动管不同的减压量。备用空气制动的制动作用仅在电控制动失效后启用。在正常状态下，备用空气制动阀手柄被拆除并存放在指定的地方。

停放制动的功能是防止机车意外溜放。停放制动通过弹簧蓄能制动来实现。

三、制动能力

在设计过程中，列车的最高运行速度和牵引功率需要得到充分考虑和计算，而制动能力更是需要认真计算和校核。列车的最高运行速度与牵引功率有关，但它更受到制动能力的限制。

列车的制动能力是指该列车的制动系统能使其在规定的安全范围内或规定的安全制动距离内可靠地把车停下来的能力。一般来说，城市轨道交通系统都有明确的车辆运行规程，特别对列车制动能力有严格的要求和规定。例如，要求列车在紧急情况下的制动距离（紧急制动距离）不得超过某一规定值。

从能量转换的角度看，制动的实质就是将列车的动能从列车转移出去。制动系统单位时间内转移动能的能力就是制动功率。在一定的制动距离条件下，列车的制动功率是其速度的三次函数。

四、制动系统在列车运行中的重要意义

日常生活中，任何运输工具都离不开制动系统。小到自行车，大到航天飞机，制动系统都起着保证运输安全的重要作用。对于铁路运输来讲，列车的运行过程包括牵引、惰行和制动三个基本工况，而制动工况的顺利实施关键在于制动系统能有效、可靠地工作。

所谓制动是指能够人为地产生列车减速力并控制这个力的大小，从而控制列车减速或阻止它加速运行的过程。制动过程必须具备两个基本条件：

（1）实现能量转换；

（2）控制能量转换。

制动力是指制动过程中所形成的可以人为控制的列车减速力。而制动系统是指能够产生可控制的列车减速力，以实现和控制能量转换的装置或系统。制动系统由制动机、手制动机和基础制动装置三大部分组成。其控制关系（即工作流程）如图 1-1 所示：

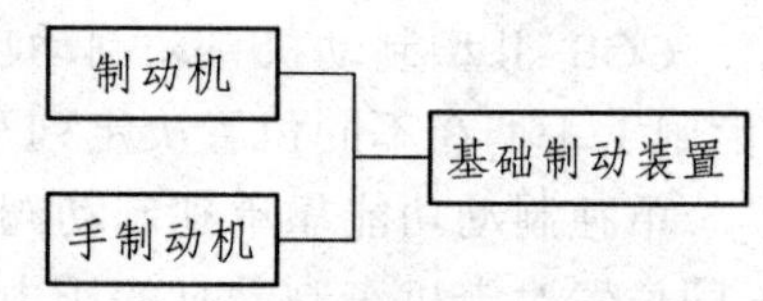

图 1-1 制动系统控制关系

无论是机车还是车辆，都具有各自的制动系统，即各自的制动机、手制动机和基础制动装置。当机车、车辆编组成列车后，其各自的制动系统相互联系而构成一个统一的制动系统——列车制动系统。因此，制动系统则有了机车制动系统、车辆制动系统和列车制动系统之分。由于制动系统的设置目的是使列车能够按照人的意志减速或准确停车，所以，制动系统性能的好坏，不仅影响着列车制动效果，而且影响着铁路运输生产。衡量制动系统性能的优劣，主要是衡量制动机性能的好坏，性能良好的制动机对铁路运输有以下几方面的促进作用：

（1）保证行车安全；

（2）充分发挥牵引力，增大列车牵引重量，提高列车运行速度；

（3）提高列车的区间通过能力。

【实践与训练】

学习工作单

工作单	制动系统的重要意义		
任　　务	熟知制动、缓解的含义；熟知制动作用的种类；熟知制动能力的含义；熟知制动系统在列车运行中的重要意义。		
班　　级		姓　　名	
学习小组		工作时间	

续上表

【知识认知】
1. 简述制动和缓解的定义； 2. 简述列车制动装置组成； 3. 简述动力分散型列车和动力集中型列车制动作用的种类； 4. 简述制动系统在列车运行中的重要意义。
【能力训练】
1. 试以动力分散型列车和动力集中型列车为例，分析其制动作用的种类。
2. 试分析列车制动系统在列车运行中的重要意义。
任务学习其他说明或建议：
指导老师评语：
任务完成人签字：　　　　日期：　年　月　日
指导老师签字：　　　　日期：　年　月　日

任务二　制动机的发展简史

【知识要点】

1. 熟知制动机的发展历史；
2. 熟知我国电力机车上广泛使用的制动机类型及特点。

【任务实施】

1825 年 9 月 27 日，在英国的斯托克顿至达灵顿之间建成了世界上第一条铁路，于是世界上第一列由蒸汽机车牵引的列车开始运营。当时所使用的制动机是人力制动机，即手制动机。当运行中需要制动时，由设置在列车上的若干名制动员根据司机所给信号操纵每一节车上的手制动机来完成制动。可见，人力制动不仅使工作在较恶劣环境中的制动员的劳动强度增大，更主要的是大大降低了列车中各车辆制动的同步性，从而造成严重的制动冲击，影响列车制动效果。

1869 年，美国工程师乔治·韦斯汀豪斯发明了世界上第一台空气制动机——直通式空气制动机。直通式空气制动机属于气动装置，由司机单独操纵。与人力制动机相比，直通空气制动机大大提高了列车制动的同步性，减小了制动冲击，改善了列车的制动效果。但是，由于直通式空气制动机自身的工作机理，使其在运用过程中存在着致命的弱点——当列车分离时，列车将失去制动作用。

1872 年，乔治·韦斯汀豪斯在直通式空气制动机的基础上，研制出了一种新型的空气制动机——自动式空气制动机。自动式空气制动机克服了直通式空气制动机的致命弱点，从而在铁路运输中得到了广泛的应用，甚至直到科技高度发展的今天，世界各国铁路列车所使用的空气制动机的工作原理均源于自动式空气制动机。

20 世纪 60 年代，随着科学技术的发展，电空制动技术在铁路运输中广为应用，产生了电空制动机，从而改善了制动机的工作性能，为铁路运输提供了更为可靠的安全措施。

目前，在我国电力机车上使用的电空制动机有 DK-1 型电空制动机、DK-2 型电空制动机、CCB-II 型电空制动机（微机控制制动系统）和法维莱 Eurotrol 电空制动机。

DK-1 型电空制动机广泛应用于国产 SS 系列电力机车上，其工作过程为自动式空气制动机的基本作用原理，即"制动管充风→制动机缓解，制动管排风→制动机制动"。DK-1 型电空制动机性能稳定、工作可靠，而且可以方便地与列车安全运行监控记录装置的自动停车功能及机车动力制动系统等配合，为列车的自动控制创造了条件。DK-1 型电空制动机在操纵上具有准、快、轻、静等特点；其结构简单，便于维修，采用非自动保压式原理，具有多重安全措施。

DK-2 型机车电空制动机（部分应用于 HXD_1 型大功率电力机车上）采用微机模拟控制技术，能实现列车自动制动与机车单独制动、空气制动与电制动的混合（空电联合制动）、断钩保护、列车充风流量检测、无动力回送、制动重联、列车速度监控配合等制动基本功能。具备单机自检、故障诊断、数据记录与存储等智能化、信息化功能，具备 MVB、CAN 等网络通信接口，适应现代机车制动系统信息化以及网络控制的发展要求。DK-2 型机车电空制动系统由中国南车集团株洲电力机车公司自主研制，自 2012 年 5 月开始，先后通过了原铁道部组织的专家评审、例行试验以及高温、低温和振动冲击等型式试验，其控制软件安全认证也被列为重点科研项目在同步推进。2012 年 7 月 26 日 DK-2 型机车电空制动系统控制软件顺利通过国家工业与信息化部电子第五研究所（中国赛宝实验室）软件测评中心测评，获得功能安全认证标准符合性测评证书，获得软件安全认证，为 DK-2 型机车电空制动系统批量装车提供了第三方安全认证基础资质，同时也为中国自主机车制动产业进一步发展打下了基础。DK-2 型制动系统现已批量装车应用。

HXD_1、HXD_3 型大功率电力机车采用了先进的 CCB-II 型微机控制制动系统。该制动系统是基于网络的电空制动系统，它是按照美国铁路协会（AAR）标准，以 26-L 型制动机为基础设计的电空制动控制系统。该系统可以在干线客运和货运机车上使用，可以与我国现有的机车车辆制动系统进行匹配使用。CCB-II 型电空制动机是基于微处理器和 LON 网络的电空制动控制系统，除了紧急制动作用由机械阀触发外，其他所有逻辑控制指令均由微处理器发出。CCB-II 型电空制动机具有控制精度高、反应迅速、安全性较高、部件集成化程度高、可进行部件的线路更换、维护简单、有自我诊断、故障显示及处理方法提示功能等特点。

HXD_2 型机车制动系统是在 SAB WABCO 微机控制电空制动机基础上为满足中国铁路的运营要求开发出来的，是符合 UIC 标准的新一代机车制动系统。该系统在正常工况时，通过微机控制列车制动管和机车制动缸压力，实现列车的制动控制；在出现严重故障时，将机车制动系统转换到备用制动系统进行列车制动控制。Eurotrol 是制动机系统中的一个关键部件，也是 HXD_2 型机车制动系统有别于其他机车制动系统的标志性部件，因此，通常情况下，HXD_2 型机车制动系统也被称作 Eurotrol 制动系统。由于该系统为法维莱公司技术，所以将 HXD_2 型机车采用的制动机称为法维莱 Eurotrol 制动机。

【实践与训练】

学习工作单

工作单	制动机的发展简史		
任　　务	了解制动机的发展历史；了解我国电力机车上广泛使用的制动机类型及特点。		
班　　级		姓　　名	
学习小组		工作时间	
【知识认知】			
1. 简述手制动机、直通式空气制动机、自动式空气制动机、电空制动机的特点； 2. 简述我国电力机车上广泛使用的电空制动机类型。			
【能力训练】			
1. 分析制动机的发展历史，总结各发展阶段制动机的特点。			
2. 分析我国电力机车上广泛使用的各型电空制动机的特点和工作原理。			
任务学习其他说明或建议：			
指导老师评语：			
任务完成人签字：　　日期：　年　月　日			
指导老师签字：　　日期：　年　月　日			

任务三 制动方式的分类和制动机的分类

【知识要点】

1. 熟知制动方式按列车动能转移方式的分类方法；
2. 熟知制动方式按制动力形成方式的分类方法；
3. 熟知制动方式按制动源动力的分类方法；
4. 熟知制动机按其用途的分类方法；
5. 熟知制动机按操纵方法和动力来源的分类方法。

【任务实施】

要改变运动物体的运动状态，必须对它施加外力。人为地使列车减速或阻止其加速的外力称为制动力。列车的制动力包括所有起制动作用的车辆制动力，它的大小主要由闸瓦压力、闸瓦摩擦系数、速度等确定。

一、制动方式的分类

制动方式可按制动时列车动能转移方式、制动力获取方式或制动源动力的不同进行分类。

（一）按列车动能转移方式分类

列车动能的转移方式可以分为两类：一是摩擦制动方式，即动能通过摩擦副的摩擦转变为热能，然后消散于大气；二是动力制动方式，即把动能通过发电机转化为电能，然后将电能从列车上转移出去。

常用的动力制动方式有再生制动和电阻制动。在制动过程中，再生制动、电阻制动和空气制动分别为第一优先级、第二优先级和第三优先级制动。

1. 摩擦制动

摩擦制动是指列车的动能通过摩擦转变为热能。常用的摩擦制动方式主要有闸瓦制动和盘形制动，在高速列车的制动系统中还有轨道电磁制动等方式。

（1）闸瓦制动。闸瓦制动又称踏面制动，是最常用的一种制动方式。在制动时，制动控制装置根据制动指令使制动缸内产生相应的压缩空气压力，该压力通过制动缸使制动缸活塞杆产生推力，经基础制动装置中的一系列杆件的传递、分配，使每块闸瓦都贴靠在车轮踏面上，并产生闸瓦压力。车轮与闸瓦之间相对滑动，产生摩擦力，最后在轮轨之间引起制动力。缓解时，制动控制装置将制动缸压力空气排向大气，制动缸活塞在制动缸缓解弹簧的作用下退回，通过各杆件带动闸瓦离开车轮踏面，如图 1-2 所示。

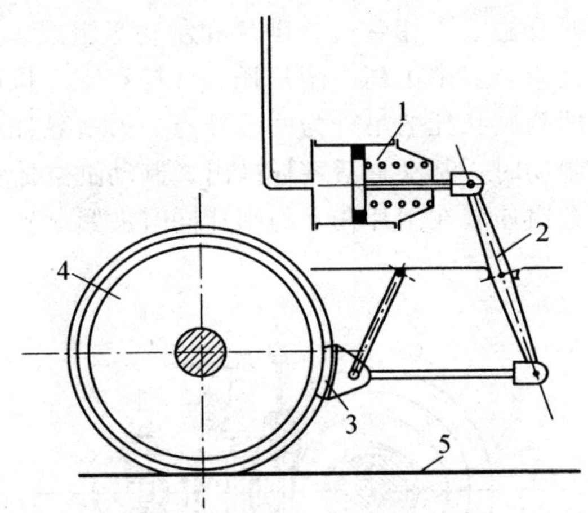

图 1-2　闸瓦制动示意图

1—制动缸；2—基础制动装置；3—闸瓦；4—车轮；5—钢轨

在闸瓦与车轮这一对摩擦副中，车轮由于主要承担着车辆走行功能，因此其材料不能随意改变。要改善闸瓦制动的性能，只能通过改变闸瓦材料的方法。早期的闸瓦材料主要是铸铁。为了改善摩擦性能和增加耐磨性，目前大多采用合成闸瓦，但合成闸瓦的导热性差，因此导热性能良好、且具有较好的摩擦性能和耐磨性的粉末冶金闸瓦得到越来越多的应用。

在闸瓦制动方式中，动能转化为热能的能力大，但热能消散于大气的能力相对较小。当要求的制动功率较大时，有可能热能来不及散于大气，而在闸瓦与车轮踏面积聚，使它们的温度升高，严重时甚至会导致闸瓦熔化（铸铁闸瓦）或车轮踏面产生裂纹等。因此，在采用闸瓦制动时，对制动功率要有所限制。

（2）盘形制动。盘形制动可分为轴盘式和轮盘式制动，如图 1-3 所示。非动力转向架一般采用轴盘式制动；动力转向架也是优先采用轴盘式制动，但如果动力转向架同一轮对两车轮之间由于安装牵引电动机等设备使制动盘的安装发生困难时，可采用轮盘式制动。制动时，制动缸通过制动夹钳使阀片夹紧制动盘，在阀片与制动盘间产生摩擦，把列车的动能转变为热能，热能通过制动盘与阀片消散于大气。盘形制动采用高性能摩擦副材料和良好的散热结构，可以获得比闸瓦制动大得多的制动功率。

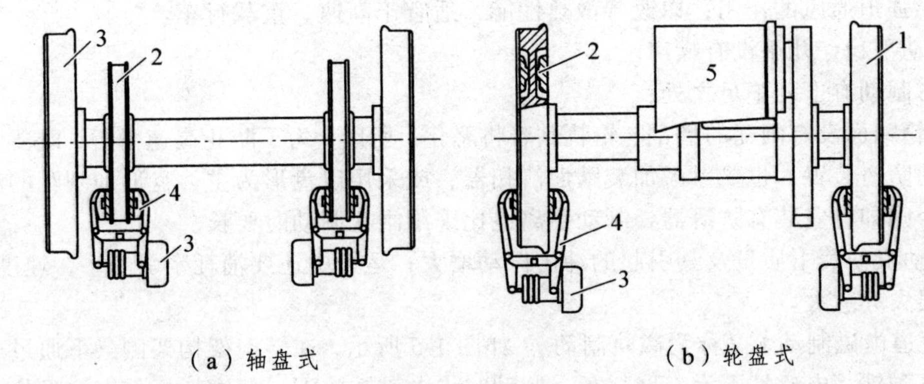

图 1-3　盘形制动

盘形制动装置由单元制动缸、夹钳装置、闸片和制动盘组成，如图 1-4 所示。其中，单元制动缸中包含闸调器，夹钳装置由吊杆、闸片托、杠杆和支点拉板组成。夹钳的悬挂方式为制动缸浮动三点悬挂，即两闸片托的吊杆为两悬挂点，另一悬挂点是支点拉板。

盘形基础制动装置在制动时，制动缸活塞杆推出，制动缸缸体和活塞带动两根杠杆，通过杠杆和支点拉板组成的夹钳使装在闸片托上的闸片同时夹紧制动盘的两个摩擦面，产生制动作用。

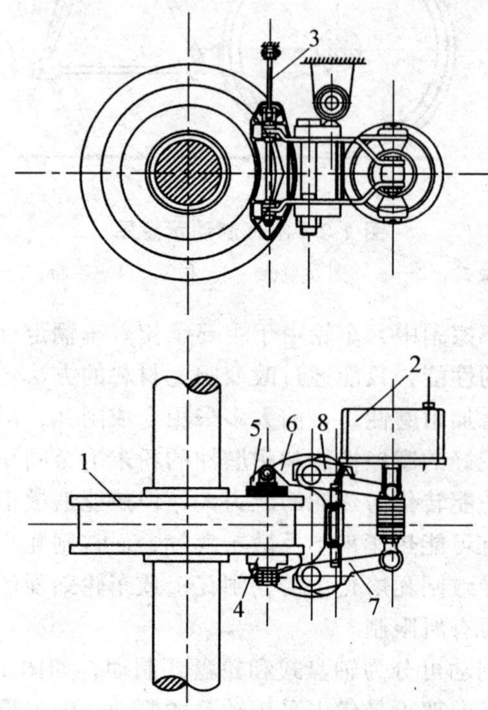

图 1-4 盘形制动结构

1—轮对；2—单元制动缸；3—吊杆；4—制动夹钳；5—闸片托；6、7—杠杆；8—支点拉板

与闸瓦制动相比，盘形制动有下列优点：

① 可以大大减轻车轮踏面的热负荷和机械磨耗。

② 可按制动要求选择最佳“摩擦副”，盘形制动的制动盘可以设计成带有散热筋，旋转时它具有半强迫通风的作用，以改善散热性能，适宜于高速、重载行车。

③ 制动平稳，几乎没有噪声。

但盘形制动有下列不足之处：

① 车轮踏面没有闸瓦的磨刮，轮轨黏着将恶化。所以，为了防止高速滑行，既要考虑采用高质量的防滑装置，也要考虑加装踏面清扫器，或采用以盘形为主、盘形加闸瓦的混合制动方式，否则即使安装有防滑器，制动距离也比采用闸瓦制动时要长。

② 制动盘使簧下质量及其引起的冲击振动增大；运行中还要消耗牵引功率，速度愈高，此种功率损失亦愈大。

（3）轨道电磁制动（又称为磁轨制动）。如图 1-5 所示，在转向架构架侧梁下通过升降风缸安装有电磁铁，电磁铁下设有磨耗板。制动时将电磁铁放下，使磨耗板与钢轨吸住，列车的动能通过磨耗板与钢轨摩擦转化为热能，然后经钢轨和磨耗板最终消散于大气。轨道电磁制动能得到较大的制动力，因此常被高速列车用作紧急制动时的一种补充制动手段。

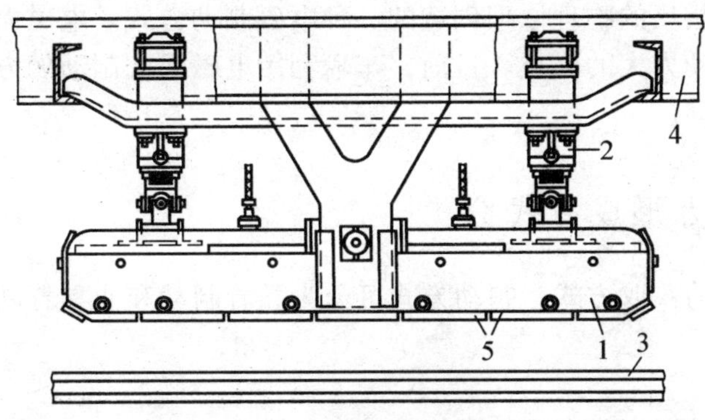

图 1-5　轨道电磁制动

1—电磁铁；2—升降风缸；3—钢轨；4—转向架构架侧梁；5—磨耗板

2. 动力制动

动力制动在制动时，将牵引电机由电动机变为发电机，使列车动能转化为电能。对这些电能的不同处理方式形成了不同形式的动力制动。列车上常用的动力制动形式主要有电阻制动、加馈电阻制动、再生制动和电磁涡流制动。

（1）电阻制动。将发电机发出的电能加于电阻器中，使电阻器发热，即电能转变为热能。电阻器上的热能靠风扇强迫通风而消散于大气中。电阻制动一般能提供较稳定的制动力，但车辆底架下需要安装体积较大的电阻箱。

（2）加馈电阻制动。加馈电阻制动又称为“补足”电阻制动。在常规电阻制动中，电机的电枢电流随着机车速度的减小而减小，机车轮周制动力也随着机车的速度变化而变化。加馈电阻制动为提高机车在低速运行时的轮周制动力，从电网中吸收电能，补足到电机的电枢电流中去，以获得理想的轮周制动力。其优点一是加宽了调速范围，最大制动力可以延伸至车速接近零；二是能较方便地实现恒制动力控制。目前大部分 SS 型电力机车都采用这种电制动方式。一般来说，相控机车上不另设加馈电源，而是使用牵引时的整流调压电路作为制动工况时的加馈电源。在加馈区制动时，只需调节半控整流电路中晶闸管的移相角即可调节加馈电源输出，及时补足制动电流，维持制动电流不变。从理论上讲，加馈电阻制动可以使机车制停。但实际上由于牵引电机整流器不允许在电机静止不动时长时间通过额定电流，以防止整流器过热而烧毁。故机车速度低于一定值时，就切除加馈电阻制动，改用空气制动制停机车。

（3）再生制动。在以上的各种制动方式中，列车具有的动能最终都转化为热能而消散于大气中。而再生制动是把列车的动能通过电机转化为电能后，再使电能反馈回电网，提供给其他列车使用。再生制动初期，牵引电动机转变为发电机，列车制动产生的电能经过转换，输送回第三轨（或接触网）和供给本列车的辅助系统。显然，这种方式既能节约能源，又能减少制动时对环境的污染，并且基本上无磨耗，因此，是一种较为理想的制动方式。

随着列车速度的下降。其电制动力也将不断地减弱，当列车速度降低至一定的速度时，电制动已不能满足制动需求，这时电制动力将逐渐被切除，所需的制动力将由空气制动来承担。同时列车还进入一个停车制动的程序。

（4）电磁涡流制动。电磁涡流制动是利用电磁涡流在磁场中产生洛伦兹力，而洛伦兹力方向与物体运动方向相反的物理原理创造的一种电磁制动方式。电磁涡流制动具有无摩擦、无噪声、体积小、制动力大的优点。目前，车辆利用电磁涡流制动的方式主要有盘形涡流制动和轨道直线涡流制动。

（二）按制动力形成方式分类

根据列车制动力的获取方式，制动方式可分为黏着制动和非黏着制动。

1. 黏着制动

制动时，车轮与钢轨之间有三种可能的状态：

（1）纯滚动状态。车轮与钢轨的接触点无相对滑动，车轮在钢轨上作纯滚动。这时车轮与钢轨之间为静摩擦，车轮与钢轨之间可能实现的最大制动力是轮轨之间的最大静摩擦力。这是一种难以实现的理想状态。

（2）滑行状态。车轮在钢轨上滑行，这时车轮与钢轨之间的制动力为二者的动摩擦力。这是一种必须避免的事故状态，由于动摩擦系数远小于静摩擦系数，因此一旦发生这种工况，制动力将大大减小，制动距离会延长；同时车轮在钢轨上的长距离滑行，将导致车轮踏面的擦伤，危及行车安全。

（3）黏着状态。由于车辆重力的作用，车辆与钢轨的接触处为一椭圆形的小面积。列车运行时，因曲线、钢轨接缝及道岔等原因，在制动时车轮在钢轨上处于连滚带滑（基本上是滚动）的状态。这种状态称为黏着状态。黏着状态下车轮与钢轨间的最大水平作用力称为黏着力。黏着力与轮轨间垂直载荷的比值，称为黏着系数。依靠黏着滚动的车轮与钢轨接触点之间的切向力来实现车辆减速或停车的制动方式称为黏着制动。采用黏着制动时，为了能得到较大的制动力，轮轨间需要具有较高的黏着系数。然而黏着系数受列车运行速度、气候条件、轨轮表面状态以及是否采取增黏措施等诸多因素的影响，是一个有很大离散性的参数。

2. 非黏着制动（黏着外制动）

制动时，制动力大小不受黏着力限制的制动方式称为非黏着制动。即非黏着制动的制动力不从轮轨接触区获取，因而它可以得到较大的制动力。

显然，在上面曾经介绍的制动方式中，闸瓦制动、盘形制动、电阻制动、加馈电阻制动和再生制动均属于黏着制动；而磁轨制动和轨道涡流制动则属于非黏着制动。

（三）按制动源动力分类

在目前列车所采用的制动方式中，制动的源动力主要有压缩空气和电。以压缩空气为源动力的制动方式称为空气制动方式，如闸瓦制动、盘形制动等都为空气制动方式；以电为源动力的制动方式称为电气制动方式。动力制动及轨道电磁制动等均为电气制动方式。

二、制动机分类

制动机按其用途可分为机车制动机、客车制动机、货车制动机、城市轨道（交通）车辆制动机和高速列车制动机。

制动机按作用对象可以分为机车制动机和车辆制动机。

按制动机的操纵方法和动力来源可分为手制动机、空气制动机、真空制动机和电空制动机等。

1. 手制动机

用人力转动手轮或拨动杠杆的方法，使闸瓦压紧车轮踏面或使闸片夹紧制动盘，从而达到制动目的的装置，称为手制动机。现在我国机车车辆上都装有手制动机，在调车作业或长时间就地停放时使用。

2. 真空制动机

真空制动机以大气压作为动力来源，以对空气抽空程度（真空度）的变化来操纵制动机的制动和缓解作用。这种制动机的制动执行部件的最高压力只能达到一个大气压，所以制动力受到限制，性能没有空气制动机好。我国除一部分出口机车车辆安装这种制动机外，国内均不采用。

3. 空气制动机

以压力空气作为制动的动力来源，并以压力空气的压强变化来操纵制动机的制动和缓解作用的，称为空气制动机。空气制动机是目前各国应用最为广泛的制动机。我国机车车辆上都装有空气制动机。

4. 电空制动机

电空制动机仍以压力空气作为制动的动力来源，但它用电来操纵制动装置的制动、保压和缓解等作用。最简单的电空制动机是在空气制动机的基础上加装电磁阀等电气控制部件，用电来操纵制动机的作用。与空气制动机相比，其最大优点是全列车能迅速产生制动或缓解作用，列车前、后部的动作一致性比较好。

【实践与训练】

学习工作单

工　作　单	制动方式和制动机的分类		
任　　务	熟知制动方式按列车动能转移方式、制动力形成方式、制动源动力的分类方法；熟知制动机按其用途的分类方法；熟知制动机按照操纵方法和动力来源的分类方法。		
班　　级		姓　　名	
学习小组		工作时间	

续上表

【知识认知】
1. 分析摩擦制动的闸瓦制动、盘形制动和轨道电磁制动（磁轨制动）的异同点； 2. 分析电阻制动、再生制动、空气制动的异同点和投入时机； 3. 分析黏着制动和非黏着制动的异同点； 4. 分析制动机按其用途的分类方法； 5. 分析比较手制动机、真空制动机、空气制动机和电空制动机的区别。
【能力训练】
1. 按照闸瓦制动和盘形制动的示意图，说出各组成部件的名称和两种制动原理的异同点。 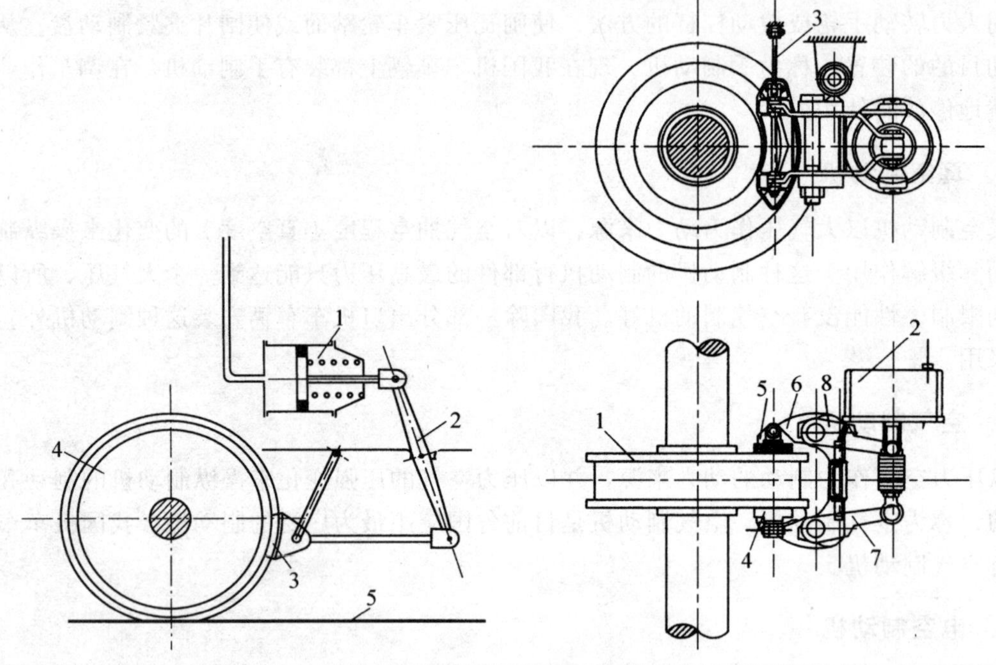
2. 试分析比较手制动机、真空制动机、空气制动机和电空制动机的异同点。
任务学习其他说明或建议：
指导老师评语：
任务完成人签字：　　　　日期：　　年　　月　　日
指导老师签字：　　　　日期：　　年　　月　　日

任务四　空气制动机的基本作用原理

【知识要点】

1. 熟知直通式空气制动机的基本构成和作用原理；
2. 熟知自动式空气制动机的基本构成和作用原理。

【任务实施】

我国机车、车辆采用的制动机基本上有两种——空气制动机和电空制动机，而电空制动机是在空气制动机基础上加装电气控制部件构成的。因此，掌握空气制动机的基本作用原理，对今后学习掌握 DK-1 型电空制动机乃至其他电空制动机都具有非常重要的意义。

一、直通式空气制动机的基本构成和作用原理

1. 基本构成

直通式空气制动机系统组成如图 1-6 所示。

在车辆上，直通式空气制动机主要由制动管和制动缸组成；在机车上，直通式空气制动机除包括制动管和制动缸外，还包括空气压缩机、总风缸及操纵整个制动系统的制动阀等组成部分。当编组成列车运行时，机车与车辆、车辆与车辆间除车钩连接外，各自的制动机也要通过制动管连接软管连接，以构成列车统一的制动系统，并且由司机操纵制动阀来实现相应的控制。

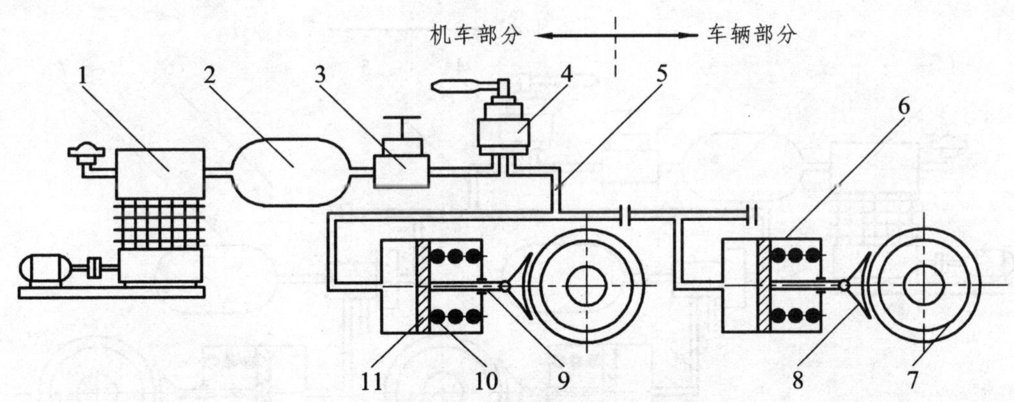

图 1-6　直通式空气制动机结构原理图

1—空气压缩机；2—总风缸；3—调压阀；4—制动阀；5—制动管；6—制动缸；7—车轮；8—闸瓦；9—制动缸活塞杆；10—制动缸缓解弹簧；11—制动缸活塞

2. 基本作用原理

制动系统的工作过程主要包括制动、缓解与保压 3 个基本状态。

（1）制动状态：当列车需要制动时，司机操纵制动阀手柄置于“制动位”，使贮存在总风缸内的压力空气经调压阀、制动阀和制动管直接向机车制动缸和车辆制动缸充风，推动制动

缸活塞压缩缓解弹簧移动，并由制动传动装置（如制动缸活塞杆、制动杠杆等）将此推力传递到闸瓦上，使闸瓦压紧车轮，产生制动作用。

（2）缓解状态：当列车需要减小或消除制动时，司机操纵制动阀手柄置于“缓解位”，使机车、车辆制动缸内的压力空气经制动管和制动阀排入大气，在制动缸缓解弹簧作用下，制动缸活塞反向移动，并通过制动传动装置带动闸瓦离开车轮，实现缓解作用。

（3）保压状态：当列车需要保持某一制动力时，司机操纵制动阀手柄置于“中立位”，既关断机车、车辆制动缸的充风气路，又关断其排风气路，使机车、车辆制动缸内保持一定的压力，实现保压作用。

综上所述，直通式空气制动机具有以下特点：

① 由于制动缸的充、排风都需经过制动管来完成，所以可以这样说，制动管充风，产生制动作用；制动管排风，实现缓解作用。恰恰是直通式空气制动机的这一特点，使其存在着“列车分离时，列车制动系统失去制动作用”的致命弱点，这也是直通式空气制动机遭淘汰的根本原因。

② 由于制动管又细又长，所以必然导致直通式空气制动机在制动时，前部车辆的制动缸充风快、压力高，而后部车辆的制动缸充风慢、压力低，仍然使列车前、后部各车辆的制动同步性较差，从而造成较大的列车制动冲击，尽管在这方面较人力制动好得多。

二、自动式空气制动机的基本构成和作用原理

1. 基本构成

自动式空气制动机系统组成如图 1-7 所示。

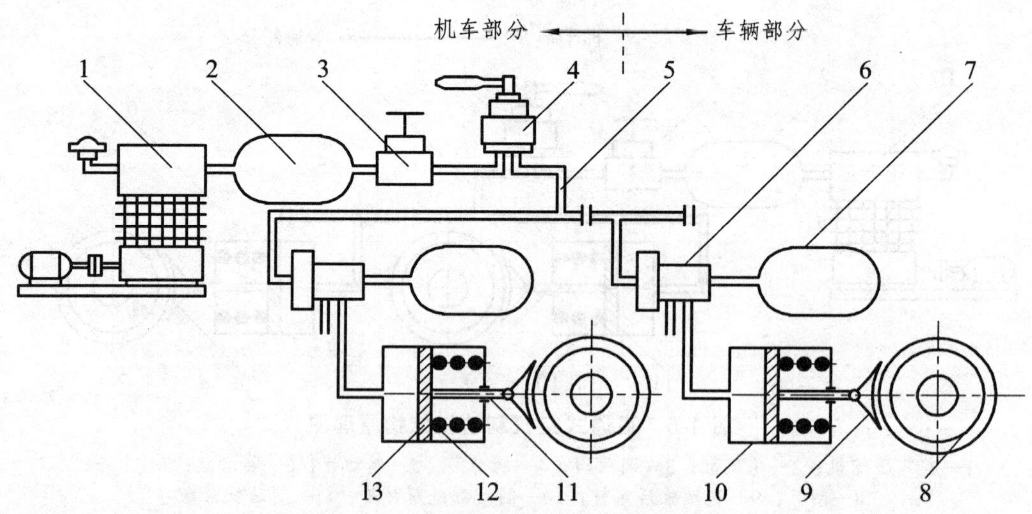

图 1-7 自动式空气制动机结构原理图

1—空气压缩机；2—总风缸；3—调压阀；4—制动阀；5—制动管；6—三通阀（分配阀）；7—副风缸；8—车轮；9—闸瓦；10—制动缸；11—制动缸活塞杆；12—制动缸缓解弹簧；13—制动缸活塞

自动空气制动机是在直通式空气制动机的基础上增设一个副风缸和一个三通阀（或分配

阀）而构成的。其中，副风缸用来贮存由制动管充入的压力空气，并在制动时向制动缸供给压力空气。三通阀或分配阀的用途是：在制动管充风时，向副风缸充入相同压力的压力空气，并使制动缸排风；在制动管排风时，停止向副风缸充风，同时使副风缸向制动缸充风。

2. 基本作用原理

（1）缓解状态：如图 1-8 所示，司机将制动阀手柄置于“缓解位”，压力空气经制动阀向制动管充风，三通阀活塞两侧压力失去平衡而形成向右的压力差，推动活塞带动滑阀、节制阀右移，一方面开通充气沟，使制动管压力空气经充气沟进入副风缸贮存；另一方面开通制动缸经滑阀的排风气路，使制动缸排风，最终使闸瓦离开车轮，实现缓解作用。

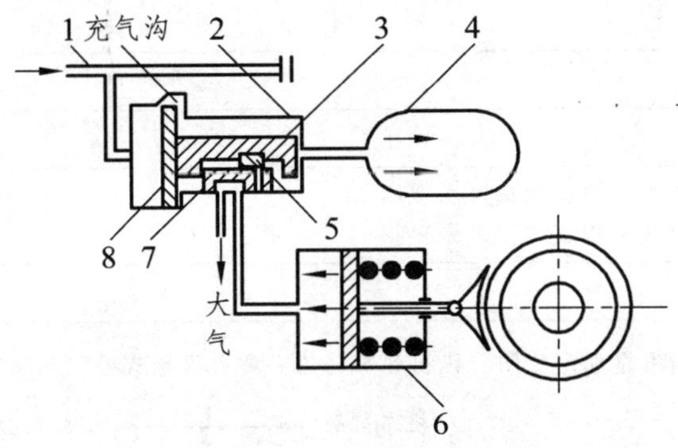

图 1-8　自动式空气制动机缓解状态

1—制动管；2—三通阀；3—三通阀活塞杆；4—副风缸；5—节制阀；6—制动缸；7—滑阀；8—三通阀活塞

（2）制动状态：如图 1-9 所示，司机将制动阀手柄置于“制动位”，制动管内压力空气经制动阀排风，三通阀活塞两侧压力失去平衡而形成向左的压力差，推动活塞左移，关闭充气沟使副风缸内的压力空气不能向制动管逆流；同时，活塞带动滑阀、节制阀左移，使滑阀遮盖排气口以关断制动缸的排风气路，并使节制阀开通副风缸向制动缸充风的气路，随着压力空气充入制动缸，将推动制动缸活塞右移，最终使闸瓦压紧车轮产生制动作用。

（3）保压状态：如图 1-10 所示，司机将制动阀手柄置于“中立位”，切断制动管的充、排通风路，即制动管压力停止变化。随着制动状态下副风缸向制动缸充风过程的进行，副风缸压力逐渐降低，当降到稍低于制动管压力时，三通阀活塞带动节制阀微微右移，从而切断副风缸向制动缸充风的气路，使制动缸既不充风也不排风，即制动机呈保压状态。显

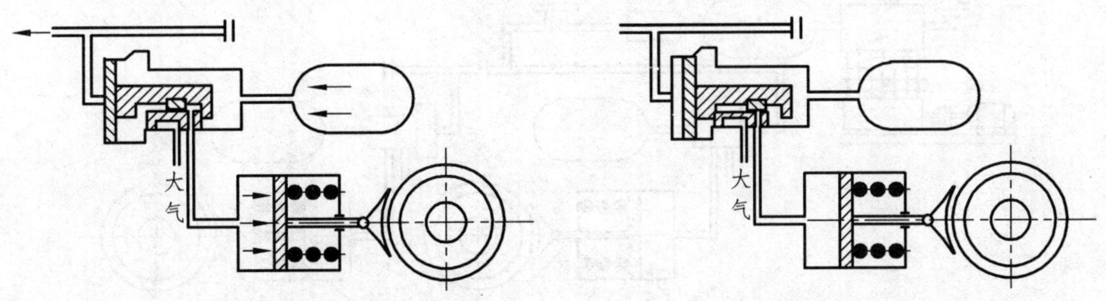

图 1-9　自动式空气制动机制动状态　　**图 1-10　自动空气制动机保压状态**

而易见，自动式空气制动机具有“制动管充风—缓解，制动管排风—制动”的工作机理，因此它克服了直通式空气制动机“列车分离时制动系统失去制动作用”的致命弱点，因而得到广泛的应用。

【实践与训练】

学习工作单

<table>
<tr><td>工 作 单</td><td colspan="3">空气制动机的系统组成及作用原理</td></tr>
<tr><td>任　　务</td><td colspan="3">熟知直通式空气制动机的基本构成和作用原理；熟知自动式空气制动机的基本构成和作用原理。</td></tr>
<tr><td>班　　级</td><td></td><td>姓　　名</td><td></td></tr>
<tr><td>学习小组</td><td></td><td>工作时间</td><td></td></tr>
<tr><td colspan="4">【知识认知】</td></tr>
<tr><td colspan="4">1. 简述直通式空气制动机的基本构成和作用原理；
2. 简述自动式空气制动机的基本构成和作用原理。</td></tr>
<tr><td colspan="4">【能力训练】</td></tr>
<tr><td colspan="4">1. 按照直通式空气制动机作用原理示意图，说出各部件的名称和直通式空气制动机作用原理。
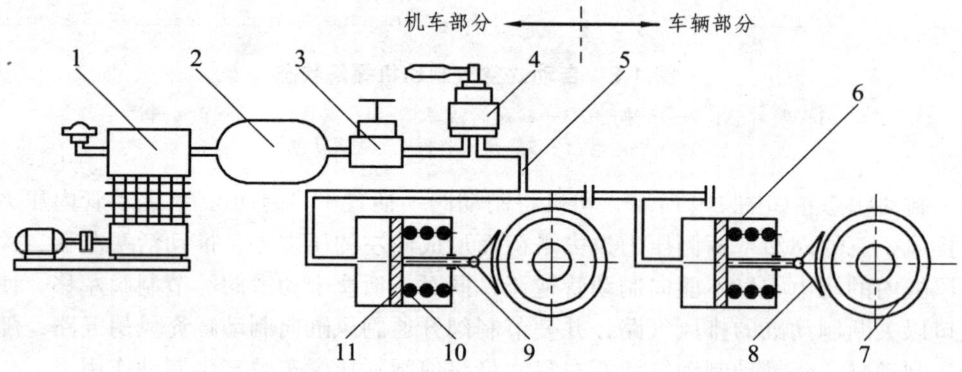
</td></tr>
<tr><td colspan="4">2. 按照自动式空气制动机作用原理示意图，说出各部件的名称和自动式空气制动机作用原理。
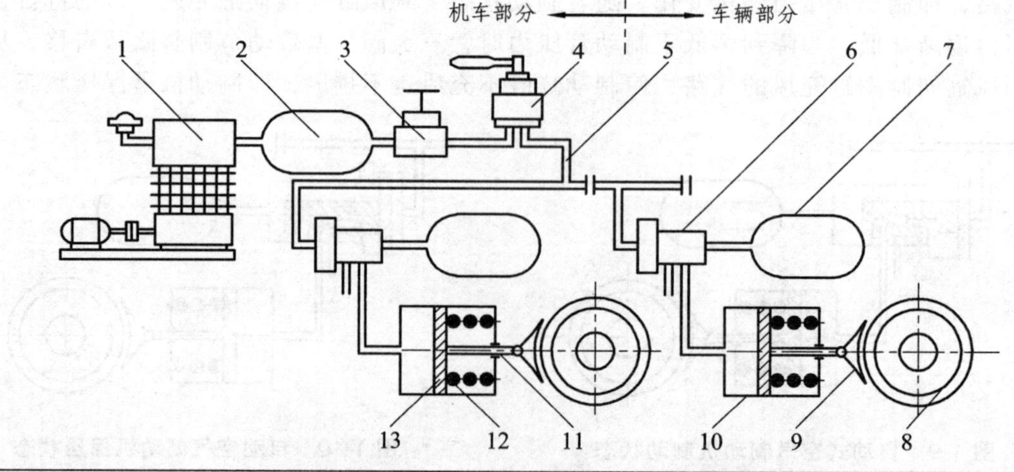
</td></tr>
</table>

续上表

任务学习其他说明或建议：	
指导老师评语：	
任务完成人签字：	日期： 年 月 日
指导老师签字：	日期： 年 月 日

任务五 常用名词术语

【知识要点】

1. 熟知压力与压强的概念；
2. 熟知绝对压力及表压力的概念；
3. 熟知二压力机构及三压力机构制动机作用原理。

【任务实施】

一、压力与压强

理论上，压力与压强是两个不同的物理量。压力是指物体间的相互作用力，其单位为牛顿（N）；而压强则是指单位面积上所受力的大小，其单位为帕（Pa，N/m^2）。

在空气管路系统中，人们习惯将“压强”称为“压力”，但其含义不变，只是名称的更换。例如：制动管“压力”为 500 kPa，实际上指制动管“压强”为 500 kPa。

二、绝对压力及表压力

由物理学可知，大气对地球表面作用着一定压力，这一压力称为大气压。人们定义 760 mm 高水银柱所产生的压力为一个标准大气压，一般以 1 atm 计量，换算成国际单位制为 101.3 333 kPa。工程上为计算方便，一般取 100 kPa。

绝对压力是指压力空气的实际压力。若气体未压缩而呈自由状态，其绝对压力即为大气压力；若处于绝对真空状态，则其绝对压力为零。

表压力是指压力表指示的压力值。由于一般压力表只指示高于大气压力的数值（真空压力表则例外），所以绝对压力与表压力的差值为大气压力值。可见，绝对压力等于表压力与大气压之和。

三、二压力机构及三压力机构制动机

凡是根据两种压力之间的压力差来控制三通阀或分配阀的主活塞动作，以实现制动、缓解与保压作用的制动机，称为二压力机构制动机。如：GK 型三通阀主活塞两侧的压力空气分别来自制动管与副风缸；109 型分配阀的主阀活塞两侧的压力空气分别来自制动管和工作风缸。这种制动机只具有一次缓解性能，而不具备阶段缓解性能。即当制动管充风至高于副风缸或工作风缸一定压力时，就推动三通阀（或分配阀）主活塞至充气缓解状态，直至实现制动机的完全缓解为止。

为适应铁路运输发展的需要，制动机应具备阶段缓解性能与自动补风性能。因此，目前对分配阀进行了改造，即在主活塞上除保留制动管与工作风缸压力的作用外，另增加制动缸压力的作用。这种根据三种压力之间的变化来控制分配阀的主活塞动作，以实现制动、缓解与保压作用的制动机，称为三压力机构制动机。如国产的 JZ-7 型、美国生产的 26-L 型制动机均为三压力机构制动机。

有时为了满足二压力机构制动机与三压力机构制动机混编的需要（前者缓解较后者快），通常在三压力机构制动机上加装转换装置，以实现二、三压力机构制动机的转换。例如 JZ-7 型和 26-L 型制动机均属二、三压力可调式制动机。各种压力机构制动机的作用示意图如图 1-11 ~ 图 1-13 所示。

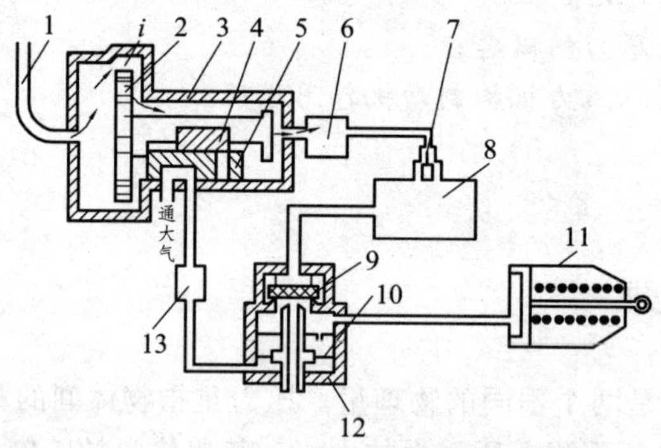

图 1-11 二压力机构分配阀作用示意图

1—制动管；2—主活塞；3—分配阀；4—节制阀；5—滑阀；6—工作风缸；7—止回阀；8—副风缸；9—均衡阀；10—均衡活塞；11—制动缸；12—均衡阀体；13—容积室；i—充气沟

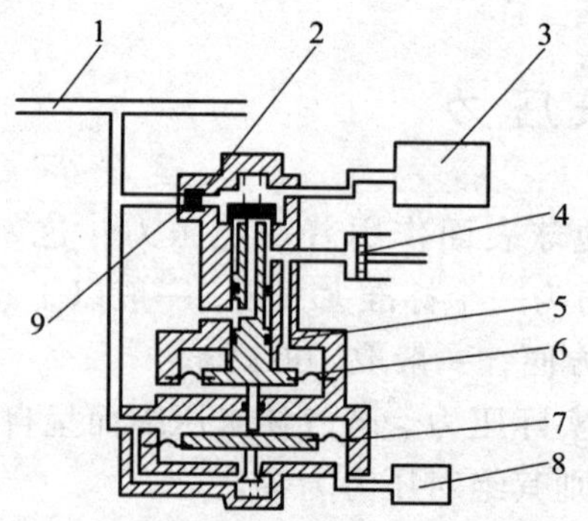

图 1-12 三压力机构分配阀作用示意图

1—制动管；2—分配阀；3—副风缸；4—制动缸；5—缩孔；6—小膜板；7—大膜板；8—工作风缸；9—止回阀

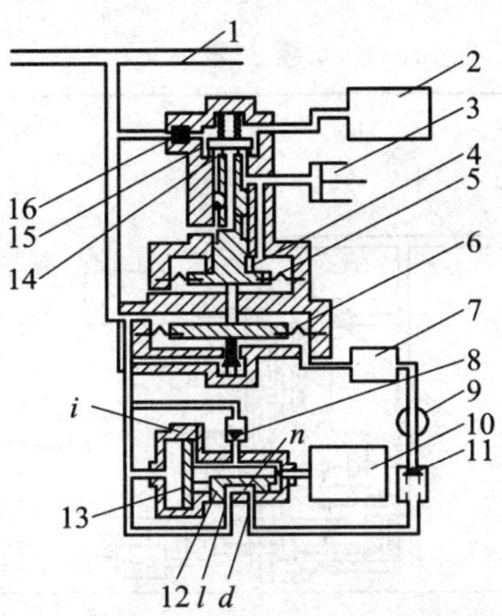

图 1-13　二、三压力可调式分配阀作用示意图

1—制动管；2—副风缸；3—制动缸；4—弹簧；5—小活塞；6—大活塞；7—工作风缸；8—充气止回阀；9—转换塞门；10—降压风缸；11—止回阀；12—滑阀；13—活塞；14—排风阀口；15—进排风阀；16—止回阀

【实践与训练】

学习工作单

<table>
<tr><td>工　作　单</td><td colspan="3">常用名词术语</td></tr>
<tr><td>任　　务</td><td colspan="3">1. 熟知压力与压强的概念；
2. 熟知绝对压力及表压力含义；
3. 熟知二压力机构及三压力机构制动机作用原理。</td></tr>
<tr><td>班　级</td><td></td><td>姓　名</td><td></td></tr>
<tr><td>学习小组</td><td></td><td>工作时间</td><td></td></tr>
<tr><td colspan="4">【知识认知】</td></tr>
<tr><td colspan="4">1. 简述压力与压强的概念和单位；
2. 简述绝对压力和表压力的含义及关系；
3. 简述二压力机构及三压力机构制动机作用原理。</td></tr>
<tr><td colspan="4">【能力训练】</td></tr>
<tr><td colspan="4">1. 什么叫压力、压强？二者有何区别？</td></tr>
<tr><td colspan="4">2. 什么叫绝对压力和表压力？二者有何关系？</td></tr>
<tr><td colspan="4">3. 简述二压力机构分配阀作用原理。
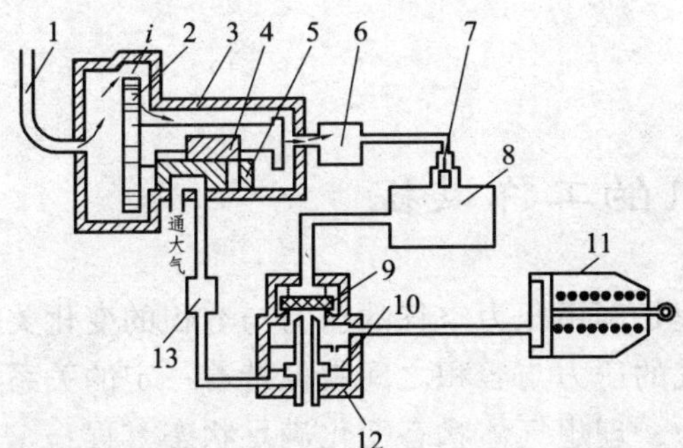
</td></tr>
</table>

续上表

4. 简述三压力机构分配阀作用原理。
任务学习其他说明或建议：
指导老师评语：
任务完成人签字：　　　　　　日期：　　年　　月　　日
指导老师签字：　　　　　　日期：　　年　　月　　日

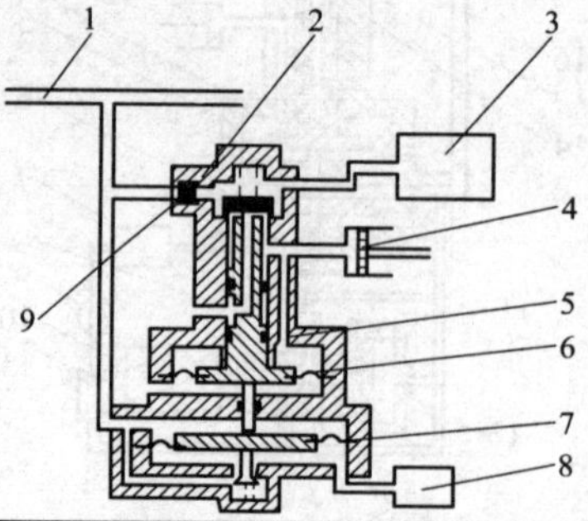

任务六　制动缸压力的计算以及制动管最小有效减压量、最大有效减压量的确定

【知识要点】

1. 分析总结空气制动机的工作过程；
2. 熟知 GK 型车辆制动机制动缸压力的计算；
3. 熟知机车 109 型分配阀制动缸压力的计算；
4. 熟知制动管最小有效减压量的确定方法；
5. 熟知制动管最大有效减压量的确定方法。

【任务实施】

一、空气制动机的工作过程

空气制动机的工作过程是利用压力空气的压力与容积的变化关系来实现的。如果空气制动机的型号一定，那么空气的压力与容积之间就保持着一定的关系。

根据热工学的推论认为，理想气体状态变化满足状态方程：

$$PV = GRT$$

式中，P——气体的压力（Pa，N/m^2）；

V——气体的容积（m^3）；

T——气体的温度（K）；

G——气体的摩尔数（mol）；

R——普适气体恒量，$R = 8.31\ J/mol \cdot K$。

该公式同样适用于实际气体。气体的变化又分为绝热、等温、等压以及多变等变化过程。

在空气制动机的工作过程中，一方面，虽然空气压缩机产生的压力空气具有一定的温度，但压力空气须经散热管进入总风缸，并且总风缸又置于大气之中，所以当总风缸向制动管及各风缸充入压力空气时，压力空气都已经过充分冷却，使其温度与外界温度接近于相等。另一方面，在制动过程中，随着制动管减压速度的不同，副风缸向制动缸（或工作风缸向容积室）充风速度也不相同，致使气体因动能的变化而造成气体温度的波动和压力的波动，但待风缸的压力稳定后，其气体温度与大气温度也接近于相等（有关试验资料表明，制动机工作过程受到温度的影响约为 1 °C 左右），同时，在制动机中存在着各种漏泄和游隙，对计算精确度也有影响。所以，为简化计算起见，可以忽略温度变化对计算结果的影响，即把压力与容积的变化过程看作是等温变化过程。根据波义耳—马略特定律，空气压力与容积之间的关系为：

$$PV = 常量$$

式中，P——压力空气的压力（绝对压力），（Pa，N/m^2）；

V——压力空气的容积（m^3）。

即

$$P_1V_1 = P_2V_2$$

上式说明压力空气的绝对压力与体积的乘积为常量，即等温过程变化前与变化后，其压力与体积乘积相等。

二、制动缸压力的计算

常用制动过程中，分析制动机制动管、副风缸和制动缸之间的变化关系时，应考虑下列因素：

- 当制动管的减压量非常小时，三通阀的充气沟作为制动管与副风缸的连通通路并未被主活塞切断，制动管与副风缸的空气压力是平衡的。
- 制动时，进入制动缸的空气量等于副风缸排出的空气量，而副风缸减压后的压力与制动管压力相平衡。
- 在制动计算中，副风缸与制动缸的容积之比选取 3.25∶1（即 $V_f : V_z = 3.25 : 1$。该比值并不是副风缸和制动缸的实际容积比值，而是考虑到各空气通路所占有的容积和漏泄量等诸因素后的换算比值）。

下面，以副风缸内的压力空气为研究对象，根据波义耳—马略特定律列方程式：

$$P_0'V_f = (P_0' - r)V_f + P_1'V_z$$

化简得 $$P_1'=\frac{V_f}{V_z}\times r$$

或 $$P_1=\frac{V_f}{V_z}\times r-100$$

式中，V_f——副风缸容积（m^3）；

V_z——制动缸容积（m^3）；

P_0'——列车管定压，绝对压力（kPa）；

P_1'——制动缸压力，绝对压力（kPa）；

P_1——制动缸压力，表压力（kPa）；

r——列车制动管减压力（kPa）。

上面两式说明制动缸压力与副风缸和制动缸的容积之比以及制动管的减压量有关。当副风缸与制动缸的容积比值一定时，制动缸的压力正比于制动管的减压量 r 值。所以司机操纵列车时，通常是通过控制制动管减压量 r 值来控制列车制动力的大小。

下面，我们具体讨论 GK 型车辆制动机和使用 109 型分配阀的 DK-1 型电空制动机制动缸压力的计算问题。

1. GK 型车辆制动机

对于 GK 型车辆制动机，其副风缸与制动缸的容积比为 $\frac{V_f}{V_z}=3.25$

则有：

$$P_1=3.25r-100 \quad \text{(kPa)}$$

可见，制动管减压量 r 取不同值时，便可得到相应的制动缸压力。

例如，设制动管减压量为 50、100 和 140 kPa 时，制动缸压力分别是多少？

解：（1）$r=50$ kPa 时，$P_1=3.25\times50-100=62.5$ kPa；

（2）$r=100$ kPa 时，$P_1=3.25\times100-100=225$ kPa；

（3）$r=140$ kPa 时，$P_1=3.25\times140-100=355$ kPa。

2. 机车 109 型分配阀

作为机车制动机的 DK-1 型电空制动机所采用的 109 型分配阀，在工作中起着空气制动机三通阀的作用，但由于机车制动机的特殊要求，其结构、作用原理较车辆三通阀复杂，因此，在分析计算时须做必要的简化。

109 型分配阀属于二压力机构分配阀，制动缸的压力取决于容积室的压力，而容积室的压力则与制动管定压、制动管减压量、容积室的大小及工作风缸容积等有关。按照其作用原理，根据波义耳—马略特定律，经必要的参数修正得到下式：

$$P_1=P_r=2.6r$$

式中 P_1——制动缸表压力（kPa）；

P_r——容积室表压力（kPa）；

r——列车制动管减压量（kPa）；

2.6——修正比例系数。

可见，制动缸压力与制动管减压量成正比。

例如，设制动管减压量为 50、70、140 kPa 时，制动缸压力分别是多少？

解：（1）$r=50$ kPa 时，$P_1=2.6\times50=130$ kPa

（2）$r=70$ kPa 时，$P_1=2.6\times70=182$ kPa

（3）$r=140$ kPa 时，$P_1=2.6\times140=364$ kPa

综上所述，制动缸压力正比于制动管减压量，每产生一个制动管减压量，就有一个制动缸压力值与其对应。但是，实际工作过程中，制动缸压力受有效制动作用的限制，因此，制动管减压量范围也就受到了相应的有效减压量的限制。

三、制动管最小有效减压量

根据理论分析，由式 $P_1=\dfrac{V_\mathrm{f}}{V_\mathrm{z}}\cdot r-100$ 可知，制动管不论减压多少，制动缸均应得到相应的压力，但在实际上是有差异的。

无论何种类型的机车制动机，都以控制全列车实现制动、缓解与保压为目的，而只有全列车的闸瓦均压紧车轮，才能有效地产生制动作用。实际工作表明，制动缸充风后将制动缸活塞推出使闸瓦压紧车轮的过程中，需要克服制动缸缓解弹簧对活塞的背压及相关的摩擦阻力，因此制动缸存在最小有效制动缸压力，那么相对应的存在一个制动管最小有效减压量（简称制动管最小有效减压量）$r_{\min}$ 值。下面，以 GK 型车辆制动机为例，介绍最小有效减压量 $r_{\min}$ 的确定方法。

实践表明，只有制动缸压力达到 35 kPa 以上时，才足以克服制动缸缓解弹簧对活塞的背压以及各种摩擦等阻力，产生有效的制动作用。

则有

$$P_{1\min}=35\ \text{kPa}$$

将 $P_{1\min}$ 值代入式 $P_1=3.25r-100$ 中可得：

$$P_{1\min}=3.25r_{\min}-100$$

所以

$$r_{\min}=41.5\ \text{kPa}$$

以上计算结果说明：当制动管减压量小于 41.5 kPa 时，GK 型车辆制动机不足以产生有效制动。实际工作中，制动管最小有效减压量的确定，还要考虑其他因素的影响。例如，制动管减压量在车列中不是完全一致的，车列越长其尾部制动管减压量比首部的越小，因此要求制动管减压量不能过低，避免后部车列无制动作用，影响行车安全。一般地，单机时，制动管最小有效减压量选取 40 kPa；牵引列车时，制动管最小有效减压量选取 50 kPa；牵引 60 辆以上车辆时，最小有效减压量选取 70 kPa。例如 DK-1 型电空制动机，在设计初制动时，考虑到最初制动管减压量的要求，制动管定压为 500 kPa 时，制动管最小有效减压量选取 36 kPa；制动管定压为 600 kPa 时，制动管最小有效减压量选取 56 kPa。

四、制动管最大有效减压量

由式 $P_1=\dfrac{V_f}{V_z}\times r-100$ 可知，制动缸压力随制动管减压量的增加而正比例增加。但当制动管减压量增大到（即制动管压力降到）一定程度时，副风缸与制动缸的压力将达到平衡状态，此时若制动管继续减压，制动缸压力也不会上升，因此，制动缸存在制动缸最大压力 $P_{1\max}$ 值，而相应于制动缸最大压力 $P_{1\max}$ 值的制动管减压量则被称为制动管最大有效减压量 $r_{\max}$ 值。

1. GK 型车辆制动机制动管最大有效减压量的确定

以副风缸内的压力空气为研究对象，根据波义耳—马略特定律列方程：

$$P_0'V_f=P_{1\max}'(V_f+V_z)$$

所以

$$P_{1\max}'=V_f\times P_0'/(V_f+V_z) \quad 或 \quad P_{1\max}=V_f\times P_0'/(V_f+V_z)-100$$

式中，P_0'——列车管定压，绝对压力（kPa）；

$P_{1\max}'$——制动后制动缸与副风缸的平衡压力，绝对压力（kPa）；

$P_{1\max}$——制动后制动缸与副风缸的平衡压力，表压力（kPa）；

V_f——副风缸的容积（m^3）；

V_z——制动缸的容积（m^3）。

将 $\dfrac{V_f}{V_z}=3.25$ 代入上式得：

$$P_{1\max}'=0.765P_0' \quad 或 \quad P_{1\max}=0.765P_0'-100$$

（1）取制动管定压为 500 kPa（表压力）时，

$$P_{1\max}'=0.765\times(500+100)=459\ \text{kPa}$$

即

$$P_{1\max}=0.765\times(500+100)-100=359\approx360\ \text{kPa}$$

将 $P_{1\max}\approx360$ 代入式 $P_1=3.25r-100$ 中得：

$$r_{\max}=(360+100)/3.25\approx140\ \text{kPa}$$

（2）取制动管定压为 600 kPa（表压力）时，

$$P_{1\max}'=0.765\times(600+100)=535.5\ \text{kPa}$$

即

$$P_{1\max}=0.765\times(600+100)-100=435.5\approx436\ \text{kPa}$$

将 $P_{1\max}\approx436$ 代入式 $P_1=3.25r-100$ 中得：

$$r_{\max}=(436+100)/3.25\approx170\ \text{kPa}$$

2. 机车制动管最大有效减压量的确定

以工作风缸内的压力空气为研究对象，根据波义耳—马略特定律列方程：

$$P_0'V_g+100V_r'=P_{r\max}'(V_g+V_r)$$

可得　$P'_{r\max}=(P'_0V_g+100V'_r)/(V_g+V_r)$　或　$P_{r\max}=(P'_0V_g+100V'_r)/(V_g+V_r)-100$

式中，P'_0——列车制动管定压（即制动前工作风缸压力），绝对压力（kPa）；

$P'_{r\max}$——制动后工作风缸与容积室（即制动缸）压力，绝对压力（kPa）；

$P_{r\max}$——制动后工作风缸与容积室（即制动缸）压力，表压力（kPa）；

V_g——工作风缸容积（m^3）；

V'_r——制动前容积室容积（m^3）；

V_r——制动后容积室容积（m^3）。

将 $V_g=11.504\times10^{-3}\ m^3$，$V'_r=4.267\times10^{-3}\ m^3$，$V_r=4.327\times10^{-3}\ m^3$ 代入上式

可得：

$$P_{r\max}=(11.504\times10^{-3}P'_0+100\times4.267\times10^{-3})/(11.504\times10^{-3}+4.327\times10^{-3})-100=0.727P'_0-73$$

（1）取制动管定压为 500 kPa（表压力）时，

$$P_{1\max}=P_{r\max}=0.727\times(500+100)-73\approx360\ \text{kPa}$$

将 $P_{1\max}=P_{r\max}\approx360$ 代入式 $P_1=P_r=2.6r$ 中得：

$$r_{\max}=360/2.6\approx140\ \text{kPa}$$

（2）取制动管定压为 600 kPa（表压力）时，

$$P_{1\max}=P_{r\max}=0.727\times(600+100)-73\approx430\ \text{kPa}$$

将 $P_{1\max}=P_{r\max}\approx430$ 代入式 $P_1=P_r=2.6r$ 中得：

$$r_{\max}=430/2.6\approx170\ \text{kPa}$$

可见，由于制动管的定压不同，其制动管最大有效减压量也不同。当制动管压力为 500 kPa 或 600 kPa 时，则其制动管最大有效减压量分别为 140 kPa 或 170 kPa。制动管减压量超过制动管最大有效减压量时即为过量减压，一般情况下应尽量避免，因损失压力空气而未能使制动力增加，并将延长充风时间，带来不安全隐患。

综上所述，尽管制动缸压力正比于制动管减压量，但却是在一定范围内成立。实际工作过程中，制动缸压力受有效制动作用的限制，因而，制动管的减压量范围也就受到了相应的制动管最小、最大有效减压量的限制。

【实践与训练】

学习工作单

工 作 单	制动缸压力的计算以及制动管最小有效减压量、最大有效减压量的确定		
任　　务	总结空气制动机的工作过程；熟知 GK 型车辆制动机制动缸压力的计算；熟知机车 109 型分配阀制动缸压力的计算；熟知制动管最小有效减压量的确定方法；熟知制动管最大有效减压量的确定方法。		
班　　级		姓　　名	
学习小组		工作时间	

续上表

【知识认知】	
1. 简述空气制动机的工作过程； 2. 简述GK型车辆制动机制动缸压力的计算； 3. 简述机车109型分配阀制动缸压力的计算； 4. 简述制动管最小有效减压量和最大有效减压量的确定方法； 5. 简述制动管的减压量范围受到了哪些限制？	
【能力训练】	
1. 分析在空气制动机工作过程中，空气的压力、容积和温度三者之间有何关系？	
2. 写出GK型车辆制动机和机车109型分配阀的制动缸压力的计算方法。	
3. 试计算确定制动管最小有效减压量。	
4. 什么叫有效制动？简述制动管的减压量范围受到了哪些限制？	
任务学习其他说明或建议：	
指导老师评语：	
任务完成人签字：	日期：　年　月　日
指导老师签字：	日期：　年　月　日

任务七　空气波、制动波以及列车制动时的纵向动力作用

【知识要点】

1. 熟知空气波和空气波速；
2. 熟知限制制动管减压速度的因素；

3. 熟知制动波、制动波速、缓解波和缓解波速；
4. 熟知制动机的稳定性、安定性与灵敏度；
5. 熟知制动阶段的划分及列车制动时产生纵向动力作用的主要原因；
6. 熟知列车制动时的纵向动力作用的危害及减小列车制动时的纵向动力作用的方法。

【任务实施】

一、空气波和空气波速

1. 空气波

制动管有两种功能：一是向列车制动系统充风（包括漏泄时的补风）；二是通过充风或排风，引起制动管空气压力的增减，从而控制全列车制动机的动作。在铁路运输中，由于机车车辆是编组成列车运行的，制动管又细又长，空气又是个弹性物质。所以，当司机在列车前端控制制动管充风或排风时，并不是全列车制动管立即同时、同步地增压或减压。以施行制动为例，首先是列车前端制动阀附近的制动管空气压力开始下降，使其原有的压力平衡遭到破坏。然后，这一压降沿着制动管以一定的速度逐渐向后传播，直到列车尾端制动管封闭处的压力也开始下降。当这一压降由前向后传播时，制动管前端的空气压力继续下降，新的压降也不断向后传播。这种空气的压力波动沿制动管长度方向由前向后传播所形成的波，称为空气波。它的传播如同投石于湖中引起的水面波纹不断向外扩散一样，也是一种机械波。不过，它是沿制动管传播的一种空气波，其性能与声波等其他空气波相似。

在列车前端排风减压并且不断地向后传播的过程中，制动管内的压力空气不断地膨胀，它的压力能不断地转化为动能。因此，它不断地由后向前连续流动，经由制动阀排气口排向大气。显然，气体的连续流动与压降的传播不是一回事。压降的传播（空气波）属于一种振动波，它按振动的规律在媒介质中进行传播；空气在管内的连续流动则不是一种波，而是媒介质的一种连续运动，故周围（如：管壁）阻力对它的影响很大。另外，在减压时气流方向与压降的传播方向是相反的（充风增压时空气波传播方向与气流方向虽然相同，但也不是一回事）。

由于空气波在传播过程中能量有损失，所以空气波动强度实际上是逐渐减弱的，就如投石于湖中激起的水波在向外扩展中，逐渐减弱一样，因此制动管的减压速度也是越往后越低。

2. 空气波速

通常，以物理量空气波速来衡量空气波传播的快慢，所谓空气波速是指空气波的传播速度。可用下列公式计算：

$$v_{kb}=\frac{L_{kb}}{t_{kb}}$$

式中，v_{kb}——空气波速（m/s）；
L_{kb}——空气波传播的距离（m）；
t_{kb}——空气波传播的时间（s）。

一般地，空气波速为 330 m/s 左右。

目前，要想大幅度提高空气波速，使列车前后部的制动管减压速度达到最大限度的一致性，采用电气控制的电空制动机是一个有效的途径。

二、制动管减压速度

空气波传到列车中任一分配阀后，该阀主活塞外侧（制动管一侧）即开始减压。但是，要使主活塞动作，还必须使主活塞两侧形成一定的压力差，而且压力差要累积到大于主活塞的移动阻力，主活塞才能移到制动位，才能沟通作为风源的副风缸压力空气进入制动缸的通路，从而实现制动作用。此压力差的建立取决于制动管的减压速度。减压速度大，压力差建立就快，反之就慢。如果减压速度过低，由于副风缸压力空气经充气通路逆流入制动管，主活塞两侧的压力差就建立不起来，阀就不能产生动作。

在列车中各车辆的分配阀处的减压速度，受到距排风口的远近、制动管长度、车辆制动支管的长度及主活塞外侧容积、制动阀排气方式和制动管定压等许多因素影响。

三、制动波和制动波速

（一）制动波

如前所述，当司机施行制动时，由于空气波的存在，列车中各制动机的制动作用并不是全列车立即同时、同步地发生，而是有一个陆续发生的过程。在理想情况下，制动作用沿列车长度方向由前向后逐次发生，这种制动作用沿列车长度方向由前向后逐次传播现象，人们把它叫做“制动波”。

实际上，由于各制动机的结构、性能和状态的影响，制动作用有时就不是完全由前向后逐次发生，而是存在某种“跳越”现象。即，列车中某车辆或某几辆车的制动作用可能比其后的车辆发生得还要晚。这说明，制动波并不是一种波，只是习惯上那么叫罢了。

（二）制动波速

衡量制动波传播速度的物理量，称为制动波速。一般以“m/s”为计量单位。

制动波速 w_{zb} 通过试验由下式求得：

$$w_{zb}=\frac{L_{zb}}{t_{zb}}=\frac{L_{zb}}{t_{kb}+t_{d}}$$

式中，w_{zb}——制动波速（m/s）；

L_{zb}——制动波传播距离（一般制动管长度计算）（m）；

t_{zb}——制动波传播时间（从开始减压至最后一台制动机开始动作时为止）（s）；

t_{kb}——空气波传播时间（s）；

t_d——制动机动作时间（s）；

由于制动波的传播速度受到空气波传播快慢、三通阀（分配阀）动作灵敏性及制动机性能好坏等因素的限制，所以，制动波速总比空气波速要小。

制动波速是综合评定制动机性能的重要指标。制动波速越高，表明列车前、后部制动作用的同时性越好，有利于减轻制动时的纵向动力作用和缩短制动距离；同时制动波速越高，则制动作用的传播长度可更大些，即能适应长大列车的要求。目前我国性能较好的制动机，紧急制动波速可达 250 m/s 以上，一般在 150～280 m/s 之间；常用制动波速可达 225 m/s 以上，常用制动波速一般在 60～255 m/s 之间。

近年来，有关部门研制了新型车辆制动机和机车制动机。各种阀类采用橡胶膜板活塞、柱塞结构，其气密性好，灵敏度高，动作时间短，从而使制动机性能更加优越，适应了客观要求。但仍需研究如何进一步提高制动波速，以适应高速、重载列车发展的需要。

四、缓解波和缓解波速

与制动波和制动波速相似，当司机操纵制动机进行缓解时，缓解作用沿制动管长度方向由前向后逐次传播的现象，称为缓解波。其传播的速度称为缓解波速。

同样，缓解波速也受到空气波传播快慢、三通阀（分配阀）动作灵敏性及制动机性能好坏等因素的影响，所以，如何提高缓解波速也成为亟待解决的问题之一。目前，国产 120 型控制阀的缓解波速已达到 150 m/s。

五、制动机的稳定性、安定性与灵敏度

1. 稳定性

当制动管减压速率低于某一数值范围时，制动机将不发生制动作用的性能，称为制动机的稳定性。也就是说，要使制动机可靠地产生制动作用，除了要有一定的制动管减压量外，还需要一定的减压速率，两者缺一不可，其数值范围因各型制动机而不同。我国规定：制动管减压速率或漏泄小于 20 kPa/min，不应发生制动作用。

2. 安定性

常用制动时不发生紧急制动作用的性能，称为制动机的安定性。即当制动管减压速率在 10～40 kPa/s 范围时，紧急阀不应动作。

3. 灵敏度

当制动管减压速率达到一定数值范围时，制动机必须产生制动作用的性能，称为制动机的灵敏度。一般地，常用制动灵敏度为 10～40 kPa/s；紧急制动灵敏度为 70 kPa/s。

上述三者之间相互联系，在同一制动机上必须协调一致，保证三者之间有明显的隔离区间，否则将使制动机无法正常工作。

六、列车制动时的纵向动力作用

由以上讨论可知，对于空气制动机，在施行制动或缓解时所产生的空气波存在一个沿制动管长度方向由前向后扩散或传播的过程，列车越长，其前后部开始制动或缓解的时间差就越大。这种“沿列车长度的制动或缓解作用的不同时性”是列车制动或缓解时发生强烈纵向动力作用的主要原因。对于重载（或扩编）列车，这个问题尤其突出。

（一）制动阶段的划分及其性质

根据列车制动过程中各车辆制动缸压力的变化及分布情况，整个制动过程可划分为四个阶段。各车辆制动缸的充风曲线（即 *P-t* 曲线），如图 1-14 所示。为简化分析，设该列车编组为 4 辆。

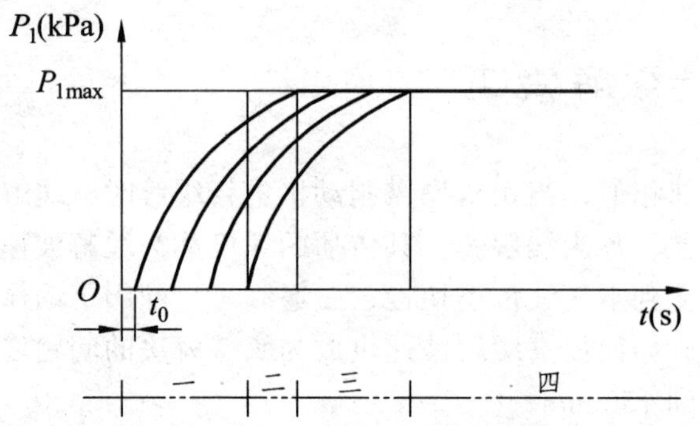

图 1-14 列车制动时各车辆制动缸的充风曲线

t_0—第一台制动机发生制动作用的时间

第一制动阶段——由司机扳动制动阀手柄至制动位时开始，到最后一辆车制动缸压力开始上升的瞬间为止。在这个阶段，由列车前部第一辆开始，各车辆制动机逐次发生制动作用；并且，制动缸压力及相应的制动力沿列车长度方向由前向后越来越小。因此，前部车辆减速度大，而后部车辆减速度小，形成各车辆间的动能之差，导致了列车各车辆从两端向列车中部挤压的相对运动，并将动能差转换为车钩缓冲器弹簧的势能，即造成列车各车钩缓冲器弹簧的压缩，该压缩为静压缩。由于列车的这种压缩具有一定的作用速度，所以表现为列车的纵向动力作用。当第一制动阶段终了时，列车压缩力达到最大值，车钩缓冲器弹簧到达新的静平衡位置，静压缩也达到最大值。

第二制动阶段——由最后一辆车制动缸压力开始上升起，到第一辆车制动缸压力上升到最大值为止。在这个阶段，各车辆的制动缸压力保持着第一阶段末已形成的压力差而按相同的速率上升，车钩缓冲器弹簧继续被压缩，形成动压缩。当第二制动阶段所形成的动能差全部转换为势能时，动压缩达到最大值；然后车钩缓冲器弹簧开始伸张，造成列车的纵向动力振动。由于车钩缓冲器的摩擦阻尼作用，这个动力振动将很快衰减而消失。但静压缩则仍保持不变。

第三制动阶段——由第一辆车制动缸压力上升到最大值的瞬间起，到最后一辆车的制动缸压力上升到最大值为止。在这个阶段，各车辆的制动缸压力逐渐趋于一致，第一制动阶段所贮存在车钩缓冲器弹簧中的静压缩势能逐渐释放出来，列车中各车辆在车钩缓冲器弹簧的反拨力作用下发生由列车中部向两端伸张的现象。这种伸张也具有一定的作用速度（比压缩的速度小，能量有损失），所以也会引起列车纵向动力作用。这个冲动由于车钩缓冲器的摩擦阻尼作用也很快衰减和消失。

第四制动阶段——由最后一辆车的制动缸压力上升到最大值时起，到列车完全停车或缓解为止。在这个阶段，各个车辆的制动机都产生了最大制动力。如果列车单位制动力分配均匀，则车辆之间不形成任何因制动而产生的作用力。但如单位制动力分配不均匀，则仍将有压缩力或拉伸力存在，即可造成列车的纵向动力作用。这是静力性质的，当制动力达到最大值时，这种作用力也达到最大值。

实际工作中，在列车制动过程中的每一瞬间，各个机车车辆具有不同的单位制动力。如果列车施行制动时是处在拉伸状态，则制动之初首先要消除这些车钩与车钩之间的自由间隙，这就必然会产生强烈的纵向动力作用。

（二）产生动力作用的原因及减小列车制动时的纵向动力作用的方法

列车制动时产生纵向动力作用的主要原因有三个：

1. 制动作用沿列车长度方向的不同时性，即列车前部制动力形成得早，上升得快，后部则晚而慢。

2. 全列车制动缸的压力都达到指定值以后，单位制动力（列车每吨重量的制动力）沿列车长度方向的不均匀分布。这是由于列车中车辆类型和装载状态不同而造成的。

由于上述两种原因，列车中各车辆在制动过程中的每一瞬间都具有不同的单位制动力。如果没有车钩的连接，各车辆都将按各自的减速度运行。但这是不可能的，组成列车的机车和车辆必须按同一减速度运行，具有相同的单位惯性力（列车每吨重量的惯性力）。因此，在各车辆间的车钩连接处，必然要产生相应的纵向动力作用。

3. 各车辆之间的非刚性连接（缓冲器可压缩，车钩与车钩之间有自由间隙）使由于前两种原因产生的纵向动力作用更加剧烈。

为了缓和因制动不同时性和单位制动力分布不均所造成的强烈纵向动力作用，每个车钩后面都装有可压缩的缓冲器，制动时可通过前从板压缩缓冲器弹簧，吸取和衰减纵向动力作用的能量，将它限制在允许的范围内。但这样一来，列车纵向的可压缩量也增大了。由于列车的这种压缩不是缓慢进行的，它具有一定作用速度，所以弹簧被压缩到静平衡位置时列车的压缩并未停止。当弹簧继续被压缩并达到动平衡位置时，列车压缩的相对运动的能量被用尽，弹簧和列车的压缩量才达到最大值，车钩受到的纵向力也才达到最大值。

列车制动纵向动力作用随列车长度的增加和制动力的增大而加剧。严重时它能导致车钩缓冲器装置折损和车体严重损坏等重大事故。所以，对于这个问题的试验和研究是一项很重要的工作。

前苏联科学家的研究表明：① 提高制动波速和延长制动缸充风时间都可以减轻列车制动时的纵向动力作用。但提高制动波速还可以缩短制动距离，而延长制动缸充风时间却会导致制动距离延长。要想在不延长制动距离的条件下减轻制动时的纵向动力作用，只有首先大力提高制动波速，同时适当科学地延长制动缸充风时间，如采用“先快后慢”的变速充风。② 发展大吨位车辆比增加编组辆数对减轻制动冲动更为有利。③ 由于闸瓦摩擦系数随列车速度的降低而增大，故在闸瓦压力相同的条件下，低速时制动冲击力更大。④ 列车在拉伸状态下制动，其纵向冲击力比在压缩状态下大很多。

【实践与训练】

学习工作单

<table>
<tr><td>工 作 单</td><td colspan="3">空气波和制动波</td></tr>
<tr><td>任　务</td><td colspan="3">熟知空气波和空气波速；熟知限制制动管减压速度的因素；熟知制动波、制动波速、缓解波和缓解波速；熟知制动机的稳定性、安定性与灵敏度；熟知制动阶段的划分及列车制动时产生纵向动力作用的主要原因；熟知列车制动时的纵向动力作用的危害及减小列车制动时的纵向动力作用的方法。</td></tr>
<tr><td>班　级</td><td></td><td>姓　名</td><td></td></tr>
<tr><td>学习小组</td><td></td><td>工作时间</td><td></td></tr>
<tr><td colspan="4">【知识认知】</td></tr>
<tr><td colspan="4">1. 简述空气波、制动波、缓解波及其各自波速的含义及作用；
2. 简述影响制动管减压速度的各种因素；
3. 简述制动机的稳定性、安定性与灵敏度及其相互关系；
4. 简述如何划分制动阶段；
5. 简述列车制动时产生纵向动力作用的主要原因和列车制动时的纵向动力作用的危害；
6. 简述减小列车制动时的纵向动力作用的方法。</td></tr>
<tr><td colspan="4">【能力训练】</td></tr>
<tr><td colspan="4">1. 分析空气波、制动波、缓解波及其各自波速的含义及作用。</td></tr>
<tr><td colspan="4">2. 分析影响制动管减压速度的各种因素。</td></tr>
<tr><td colspan="4">3. 分析制动过程的四个阶段纵向动力作用情况。</td></tr>
<tr><td colspan="4">4. 分析减小列车制动时的纵向动力作用的方法。</td></tr>
<tr><td colspan="4">任务学习其他说明或建议：</td></tr>
<tr><td colspan="4">指导老师评语：</td></tr>
<tr><td colspan="4">任务完成人签字：　　　　日期：　年　月　日</td></tr>
<tr><td colspan="4">指导老师签字：　　　　日期：　年　月　日</td></tr>
</table>

项目二

交流电力机车风源系统

任务一　概　述

【知识要点】

1. 熟知交流电力机车风源系统的功能；
2. 熟知交流电力机车风源系统的组成及各组成部分的作用。

【任务实施】

电力机车空气管路系统按其功能可分为风源系统、制动机气路系统、控制气路系统和辅助气路系统四大部分。风源系统的作用是生产、储备、调节控制压力空气，并向全车各气路系统提供高质量、洁净、稳定的压力空气。

HXD系列电力机车的风源系统由主空气压缩机组、压力控制器、总风缸、止回阀（或逆流止回阀）、安全阀、空气干燥器、精油过滤器、低压维持阀、塞门及连接管等组成。

1. 主空气压缩机组（简称主压缩机组，包括主压缩机及其驱动电动机）用于生产具有较高压强的压缩空气，供全车空气管路系统使用。

2. 总风缸（又称主风缸）是用来储存压力空气的容器。为保证压强稳定的压力空气的充分供应，机车上必须配备容积足够大的总风缸。工作时，总风缸内的压力空气经总风缸管送至制动机系统、控制气路系统和辅助气路系统供使用。

3. 空气压力控制器（即空气压力调节器）是利用总风缸压强的变化，自动控制空气压缩机的工作，使总风缸压力空气的压强保持在一定范围内。当总风缸空气压强达到最大规定值时，自动切断主空气压缩机电动机的电源电路，主空气压缩机停止工作；当总风缸空气压强低于最小规定值时，自动闭合主空气压缩机电动机的电源电路，主空气压缩机恢复供风。

4. 空气干燥器用于去除主空气压缩机组生产的压力空气中的油、水、尘及机械杂质等杂物，去除杂质的压力空气储存在总风缸内，供全车空气管路系统使用。

5. 精细滤油器用于去除压力空气中的残油。它装在压力空气管路中，位于空气干燥设备后面。

6. 低压维持阀用于保证干燥器内部快速建立起压强，使干燥器可以进行再生、干燥工作。其开通压力为600 kPa，同时对两台干燥器间通道进行隔离。

7. 止回阀（或逆流止回阀）用于限制压力空气的流动方向，以防止压力空气向主空气压缩机气缸内逆流或防止压力空气逆流到无负荷启动电空阀排入大气。

8. 安全阀安装在干燥器前后，以确保机车空气系统的安全。

任务二 HXD_1 型电力机车主风源系统和辅助风源系统

【知识要点】

1. 了解 HXD_1 型机车风源系统与其他机车风源系统的不同；
2. 熟知 HXD_1 型机车风源系统的功用、组成；
3. 熟知 TSA-230AD 型螺杆式空气压缩机的构造、原理；
4. 熟知 HXD_1 型机车辅助风源系统的组成。

【任务实施】

一、概 述

HXD_1 型机车风源系统分为两个相对独立的部分：一部分为由主空气压缩机组、主空气干燥器、总风缸等组成的主风源系统；另一部分为由辅助压缩机组、辅助干燥系统、风缸及连接管路等组成的辅助风源系统。

主风源系统负责在机车正常运行时，生产并提供高质量的、洁净、干燥和稳定的压缩空气。HXD_1 型机车主风源系统与国内其他各型电力机车主风源系统基本相同，其原理如图 2-1 所示。

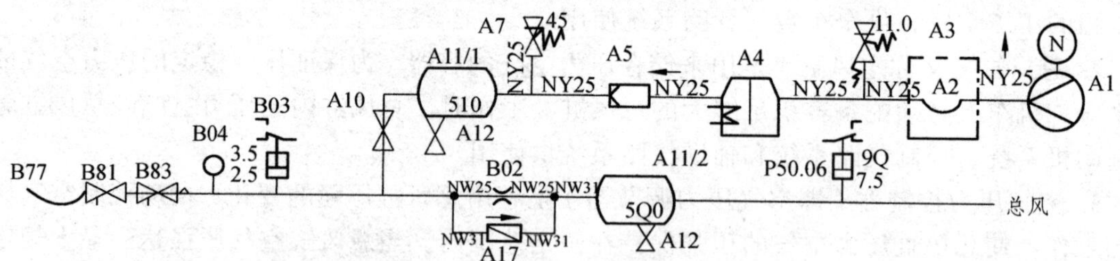

图 2-1 HXD_1 型电力机车主风源系统原理图

A1—主压缩机组；A2—空气压缩机出风软管；A3—安全阀；A4—空气干燥器；A5—精细滤油器；A7—高压安全阀；A10—截断塞门；A11—总风缸；A12—排水阀；A17—止回阀；B02—限流阀；B03—压力开关；B04—压力测试口；B77—总风软管转接器；B81—折角塞门；B83—防撞塞门

压缩机输出的压力空气经连接管路进入空气干燥器，压缩机与干燥器之间设有安全阀，干燥器处理后的压力空气经止回阀进入总风缸备用。两个总风缸串联布置，总风联管设在两个总风缸之间，并且总风缸之间设有止回阀，可防止断钩时总风风源全部流失，保证机车制动系统停车所需风源。与以往机车不同，HXD_1 型机车主风源系统止回阀与总风缸之间设有高压安全阀，用于总风缸压力过高时起保护作用。

二、主空气压缩机组

HXD_1 型机车每单节车采用一台 TSA-230AD 型或 BT-3.0/10AD 型的螺杆空气压缩机组，螺杆空气压缩机组由四大主要部件构成：驱动装置、空气压缩机组体、风冷却装置和底座。它们用螺栓连接在一起，组成一个紧凑的机组，底座以上的设备通过弹性减振器平稳地固定在这个钢制的共用底座上。共用底座将这些部件连成一个整体，通过其下方的 4 个安装孔固定在机车上，如图 2-2、图 2-3 所示。压缩机位于机械间压缩空气柜旁边。压缩机主要技术参数见表 2-1。

图 2-2　TSA-230AD 型主压缩机

图 2-3　BT-3.0/10AD 型主压缩机

表 2-1　压缩机组主要技术参数

空压机型式	BT-3.0/10AD	TSA-230AD
额定转速	1 777 r/min	3 540 r/min
流　量	3 000 L/min	3 000 L/min
控制电压	DC 110 V	DC 110 V
电机功率	30 kW	30 kW
排气压力	1 000 kPa	1 000 kPa
额定电压	440 V	440 V
额定频率	60 Hz	60 Hz
机组重量	475 kg	425 kg
冷却方式	风　冷	风　冷

下面重点介绍 TSA-230AD 型螺杆空气压缩机组。

（一）压缩机构造

TSA-230AD 型螺杆式空气压缩机的主要特点是效率高、振动小、噪音低、运转平稳可靠、易损件少、维修成本低。其外形结构如图 2-4 所示。

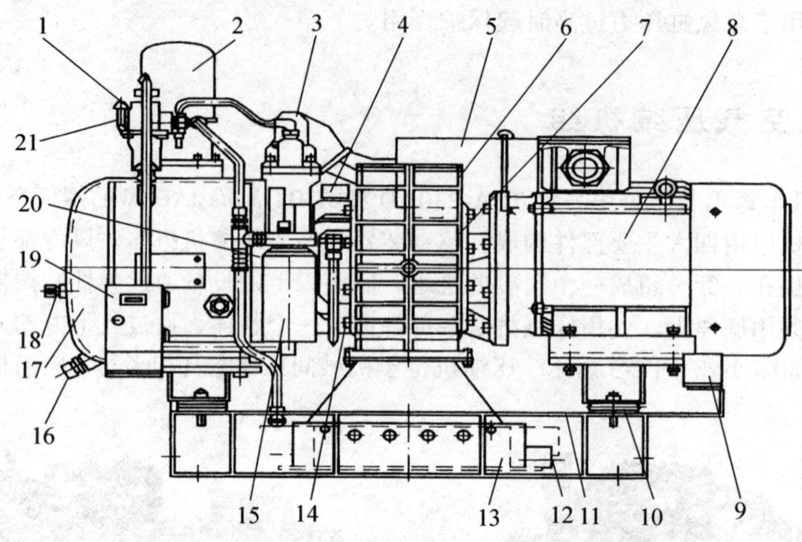

图 2-4　TSA-230AD 型螺杆式空气压缩机结构

1—温控阀；2—油细分离器；3—进气阀；4—压力开关；5—空气滤清器；6—蜗壳；7—中托架；8—电机；9—输气接口；10—减振器；11—底座；12—冷却器卸油口；13—冷却器；14—风机后盖；15—油过滤器；16—泄油阀；17—油气筒；18—温控开关；19—电控箱；20—螺杆组；21—安全阀

（二）工作原理

TSA-230AD 型螺杆式空气压缩机是一种双轴回转容积式压缩机，电机通过联轴器直接驱动压缩机转子，转子为两个互相啮合的螺杆，具有非对称的啮合型面，并在一个铸铁壳体内旋转。其压缩原理为四个过程，如图 2-5 所示。

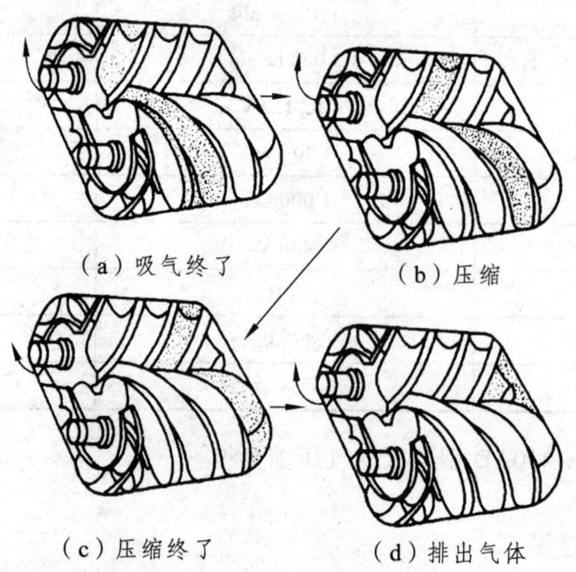

图 2-5　一个齿槽容积的工作过程

（1）吸（进）气过程

当转子转动时，主、副转子的齿沟在转至进气口时，其空间最大，转子的齿沟空间与进气口自由空气相通，外界空气即被吸入，沿轴向流入主、副转子的齿沟内。当空气充满了整个齿沟时，转子齿沟之进气侧端面转离了机壳之进气口，在齿沟间的空气即被封闭，以上为“进气过程”。

（2）封闭及输送过程

主、副两转子在吸气终了时，主、副转子齿峰与机壳封闭，此时空气在齿沟内封闭不再外流，即“封闭过程”。两转子继续转动，齿峰与齿沟在吸气端吻合并逐渐向排气端移动，此即“输送过程”。

（3）压缩及喷油过程

在输送过程中，啮合面逐渐向排气端移动，啮合面与排气口间的齿沟空间逐渐减小，齿沟内气体逐渐被压缩，压强提高，此即“压缩过程”。压缩的同时，润滑油亦因压力差的作用而喷入压缩室内与空气混合。压缩机凭借其自身所产生的压力差不断向压缩室及轴承喷入润滑油。

润滑油主要有三个作用：

① 润滑作用：润滑油可以在转子之间形成油膜，避免了转子间的接触，减少摩擦。

② 密封作用：润滑油产生的油膜能对压缩空气产生密封作用，提高了压缩机的容积效率。

③ 冷却作用：由于润滑油吸收了大量的压缩热，使压缩过程接近于等温压缩，降低了压缩机的比功率。

此外润滑油还能降低高频压缩机产生的噪声。

（4）排气过程

当转子的压缩气腔（齿沟）转到与机壳排气口相通时（压缩气体压力最高），被压缩的气体开始排出，直至齿沟的啮合面移至排气端面，此时两转子的啮合面与机壳排气口间之齿沟空间为零，即完成“排气过程”。与此同时，转子啮合面与机壳进气口之间的齿沟长度又达到最长，其吸气过程又在进行。

（三）系统流程

TSA-230AD 型压缩机系统包括空气系统、润滑油系统和冷却系统。

1. 空气系统流程

空气系统由空气滤清器、进气阀、油气筒、油细分离器、压力维持阀和后部冷却器组成。

空气由空气滤清器滤去尘埃后，再由进气阀进入主压缩室压缩并与润滑油混合。混合后的压缩空气由压缩机排至油气筒，经油细分离器、压力维持阀及冷却器之后送入使用系统中。

主气源通路中各组件功能说明：

（1）空气滤清器

空气滤清器为一干式纸质过滤器，过滤纸细孔度约为 10 μm 左右。空气滤清器座上装有一个真空指示器，指示器显示红色或箭头指向 3.7 kPa 时应清洁滤清器并倒掉后盖内尘土。

清除的办法为使用低压空气将尘埃由内向外吹出。若发现滤纸破损，则应更换，重新装上空滤器后，按下指示顶端的复位按钮（PRESS TO RESET）复位。

（2）进气阀

该进气阀专门用于间歇工作的螺杆式空气压缩机，主要由两部分组成：

① 进气止回阀

当空气压缩机停机时，在弹簧力的作用下，阀板被迅速推向阀座，关闭进气通道，防止从油气筒回流至进气阀的含油空气排入大气，同时也能避免因压缩空气倒流造成空气压缩机转子反转。

② 卸压阀

当压缩机停机后，该阀能在很短时间（约 14 s）内将油气筒内压力卸至 300 kPa 以下，以保证空气压缩机在低负荷下再次启动，有利于电机的正常工作。

（3）温控开关

在失油、油量不足、冷却不良等情况下，可能导致排气温度过高。当排气温度达到温度开关设定的温度值时，温控开关断开，压缩机停机。温控开关设定在 (105 ± 5) °C，在出厂前已调好，请勿随意调整。检查温控开关时，拔下温控开关上的电线护套，用电阻表测量温控开关两接线柱间的电阻，在温度没有达到（105 ± 5）°C 时，该电阻应为 0。

（4）油气筒

油气筒筒侧装有视油镜，空气压缩机停机 5 min 后观察，润滑油油位应在视油镜的上限与下限之间。油气筒下方装有泄油阀，应在机车每次出库前略微打开泄油阀以排除油气筒内的凝结水。由于油气筒截面宽大，可使压缩空气流速减小，油滴分离，此为第一阶段除油。

（5）安全阀

当机车上的主风缸压力开关调节不当或失灵而致使油气筒内压力比额定排气压力高出 200 kPa 以上时，安全阀即会自动跳起而卸压，使压力降至设定的排气压力以下。安全阀于出厂前已经过整定（1 110 ± 40）kPa，因此不能随意调整。检查安全阀的方法是在压缩机满载工作时 880 ~ 900 kPa，轻拉安全阀上方的拉环，若此时安全阀能向外排气，则视为正常。

（6）压力维持阀

位于油气筒上方油细分离器出口处，开启压力设定在（600 ± 50）kPa 左右。压力维持阀的功能主要为：

① 启动时优先建立起润滑油的循环压力，确保机器的润滑。

② 压力超过（600 ± 50）kPa 之后自行开启，可降低流过油细分离器的空气流速，除确保油气分离效果之外，并可保护油细分离器避免压差太大而受损。

③ 止回功能：当停机后油气筒内压力下降时，防止主风缸内压缩空气回流。

（7）压力开关

压力开关受进气阀阀座内压力控制，压缩机停机后，油气筒内压力立即传至进气阀阀座内，当压力超过 400 kPa 时，压力开关断开。随着油气筒内的压力被卸压阀快速卸除，进气阀阀座内压力也降低，当压力降至 300 kPa 时，压力开关恢复接通，此时压缩机才能再次启动，保证了电动机在低负载下启动，压缩机再次启动的最短时间间隔为 14 s。压缩机运行时，进气阀腔内压力低于大气压力，压力开关处于接通状态。

（8）后冷却器

用叶轮将冷空气抽入，通过后冷却器冷却压缩空气，将排气温度控制在环境温度 + 15 °C 以下。

2. 润滑油系统流程

润滑油系统由油细分离器、温控阀、油冷却器和油过滤器等组成。由于油气筒内存在压力，润滑油从筒内流出经过温控阀口和油冷却器进入油过滤器，经油过滤器后分成两路，一路由机体下部喷入压缩室，冷却压缩空气；另一路通到机体两端，润滑轴承组，而后汇集于压缩机室底部，随压缩空气一起又进入油气筒。

油路上各组件及其功能说明：

（1）油冷却器

油冷却器的翅片易受灰尘覆盖而影响冷却效果，可能导致排气温度过高而停机。因此每隔一段时间即应对其进行清洗以确保冷却效果。

（2）油过滤器

油过滤器是一种纸质的过滤器，其功能是除去油中的杂质，如金属微粒、油垢等，对轴承及转子起完善的保护作用。当油过滤器的保养指示为红色时，应更换该油过滤器。

若油过滤器未及时更换则可能导致进油量不足，造成排气温度升高，以至停机；同时油量不足会影响轴承的使用寿命。在更换油过滤器时，须使用专用工具链钳或带钳，夹住黑色滤筒上方的白色金属环，按顺时针方向旋转，拆下旧的油过滤器滤筒。在装上新的滤筒之后，油过滤器指示会自动复位。

（3）油细分离器

油细分离器滤芯采用多层细密玻璃纤维制成，压缩空气经过油细分离器后所含雾状油气几乎可被完全滤去，油颗粒大小控制在 0.1 μm 以下。正常运转下，油细分离器可使用约 2 000 ~ 3 000 h。润滑油的油品及周围环境污染程度对油细分离器寿命影响甚大，如果环境污染甚为严重，可考虑加装前置空气过滤器。至于润滑油的选择，必须采用所推荐的牌号，最忌使用假油或再制油。油细分离器出口装有安全阀和压力维持阀，压缩空气由压力维持阀引出，通至冷却器。油细分离器滤下的油集中于其中央的小圆槽内，再由一回油管回流至机体进口侧，可避免已被过滤出的润滑油再随空气排出。

在更换油细分离器时，须使用专用工具链钳或带钳，夹住油细分离器的白色金属环按逆时针方向旋转，拆下旧的油细分离器，再用专用工具以相反的方向旋紧替换的新件。

（4）温控阀

油冷却器前装有一温控阀，其功能是维持排气温度在压力露点温度以上，避免空气中的水汽在油气筒内凝结而乳化润滑油。刚开机时，润滑油温度低，此时温控阀会自动开启通往机体的油路，油不经过油冷却器而进入机体内。若油温升高到 76 °C 以上，则温控阀逐渐打开至油冷却器的通路，至 85 °C 时全开，此时油会全部经过冷却器再进入机体内。

3. 冷却系统

冷却系统由离心风机、蜗壳、油冷却器和后部冷却器组成。冷却空气由冷却风机抽入，由蜗壳导向吹过油冷却器和后部冷却器的散热翅片，同时冷却压缩空气及润滑油。

4. 电 机

TSA-230AD 型空气压缩机所用电机型号为 FS200—2AB，是专为逆变器供电方式设计的。该电机按 TB 1608—1985（机车、车辆用三相异步电机基本技术条件）的要求进行设计，其额定电压为 380 V，但在供电电压为 270 V 或 460 V 时也能输出 22 kW 的轴功率，满足驱动空气压缩机的要求，并能在正弦性畸变率 30% 和电压不对称度 7%（最高电压时）或 10%（最低电压时）的情况下正常工作。该电机采用了 F 级绝缘。

5. 压缩机组故障处理

压缩机组故障原因分析及解决措施见表 2-2。

表 2-2 压缩机组故障原因分析及解决措施

故障现象	原因分析	解决措施
电机转向错误	电机的电源线相序错误	按电路图正确连接电源线，并检查电机转向
压缩机组无法启动	断 电	检查电源电路
	连接线缆松动	检查连接线缆，拧紧接线端子
	电机保护开关断开	给保护开关解锁
	电机损坏	查找电机故障，必要时更换电机
	温度开关未连接或线缆断路	检查连接线缆
	温度开关断开	按维护文件要求进行故障排除
压缩机启动困难	压缩机损坏	按维护文件要求拆除压缩机，并返厂检修
	启动时，供给电压过低	检查机车供电电压
	环境温度过低	压缩机预热或连续工作以提高环境温度
压缩机在达到定压前停止工作	电机保护开关断开	给保护开关解锁
	压缩机启停压力控制开关故障	检查压力开关或调整压力值
	温度开关断开	按维护文件要求进行故障排除
安全阀有排风声	压缩机损坏	按维护文件要求拆除压缩机，并返厂检修
	压缩机用安全阀损坏或故障	更换安全阀
无压缩空气排出或排出量少，工作周期延长	空气滤清器滤芯污染	更换滤芯
	压缩系统密封不严	排除泄漏
	压缩机损坏	按维护文件要求拆除压缩机，并返厂检修
压缩空气中含油量过高	压缩机损坏	按维护文件要求拆除压缩机，并返厂检修
	压缩机外壳内油位过高	排油以降低油位至刻度线之间
	油温过高	检查温度开关
	油细分离器故障	检查油细分离器或更换
高油耗	压缩机损坏	按维护文件要求拆除压缩机，并返厂检修
	油温过高	检查温度开关
油从空气滤清器溢出	压缩机损坏	按维护文件要求拆除压缩机，并返厂检修

二、空气干燥器

HXD_1型机车每单节车采用一台 TAD-4.8-H 型空气干燥器（见图 2-6），用来清除压缩空气中所含的水、油、尘埃等杂质，其空气处理量为 4.8 m^3/min。TAD-4.8-H 型空气干燥器是一种两室吸附式双塔干燥器，并带有能自动排水的冷凝器和干燥器控制单元。空气干燥器由 2 个干燥塔、进气阀、排气阀、出气止回阀、电控器、离心式油水分离器及安装架等组成。通过电控器和电控阀对进气阀、排气阀和出气止回阀的控制，使 2 个干燥塔定时在吸附、再生和充气 3 种状态下周期性地转换，保证处理后的空气达到相应指标，满足机车、车辆用风要求。

图 2-6　TAD-4.8-H 型空气干燥器

TAD-4.8-H 型空气干燥器主要技术参数见表 2-3。

表 2-3　TAD-4.8-H 型空气干燥器主要技术参数

总　重	115 kg
处理空气量	4.8 m^3/min
工作压力	1 000 kPa
再生耗气率	15.3%
再生方式	无热、常压
出气口相对湿度	< 35
干燥塔转换周期	80 s

三、其他风源部件

1. 精油过滤器

精油过滤器用于去除压缩空气中的残油。它装在压缩空气管路中，位于空气干燥设备后面，如图 2-7 所示。

图 2-7 精油过滤器

空气干燥器中的油分离器分离出大量来自压缩机的油（油消耗）。但是，仍有残留的油被传送到空气系统中，特别是在油温高时。这些油在温度较低、流量较小处缓慢流动而沉淀下来，设备长时间运行之后，就可能在此处导致故障。为了避免此类故障，在空气干燥器之后再使用一个附加的精油过滤器。

精油过滤器构造如图 2-8 所示。

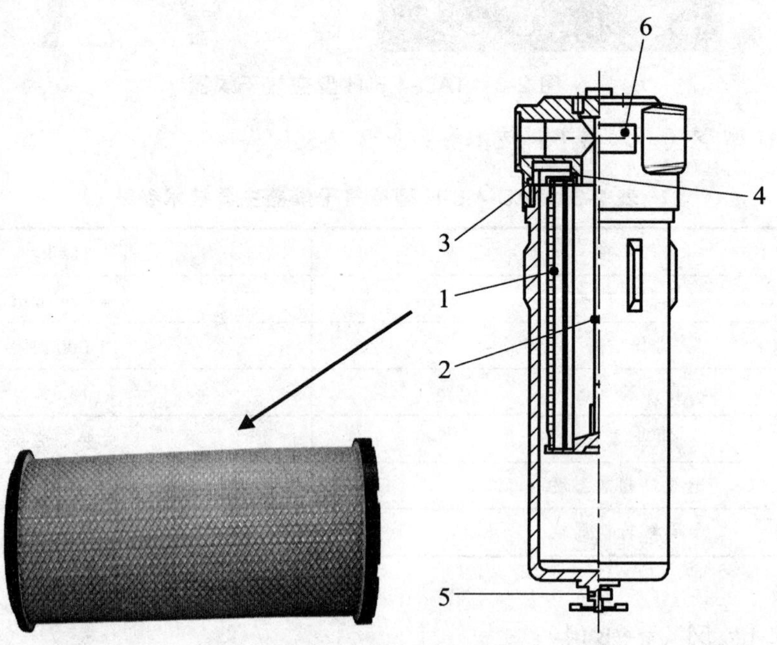

图 2-8 精油过滤器

1—过滤元件；2—螺纹杆；3、4—O 形圈；5—手动泄放阀；6—铭牌

过滤元件是用螺丝固定在装于阀箱（过滤器端部）中间的螺纹杆上的，并通过端帽自行密封。

2. 安全阀

安全阀（图 2-1 中的 A3、A7）是压缩空气供给设备的组成部分。安全阀 A3 可防止下游空气干燥设备过压，当压力达到设定的(1 100 ± 20) kPa 时阀门打开；安全阀 A7 可防止上游空气干燥设备过压，当压力达到厂方设定的(950 ± 20) kPa 时阀门打开。

（1）安全阀构造（如图 2-9 所示）

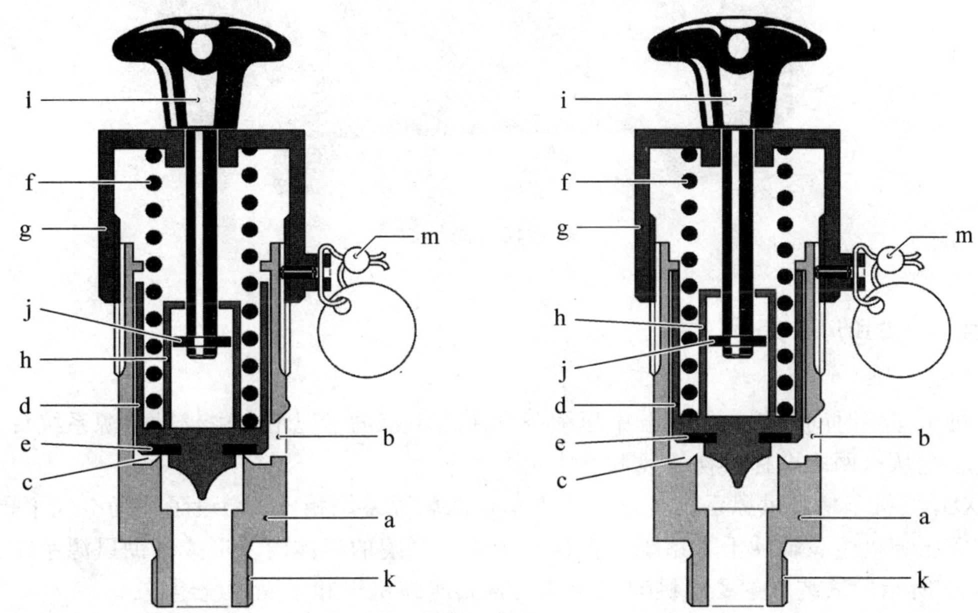

图 2-9　安全阀结构

a—阀箱；b—出气口；c—阀座；d—活塞；e—密封圈；f—压缩弹簧；g—盖；h—弹簧支承套筒；i—手柄；j—圆柱销；k—接口螺纹

（2）作用原理

运行中活塞（d）在其位于阀座直径内的底面上被加上压缩空气气压。由此产生的压力反向作用于压缩弹簧（f），正常情况下，压缩弹簧的弹簧力大于压缩空气气压产生的压力，从而保持阀门关闭。

如果设备中的压缩空气压力超过允许的工作压力，则压力大于压缩弹簧（f）的弹力，活塞（d）推动压缩弹簧（f）向上运动。在密封圈（e）和阀座（c）之间形成一个环状间隙，压缩空气通过此间隙从出气口（b）进入大气。

当阀门前的压力继续上升时，同样也在向上运动的活塞（d）会使得产生的环形间隙越来越大，在某个特定的点上会出现提升效应，活塞（d）突然向上运动，从而产生一个很大的排气截面，阀门保持开启，直至阀门前的压力下降后活塞（d）便向下朝着阀座 （c）方向运动。当压力下降到低于设定压力时，活塞（d）中的密封环（e）自动置于阀座（c）上将排气通路切断，于是阀门关闭。

3. 截断塞门

截断塞门（图 2-1 中的 A10）用于机车无火回送操作。当机车进行无火回送操作时关闭该塞门，机车只有第二总风缸投入运用，保证机车快速达到无火行车状态。

4. 总风缸

总风缸用于储存压缩空气（见图 2-10），HXD_1 型电力机车每节车上设两个总风缸，总容量为 2 000 L。

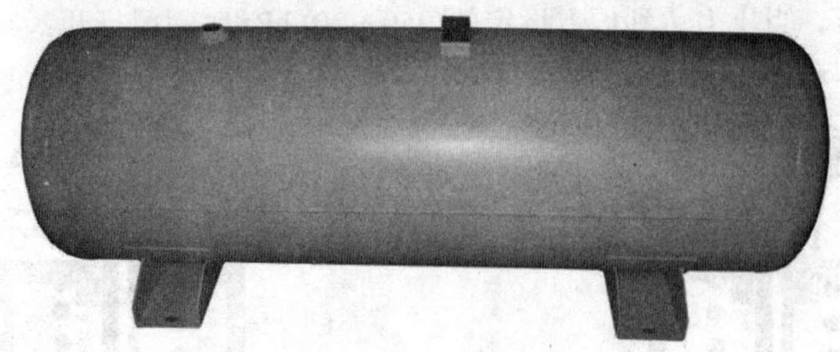

图 2-10 总风缸

四、辅助风源系统

在机车库停时间较长、总风缸中压缩空气压力不够的情况下，由辅助风源系统负责为机车供电系统从电网取电提供初始风源。

HXD_1 型机车辅助风源系统与以往的机车辅助风源系统相比，增设了辅助空气干燥系统，并将辅助压缩机组、辅助干燥系统布置在一个结构紧凑的柜体内，形成辅助风源系统模块，如图 2-11 所示。该装置主要由机架，无油活塞式压缩机组和干燥系统组成。

图 2-11 HXD_1 型机车辅助风源系统

辅助压缩机组的压缩机（6）经吸气过滤器（8）吸入大气，经压缩机压缩后再通过管道（5）送入干燥系统（1），经过辅助空气干燥系统处理后，由过滤器（9）清洁了的干燥后的压缩空气经压力管（4）和止回阀（7）送入辅助风缸（3），辅助风缸布置在机架上，如图 2-12 所示。辅助风源系统还设有安全阀，用以控制辅助风源系统压力不超过最大限定值。

辅助压缩机组采用无油活塞式压缩机，其启停受机车控制电路控制。压缩机组的气缸盖上还设有温度传感器，用以控制辅助压缩机组在规定温度范围内正常运行。

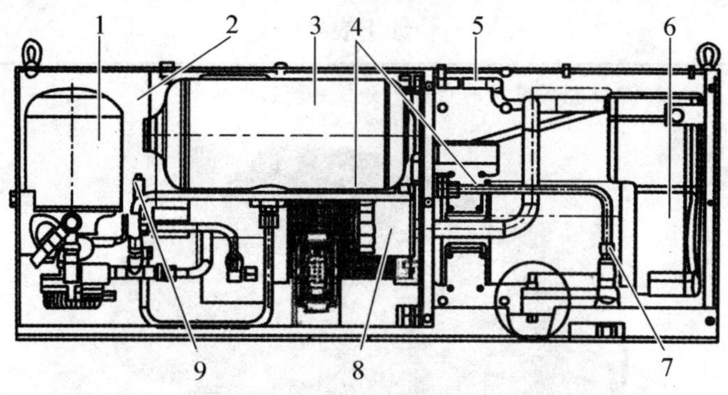

图 2-12　HXD_1 型机车辅助风源系统结构示意图

1—干燥系统；2—机架；3—辅助风缸；4—压力管；5—管道；6—无油活塞式压缩机组；
7—止回阀；8—吸气过滤器；9—过滤器

辅助干燥系统主要包括吸附式单塔干燥器、再生风缸、过滤器、自动排水阀、加热装置、消音器等。吸附式单塔干燥器再生方式为无热再生，当压缩机组停机时，再生风缸内干燥的压缩空气经过干燥筒和消音器后排入大气，同时将干燥筒处积累的水自动排出，空气干燥器完成再生。加热装置用于防止干燥器在工作过程中出现冻结现象。过滤器用于过滤干燥后空气中的粉尘。经辅助干燥系统处理后的压缩空气质量满足 ISO8573 含尘埃等级 3、含油等级 4 和含水等级 3 的标准要求。

【实践与训练】

学习工作单

工作单	HXD_1 型电力机车主风源系统和辅助风源系统		
任务	了解 HXD_1 型机车风源系统与其他型机车的不同；熟知 HXD_1 型机车风源系统的功用、组成；熟知 TSA-230AD 型螺杆式空气压缩机的构造、原理；熟知 HXD_1 型机车辅助风源系统的组成。		
班级		姓名	
学习小组		工作时间	
【知识认知】			
1. 简述 HXD_1 型机车风源系统的作用； 2. 简述 HXD_1 型机车风源系统组成； 3. 简述 TSA-230AD 型螺杆式空气压缩机的工作原理； 4. 简述 HXD_1 型机车辅助风源系统的组成； 5. 简述 HXD_1 型机车辅助风源系统压缩空气生产过程。			
【能力训练】			
1. 按照图例，试归纳 HXD_1 型机车风源系统的组成。 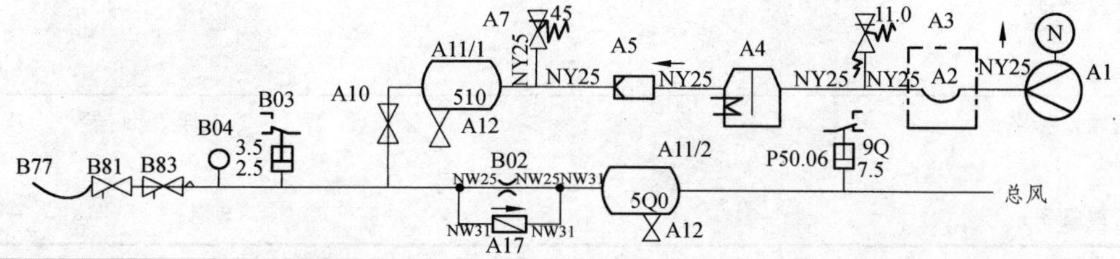			

续上表

2. 按照图例，试归纳 TSA-230AD 型压缩机的组成，分析系统工作流程。 
3. 按照图例，试归纳 HXD_1 型机车辅助风源系统的组成，分析压缩空气的生产过程。 
任务学习其他说明或建议：
指导老师评语：
任务完成人签字：　　　　日期：　　年　　月　　日 指导老师签字：　　　　日期：　　年　　月　　日

任务三 HXD_2型电力机车主风源系统和辅助风源系统

【知识要点】

1. 了解HXD_2型机车风源系统与其他型机车风源系统的不同；
2. 熟知GAR 22型螺杆式空气压缩机组的结构和工作原理；
3. 熟知空气干燥器的设置位置、结构和工作原理；
4. 熟知总风缸的设置位置、容量和连接方式；
5. 熟知辅助风源系统的功能。

【任务实施】

每节 HXD_2 型电力机车风源系统主要由 1 台 GAR 22 型螺杆式空气压缩机组、1 台 CDR45-628 型双塔空气干燥器、1 套 WSDR25/PDR60 型自动排水除油过滤装置、1 台辅助压缩机、1 台辅助压缩机干燥器和 2 个 500 L 的总风缸等设备构成，总风缸采用并联方式组合。

一、螺杆式空气压缩机组

GAR 22 型螺杆式空气压缩机组的作用是为制动系统、列车用风设备提供压缩空气。它安装在主风源柜上，由机车 TCMS（Train Control and Management System，列车微机网络控制系统）控制，采用三相交流 380 V 50 Hz 的电机驱动、电源箱供电，星-三角启动方式。压缩机组外形如图 2-13 所示，其主要技术参数见表 2-4 所示。

表 2-4 GAR 22 型螺杆式空气压缩机主要技术参数

压缩方式	连续，单级
额定排气压力	1 000 kPa
冷却方式	风冷
润滑油量	6.5 L
旋转方向	从电动机轴伸出端看为逆时针
电动机额定功率	25 kW
额定转速	2 940 r/min
公称容积流量	Q = 2.4 m^3/min
重 量	约 470 kg（包括电动机、底座及润滑油）
允许工作循环（$ED = t_1/t \times 100\%$）（t_1-每循环中的工作时间，t-每循环的全部时间）	$ED_{max} = 100\%$ $ED_{min} = 30\%$
环境温度上限	65 °C
环境温度下限	− 40 °C
空气压缩机停留温度	油气筒内温度 t = (120 ± 5) °C
耗油量	排气含油量小于 5×10^{-6}（相当于 6 mg/m^3）
噪声	≤102 dB（A）

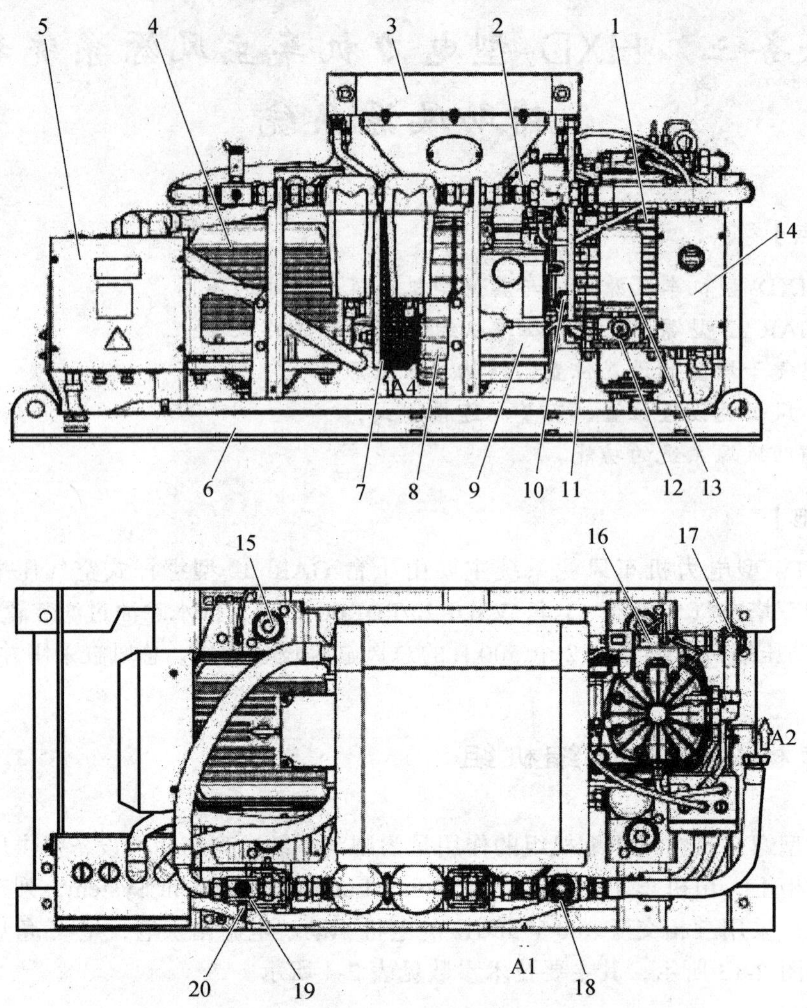

图 2-13 GAR 22 型螺杆式空气压缩机组外形图

1—压缩机壳体；2—压缩机螺杆组；3—冷却器；4—三相电机；5—电气盒 1；6—底架；7—连接器及保护网；8—蜗壳；9—空气过滤器；10—油位计；11—油标尺；12—油控单元；13—滤油器滤筒；14—电气盒；15—弹性支脚；16—空运转装置；17—最小压力阀；18—单向阀；19—安全阀；20—测试点；A1—空气入口；A2—压缩空气出口；A2—空气入口

首先通过空气过滤器吸入空气，并送至压缩单元—螺杆式压缩机中。在螺杆式压缩机中，通过减少两个转子之间的剩余空间来压缩空气，此时将油泵送到压缩室中，起到降温和润滑作用，压缩空气成为油气混合压缩体。高温油气混合压缩体经过逆止阀进入油气分离器，在油气分离器中，大多数注入压缩室的油与压缩空气分离，并通过回油管路进行循环利用。当油气分离器中的压力达到额定压力（400 kPa）时，最低压力阀打开并允许高温压缩气体进入空气冷却器中。经过空气冷却室冷却后的压缩空气即可为车载设备使用。

二、空气干燥器

空气干燥器连接在压缩机冷却器的出口、油水分离器的后面。干燥器由干燥塔和控制阀组成，控制阀用来控制通过干燥塔的空气流量。通过打开、关闭控制阀，干燥塔能够吸收或生成干燥的空气。空气干燥器外形结构如图 2-14 所示。

图 2-14　空气干燥器

三、总风缸

在车体气动柜内安装两个总风缸，每个总风缸容量为 500 L，两总风缸采用并联方式连接。

四、辅助风源系统

辅助风源系统由辅助空气压缩机组组成，主要具有下列功能：在机车升弓前，由辅助压缩机提供受电弓升弓和闭合主断路器所需的压缩空气；在机车长时间停放时，利用升弓风缸保存压缩空气，以备下次升弓和闭合主断路器用。

辅助空气压缩机采用由蓄电池供电的直流电机驱动。

【实践与训练】

学习工作单

工作单	HXD_2 型电力机车主风源系统和辅助风源系统		
任务	了解 HXD_2 型机车风源系统与其他型机车风源系统的不同；熟知 GAR 22 型螺杆式空气压缩机组的结构和工作原理；熟知空气干燥器的设置位置、结构和工作原理；熟知总风缸的设置位置、容量和连接方式；熟知辅助风源系统的功能。		
班　级		姓　名	
学习小组		工作时间	
【知识认知】			
1. 简述螺杆式空气压缩机组的结构和工作原理； 2. 简述空气干燥器的设置位置、结构和工作原理； 3. 简述总风缸的设置位置、容量和连接方式； 4. 简述辅助风源系统的功能。			

续上表

<table>
<tr><td>【能力训练】</td></tr>
<tr><td>1. 试标出下面螺杆式空气压缩机组外形图中各组成部件的名称。
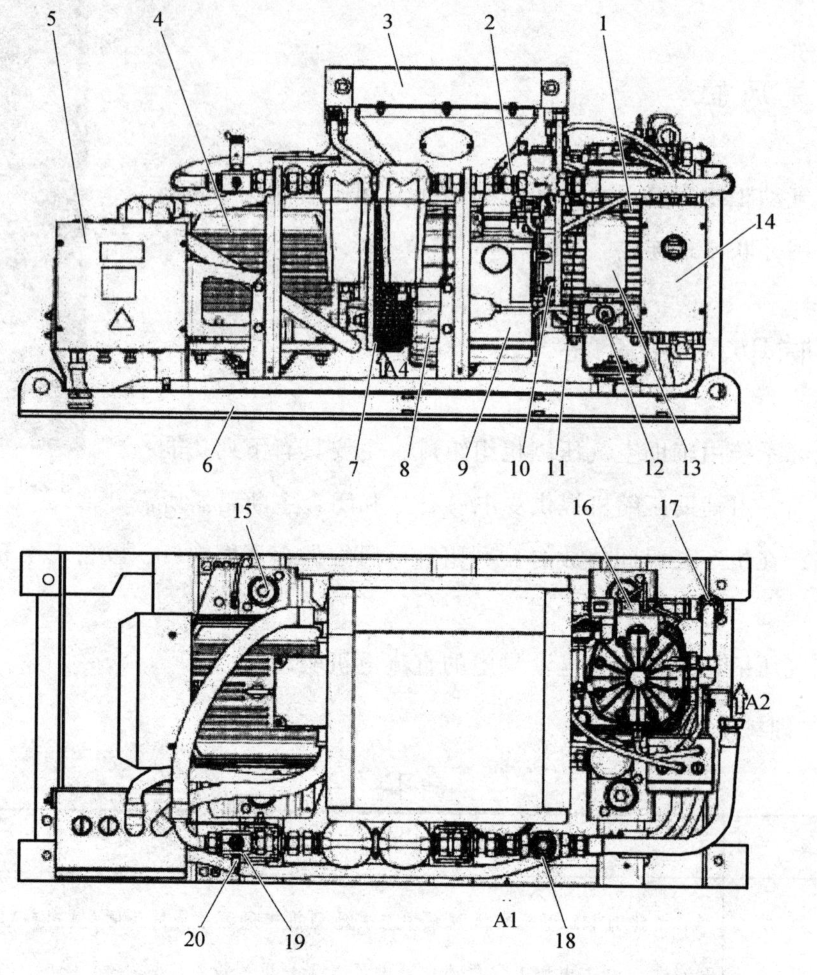
</td></tr>
<tr><td>任务学习其他说明或建议：</td></tr>
<tr><td>指导老师评语：</td></tr>
<tr><td>任务完成人签字： 日期： 年 月 日

指导老师签字： 日期： 年 月 日</td></tr>
</table>

任务四　HXD_3型电力机车主风源系统和辅助风源系统

【知识要点】

1. 了解 HXD_3 型机车风源系统与其他型机车风源系统的不同；
2. 熟知 SL22-47 型螺杆式压缩机组的参数、组成和工作原理；
3. 熟知空气干燥器的参数、结构和工作原理；
4. 熟知辅助风源系统的组成。

【任务实施】

HXD_3 型电力机车风源系统分为两个相对独立的部分：一部分为由主空气压缩机组、主空气干燥器等组成的主风源系统；另一部分为由辅助压缩机组、辅助干燥系统、风缸及连接管路等组成的辅助风源系统。HXD_3 型电力机车主风源系统由主空气压缩机组、压力控制器、安全阀、主空气干燥器、微油过滤器、总风缸安全阀、总风缸、止回阀、限流阀、折角塞门及连接管路等组成。

HXD_3 型电力机车采用两台 SL22-47 型螺杆式空气压缩机组作为系统风源，排风量为每台 2 750 L/min。配套使用两个 LTZ3.2-H 型双塔干燥器和两个 OEF2 型微油过滤器作为风源滤水、滤油的处理装置。其双塔干燥器的空气处理量为每个 4.8 m^3/min，处理后的压缩空气可以满足 ISO8573-1 固体颗粒 2 级、油 2 级和水 2 级的标准要求。另外机车采用 4 个容积均为 400 L 的风缸串联起来作为压缩空气的储存容器，风缸采用车内立式安装。为了满足机车重联功能，在机车端部安装了总风重联管软管和平均管软管。

一、SL22-47 型螺杆式压缩机组

HXD_3 型电力机车采用两台 SL22-47 型螺杆式空气压缩机组作为系统风源，如图 2-15 所示。

图 2-15　SL22-47 型螺杆式压缩机组

其驱动电机为KB/26-180LB型交流电机。此空气压缩机组具有温度、压力控制装置，可以实现无负荷启动。冷却器排风口向下向车内排风。空气压缩机组的开停状态由总风压力开关进行自动控制，也可以通过手动按钮强行控制开停。

（一）SL22-47型螺杆式空气压缩机主要技术参数（见表2-5）

表2-5 SL22-47型螺杆式空气压缩机主要技术参数

电动机额定转速	2 920 r/min
流　量	2 750×(1±6%) L/min
工作压力	1 000 kPa
轴功率	25×(1±7%) kW
机油量	7/6 L
机油牌号	Anderal 3 057M
工作温度范围	−40 °C ~ +50 °C
电机型号	KB/26-180LB
工作电压	$380^{+15\%}_{-5\%}$ V
频　率	50 Hz
工作电流	$48^{+20\%}_{-10\%}$ A
功率因数	0.89
启动电流	440×(1+20%) A
冲击电流（峰值）	810×(1+20%) A
保护等级	IP55
冷却空气流速	0.55 m^3/s
控制电压	DC 110×(1±30%) V
整备质量	300×(1±3%) kg

（二）空气压缩机组组成

SL22-47型螺杆式空气压缩机组包含以下主要部件：三相电机、压缩机、弹性支座（F1）、电气系统和空滤器，如图2-16所示。各部分通过螺栓连接形成紧凑的自支撑结构，整个空气压缩机组通过弹性支座与机车连接。其他控制部件功能如下：

1. 真空指示器

通过真空指示器的显示状态可以判断干式滤芯是否需要进行更换。若指示器为红色表示应更换滤芯。

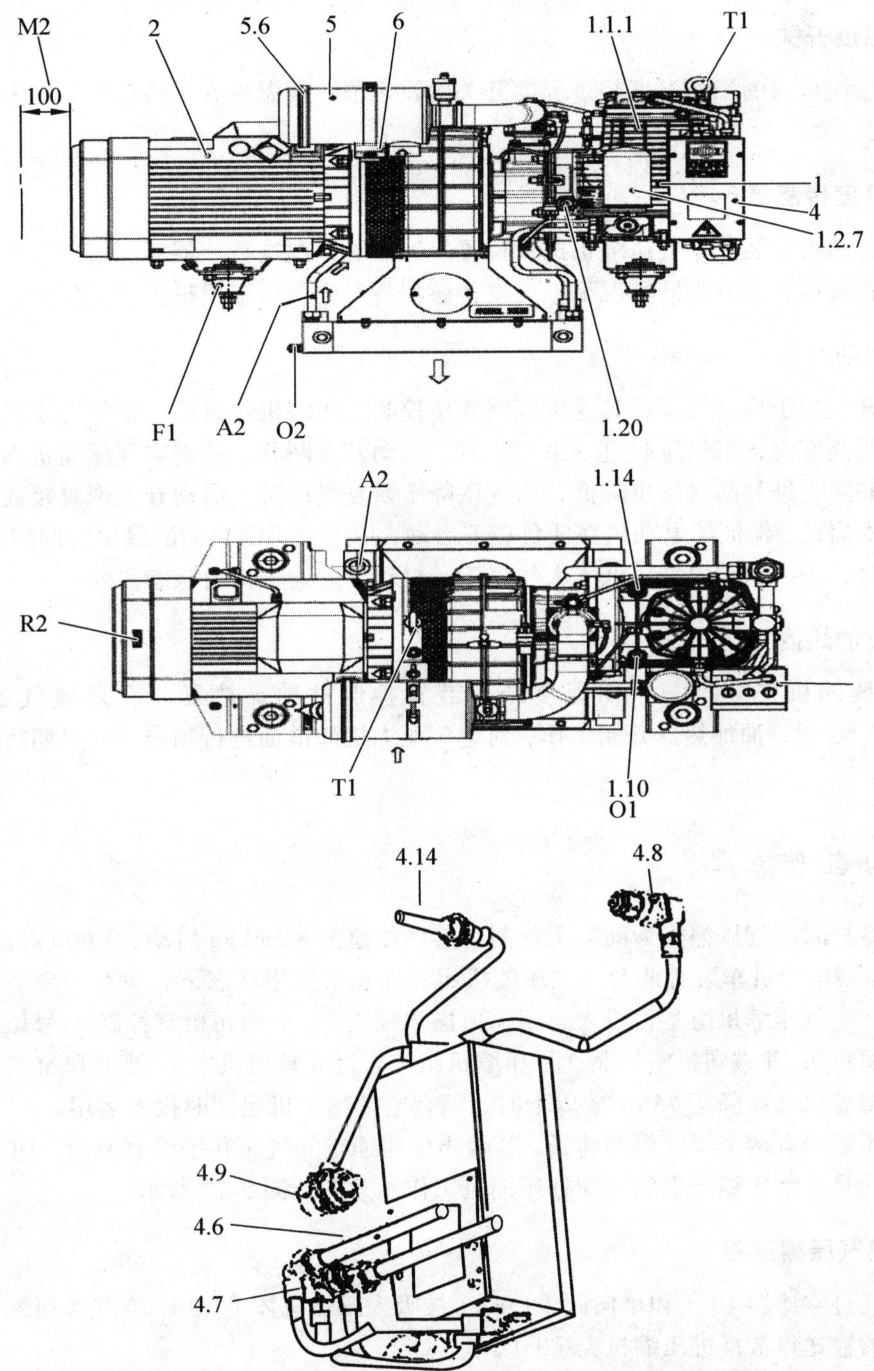

图 2-16　空气压缩机组结构

1—压缩机；4.14—温度传感器；1.1.1—压缩机壳；5—空滤器；1.2.7—油过滤器；5.6—干式滤芯真空指示器；1.10—油尺；6—适配器壳；1.14—安全阀；A2—压缩空气出口；1.20—油位窗口；F1—弹性支座；2—三相电机；R2—电机旋转方向标示；4—电气系统；T1—吊环；4.6—油加热器；M2—冷却空气所需最小间隙；4.7—温度调节装置；4.8—启动开关；4.9—温度开关；O1—加油口；O2—排油口

2. 温度开关

如果压缩机内的工作温度超过温度开关的设定值，该温度开关将动作，切断空气压缩机的控制电源。

3. 温度传感器

温度传感器安装在空气压缩机机头位置。工作时，温度传感器对压缩空气出口的温度进行测量，在温度异常升高的情况下，温度传感器将对空气压缩机进行停机保护。

4. 启动开关

启动开关用于检测气压，其受进气阀气压控制。压缩机停机后，空气压缩机内气压立即传至进气阀阀座内，当气压超过 320 kPa 时，启动开关断开。随着空气压缩机内的气压被卸荷阀快速卸除，进气阀气压也降低，当气压降至恢复气压时，启动开关恢复接通，此时压缩机才能再次启动，保证了电动机在低负载下启动，压缩机再次启动的最短时间间隔为 6 s。压缩机运行时，进气阀腔内气压低于大气气压，启动开关处于接通状态。

5. 油加热器

空气压缩机安装了一个由温度调节装置控制的油加热器。在环境气温下降至约（-20 ± 5）°C 时，油加热器开始工作，对空气压缩机润滑油进行预热。预热期间空气压缩机不能工作。

（三）工作原理

机车螺杆式空气压缩机为间歇工作制，其动作值为 8.25 kPa 启动，1 000 kPa 停止。

HXD_3 型电力机车装有两台空气压缩机组，在正常使用状态下，只有一台空气压缩机组投入运用。空气压缩机组是否投入运用，由操作端决定。I 端司机室控制 1 号压缩机组（靠近 I 端司机室）；II 端司机室控制 2 号压缩机组（靠近 II 端司机室）。当总风缸气压下降速度过快，使得总风气压降至 750 kPa 以下时，两台空气压缩机组同时投入运用。

螺杆压缩机有两个螺旋形的转子，其输出的压缩空气气压几乎没有波动，1 000 kPa 的压缩空气气压是一级压缩产生的。螺杆压缩机工作示意图如图 2-17 所示。

1. 空气压缩过程

空气通过空滤器（F）和单向阀（1.4.3）被吸入压缩机体（1.3）。空气被压缩后，通过与转子连接的输送口被推进压缩机壳（1.1.1）。

如果压缩机启动时，压缩机壳里无空气气压，最小压力逆止阀（1.37）将保持关闭状态，以便使压缩机壳内迅速建立起空气气压。空气气压建立后，润滑油开始循环。

当压缩机壳内空气气压达到大约 650 kPa 时，最小压力逆止阀打开并将压缩空气送出。

送出的压缩空气达到系统的规定气压后，压缩机受总风压力开关控制自动停机，最小压力逆止阀将自动关闭，将系统与压缩机机壳内的通路隔断。

每次压缩机停机后，压缩机壳内的空气气压被自动释放。压缩机停机后，最小压力逆止阀（1.37）和单向阀（1.4.3）关闭。在进气口，由于压缩机体（1.3）空气逆流而气压升高，导致减压阀（1.4）打开。压缩机壳（1.1.1）里的压力空气可通过减压阀流进空滤器后排向大气，从而将压缩机机壳里的空气气压快速降低到约 180 kPa。剩余的气压通过减压阀上的缩孔被缓慢排放至 0 kPa。

停机时间超过 6 s 后，可以实现空压机的无负荷再启动。

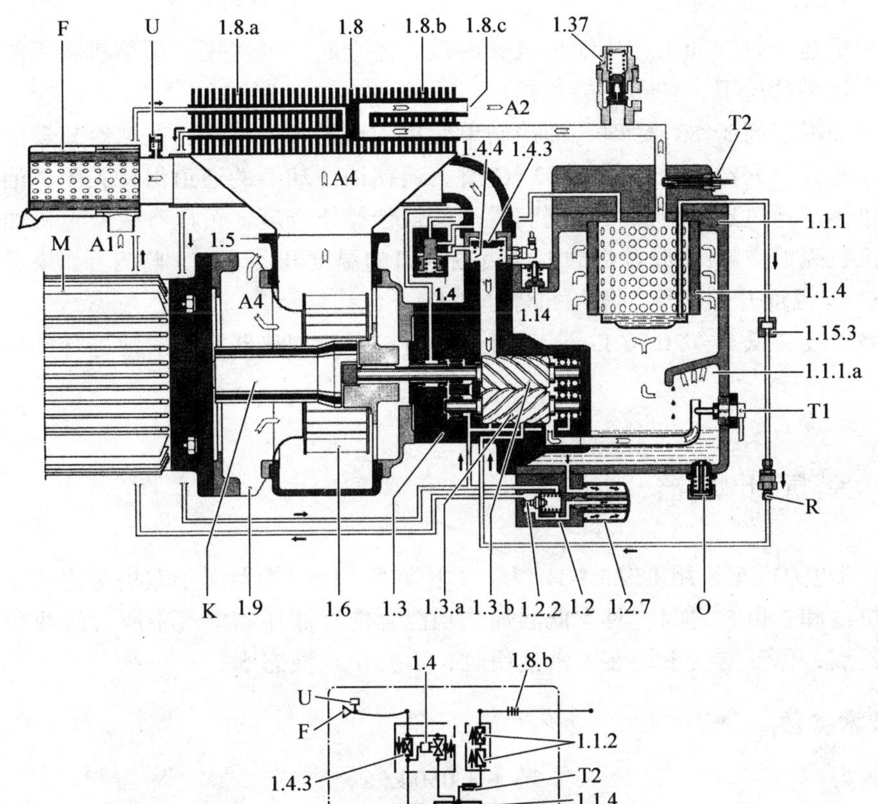

图 2-17　空气压缩机组工作示意图

1.1.1—压缩机壳；1.1.1a—挡板；1.1.4—油细分离器；1.2—油控制单元；1.2.2—温控器；1.2.7—油过滤器；1.3—压缩机体；1.3.a—阳转子；1.3.b—阴转子；1.37—最小压力阀；1.4—减压阀；1.4.3—单向阀；1.4.4—弹簧；1.5—蜗壳；1.6—离心风扇；1.8—冷却器；1.8.a—油冷却器；1.8.b—空气冷却器；1.8.c—压缩空气出口；1.9—适配器壳；1.14—安全阀；1.15.3—回油过滤器；O—排油阀；K—联轴器；F—空滤器；M—三相电机；T1—温度开关；T2—温度传感器；U—真空指示器；R—止回阀；A1—进气口；A2—压缩空气出口；A4—冷却空气

2. 油循环过程

当压缩机运转时，在压缩机机壳内建立起的空气气压将机壳内的润滑油通过油过滤器输送到轴承、传动装置和压缩机体内油喷射点。这些油用于润滑、密封转子凸轮尖部和带走空气压缩过程中产生的热量。

由压缩机传送的空气/油混合物通过输送口并打在机壳上的挡板（1.1.1a）上，这一过程属于油粗级过滤。之后，压缩空气又经过油细分离器（1.1.4）进行精级过滤。精级过滤分离出的油被收集到油细分离器底部，在压缩机机壳内空气气压作用下，通过回油过滤器（1.15.3）和止回阀（R）返回到压缩机体。

3. 其　他

当压缩机运转时，如果在压缩机机壳内没有建立起空气气压，压缩机将不能被充分润滑和冷却。在这种情况下，转子可能被损坏。

当润滑油温度高于 83 °C 时，油控制单元中的温控阀会打开通往油冷却器的通道，对润滑油进行冷却；当润滑油温度低于 83 °C 时，通往油冷却器的通道保持关闭，油被直接传送到压缩机机体。通过这种方式可达到润滑油的最佳操作温度，可以有效避免机油乳化。

压缩机机壳的空气/油混合物的温度由输送口的温度开关（T1）监测。如果温度高于设定值（112 °C），温度开关动作，压缩机停止工作。

若环境温度较低（－20 °C 以下），可以通过一个油加热器对润滑油进行预热后再启动空气压缩机。

二、空气干燥器

HXD_3 型电力机车采用 LTZ3.2-H 型空气干燥器。该干燥器属于双塔吸附式干燥器，位于空气压缩机组和总风缸之间，具体低温加热功能，能过滤压缩空气中所含的油和水，降低压缩空气的露点，保证空气系统在正常使用时，不会出现液态水。

1. 技术参数

工作压力	最大 1 050 kPa 最小 300 kPa
进气温度	最高 60 °C
环境温度	－40 °C ~ 50 °C
空气处理量	4.8 m^3/min
再生方式	无热、常压
每个电磁阀功率消耗	14 W
每个加热器功率消耗	40 W
电压允差	± 30%
保护等级	IP67
质量	98 kg

2. 结　构

空气干燥器（见图 2-18）主要包括：两个干燥塔（1），每个塔内集成一个油分离器（A）；带有计时功能的脉冲电磁阀（12）；带可更换再生节流孔（47）的双逆止阀（4）；排放阀（44）（LTZ-H 型单元的排放阀还配备了一个恒温器控制器）；消音器（72）和冷凝排放盖。

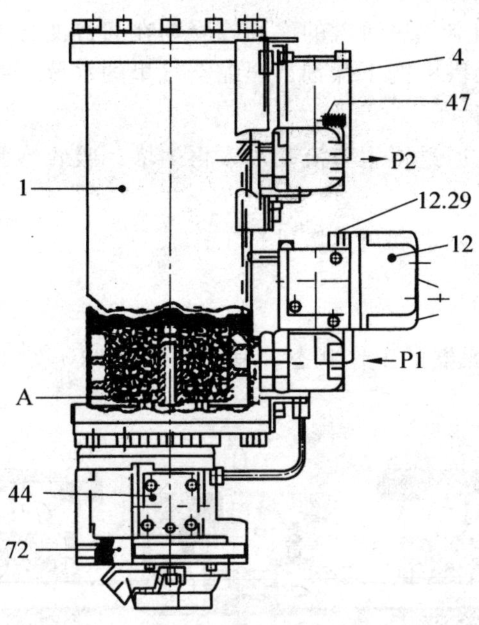

图 2-18　空气干燥器结构图

1—干燥塔；4—双逆止阀；12—脉冲电磁阀；12.29—压力指示器；44—排放阀；47—节流孔；72—消音器；A—油分离器；P1—压缩空气入口；P2—压缩空气出口

每个电磁阀的工作状态用一个气动压力指示器显示。当电磁阀作用时，压力指示器弹起，对应的塔处于再生状态。

3. 工作原理

无热吸附式双塔干燥器的再生和吸附工作在两个塔中同时进行，当压缩空气在一个塔内通过干燥剂进行干燥时，另一塔内的干燥剂被干燥的空气吹扫进行再生处理，如图 2-19 所示。

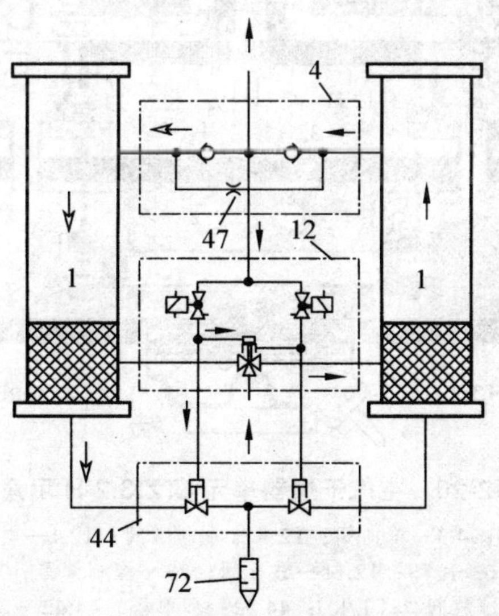

图 2-19　空气干燥器气动控制示意图

1—干燥塔；4—双逆止阀；12—脉冲电磁阀；44—排放阀；47—节流孔；72—消音器；
主气流；再生空气；控制空气

到达干燥器的饱和压缩空气里所含的油和冷凝物在通过油分离器时首先被提取出来。饱和的压缩空气接着通过干燥塔中的干燥剂，压缩空气里的水分子被吸收，干燥器出口压缩空气的相对湿度达到 35% 以下。

部分干燥后的压缩空气通过再生节流孔进入再生塔，吸收饱和干燥剂表面的水分，并将其排放到大气。

两个工作塔交替作为干燥塔和再生塔进行工作。

4. 流程叙述

图 2-20 所示为空气干燥器的工作状态，其中右塔（1R）处于干燥阶段，左塔（1L）处于再生阶段。

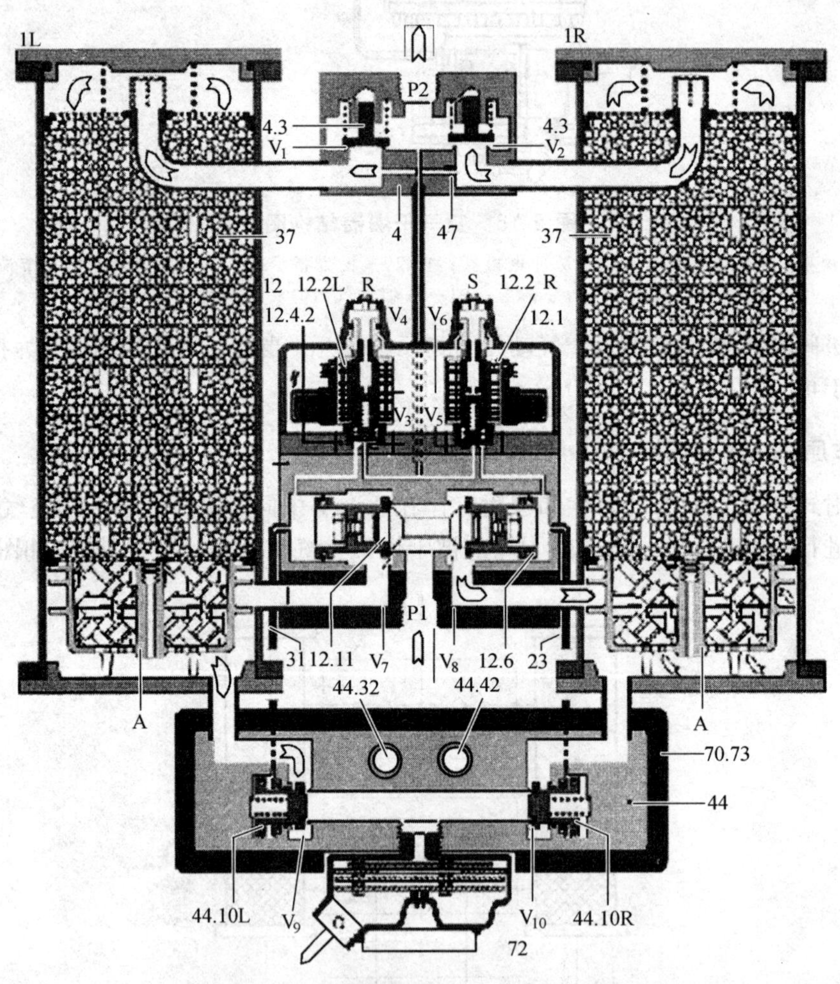

图 2-20 空气干燥器单元 LTZ.3.2-H 示意图

1—干燥塔（L/R）；4—双逆止阀；4.3—单向阀；12—脉冲电磁阀；12.1—电磁阀盖；12.2—电磁阀（L/R）；12.4.2—再生状态指示器；12.6—K 环；12.11—进气阀；23—控制管路；31—控制管路；37—干燥剂；44—排放阀；44.10—排放阀口（L/R）；44.32—加热器；44.42—温控器；47—节流孔；70—绝热层；72—消音器；73—绝热层；A—油分离器；P1—压缩空气入口；P2—压缩空气出口；O—再生空气排放口；R—电磁阀排放口（12.2L）；S—电磁阀排放口（12.2R）；V—阀座

脉冲电磁阀（12）的电磁阀（12.2L）得电工作，阀座 V_3 打开，阀座 V_4 关闭。由于电磁阀（12.2R）失电，阀座 V_5 是关闭的。

压缩空气经 P1 口和打开的阀座 V_8 进入干燥塔（1R），在油分离器里进行旋转，在离心力作用下将油和水滴甩向油分离器的内壁后收集到排放阀（44）。压缩空气随后通过干燥剂，压缩空气中的水及水蒸气被吸收，使干燥器出口处压缩空气的相对湿度小于 35%.

压缩空气通过双逆止阀阀座 V_2 和 P2 口从干燥器排出之前，部分干燥的压缩空气通过再生节流阀（47）进入再生塔（1L），带走干燥剂表面的液态水后从排放阀（44）左侧排放到大气，再生塔中的干燥剂得到干燥。

电磁阀（12.2L）在半个工作周期（4 min）前 60 s 失电，阀座 V_3 关闭，阀座 V_4 开放。控制管路中压缩空气通过阀座 V_4 排放到大气，排放阀口（44.10L）在弹簧力作用下动作，阀座 V_9 关闭。通过节流孔（47），再生塔（1L）中空气压力将增加到与干燥塔（1R）相同的空气压力。半个周期时（4 min），原干燥塔变为再生塔，原再生塔变为干燥塔。电磁阀（12.2R）得电，进气阀（12.11）左侧开放，阀座 V_{10} 开放。

当压缩机停止工作时，干燥器也同时停止工作。干燥器的两个电磁阀都失电，控制管路（23）和（31）被排空，排放阀（44.10）两侧均关闭，进气阀（12.11）停留在干燥器停止工作时的位置。

三、辅助风源系统

HXD_3 型电力机车采用 LP115 型辅助压缩机组作为辅助风源（见图 2-21），将其和升弓控制模块、升弓风缸及风表相连接。辅助压缩机组的控制开关位于电气控制柜上，点动开关后，辅助空压机开始工作，当风压达到 (735 ± 20) kPa 时，自动切断辅助压缩机的电源。

辅助风源由直流电机、空气压缩机和干式空气过滤器等主要部件组成。该装置结构紧凑。辅助空压机为单级压缩，自带法兰安装。直流电机通过联轴器与空压机连接。干式空气滤清器可以为压缩机提供纯净的空气。

空压机单级工作，吸入的空气由干式空气滤清器清洁并在气缸内进行压缩。

图 2-21　LP115 型辅助压缩机组

【实践与训练】

学习工作单

<table>
<tr><td>工 作 单</td><td colspan="3">HXD_3型电力机车主风源系统和辅助风源系统</td></tr>
<tr><td>任 务</td><td colspan="3">熟知 SL22-47 型螺杆式压缩机组的参数、组成和工作原理；熟知空气干燥器的参数、结构和工作原理；熟知辅助风源的组成。</td></tr>
<tr><td>班 级</td><td></td><td>姓 名</td><td></td></tr>
<tr><td>学习小组</td><td></td><td>工作时间</td><td></td></tr>
<tr><td colspan="4">【知识认知】</td></tr>
<tr><td colspan="4">1. 简述 SL22-47 型螺杆式压缩机组的参数、组成和工作原理；
2. 简述空气干燥器的参数、结构和工作原理；
3. 简述辅助风源的组成和功能。</td></tr>
<tr><td colspan="4">【能力训练】</td></tr>
<tr><td colspan="4">1. 试标出下面螺杆式空气压缩机组外形图中各组成部件的名称。
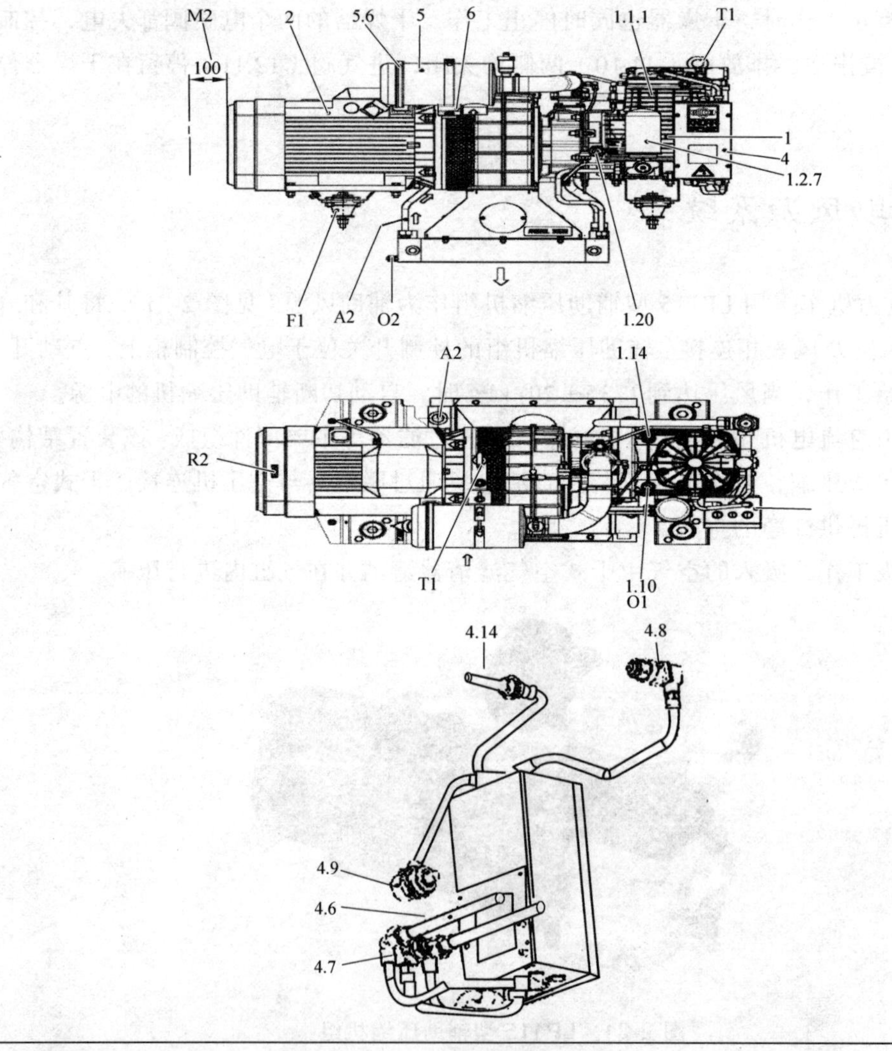
</td></tr>
</table>

续上表

<table>
<tr><td>2. 试标出空气干燥器结构图各组成部件的名称。
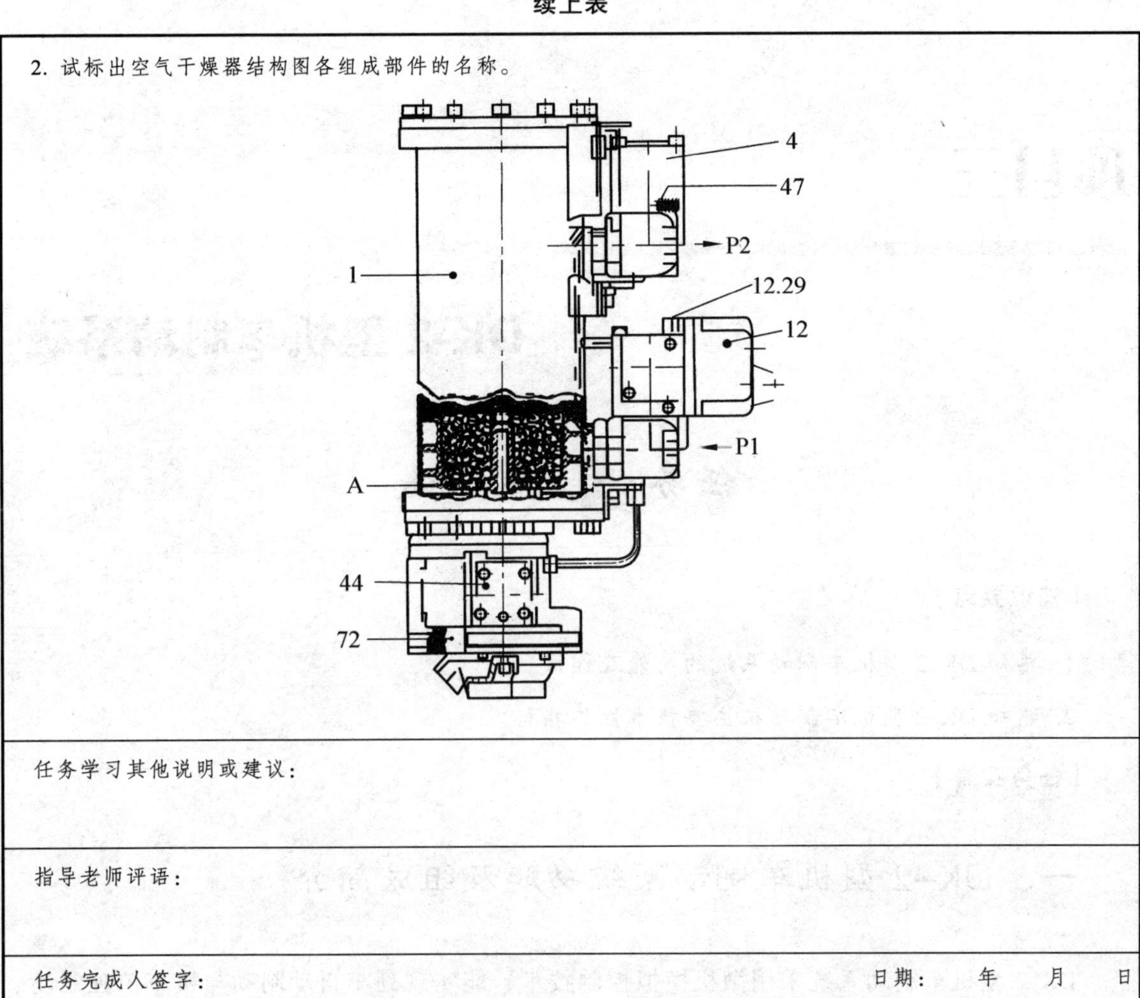</td></tr>
<tr><td>任务学习其他说明或建议：</td></tr>
<tr><td>指导老师评语：</td></tr>
<tr><td>任务完成人签字：　　　　　　　　　　　　日期：　年　月　日
指导老师签字：　　　　　　　　　　　　日期：　年　月　日</td></tr>
</table>

项目三

DK-2 型机车制动系统

任务一 概 述

【知识要点】

1. 熟知 DK-2 型机车制动系统的功能及组成；

2. 熟知 DK-2 型机车制动机主要技术性能指标。

【任务实施】

一、DK-2 型机车制动系统功能及组成简介

DK-2 型机车制动系统采用微机模拟控制技术，能实现列车自动制动与机车单独制动、空气制动与电制动的混合（空电联合制动）、断钩保护、列车充风流量检测、无动力回送、制动重联、列车速度监控配合等制动基本功能。具备单机自检、故障诊断、数据记录与存储等智能化、信息化功能，具备 MVB、CAN 等网络通讯接口，适应现代机车制动系统信息化以及网络控制的发展要求。

DK-2 型机车制动系统主要由 DK-2 型机车制动机（包括司机室制动操作部件、制动柜）和基础制动装置两部分组成，其在机车上的布置见图 3-1。

基础制动装置主要包括 JPXZ-1 型盘形制动器、JPXZ-2 型盘形制动器、铸铁制动盘、闸片。其中 JPXZ-1 型盘形制动器是不带停放制动功能的制动器，JPXZ-2 型盘形制动器是带有停放制动功能的制动器，轮装制动盘为整体式铸铁制动盘，闸片为符合 UIC541-3 标准的有机合成闸片。

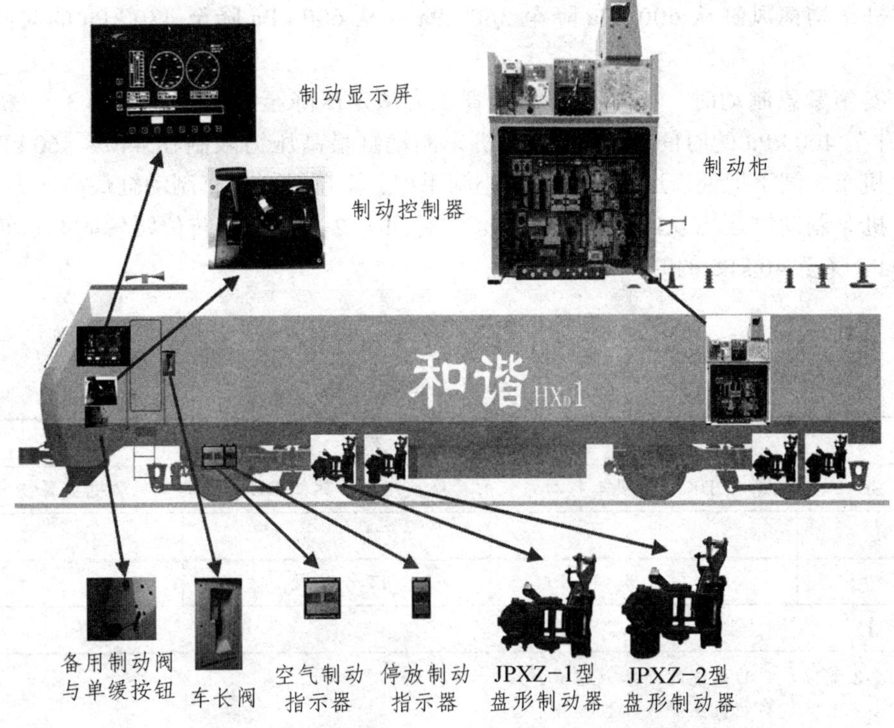

图 3-1　DK-2 型机车制动系统主要部件布置图

二、主要技术性能指标

DK-2 型机车制动系统主要技术性能指标如下：

（1）制动机在列车制动管定压 500 kPa 或 600 kPa 时均能正常工作；

（2）制动机具有制动稳定性：当列车制动管压力从定压以每分钟小于 40 kPa 的速度下降时，机车制动机不起制动作用；

（3）制动机具有常用制动灵敏度：当列车制动管压力从定压以每秒钟 10 ~ 40 kPa 速度下降时，在列车制动管减压 35 kPa 前机车制动机产生制动作用；

（4）制动机具有紧急制动灵敏度：当列车制动管减压速度大于每秒 80 kPa 时，机车制动机产生紧急制动；

（5）制动机在常用全制动后使用运转位充气缓解时，机车制动缸压力从常用全制动最高压力降至 40 kPa 的时间小于 7 s（定压 500 kPa）或 8.5s（定压 600 kPa）；

（6）列车制动管最小减压量为（50 ± 5）kPa，机车制动缸压力为（100 ± 10）kPa；

（7）列车制动管减压（140 ± 5）kPa（定压 500 kPa）或（170 ± 5）kPa（定压 600 kPa）时，机车制动缸产生常用全制动最大压力。常用全制动机车制动缸最大压力为（360 ± 15）kPa（定压 500 kPa）或（420 ± 15）kPa（定压 600 kPa）；

（8）常用全制动时机车制动缸从零升至常用全制动实际最大压力（符合最大压力规定范围）的时间为 6 ~ 8 s（定压 500 kPa）或 7 ~ 9.5 s（定压 600 kPa）；

（9）列车制动管减压 100 kPa，机车制动缸压力为 240 ~ 270 kPa；

（10）机车均衡风缸从 500 kPa 降至 360 kPa 或从 600 kPa 降至 430 kPa 的时间为 5 ~ 7 s 或 6 ~ 8 s；

（11）实施紧急制动时，机车列车制动管压力从定压降至零的时间小于 3 s，机车制动缸压力从零升至 400 kPa 的时间不大于 5 s，机车制动缸最高压力限制在 440 ~ 460 kPa；

（12）机车大闸手把处于运转位，操纵小闸手把，全制动时机车制动缸最高压力为（300 ± 10）kPa，机车制动缸压力从零升至 285 kPa 的时间为 2 ~ 4 s。运转位缓解时，机车制动缸压力从 300 kPa 降至 40 kPa 的时间为 3 ~ 5 s。

【实践与训练】

学习工作单

<table>
<tr><td>工 作 单</td><td colspan="3">概　述</td></tr>
<tr><td>任　务</td><td colspan="3">熟知 DK-2 型机车制动系统的功能及组成；熟知 DK-2 型机车制动机主要技术性能指标。</td></tr>
<tr><td>班　级</td><td></td><td>姓　名</td><td></td></tr>
<tr><td>学习小组</td><td></td><td>工作时间</td><td></td></tr>
<tr><td colspan="4">【知识认知】</td></tr>
<tr><td colspan="4">1. 简述 DK-2 型机车制动系统的功能及组成；
2. 简述 DK-2 型机车制动机主要技术性能指标。</td></tr>
<tr><td colspan="4">【能力训练】</td></tr>
<tr><td colspan="4">1. 画出 DK-2 型机车制动系统主要部件布置图。</td></tr>
<tr><td colspan="4">2. 写出 DK-2 型机车制动系统具有常用制动灵敏度和紧急制动灵敏度的主要技术性能指标。</td></tr>
<tr><td colspan="4">任务学习其他说明或建议：</td></tr>
<tr><td colspan="4">指导老师评语：</td></tr>
<tr><td colspan="4">任务完成人签字：　　　　日期：　　年　　月　　日</td></tr>
<tr><td colspan="4">指导老师签字：　　　　日期：　　年　　月　　日</td></tr>
</table>

任务二　DK-2 型机车制动系统主要部件

【知识要点】

1. 熟知 DK-2 型机车制动系统的组成；
2. 熟知 DK-2 型机车制动机主要技术性能指标。

【任务实施】

一、DK-2 型机车制动机的组成

DK-2 型机车制动机主要由司机室制动操作部件和制动柜组成，主要组件有制动控制器、备用制动阀、制动显示屏等操纵、显示部件，以及制动柜内的制动控制单元 BCU、分配阀、紧急阀、中继阀、重联阀、放风阀、电空阀、传感器等，制动机结构框图如图 3-2 所示。

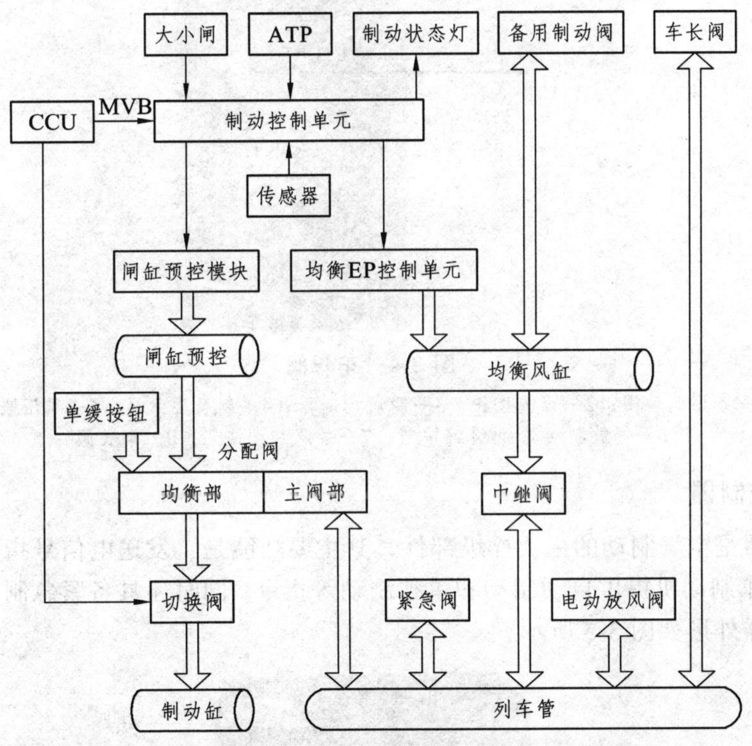

图 3-2　DK-2 型机车制动机结构框图

（一）司机室制动操作显示部件

司机室安装了制动系统的各种操纵、显示部件，包括制动控制器、制动显示屏、备用制动阀、单缓按钮、风压表、紧急制动按钮、停放制动施加/缓解按钮、车长阀，其在司机室的布置如图 3-3 和图 3-4 所示。

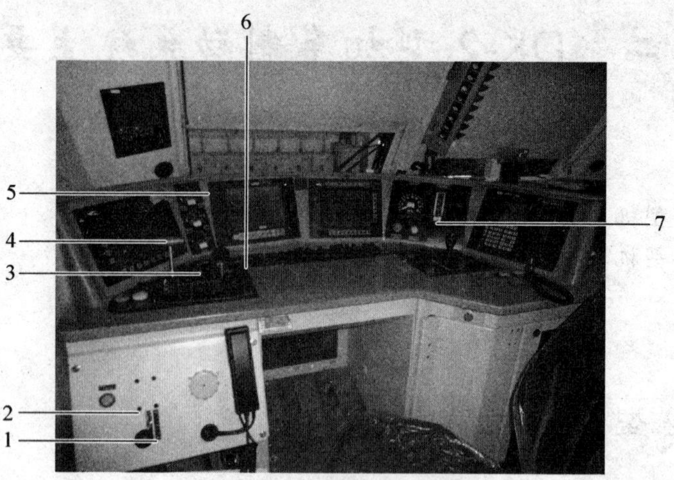

图 3-3 主司机操纵台

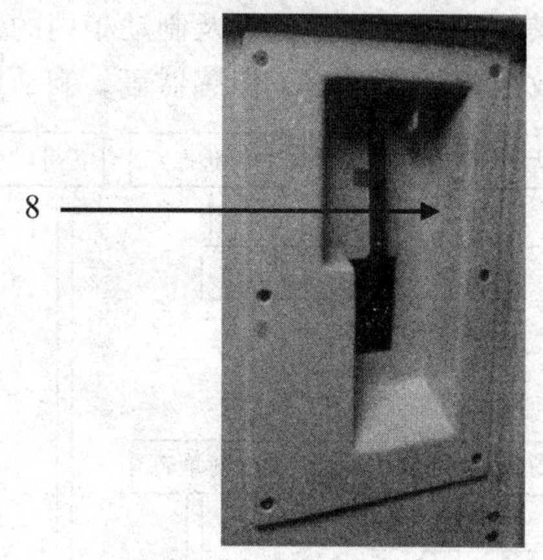

图 3-4 车长阀

1—备用制动阀；2—单缓按钮；3—制动控制器；4—制动显示屏；5—风压表；
6—停放制动施加/缓解按钮；7—紧急制动按钮；8—车长阀

1. 制动控制器

制动控制器是空气制动的主要操纵部件，其主要功能是：发送电信号指令到制动控制单元 BCU，为机车制动机提供自动制动和单独制动等指令，同时还具备紧急制动位机械排风功能。制动控制器外形如图 3-5 所示。

图 3-5 制动控制器

制动控制器具有两个操纵手柄，自动制动控制手柄（以下简称大闸手柄）和单独制动控制手柄（以下简称小闸手柄）。

大闸手柄前推最前位为紧急制动位，由紧急位往后拉依次为重联位、抑制位、全制动位、制动区、初制动位、运转位，大闸手柄在各位置时的功能如下：

运转位：列车制动管按定压进行充风控制，是列车制动后进行缓解和充风的位置。

制动区：控制列车制动管压力降低，列车产生制动作用，制动区对列车制动管进行连续的压力下降控制，压力下降值值随手柄在这个区域的位置而变。

抑制位：该位置是制动机开机解锁和惩罚制动解锁的工作位置。

重联位：该位置是机车制动机非操纵端以及无火回送、重联时大闸所放位置。

紧急位：大闸此位置设有列车制动管排风阀，能对机车制动机或列车制动机实施紧急制动，手柄置于该位置列车制动管压力以紧急速度下降到 0。

小闸手柄前推最前位为全制动位，往后依次为制动区、运转位，侧压缓解位（将小闸向右侧旁推，自动复位且无论小闸在哪个位置都可投入）。小闸手柄在各位置时的功能如下：

侧压缓解位：此位置用来单独缓解大闸产生的机车制动缸压力。

运转位：此位置为机车正常运行时小闸手柄所放位置，用来缓解小闸产生的机车制动缸压力。

制动区：机车单独制动时制动缸压力随着小闸手柄在这个区域的位置而变。

全制动位：机车最大单独制动位，机车制动缸完全充风到 (300 ± 10) kPa。

机车运行时，插入钥匙并逆时针转动至“开”位，大闸手柄、小闸手柄可在各个位置间进行操作，从而控制机车的运行状态，这时钥匙被锁在“开”位；

大闸手柄在重联位及小闸手柄在运转位时，钥匙可转到“关”位并可取出。

2. 制动显示屏

制动显示屏的主要功能是：实时显示 BCU 钮子开关状态信息；以风表和数值的形式显示总风压力、列车制动管压力、均衡风缸压力、前后制动缸压力；以流量计的形式动态显示列车制动管的充风流量；显示制动机操作的提示信息和故障信息；提供机车号、时间日期、软件版本号的显示及设置功能；提供单机自检、事件记录和传感器校准等诊断功能。制动显示屏显示界面如图 3-6 所示。

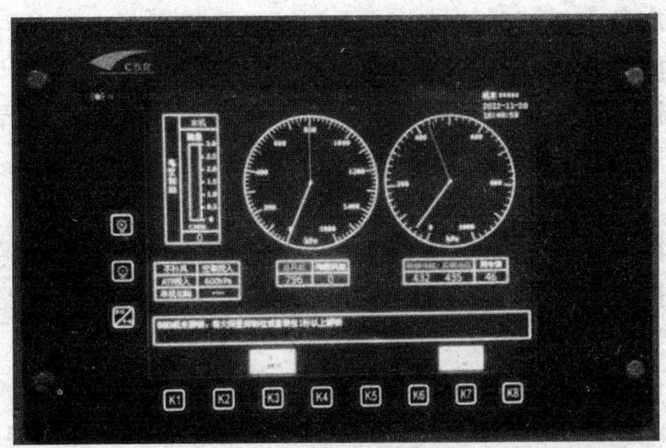

图 3-6　制动显示屏显示界面

显示屏显示界面主要由主界面、电空制动设置界面、维护界面、显示信息界面等组成，通过触发主界面和子界面按键可进入各级子界面，各级子界面均设有返回按键和主界面按键，触发返回按键可返回上一级界面，触发主界面按键可返回显示屏主界面。

下面对 DK-2 型机车制动机显示屏的主要操作使用作如下说明：

（1）欢迎界面

显示屏启动时即进入欢迎提示入口界面。当欢迎界面启动一段时间后，自动关闭欢迎界面进入主界面。

（2）主界面

显示屏正常启动时进入主界面。主界面的主要功能是实现均衡风缸、总风缸、列车制动管、前制动缸、后制动缸等压力和流量参数的显示、制动机钮子开关状态信息、操作提示信息和故障提示信息显示及时间日期和机车编号信息显示。主界面上设置有“电空制动”按键和“显示信息”按键，可通过触发按键进入相应的子界面，如图 3-7 所示。

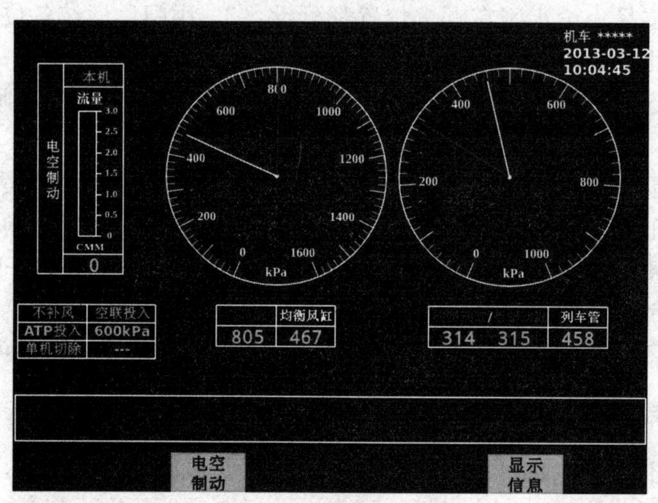

图 3-7 显示屏主界面

（3）电空制动设置界面

电空制动设置界面的主要功能是提示 BCU 面板钮子开关设置信息，界面上设有“确定”按键或“维护”按键和“主界面”按键。电空制动设置界面可由两种方式触发：

① 通过主界面电空制动按钮进入该界面，如图 3-8 所示。

② 当 BCU 面板钮子开关状态发生变化时，显示屏自动跳转到该界面，而该界面只出现“确定”键，只有按下“确定”键才能进行其他操作。

（4）维护界面

在电空制动设置界面触发“维护”按键进入维护功能界面。维护界面的主要功能是显示维护菜单，说明各维护模块的功能，实现单机自检、事件记录、传感器校准功能子界面的连接功能。

（5）事件记录

按下维护界面的“事件记录”按键，进入事件记录界面。该界面显示机车事件/故障发生的日期和时间、事件/故障类型、事件/故障描述。

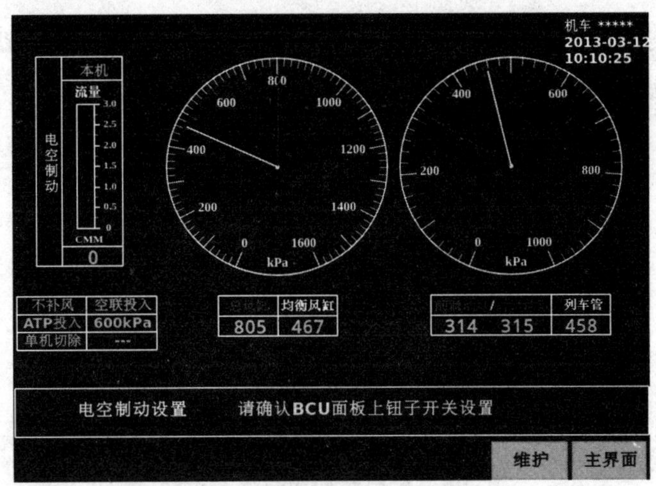

图 3-8　电空制动设置界面

事件记录可翻页查询，每页显示 20 条记录，也可以通过设置时间，显示固定时间以后的所有事件/故障。当按下“查询”键，进入“查询条件设置”界面，通过左移、右移、递增、递减设置查询的时间，按下“确定”键，显示查询结果。

（6）显示信息设置

在主界面按下“显示信息”按键，进入显示信息界面，该界面作为机车编号、时间日期、语言、软件版本功能界面的入口界面。

（7）机车编号设置

按下显示信息界面的“机车编号”按键，进入机车编号设置界面。设置机车的编号，通过左移、右移、递增、递减按键设置，按下“确定”键，将设置的机车编号显示在主界面的右上方。

（8）时间日期设置

按下显示信息界面的“时间日期”按键，进入时间日期设置界面。设置时间日期，同样通过左移、右移、递增、递减按键设置，按下“确定”键，将设置的时间日期显示在主界面的右上角。

（9）软件版本号显示

按下“显示信息”界面的“软件版本”按键，进入软件版本界面。界面上可查看 BCU 和显示屏软件的版本号信息。

（10）亮度调节

制动显示屏支持屏幕亮度手动和自动调节，通过显示屏面板左侧的三个按键实现，即“+”“-”、“A”键。当手动调节时，触发“+”、“-”按键；当自动调节时，触发“A”按键。

3. 备用制动阀与单缓按钮

备用制动作用是通过操纵司机台面上的备用制动阀来实现，备用制动阀有三个作用位置：制动位、中立位、缓解位，其对外接有总风调压阀管、均衡风缸管以及一个排大气缩孔。操纵备用制动阀，能实现均衡风缸充风增压缓解和排风减压制动，单缓按钮用于备用制动作用时单独缓解机车制动缸压力。备用制动阀和单缓按钮如图 3-9 所示。

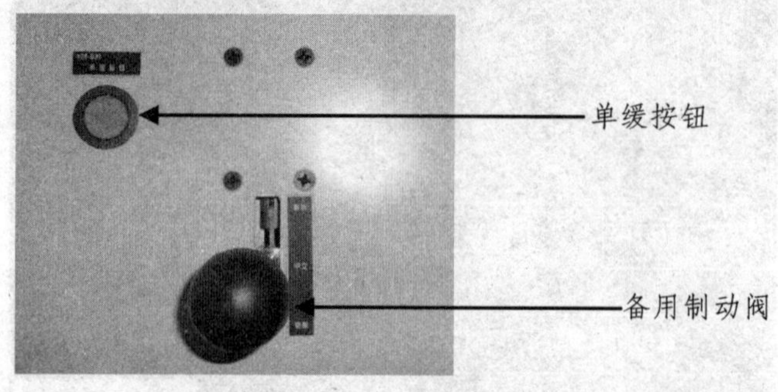

图 3-9 备用制动阀与单缓按钮

4. 风压表

风压表的主要功能是实时显示总风压力、制动缸压力、列车制动管压力。

5. 紧急制动按钮

当出现紧急情况时，司机可按下紧急制动按钮，触发列车或机车紧急制动，该按钮需经旋转才能复位。

6. 停放制动施加/缓解按钮

停放制动的主要作用是当机车停车后防止机车意外溜放，停放制动采用弹簧蓄能制动来实现。当按下停放制动按钮（红色）时，该按钮发出红光，表明机车停放制动已施加；当按下停放缓解按钮（绿色）时，停放制动按钮红光熄灭，表明机车停放制动已经缓解。

7. 车长阀

当出现紧急情况时，司机可快速拉下车长阀，使机车或列车紧急制动。

（二）制动柜

制动柜是制动系统的重要组成部分，它主要由骨架、主压缩机启停控制模块、停放制动控制模块、列车/均衡控制模块、制动缸控制模块、升弓控制模块、撒砂控制模块、制动控制单元 BCU 等部件组成。制动系统通过它来实现列车制动管、制动缸、停放制动的压力控制，同时还具有为主压缩机的自动启停控制、撒砂控制提供辅助帮助，为受电弓、主断路器提供压缩空气等功能。DK-2 型机车制动机制动柜的外形见图 3-10、图 3-11，另外制动柜上还设有两个排水球阀。

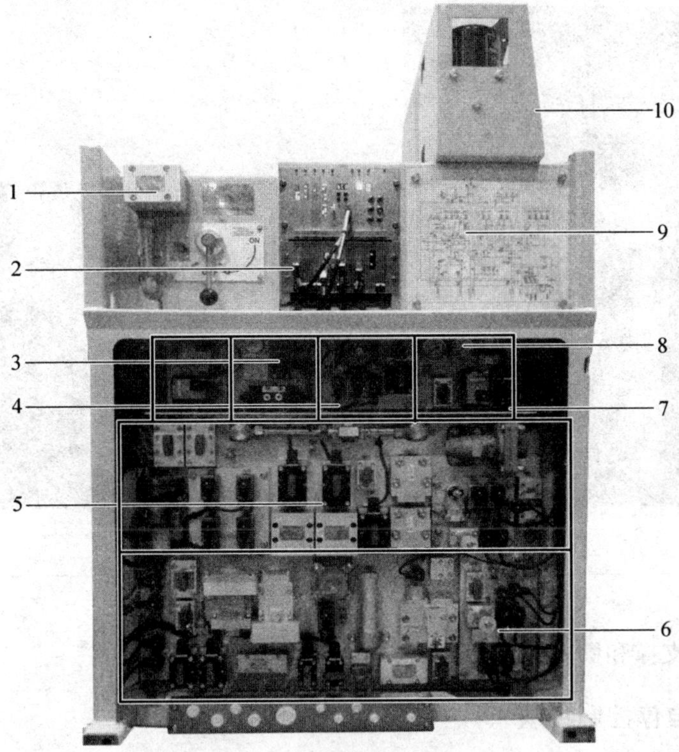

(a) DK-2 型机车制动机制动柜正面

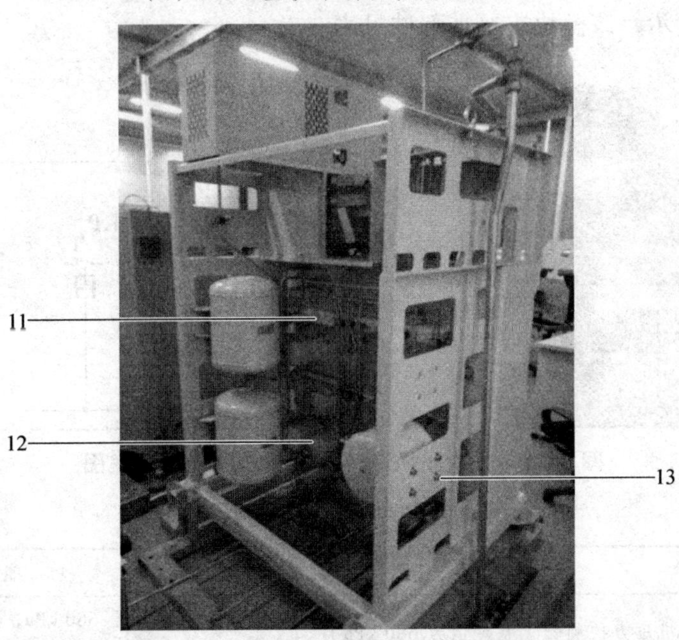

(b) DK-2 型机车制动机制动柜背面

图 3-10　DK-2 型机车制动机制动柜

1—骨架；2—安全联锁箱；3—主压缩机启停控制模块；4—停放制动控制模块；5—列车/均衡控制模块；6—制动缸控制模块；7—升弓控制模块；8—撒砂控制模块；9—制动控制单元 BCU；10—辅助压缩机；11—停放制动风缸；12—升弓风缸；13—工作风缸

图 3-11 DK-2 型机车制动机制动柜侧面

1. 骨 架

骨架的功能是支撑和固定制动柜上各部件和模块。

2. 主压缩机启停控制模块

主压缩机启停控制模块的主要功能是为主压缩机启停状态控制提供信号，模块外形及气路原理如图 3-12 所示，该模块主要零部件见表 3-2。

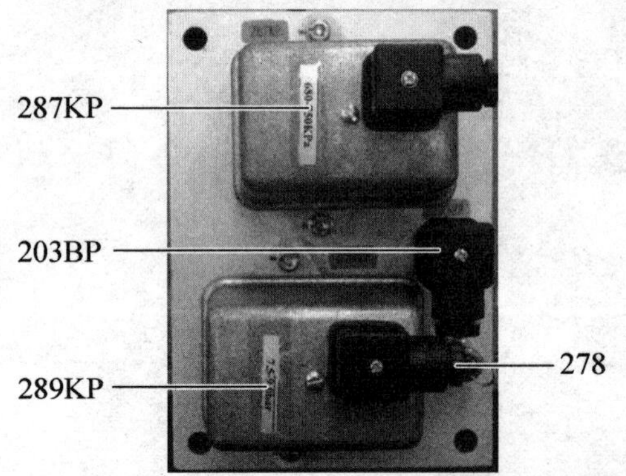

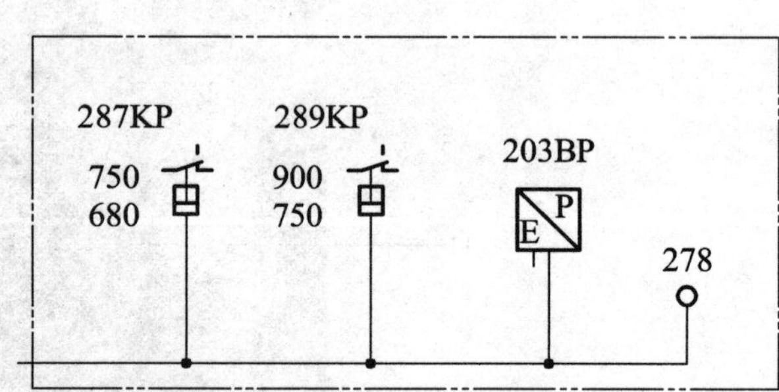

图 3-12 主压缩机启停控制模块和气路原理图

表 3-2 主压缩机启停模块的主要零部件

代 号	部 件	功 能
287KP	主压缩机压力控制器（整定值为 680 kPa）	当总风压力低于 680 kPa，输出高电平，两台压缩机同时工作
289KP	主压缩机压力控制器（整定值为 750 kPa）	当总风压力低于 750 kPa 时，输出高电平，一台压缩机工作；当总风压力高于 900 kPa 输出低电平
203BP	总风压力传感器	采集总风压力值
278	总风联管压力检测口	用于检测总风联管压力

3. 停放制动控制模块

停放制动控制模块的主要功能是接受停放制动施加与缓解指令，实现停放制动缸排气与充气，同时可防止停放制动力和空气制动缸制动力叠加。停放制动控制模块及气路原理图如图 3-13 所示，该模块主要零部件见表 3-3。

停放制动由停放制动调压阀、双脉冲电磁阀、停放制动压力开关、双向阀、停放制动塞门、压力测试接口等部件组成。根据停放制动缸所需缓解压力，停放制动调压阀整定值为 550 kPa，停放制动压力开关整定值为 480 kPa。

当双脉冲电磁阀中停放施加电空阀得电时，停放制动缸内的压缩空气通过双脉冲电磁阀排向大气，停放制动作用施加；当双脉冲电磁阀中停放缓解电空阀得电时，总风通过调压阀、双脉冲电磁阀向停放制动缸充风，停放制动作用缓解。

双向阀的功能是取制动缸压力与停放制动缸压力两者之间的较大值，防止停放制动力与空气制动缸制动力同时施加，避免制动力叠加而造成制动力过大。

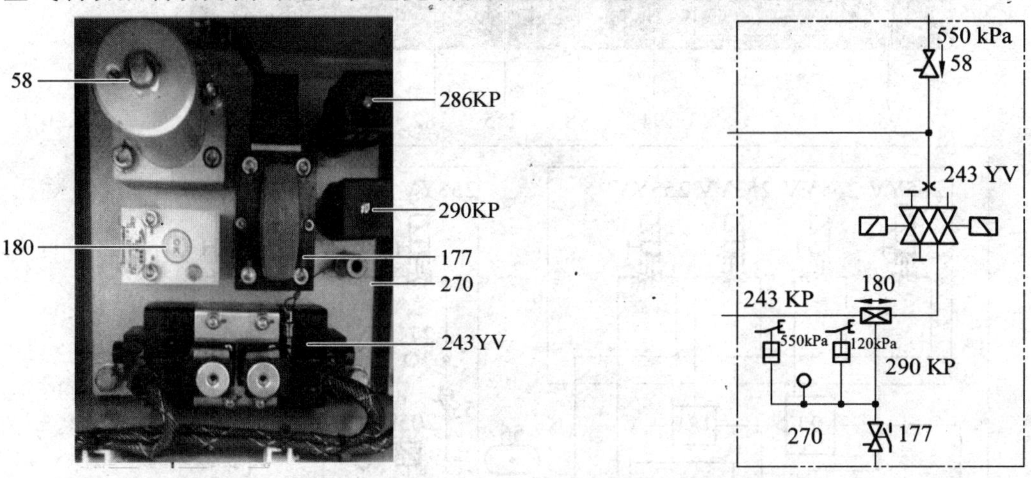

图 3-13　停放制动模块和气路原理图

表 3-3　停放制动模块的主要零部件

代　号	部　件	功　能
58	停放制动调压阀	调节进入停放制动模块的总风压力，整定压力值 550 kPa
243YV	停放制动双脉冲电磁阀	控制停放缸的充风和排风，按压右侧按钮（红色）施加停放制动，按压左侧按钮（绿色）缓解停放制动
180	双向阀	输出空气制动缸压力和停放制动缸压力中较大者至停放缸，防止停放制动力和空气制动力叠加
286KP	停放制动压力开关	停放制动管压力达到 480 kPa 后，输出高电平，传输停放制动完全缓解信号给 CCU
290KP	停放制动压力开关	停放制动管压力降到 120 kPa 以下，输出高电平，传输停放制动施加信号给 CCU
177	停放制动塞门	控制停放制动管的通断，当塞门处于关闭位时会将停放缸压力空气排入大气
270	停放制动管压力检测口	用于检测停放制动管压力

4. 列车/均衡控制模块

列车/均衡控制模块的主要功能是控制均衡风缸和列车制动管的压力。列车/均衡控制模块由中继阀、紧急阀、遮断阀、流量计、转换阀、调压阀、电空阀、传感器、塞门及气路板等部件组成，该模块中还包含两个小模块即电空阀集成模块和均衡控制模块，如图 3-14 所示。

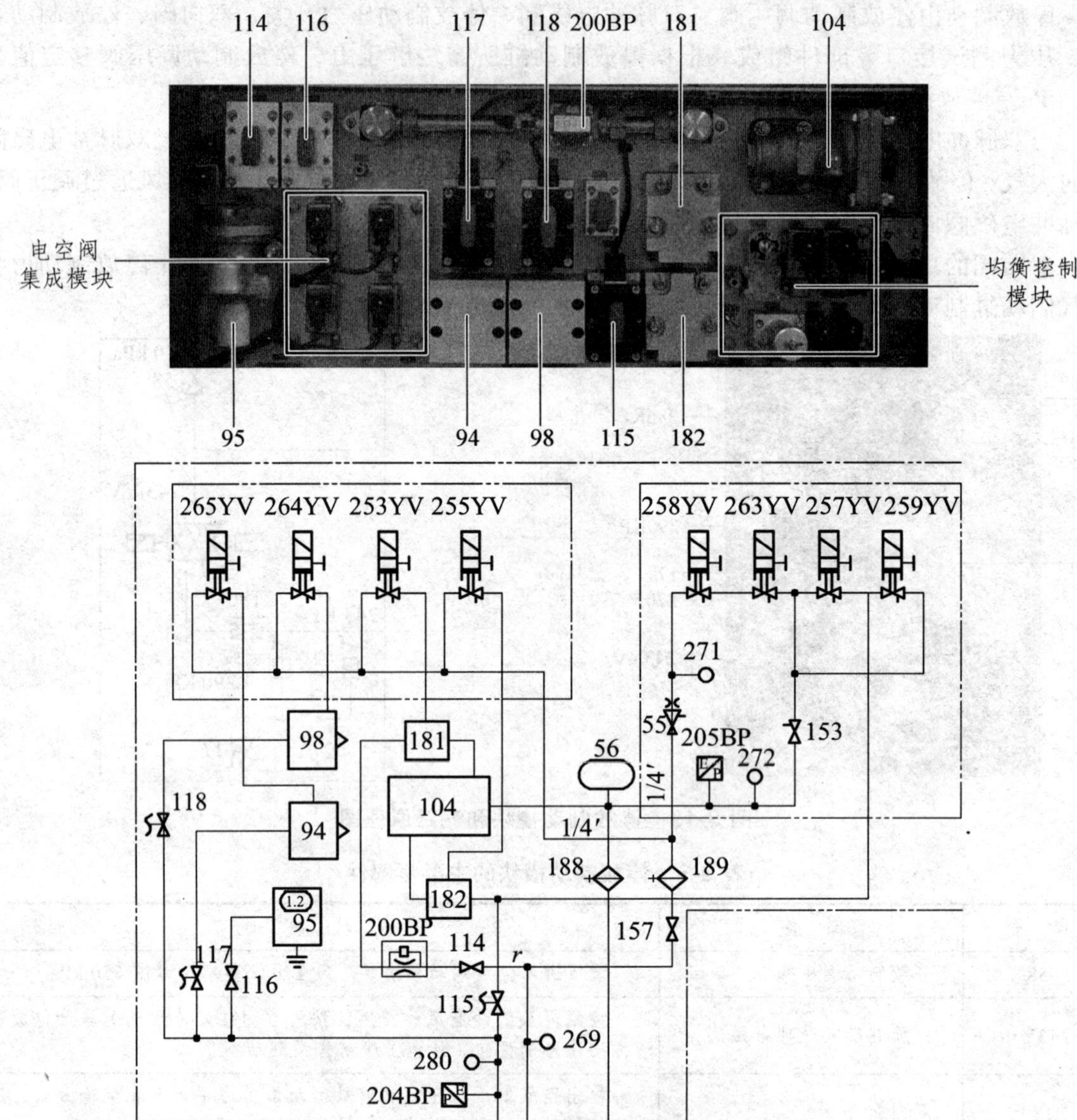

图 3-14 列车/均衡控制模块和气路原理图

（1）列车制动管压力控制模块

列车制动管压力控制模块的主要功能是控制列车制动管的初充风和再充风、常用制动排风和紧急制动排风、列车制动管前后遮断等功能，列车制动管压力控制模块主要零部件见表 3-4。

列车制动管的充风与排风由中继阀根据均衡风缸压力控制，中继阀能保证列车制动管压

力在均衡风缸压力 ± 10 kPa 范围内。流量计用于检测列车制动管充风流量。总风遮断阀受中立电空阀控制，用来切断常用制动与紧急制动工况下的列车制动管补风通路。列车制动管遮断阀受遮断电空阀控制，用于制动机重联工况下切断中继阀与列车制动管的通路。

当大闸、ATP、列车分离保护作用等产生紧急电信号时，紧急制动电空阀得电，驱动电动放风阀直接将列车制动管压力空气排向大气，列车制动管压力迅速降为零。

当紧急阀检测到列车分离时的列车制动管快速减压信号时，立刻通过电联锁向制动控制单元发出断钩信号，同时自动打开列车制动管排风阀口加快列车制动管排风并锁定紧急制动信号约 15 s。

表 3-4 列车制动管压力控制模块的零部件

代　号	部　件	功　能
200BP	列车制动管充风流量计	监测列车制动管充风流量值
204BP	列车制动管压力传感器	采集列车制动管压力
116	紧急阀列车制动管塞门	控制进入紧急阀的列车制动管的通断
95	紧急阀	在紧急制动时加快列车制动管的排风，提高紧急制动灵敏度和紧急制动波速，同时接通列车分离保护电路，使列车紧急制动作用更加可靠
253YV	中立电空阀	得电时控制总风遮断阀切断列车制动管补风
265YV	紧急电空阀	紧急制动时控制放风阀 94 的排风
264YV	紧急电空阀	紧急制动时控制放风阀 98 的排风
255YV	遮断电空阀	控制列车制动管遮断阀动作
94/98	放风阀	紧急制动时，开通列车制动管与大气通路，使列车制动管压力急剧下降，全列车产生紧急制动作用
117/118	放风阀 94/98 列车制动管塞门	控制放风阀 94/98 列车制动管的通断
181	总风遮断阀	控制总风向列车制动管充风的一道关口，一般情况下，该阀的动作与均衡风缸的减压动作同步，即均衡风缸减压，该阀关闭遮断阀口，以确保一次缓解型制动系统的制动作用可靠
104	中继阀	中继阀依据均衡风缸的压力变化来控制列车制动管的压力变化，从而完成列车的制动、保压和缓解
182	列车制动管遮断阀	用于制动系统重联工况下切断中继阀与列车制动管的通路
114	中继阀总风塞门	控制进入中继阀的总风管的通断
115	中继阀列车制动管塞门	控制进入中继阀的列车制动管的通断
157	电空制动总风塞门	控制进入均衡控制模块的总风管的通断
189	滤尘器	过滤进入均衡控制模块的总风管中的压缩空气
56	均衡风缸	存储均衡压力空气
188	滤尘器	过滤进入均衡风缸的均衡管中的压缩空气
269	总风压力检测口	用于检测总风压力值
280	列车制动管压力检测口	用于检测列车制动管压力值

（2）均衡压力控制模块

均衡压力控制模块的主要功能是对均衡风缸压力进行闭环控制及制动系统失电时使均衡风缸排风。均衡压力控制模块组成及气路原理如图 3-15 所示，其主要零部件见表 3-5。

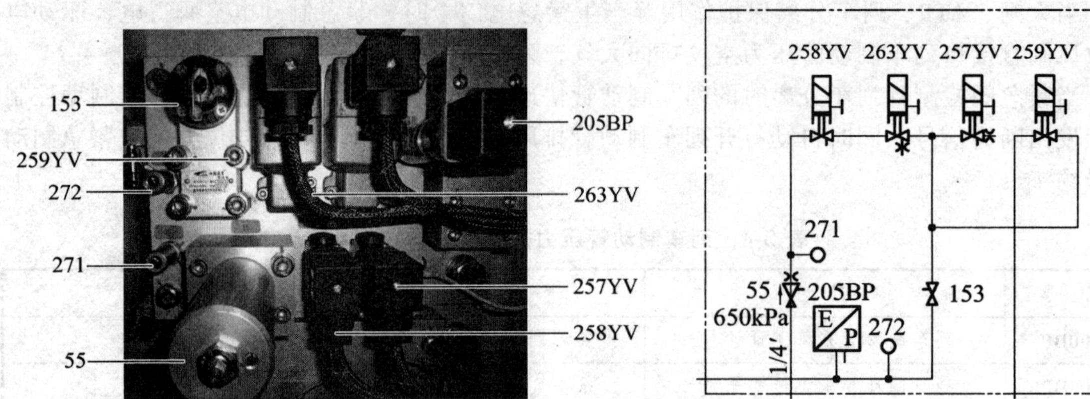

图 3-15 均衡压力控制模块和气路原理图

采用高速电空阀、压力传感器以及 PWM 脉宽调制方式实现对压力精确控制的 EP 闭环模拟控制模式，均衡风缸升压、减压速度都符合 TB/T 2056 相关规定。

在 EP 闭环模拟控制模式下，制动控制单元接收大闸发出的均衡风缸目标值命令，比较目标值与压力传感器反馈的均衡风缸实时压力值，通过对进、排气高速电空阀的 PWM 控制，达到精确控制均衡风缸压力的目的。

保护电空阀可以确保系统失电时均衡风缸的自动减压排风，实现失电常用制动。

表 3-5 均衡压力控制模块的零部件

代 号	部 件	功 能
257YV	制动电空阀	控制均衡风缸的排风
258YV	缓解电空阀	控制均衡风缸的充风
263YV	保护电空阀	制动系统失电时使均衡风缸排风
259YV	重联电空阀	得电时沟通列车制动管和均衡风缸，使中继阀失去控制列车制动管压力的能力
55	均衡风缸调压阀	调节进入均衡模块的总风的压力值（整定值为 650 kPa）
271	压力检测口	用于检测经调压阀 55 调压后的总风压力值
153	电空转换阀	实现电空位和空气位的转换
272	压力检测口	用于检测均衡风缸压力值
205BP	压力传感器	采集均衡风缸压力值

5. 制动缸控制模块

制动缸控制模块的主要功能是根据系统指令输出制动缸压力，实现预控风缸闭环控制、电子分配阀和空气分配阀切换、机车单缓等功能，它还包含一个小模块即闸缸预控模块。制动缸控制模块组成及气路原理如图 3-16 所示，其主要零部件见表 3-6。

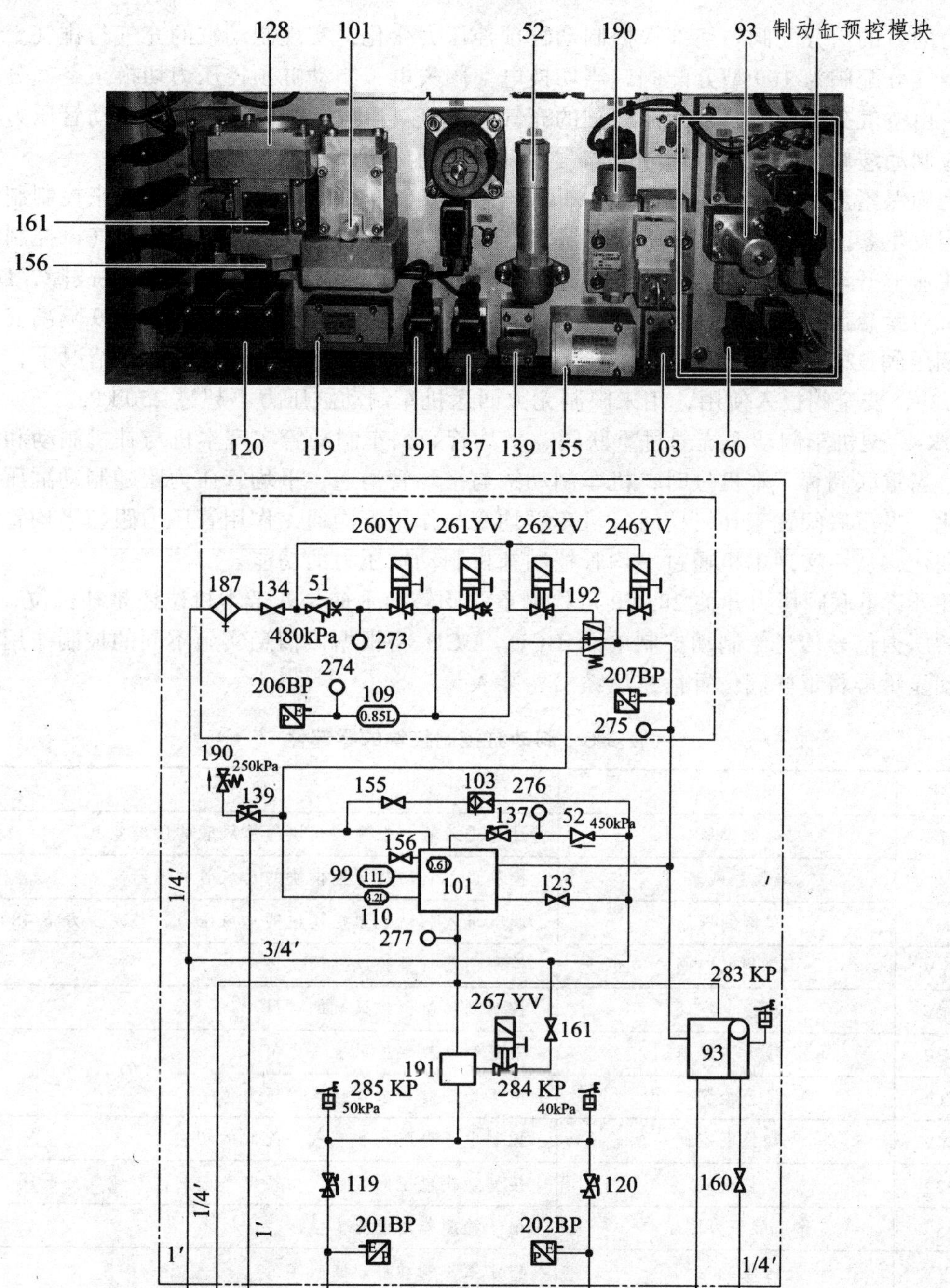

图 3-16　制动缸控制模块和气路原理图

电子分配阀包括分配阀均衡部、切换电空阀、制动缸预控压力的 EP 闭环模拟控制部件（高速电空阀、压力传感器）。电子分配阀中的制动缸预控压力的 EP 闭环模拟控制方式与均衡风缸 EP 闭环模拟控制方式相同，制动控制单元接收大闸、小闸发出的指令，再根据列车制动管减压量计算出制动缸预控压力的目标值，比较目标值与制动缸预控压力传感器反馈的制动缸预控压力实时值，通过对进、排气高速电空阀的 PWM 控制，达到精确控制制动缸预控压力的目的。分配阀均衡部根据制动缸预控压力变化，实现制动缸的充气与排气。

空气分配阀为109型分配阀，当切换电空阀失电，制动缸预控压力切换至空气分配阀的通路，由空气分配阀控制机车制动缸的充气与排气。空气分配阀根据列车制动管压力变化产生相应制动缓解作用，为电子分配阀常用制动时的热备冗余。

为确保紧急制动作用的可靠性，机车紧急制动时，优先采用空气分配阀来控制制动缸压力。当发生紧急制动时，109型分配阀增压阀打开，实现对容积室的快速充气，控制制动缸压力快速上升至最高压力450 kPa。为解决109型分配阀紧急制动安全阀惯性故障，DK-2型制动机对紧急制动限压从原理上进行了设计改进：正常情况下，关闭塞门139隔离安全阀，利用调压阀52来限制紧急制动时制动缸最高压力；只有在机车无火回送的情况下，才打开塞门139，安全阀投入使用，用来限制无火回送机车制动缸压力不超过250 kPa。

DK-2型机车制动系统通过重联阀、平均管、列车制动管实现本机与补机制动和缓解的同步。当重联阀置于本机位时，机车制动缸与平均管沟通，平均管压力跟随制动缸压力变化而变化。当重联阀置于补机位时，机车平均管与作用管沟通，作用管压力跟随平均管压力变化而变化，从而实现本机通过平均管控制补机制动缸压力的功能。

此外，重联阀压力开关283KP可检测重联阀转换手柄是处于本机位还是补机位，并将检测到的压力信号传送给制动控制单元BCU。BCU将根据该信息实施不同的控制作用，并通过制动显示屏将重联阀位置信息反馈给司乘人员。

表3-6 制动缸控制模块的零部件

代号	部件	功能
187	滤尘器	过滤进入制动缸预控模块的总风管的压缩空气
134	单制总风塞门	控制进入制动缸预控模块的总风管的通断
51	单制调压阀	调节进入制动缸预控模块的总风压力，整定压力值480 kPa
260YV	单制电空阀	控制制动缸预控风缸的充风
261YV	单缓电空阀	控制制动缸预控风缸的排风
206BP	压力传感器	采集制动缸预控风缸压力值
274TP	压力检测口	用于检测制动缸预控风缸压力值
262YV	切换电空阀	控制电子分配阀和空气分配阀的切换
192	切换阀	接受切换电空阀控制，切换电子分配阀和空气分配阀
275	作用管压力测试口	用于检测作用管压力值
246YV	强缓电空阀	用于紧急制动后单缓机车
207BP	作用管压力传感器	采集作用管压力值
101	分配阀	输出制动缸压力
156	分配阀缓解塞门	控制分配阀容积室排大气通路
103	无火滤尘止回阀	无火回送时过滤列车制动管到总风管去的风，并有止回作用
155	无火塞门	无火回送时需开通
139	无火安全阀塞门	无火回送时需开通

续表 3-6

代　号	部　件	功　能
190	无火安全阀	控制无火回送时制动缸最高压力，整定值为 250 kPa
52	紧急增压调压阀	紧急制动时控制制动缸最高压力在 450 kPa，整定值为 450 kPa
276	紧急增压通路压力测试口	用于检测紧急增压调压阀调压后的总风压力值
137	紧急增压塞门	控制紧急增压通路
123	分配阀总风供给塞门	控制分配阀总风通路
99	工作风缸	向容积室充风，存储压缩空气
277	压力检测口	用于检测制动缸压力
191	制动缸切换阀	制动缸切换命令产生时使制动缸压力空气排大气
267YV	制动缸切换电空阀	得电时使总风进入切换阀，控制制动缸切换阀动作
161	制动缸切换阀总风塞门	控制切换阀总风通路
285KP	制动缸压力开关	制动缸压力达 90 kPa 时传输信号到 CCU 切除电制动
284KP	制动缸压力开关	制动缸压力达 40 kPa 时传输信号到 CCU 切除牵引
119	制动缸Ⅰ塞门	控制制动缸Ⅰ的通路，关闭此塞门Ⅰ路制动缸压力空气排大气
120	制动缸Ⅱ塞门	控制制动缸Ⅱ的通路，关闭此塞门Ⅱ路制动缸压力空气排大气
201BP	制动缸Ⅰ压力传感器	采集制动缸Ⅰ压力值
202BP	制动缸Ⅱ压力传感器	采集制动缸Ⅱ压力值
93	重联阀	保证重联机车的制动和缓解作用与本务机车的协调一致
283KP	压力开关	判断重联阀的工作状态，给 BCU 信号
160	总风联管塞门	控制进入重联阀的总风通路

6. 升弓控制模块

升弓控制模块及气路原理图如图 3-17 所示，其主要功能是为受电弓和主断路器提供风源，实现升弓风源不同工况下的转换。该模块主要零部件见表 3-7。

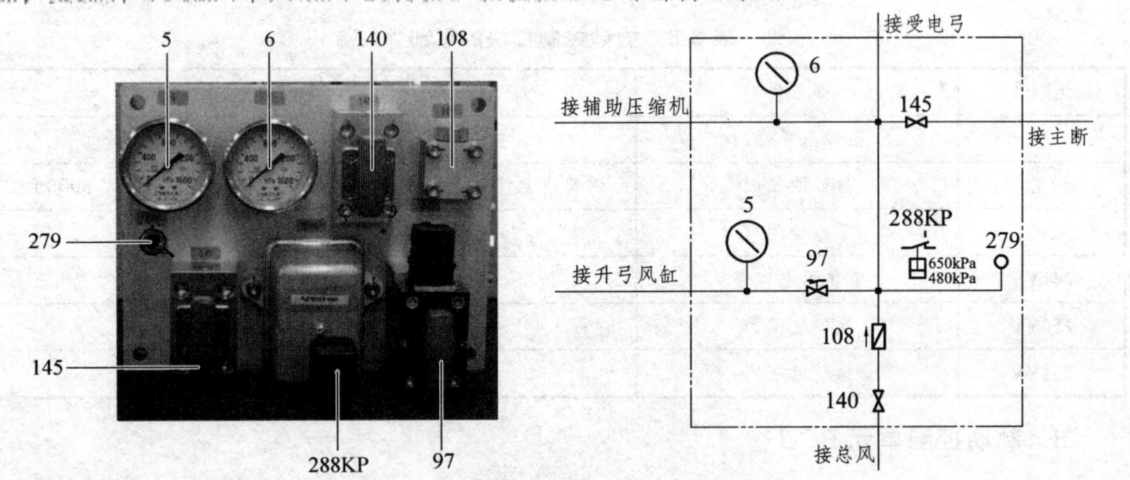

图 3-17　升弓控制模块和气路原理图

表 3-7 升弓控制模块的零部件

代 号	部 件	功 能
140	升弓模块总风控制塞门	控制升弓模块总风路通断
108	控制管路总风止回阀	防止控制管路总风逆流
97	升弓风缸塞门	控制升弓风缸总风路通断
288KP	辅助压缩机压力控制器	为辅助压缩机的启停控制提供压力信号
279	升弓风缸压力测试口	用于检测升弓风缸压力
145	主断总风塞门	控制主断路器供风通路的通断
5	升弓风缸压力表	显示升弓风缸的实时压力
6	辅助压缩机压力表	显示辅助压缩机出风口实时压力
102	升弓风缸	储存升弓所需压缩空气

7. 撒砂控制模块

撒砂控制模块及气路原理图如图 3-18 所示，其主要功能是接受撒砂控制指令，控制撒砂器撒砂作用，该模块主要零部件见表 3-8。

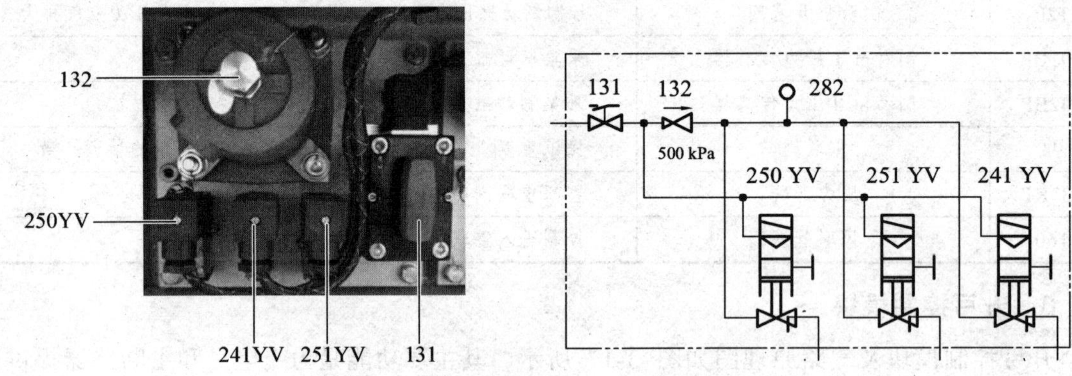

图 3-18 撒砂控制模块和气路原理图

表 3-8 撒砂控制模块的零部件

代 号	部 件	功 能
131	撒砂总风塞门	控制进入撒砂控制模块的总风管的通断
132	撒砂调压阀	调整进入撒砂控制模块的总风压力大小，整定值为 500 kPa
282	压力检测口	用于检测经调压阀调压后的总风压力值
241YV	常供风电空阀	用于干燥砂箱
250YV	撒砂电空阀	用于牵引向前撒砂
251YV	撒砂电空阀	用于牵引向后撒砂

8. 制动控制单元 BCU

制动控制单元 BCU 是制动机核心控制部件，用来实时、快速地处理制动机模拟量、网络通信数据以及制动机信息化数据，实现机车制动机控制、状态监控及故障诊断、显示、报警、数据记录存储、网络通信等功能。为了与 CCU 交换制动系统的信号，制动控制单元与 CCU 的接口通过 MVB 连接，部分制动信号由 CCU 进行控制（例如停放制动等）。制动控制单元 BCU 的外观如图 3-19 所示。

图 3-19　制动控制单元 BCU

制动控制单元 BCU 采用欧式 4U 标准结构框架，由七块 4U 标准插件组成：一块 PWM 板、一块输入板、两块输出板、一块控制板、一块模拟板、一块电源板。其插件通过其面板由带防脱的紧固件与机箱固定，母线板安装在机箱后部，母线板也与 BCU 后面的专用连接器相连，这些连接器用来实现与外部电路通信。

PWM 板主要提供 24 V 的 PWM 调制信号，用于驱动高速电磁阀。每块 PWM 板共设置 4 路 PWM 输出信号，每路信号都设置了对应的信号输出指示灯。

输入板用于制动控制单元开关量信号的采集，每路开关量信号都经过电阻网络降压、稳压管限幅、电容滤波、光电隔离后再经过施密特触发器输入给控制板。输入板电路可靠性很高，抗干扰能力强，能适应机车上的恶劣工作环境。每块输入板设计为 32 路，每路都有指示灯指示该路的工作状态。

输出板用于制动控制单元 BCU 开关量信号的输出，每路开关量信号都经过光电隔离耦合器、滤波电路单元、过流保护电路单元后送至制动机的电空阀。每块输出板设计为 8 路，每路都有指示灯指示该路的工作状态。

模拟板主要用来采集传感器送来的 4 ~ 20 mA 的电流信号。信号经过整形、转换、限幅和滤波等处理后送到 A/D 芯片进行模数转换。模拟板包含 14 路 4 ~ 20 mA 电流信号输入通道和 2 路 0 ~ 10 V 电压信号输入通道。

电源板用于提供制动控制单元 BCU 工作的 DC 5 V 内部工作电源和 DC 24 V 外供电源（用于驱动传感器、高速电控开关阀等），具有过热、过流、过压和欠压保护功能。制动控制单元 BCU 输入电压为 DC 110 V。

电源板上有六个钮子开关。制动显示屏上有对应的钮子开关状态显示信息栏。

注意：钮子开关的状态改变会引起机车惩罚制动（常用制动列车制动管最大减压量），转换列车制动管定压前，需将大闸置紧急位后再转换钮子开关。

任务三 DK-2 型机车制动系统的综合作用

【知识要点】

1. 熟知 DK-2 型机车制动系统自动制动作用；
2. 熟知 DK-2 型机车制动系统单独制动作用；
3. 熟知 DK-2 型机车制动系统备用制动作用。

【任务实施】

机车制动机的综合作用习惯上是根据大闸和小闸各手柄位置的变换（该变换是由操纵列车/机车实际运行情况而决定）而确定的机车制动机各主要部件之间的相互关系和作用规律。

DK-2 型机车制动机的综合作用按自动制动作用、单独制动作用和备用制动作用三方面重点予以介绍。

一、自动制动作用

自动制动作用，即 DK-2 型机车制动机处于电空位，非操纵端大闸置重联位，非操纵端小闸置运转位，操纵端小闸处于运转位，操纵大闸手柄在各位置时的综合作用。该作用用于操纵全列车的制动、保压与缓解。

自动制动通过操纵自动制动手柄在不同位置，控制均衡风缸压力，再通过中继阀控制列车制动管压力，进而通过电子分配阀控制制动缸压力。

（一）大闸运转位，小闸运转位

该位置是列车运用中大闸手柄常放位置，是向全列车初充风、再充风缓解列车制动以及列车正常运行所采用的位置。

1. 电 路

（1）主要输入电路有：

① 导线 801（电源）→大闸 1AC→导线 803→BCU（输入板第 10 点灯亮）；

② 导线 801（电源）→大闸 1AC→导线 807→BCU（输入板第 9 点灯亮）；

③ 导线 801（电源）→小闸 1AC→导线 814→BCU（输入板第 2 点灯亮）；

④ 导线 801（电源）→小闸 1AC→导线 815→BCU（输入板第 1 点灯亮）。

（2）主要输出电路有：

① 保护电空阀 263YV 得电（BCU 输出板第 2 点灯亮）；

② 转换电空阀 262YV 得电（BCU 输出板第 7 点灯亮）；

③ 缓解高速电空阀 258YV 得电（BCU PWM 板第 1 点灯亮，当均衡风缸压力充至定压时灯灭）；

④ 单缓高速电空阀 261YV 得电（BCU PWM 板第 4 点灯亮，当制动缸压力缓解至 0 kPa 时灯灭）。

2. 气 路

（1）总风→塞门 157→调压阀 55（整定压力为 650 kPa）→缓解高速电空阀 258YV→保护电空阀 263YV→转换阀 153→均衡风缸（压力上升至列车制动管定压）。

（2）总风遮断阀 181 左侧压力空气→中立电空阀 253YV→大气。

（3）列车制动管遮断阀 182 左侧压力空气→遮断电空阀→大气。

（4）总风→塞门 134→转换电空阀 262YV→切换阀 192（沟通预控风缸和分配阀均衡部的通路）。

（5）分配阀均衡部压力空气→作用管→切换阀 192→预控风缸→单缓高速电空阀 261→大气。

（二）大闸初制动位，小闸运转位

将大闸置于该位置，使列车制动管产生一个最小减压量 45 ~ 55 kPa，制动缸压力上升到 90 ~ 110 kPa。

1. 电 路

（1）主要输入电路有：

① 导线 801（电源）→大闸 1AC→导线 807→BCU（输入板第 9 点灯亮）；

② 导线 801（电源）→大闸 1AC→导线 806→BCU（输入板第 7 点灯亮）；

③ 导线 801（电源）→小闸 1AC→导线 814→BCU（输入板第 2 点灯亮）；

④ 导线 801（电源）→小闸 1AC→导线 815→BCU（输入板第 1 点灯亮）。

（2）主要输出电路有：

① 保护电空阀 263YV 得电（BCU 输出板第 2 点灯亮）；

② 转换电空阀 262YV 得电（BCU 输出板第 7 点灯亮）；

③ 中立电空阀 253YV 得电（BCU 输出板第 4 点灯亮）；

④ 制动高速电空阀 257YV 得电（BCU PWM 板第 2 点灯亮，当列车制动管压力完成规定的减压量后灯灭）；

⑤ 单制高速电空阀 260YV 得电（BCU PWM 板第 3 点灯亮，当制动缸压力充至规定的压力时灯灭）。

2. 气 路

（1）由于缓解高速电空阀 258YV 失电，其充风阀口关闭，切断了均衡风缸的充风通路。而此时制动高速电空阀 257YV 得电，使得：均衡风缸压力空气→转换阀 153→制动高速电空阀 257YV→大气。

（2）总风→塞门 157→中立电空阀 253YV→总风遮断阀 181 左侧，切断总风进入中继阀的通路。

（3）列车制动管遮断阀 182 左侧压力空气→遮断电空阀→大气。

（4）总风→塞门 134→转换电空阀 262YV→切换阀 192（沟通预控风缸和分配阀均衡部的通路）。

（5）总风→塞门 134→调压阀 51（整定压力为 480 kPa）→单制高速电空阀 260YV→预控风缸→切换阀 192→作用管→分配阀均衡部。

（三）大闸制动区（包含全制动），小闸运转位

该区间是操纵列车进行常用制动的主要区间，大闸手柄在制动区移动可控制列车制动管减压量的大小，由后往前减压量由小到大，全制动时列车制动管达最大减压量（定压 600 kPa 时，最大减压量为 170 kPa；定压 500 kPa 时，最大减压量为 140 kPa）。

1. 电　路

（1）主要输入电路有：

① 导线 801（电源）→大闸 1AC→导线 806→BCU（输入板第 7 点灯亮）；

② 导线 801（电源）→小闸 1AC→导线 814→BCU（输入板第 2 点灯亮）；

③ 导线 801（电源）→小闸 1AC→导线 815→BCU（输入板第 1 点灯亮）。

（2）主要输出电路有：

① 保护电空阀 263YV 得电（BCU 输出板第 2 点灯亮）；

② 转换电空阀 262YV 得电（BCU 输出板第 7 点灯亮）；

③ 中立电空阀 253YV 得电（BCU 输出板第 4 点灯亮）；

④ 制动高速电空阀 257YV 得电（BCU PWM 板第 2 点灯亮，当列车制动管压力完成规定的减压量后灯灭）；

⑤ 单制高速电空阀 260YV 得电（BCU PWM 板第 3 点灯亮，当制动缸压力充至规定的压力时灯灭）。

2. 气　路

（1）由于缓解高速电空阀 258YV 失电，其充风阀口关闭，切断了均衡风缸的充风通路。而此时制动高速电空阀 257YV 得电，使得：均衡风缸压缩空气→转换阀 153→制动高速电空阀 257YV→大气。

（2）总风→塞门 157→中立电空阀 253YV→总风遮断阀 181 左侧，切断总风进入中继阀的通路。

（3）列车制动管遮断阀 182 左侧压缩空气→遮断电空阀→大气。

（4）总风→塞门 134→转换电空阀 262YV→切换阀 192（沟通预控风缸和分配阀均衡部的通路）。

（5）总风→塞门 134→调压阀 51（整定压力为 480 kPa）→单制高速电空阀 260YV→预控风缸→切换阀 192→作用管→分配阀均衡部。

（四）大闸抑制位，小闸运转位

该位置是制动机开机解锁和惩罚制动解锁的工作位置，同时会使列车制动管产生最大常用制动减压量。

1. 电 路

（1）主要输入电路有：

① 导线 801（电源）→大闸 1AC→导线 805→BCU（输入板第 6 点灯亮）；

② 导线 801（电源）→小闸 1AC→导线 814→BCU（输入板第 2 点灯亮）；

③ 导线 801（电源）→小闸 1AC→导线 815→BCU（输入板第 1 点灯亮）。

（2）主要输出电路有：

① 保护电空阀 263YV 得电（BCU 输出板第 2 点灯亮）；

② 转换电空阀 262YV 得电（BCU 输出板第 7 点灯亮）；

③ 中立电空阀 253YV 得电（BCU 输出板第 4 点灯亮）；

④ 制动高速电空阀 257YV 得电（BCU PWM 板第 2 点灯亮，当列车制动管压力完成规定的减压量后灯灭）；

⑤ 单制高速电空阀 260YV 得电（BCU PWM 板第 3 点灯亮，当制动缸压力充至规定的压力时灯灭）。

2. 气 路

（1）由于缓解高速电空阀 258YV 失电，其充风阀口关闭，切断了均衡风缸的充风通路。而此时制动高速电空阀 257YV 得电，使得：均衡风缸压力空气→转换阀 153→制动高速电空阀 257YV→大气。

（2）总风→塞门 157→中立电空阀 253YV→总风遮断阀 181 左侧，切断总风进入中继阀的通路。

（3）列车制动管遮断阀 182 左侧压力空气→遮断电空阀→大气。

（4）总风→塞门 134→转换电空阀 262YV→切换阀 192（沟通预控风缸和分配阀均衡部的通路）。

（5）总风→塞门 134→调压阀 51（整定压力为 480 kPa）→单制高速电空阀 260YV→预控风缸→切换阀 192→作用管→分配阀均衡部。

（五）大闸重联位，小闸运转位

该位置是重联机车的运行位，也是换端操作时钥匙取出位及非操纵端使用的位置，同时重联位还具有制动机开机解锁功能。制动机正常运用时，若将操纵端大闸长时间置于重联位，均衡风缸会以常用减压速率减压至 0 kPa，列车制动管压力减为 35 ~ 85 kPa。在减压过程中当列车制动管减压量达常用制动最大减压量后，再将大闸置抑制位可保住列车制动管压力。当列车制动管压力减到 260 kPa 以下时，制动机视为紧急制动，制动缸压力上升到（450 ± 10）kPa。

1. 电　路

（1）主要输入电路有：

① 导线 801（电源）→大闸 1AC→导线 821→BCU（输入板第 5 点灯亮）；

② 导线 801（电源）→小闸 1AC→导线 814→BCU（输入板第 2 点灯亮）；

③ 导线 801（电源）→小闸 1AC→导线 815→BCU（输入板第 1 点灯亮）。

（2）主要输出电路有：

① 保护电空阀 263YV 得电（BCU 输出板第 2 点灯亮）；

② 转换电空阀 262YV 得电（BCU 输出板第 7 点灯亮）；

③ 中立电空阀 253YV 得电（BCU 输出板第 4 点灯亮）；

④ 制动高速电空阀 257YV 得电（BCU PWM 板第 2 点灯亮，当列车制动管压力完成规定的减压量后灯灭）；

⑤ 单制高速电空阀 260YV 得电（BCU PWM 板第 3 点灯亮，当制动缸压力充至规定的压力时灯灭）。

⑥ 当机车处于补机模式或单机模式，重联电空阀 259YV 得电（BCU 输出板第 6 点灯亮）。

⑦ 当机车处于补机模式或单机模式，遮断电空阀 255YV 得电（BCU 输出板第 5 点灯亮，仅当机车处于补机模式或单机模式）。

2. 气　路

（1）由于缓解高速电空阀 258YV 失电，其充风阀口关闭，切断了均衡风缸的充风通路。而此时制动高速电空阀 257YV 得电，使得：均衡风缸压力空气→转换阀 153→制动高速电空阀 257YV→大气。

（2）总风→塞门 157→中立电空阀 253YV→总风遮断阀 181 左侧，切断总风进入中继阀的通路。

（3）总风→塞门 134→转换电空阀 262YV→切换阀 192（沟通预控风缸和分配阀均衡部的通路）。

（4）总风→塞门 134→调压阀 51（整定压力为 480kPa）→单制高速电空阀 260YV→预控风缸→切换阀 192→作用管→分配阀均衡部。

（5）补机模式或单机模式：列车制动管→重联电空阀 259YV→转换阀 153→均衡风缸。

（6）补机模式或单机模式：总风→塞门 157→遮断电空阀 255YV→列车制动管遮断阀 182 左侧，切断列车制动管进入中继阀的通路。

（六）大闸紧急位，小闸运转位

该位置是列车运用中紧急停车所使用的位置。

1. 电　路

（1）主要输入电路有：

① 导线 801（电源）→大闸 1AC→导线 804→BCU（输入板第 8 点灯亮）；

② 导线 801（电源）→大闸 1AC→导线 806→BCU（输入板第 7 点灯亮）；

③ 导线 801（电源）→大闸 1AC→导线 821→BCU（输入板第 5 点灯亮）;

④ 导线 801（电源）→小闸 1AC→导线 814→BCU（输入板第 2 点灯亮）;

⑤ 导线 801（电源）→小闸 1AC→导线 815→BCU（输入板第 1 点灯亮）。

（2）主要输出电路有：

① 保护电空阀 263YV 得电（BCU 输出板第 2 点灯亮）;

② 中立电空阀 253YV 得电（BCU 输出板第 4 点灯亮）;

③ 重联电空阀 259YV 得电（BCU 输出板第 6 点灯亮）;

④ 紧急电空阀 264YV、265YV 得电（BCU 输出板第 1 点灯亮）;

⑤ 制动高速电空阀 257YV 得电（BCU PWM 板第 2 点灯亮，当列车制动管压力完成规定的减压量后灯灭）;

⑥ 单制高速电空阀 260YV 得电（BCU PWM 板第 3 点灯亮，当预控风缸压力充至规定的压力时灯灭）。

2. 气　路

（1）由于转换电空阀 262YV 失电，切断了预控风缸和分配阀均衡部的通路，同时使分配阀容积室和均衡部沟通，紧急制动时分配阀均衡部的压力空气来自容积室而非预控风缸。

（2）总风→塞门 157→紧急电空阀 264YV→板式放风阀 98 膜板下方（沟通列车制动管排大气通路）。

（3）总风→塞门 157→紧急电空阀 265YV→板式放风阀 94 膜板下方（沟通列车制动管排大气通路）。

（4）由于列车制动管压力急剧下降，紧急室压力来不及通过缩孔逆流到列车制动管，紧急鞲鞴失去平衡下移并压下夹心阀，开放列车制动管排风阀口，进一步加速列车制动管的排风。同时带动下部电联锁改变电路。

（5）总风→塞门 157→中立电空阀 253YV→总风遮断阀 181 左侧，切断总风进入中继阀的通路。

（6）均衡风缸压力空气→转换阀 153→制动高速电空阀 257YV→大气。

（7）均衡风缸→转换阀 153→重联电空阀 259YV→列车制动管（随列车制动管排入大气）。

（8）总风→塞门 134→调压阀 51（整定压力为 480 kPa）→单制高速电空阀 260YV→预控风缸。

注意：

• 当 BCU 上空电联合制动钮子开关投入时，自动制动和电制动必须实现互锁，制动控制单元将通过 MVB 接口发送自动制动控制器的命令到机车主控制系统 CCU，此时 CCU 将判断是用空气制动还是用电制动来完成制动目标，当机车电制动投入时，制动缸压力将被缓解。

• 如果电制动系统失效，电制动将被切除，自动制动与电制动互锁无效，根据大闸制动要求投入空气制动。

二、单独制动作用

单独制动作用，即 DK-2 型机车电空制动机处于电空位，非操纵端大闸置重联位，非操纵端小闸置运转位，操纵端大闸处于运转位，操纵小闸手把在各位置时的综合作用。它还包括大闸处于制动区或紧急位，小闸手把置于侧压缓解位时的综合作用。该作用用于单独操纵机车的制动、保压与缓解。

单独制动以空气制动为基础来实现，由本务机车的司机专门操作，单独制动主要用于调车。

操纵小闸仅会使机车产生单独制动而不会影响列车制动管压力。小闸手柄置于制动区时，将引起本务机车和重联机车的制动；小闸手柄置于运转位时，将缓解本务机车和重联机车。

单独制动具有阶段缓解和阶段制动功能。

（一）大闸运转位，小闸初制动位

该位置是小闸在制动区的起始位置，小闸位于该位置时，机车制动缸不会产生压力。

1. 电　路

（1）主要输入电路有：

① 导线 801（电源）→大闸 1AC→导线 803→BCU（输入板第 10 点灯亮）；

② 导线 801（电源）→大闸 1AC→导线 807→BCU（输入板第 9 点灯亮）；

③ 导线 801（电源）→小闸 1AC→导线 813→BCU（输入板第 3 点灯亮）；

④ 导线 801（电源）→小闸 1AC→导线 815→BCU（输入板第 1 点灯亮）。

（2）主要输出电路有：

与大闸运转位、小闸运转位一致。

2. 气　路

与大闸运转位、小闸运转位一致。

（二）大闸运转位，小闸制动区（包含全制动）

该区间是操纵机车进行单独制动的主要区间，小闸手柄在制动区移动可控制机车制动缸压力在 0 ~ 300 kPa 之间，全制动时机车制动缸压力达到最大 300 kPa，在此区间小闸能阶段缓解。

1. 电　路

（1）主要输入电路有：

① 导线 801（电源）→大闸 1AC→导线 803→BCU（输入板第 10 点灯亮）；

② 导线 801（电源）→大闸 1AC→导线 807→BCU（输入板第 9 点灯亮）；

③ 导线 801（电源）→小闸 1AC→导线 813→BCU（输入板第 3 点灯亮）。

（2）主要输出电路有：

① 保护电空阀 263YV 得电（BCU 输出板第 2 点灯亮）；

② 转换电空阀 262YV 得电（BCU 输出板第 7 点灯亮）；

③ 单制高速电空阀 260YV 得电（BCU PWM 板第 3 点灯亮，当制动缸压力充至规定的压力时灯灭）。

2. 气　路

（1）总风→塞门 134→转换电空阀 262YV→切换阀 192（沟通预控风缸和分配阀均衡部的通路）。

（2）总风→塞门 134→调压阀 51（整定压力为 480 kPa）→单制高速电空阀 260YV→预控风缸→切换阀 192→作用管→分配阀均衡部。

（三）小闸侧压缓解位

将小闸手柄置于侧压缓解位可以实现单独缓解大闸产生的机车制动缸压力。常用制动的单独缓解不能被恢复，这就意味着机车制动缸缓解压力将不能随小闸手柄返回而恢复；紧急制动后的单缓可以被恢复，即紧急制动后的制动缸压力被小闸侧压缓解后，随着小闸手柄复原制动缸压力又升至 450 kPa。

1. 电　路

（1）主要输入电路有：

① 导线 801（电源）→大闸 1AC→导线 803→BCU（输入板第 10 点灯亮）；

② 导线 801（电源）→大闸 1AC→导线 807→BCU（输入板第 9 点灯亮）；

③ 导线 801（电源）→小闸 1AC→导线 810→BCU（输入板第 25 点灯亮）。

（2）主要输出电路有：

① 保护电空阀 263YV 得电（BCU 输出板第 2 点灯亮）；

② 转换电空阀 262YV 得电（BCU 输出板第 7 点灯亮）；

③ 单缓高速电空阀 261YV 得电（BCU PWM 板第 4 点灯亮，当制动缸压力缓解至相应的压力时灯灭）。

④ 紧急后的侧压缓解强缓电空阀 246YV 得电（BCU 输出板第 10 点灯亮）。

2. 气　路

（1）常用制动侧压缓解：

① 总风→塞门 134→转换电空阀 262YV→切换阀 192（沟通预控风缸和分配阀均衡部的通路）。

② 分配阀均衡部压力空气→作用管→切换阀 192→预控风缸→单缓高速电空阀 261YV→大气。

（2）紧急制动侧压缓解：

① 总风→塞门 134→转换电空阀 262YV→切换阀 192（沟通预控风缸和分配阀均衡部的通路）。

② 分配阀均衡部压力空气→作用管→切换阀 192→预控风缸→单缓高速电空阀 261YV→大气。

③ 分配阀均衡部压力空气→作用管→强缓电空阀 246YV→大气。

三、备用制动作用

为确保运行安全，特设置备用制动作用。备用制动作用只是作为电空位故障的一种应急补救操纵措施，以免在区间途停而影响线路的正常运行，它是一种纯空气的制动作用。正因为如此，在该位操纵时，不具备电空位操纵时那样齐全的功能，而只保证控制全列车的制动和缓解的基本功能。备用制动有 3 个操纵位置：缓解位、中立位、制动位。备用制动作用气路原理图见图 3-20。

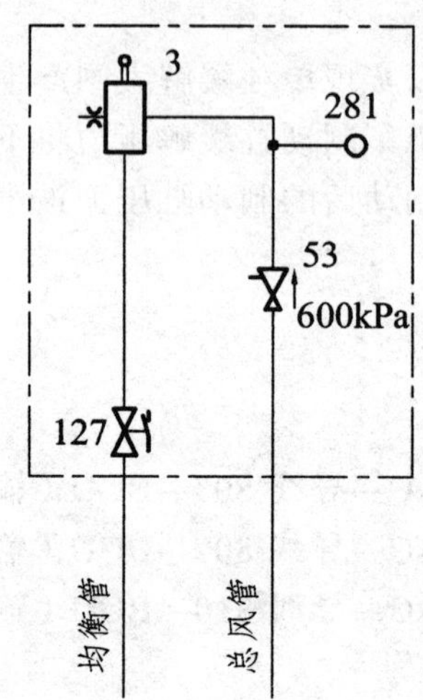

图 3-20 备用制动作用气路原理图

3—备用制动阀；53—备用制动调压阀；127—备用制动塞门；281—压力检测口

（一）缓解位

1. 作 用

将备用制动手柄往后拉，使备用制动阀处于缓解位，均衡风缸将充气增压，使全列车得到缓解。

2. 气 路

（1）备用制动阀

由于手柄向后拉，带动备用制动阀内柱塞向后运动，使总风管压力空气→调压阀 53（调整压力为列车制动管定压）→备用制动阀→备用制动电联锁塞门 127→均衡管→均衡风缸。

均衡风缸压力上升，直至列车制动管定压为止。

（2）中继阀

由于均衡风缸压力上升，使中继阀处于充风缓解位，列车制动管压力也开始上升，直至列车制动管定压为止。

（3）分配阀

由于列车制动管压力上升，分配阀主阀部呈充风缓解位，工作风缸充风。均衡部压力空气经容积室再经 156 塞门排向大气，机车制动缸缓解。

（二）中立位

1. 作 用

全列车制动前的准备及制动后的保压。此位置调压阀管与均衡风缸管，以及均衡风缸管与大气的通路均被切断，均衡风缸保压，但中继阀的总风遮断阀不关闭，即中继阀能对列车制动管补风，这点在使用操纵时应特别注意。

2. 气 路

（1）备用制动阀

所有气路均不通。

（2）中继阀、分配阀

中继阀和分配阀处于保压位。

（三）制动位

1. 作 用

将备用制动手柄向前推，使备用制动阀处于制动位，备用制动手柄在该位置停留时间长短控制着列车制动管的减压量。它与中立位配合使用可实现列车制动管常用制动阶段减压。备用制动手柄在该位置长时间停留，可使均衡风缸压力减至零，这点在使用操纵时也应特别注意。

2. 气 路

（1）备用制动阀

由于手柄向前推，带动备用制动阀内柱塞向前运动，使均衡风缸压力空气→均衡管→备用制动电联锁塞门 127→备用制动阀排大气缩孔→大气，开放了均衡风缸与大气的通路，均衡风缸减压。

（2）中继阀

由于均衡风缸压力下降，使双阀口中继阀呈制动位，列车制动管压力也随之下降。但总风遮断阀仍处于开放状况。

（3）分配阀

由于列车制动管压力下降，分配阀主阀部处于制动位，工作风缸向容积室充风，容积室压力上升，分配阀均衡部处于制动位，开放总风与制动缸通路，机车制动缸增压。

【实践与训练】

学习工作单

<table>
<tr><td>工 作 单</td><td colspan="3">DK-2 型机车制动系统的综合作用</td></tr>
<tr><td>任 务</td><td colspan="3">熟知 DK-2 型机车制动系统自动制动作用；熟知 DK-2 型机车制动系统单独制动作用；熟知 DK-2 型机车制动系统备用制动作用。</td></tr>
<tr><td>班 级</td><td></td><td>姓 名</td><td></td></tr>
<tr><td>学习小组</td><td></td><td>工作时间</td><td></td></tr>
</table>

续上表

【知识认知】
1. 简述 DK-2 型机车制动系统自动制动作用； 2. 简述 DK-2 型机车制动系统单独制动作用； 3. 简述 DK-2 型机车制动系统备用制动作用。
【能力训练】
1. 试从电路、气路两方面分析 DK-2 型机车制动系统在大闸运转位、小闸运转位时的自动制动作用。
2. 试从电路、气路两方面分析 DK-2 型机车制动系统在大闸运转位、小闸初制动位时的单独制动作用。
任务学习其他说明或建议：
指导老师评语：
任务完成人签字：　　　　日期：　年　月　日
指导老师签字：　　　　日期：　年　月　日

任务四 DK-2 型机车制动系统运行模式设置

【知识要点】

1. 熟知 DK-2 型机车制动系统内重联模式（作为主机牵引）设置；
2. 熟知 DK-2 型机车制动系统重联、附挂机车模式（单机模式）设置；

3. 熟知 DK-2 型机车制动系统外重联模式（作重联补机）设置；

4. 熟知 DK-2 型机车制动系统备用制动模式（纯空气制动）设置；

5. 熟知 DK-2 型机车制动系统停放制动操作（库停后操作）和无火回送设置。

【任务实施】

闭合电空制动电源约 40 s，待制动机状态指示灯长亮后，将制动控制器自动制动手柄置于重联位或抑制位 1 s，制动机将被激活。

一、内重联模式（作为主机牵引）

如果机车牵引客、货运列车或单机运行时，机车以内重联模式运行。操纵节制动显示屏上钮子开关信息栏显示：不补风、空联投入、ATP 投入、定压 500 kPa（600 kPa）、单机切除，同时显示屏流量表上方显示“本机”字样。

非操纵节制动显示屏上钮子开关信息栏的状态显示：不补风、空联投入、ATP 投入、定压 500 kPa（600 kPa）、单机切除，同时显示屏流量表上方显示“补机”字样。

设置：

（1）非操纵节大闸置重联位、小闸置运转位，并拔出制动控制器的钥匙。

（2）操纵节制动柜上的重联阀转换按钮置于“本机位”（若需转换位置，须先将转换手柄向里推，然后再转动 180° 到所需的位置后松开），分配阀缓解塞门 156 置于打开位（塞门手柄方向与地面垂直），转换阀 153 置于“正常位”，无火塞门 155、无火安全阀塞门 139 处于关闭位，其他所有塞门都应开通，制动控制单元 BCU 数码管将显示“bCU”。

（3）非操纵节制动柜上的重联阀转换按钮置于“补机位”，转换阀 153 置于“正常位”，分配阀缓解塞门 156 置于关闭位（塞门手柄与地面平行），无火塞门 155、无火安全阀塞门 139 处于关闭状态，其他所有塞门都应开通，制动控制单元 BCU 数码管将显示“bcu”。

（4）换端操纵时注意重联阀转换按钮和分配阀缓解塞门 156 的转换。

二、重联、附挂机车模式（单机模式）

当机车以单机模式附挂运行时（和前部牵引机车只连接列车制动管），应将操纵节 BCU 上单机模式投入/切除钮子开关打到“单机投入”位，操纵节大闸置重联位，小闸置运转位，其他设置和内重联模式一致。此时，仅小闸可以投入使用。

操纵节制动显示屏上钮子开关信息栏显示：不补风、空联投入、ATP 投入、定压 500 kPa（600 kPa）、单机投入，同时显示屏流量表上方显示“单机”字样。

非操纵节制动显示屏上钮子开关信息栏显示：不补风、空联投入、ATP 投入、定压 500 kPa（600 kPa）、单机切除，同时显示屏流量表上方显示“补机”字样。

三、外重联模式（作重联补机）

当机车以外重联模式运行（和前部机车连接列车制动管、平均管、总风联管），机车作重联补机时，需在两节机车上进行以下操作：制动柜重联阀上的转换按钮打到“补机位”，分配阀 156 塞门置于关闭位，大闸置重联位，小闸置运转位，闸位锁定后将钥匙取出。

制动显示屏上钮子开关信息栏显示：不补风、空联投入、ATP 投入、定压 500 kPa（600 kPa）、单机切除，同时显示屏流量表上方显示“补机”字样。

注意：如果重联补机的某节机车制动机处于空气位或处于电空位但无电空制动电源，还应将某节机车中继阀座下方的中继阀列车制动管塞门 115 关闭。

四、备用制动模式（纯空气制动）

备用制动操纵方式是作为“电空位”故障后的一种应急补救操纵措施，以免在区间途停而影响线路正常运行。在该位操纵时，不具备“电空位”操纵时齐全的功能，备用制动具有制动位、中立位、缓解位 3 个操作位置，只能保证全列车的制动、保压、缓解的基本功能。

（1）司机室设置

① 将大闸手柄置重联位，小闸手柄置运转位。

② 将操纵节司机室备用制动模块上的备用塞门打开，此时操纵节的制动机会自动断电。

（2）机械间内设置

① 将两节车上的制动机电源都断开（每节车上 = 28-F04、= 28-F06 开关打到向下位置）。其中 = 28-F04 为制动控制器的电源开关，= 28-F06 为 BCU 的电源开关。

② 将操纵节制动柜上的转换阀 153 由“正常位”转到“空气位”。

③ 将非操纵节制动柜上的中继阀列车制动管塞门 115 置关闭位。

（3）试闸

调节备用制动调压阀，使其输出压力为列车制动管定压，操作备用制动控制手柄，对机车进行制动和缓解，按压备用制动单缓按钮，可以单缓机车。

五、操作中的注意事项

（1）自动制动控制器紧急制动后，机车速度为零时起制动机紧急状态锁定 60 s，制动显示屏倒计时结束后，手把移至紧急位再回运转位才能缓解全列车（或车辆）。

（2）自动制动控制器在运转位（或制动区）时，由于其他原因引起紧急制动作用后，机车速度为零时起制动机紧急状态锁定 60 s，制动显示屏倒计时结束，手把移至紧急位再回运转位才能缓解全列车（或车辆）。

（3）当制动机接收到惩罚制动指令时，制动机产生惩罚制动，制动控制单元会根据不同惩罚制动级别施加相应的列车制动管减压，同时制动显示屏提示相应的惩罚制动信息。如需解除惩罚制动，首先惩罚源必须消除，同时需要将自动制动手柄置抑制位 1 s 以上。

（4）当制动机状态指示灯不亮时，表示制动机处于无电状态或制动控制单元 BCU 正在启动；当制动机状态指示灯长亮时，表示制动控制单元 BCU 已启动完毕；当制动机状态指示灯慢闪时（约 4 s 闪烁 1 次），表示制动机存在不影响机车运行的故障（制动显示屏将在主界面显示故障的级别，通过制动显示屏的事件查询功能可以查询相应的故障信息），可维持机车运行到段后进行处理；当制动机状态指示灯快闪时（约 0.5 s 闪烁 1 次），表示制动机存在影响机车运行安全的故障（制动显示屏将在主界面显示故障的级别，通过制动显示屏的事件查询功能可以查询相应的故障信息），需立即进行停车与制动机故障处理。

（5）备用制动操作时注意：

① 操纵空气备用制动阀可对全列车进行制动、保压和缓解，单缓机车则要按单缓按钮。

② 应将自动制动控制器手把置重联位，单独制动控制器手把置运转位。

③ 需紧急制动时，可按压紧急按钮或者拉车长阀，并同时将备用制动阀手把移放至制动位。

④ 因列车制动管具有补风作用，备用制动阀减压后放中立位保压时，要注意监视列车速度的变化，防止长时间保压时的车辆制动机自然缓解。

⑤ 因为空气位的制动机性能不齐全，不能长期使用，但可作为制动机电空位故障时的一种维持运行的补救操作措施。因此在操作时必须格外注意，做到正副司机密切协调，方能确保行车安全。

六、停放制动操作（库停后操作）

① 按压停放制动施加按钮，停放制动施加，停放制动指示器显示红色；

② 断开制动机电源，制动机自动实施常用制动。

七、无火回送

1. 设置及检查方法

无火回送时，无火回送机车的制动、缓解由牵引机车控制，无火回送操作步骤如下（以下操作均在两节车上完成）：

（1）确认停放制动缓解并切除停放制动（确保机车不会溜逸）

① 关闭制动柜停放制动塞门 177，待单元制动器停放缸压力降为 0 kPa，观察停放制动指示器完全变红后，方可手动缓解停放制动（手拉停放制动缓解拉环），手动缓解后应检查机车所有制动器闸片和制动盘是否已经分离，确认手动缓解成功。

② 若①中手动缓解不成功，需进行以下操作：

a）打开停放制动塞门 177；

b）将车端列车软管与其他机车车端列车软管相连，并打开车端列车制动管折角塞门与制动柜无火塞门 155；

c）将列车制动管充风至定压；

d）重复①中相关操作。

（2）正确设置各塞门以及手柄

① 将大闸手柄置重联位、小闸手柄置运转位，将制动控制器钥匙转至“关”并取出钥匙。

② 关闭以下各塞门：

中继阀列车制动管塞门 115、紧急增压塞门 137、第二总风缸隔离塞门 A10。

③ 打开以下各塞门：

无火安全阀塞门 139、无火塞门 155、分配阀缓解塞门 156。

④ 制动系统断电。

（3）检查试验步骤及方法

① 连接牵引机车，将无火机车列车制动管充至定压，闸缸压力应为 0 kPa，同时所有制动器闸片和制动盘应缓解分离。

② 操作牵引机车列车制动管减压、充风，无火机车制动、缓解作用正常；在常用全制动与紧急制动工况下，无火机车制动缸压力应限制在(250 ± 10) kPa。

③ 操作牵引机车列车制动管缓解并制动至少 3 次循环，观察无火机车制动缸压力能正常缓解与制动。

2. 故障及应急处理措施

（1）制动缸无法缓解：

应检查各节机车相关塞门是否处于正确的位置。尤其需要重点检查分配阀缓解塞门 156 是否处于打开状态（塞门手柄垂直地）。

（2）制动缸不保压或不制动

应重点检查分配阀安全阀，看安全阀阀口是否松动漏风，如果松动，应紧固。

（3）停放制动不缓解

应按照上述正确操作步骤缓解停放制动并切除停放制动缸。

【实践与训练】

学习工作单

<table>
<tr><td>工 作 单</td><td colspan="3">DK-2 型机车制动系统运行模式设置</td></tr>
<tr><td>任 务</td><td colspan="3">熟知 DK-2 型机车制动系统内重联模式（作为主机牵引）、重联、附挂机车模式（单机模式）、外重联模式（作重联补机）、备用制动模式（纯空气制动）、停放制动操作（库停后操作）以及无火回送等模式的设置。</td></tr>
<tr><td>班 级</td><td></td><td>姓 名</td><td></td></tr>
<tr><td>学习小组</td><td></td><td>工作时间</td><td></td></tr>
<tr><td colspan="4">【知识认知】</td></tr>
<tr><td colspan="4">1. 简述 DK-2 型机车制动系统内重联模式（作为主机牵引）设置；
2. 简述 DK-2 型机车制动系统重联设置；
3. 简述 DK-2 型机车制动系统附挂机车模式（单机模式）设置；
4. 简述 DK-2 型机车制动系统外重联模式（作重联补机）设置；
5. 简述 DK-2 型机车制动系统备用制动模式（纯空气制动）、停放制动操作（库停后操作）以及无火回送等模式的设置。</td></tr>
</table>

续上表

【能力训练】
1. 写出 DK-2 型机车制动系统内重联模式（作为主机牵引）设置步骤。
2. 写出 DK-2 型机车制动系统无火回送设置步骤及检查方法。
任务学习其他说明或建议：
指导老师评语：
任务完成人签字：　　　　　　　　　　　　　日期：　年　月　日 指导老师签字：　　　　　　　　　　　　　日期：　年　月　日

项目四

CCB-Ⅱ型机车制动系统

任务一 概 述

【知识要点】

1. 了解 CCB-Ⅱ型机车制动系统技术特点；
2. 熟知 CCB-Ⅱ型机车制动系统的组成和各主要部件的控制关系；
3. 认识制动柜的布置；
4. 熟知 CCB-Ⅱ型机车制动系统的控制原则。

【任务实施】

一、概 述

制动系统是机车及列车安全行车中必不可少的装置，同时为了提高铁路的通过能力，也必须有动作灵敏、控制精确、制动能力强的制动系统。目前我国广泛使用的机车制动机型号为 JZ-7 型和 DK-1 型。JZ-7 型制动机是我国在 20 世纪 70 年代在吸收美国 26-L 型机车制动机的基础上自行研制的，是我国内燃机车至今广泛采用的主型机车制动机。20 世纪 80 年代初，DK-1 型电空制动机开始在电力机车上推广使用，其设计思想来源于法国 PBL2 型按钮式电空制动机。PBL2 型电空制动机随 8K 机车进入我国，DK-1 型电空制动机引用了 PBL2 型电空制动机的方法，通过操纵电器开关改变电路状态，来控制电空阀相应动作，从而实现对空气压力的控制。上述两种制动机已经不能完全满足长大重载货物列车以及高品质提速客运列车的需求。虽然国产 DK-1 型制动机是由电信号来控制压缩空气，具有充、排风速度快的特点，但它不能无线重联控制，如在万吨列车中，前部、中部和后部的机车不能同时对列车制动管进行充风和排风，断钩事故不可能避免。为了适应铁路快速、重载的发展方向，2003 年底，CCB-Ⅱ型机车制动机开始逐步引入我国，主要供大秦铁路开行 2 万吨重载组合列车使用。2004 年，原铁道部从美国的 GE 公司购进了机车无线同步操纵技术（LOCOTROL 技术），同时引进了克诺尔（KNORR）公司的 CCB-Ⅱ型机车制动机在 SS_4 改型机车上进行改造，

2004 年 12 月 12 日，成功开行了中国第一列 2 万吨（4 × 5 000 吨）重载组合列车。

CCB-Ⅱ（Computer Controlled Brake-Ⅱ）制动机的原创是德国产的 KLR 型制动机，后经美国加以改造，是目前世界上公认的最先进的机车制动机，尤其适用于牵引重载列车的机车使用。

第二代微机控制机车制动机（CCB-Ⅱ）是基于网络的微机控制电空制动机，它是按照美国铁路协会 AAR（Association of American Railroads）标准，以 26-L 型制动机为基础，为满足干线客、货运机车的运用要求而设计的，可以满足我国既有机车车辆的配套使用要求。

CCB-Ⅱ型机车制动机具有以下技术特点：

（1）控制准确性高，反应迅速；

（2）安全性较高；

（3）部件集成化程度高，可进行部件的线路更换，维护简单；

（4）有自我诊断、故障显示及处理方法提示功能；

（5）系统内部通过 LON 网络通信，系统与机车之间通过 MVB 网络进行通信。

二、HXD_3型电力机车制动控制原则

（1）优先使用机车动力制动。

（2）通过自动制动阀或监控装置实施常用制动时，经计算后机车施加同空气制动力相当的动力制动，列车施加空气制动。

（3）通过自动制动阀、车长阀或监控装置实施紧急制动时，经计算后机车施加同空气紧急制动力相当的动力制动，列车施加空气紧急制动。

（4）通过紧急按钮实施紧急制动时，机车断开主断路器后施加空气制动，列车施加空气制动。该紧急按钮为非常情况（如机车起火，主断路器粘接等电器故障）设计。

（5）通过单独制动阀实施制动时，机车施加空气制动。

（6）通过司控器可以施加动力制动，其最大值为 480 kN。

（7）若司控器和自动制动阀同时实施动力制动，取其大值。

（8）若单独制动阀施加的空气制动大于 90 kPa，机车将不再施加或切除动力制动；若单独制动阀减压使空气制动小于 60 kPa，机车可以施加动力制动或恢复动力制动。

三、CCB-Ⅱ型机车制动控制系统

1. CCB-Ⅱ型机车制动系统主要部件

CCB-Ⅱ型机车制动机是基于微处理器和 LON 网络的电空制动控制系统，除了紧急制动作用由机械阀触发外，其他所有逻辑控制指令均由微处理器发出。CCB-Ⅱ型机车制动机包括 5 个主要部件：LCDM（制动显示屏）、EPCU（电空控制单元）、X-IPM 微处理器、EBV（电子制动阀）、RIM/JCB（继电器接口模块），如图 4-1 所示。

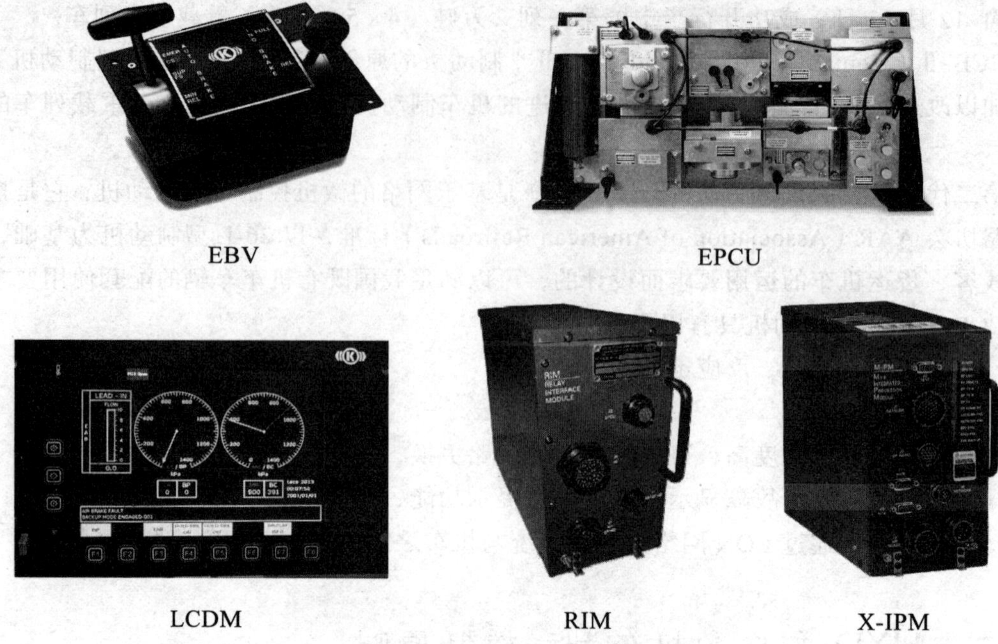

图 4-1　CCB-Ⅱ型机车制动机主要部件

CCB-Ⅱ型机车制动系统的主要特点是采用模块化、电子化设计，利用计算机编程进行控制，EPCU 的 8 个在线可替换模块组成控制系统，其中 5 个在线可替换模块安装了控制程序，模块与模块间、模块与 M-IPM 之间通过 Lonworks 总线连接进行数据交换，CCB-Ⅱ型机车制动系统还能实现远程控制，即 Locotrol 控制功能。

2. CCB-Ⅱ型机车制动系统主要部件的布置

CCB-Ⅱ型机车制动系统由一个集成计算机 X-IPM、一个电空制动单元 EPCU、一个中间继电器接口单元 RIM、两台液晶显示屏 LCDM 以及两套电子制动阀 EBV 组成。CCB-Ⅱ型电空制动系统的控制部分和辅助功能控制部分集成在空气制动柜中，空气制动柜置于机械间，HXD_3 型电力机车制动柜布置与 HXD_3B（C）型电力机车制动柜布置有所差异。

（1）HXD_3 型电力机车制动柜布置

HXD_3 型电力机车制动柜布置如图 4-2 所示。

（2）HXD_3B 型电力机车制动柜布置

HXD_3B 型电力机车制动柜布置如图 4-3 所示。制动柜由以下部件组成：机架、停放制动风缸 25 l（A13）、塞门（排水）（A14）、塞门（A24）、测试口 （A73）、控制单元（EPCU）（B20）、压力传感器 （B28）、压力传感器（B30）、压力传感器（B32）、压力传感器（B34）、停放制动模块（B40）、处理模块 M-IPM（B46）、继电器接口模块（B47）、撒砂模块（F41）、PSW 模块（P50）、无人警惕模块（S10）、辅助压缩机模块（U43）、控制风缸（U76）、塞门（排水）（U88）。上述装置与车辆一侧压缩空气系统之间通过管路建立气动连接。

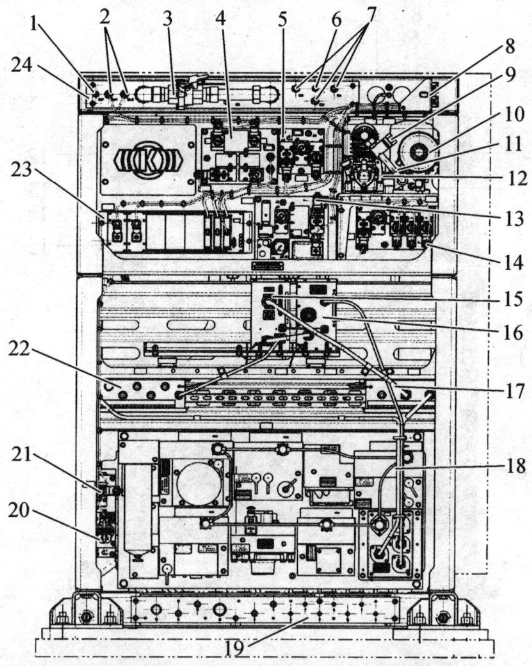

图 4-2　HXD$_3$型电力机车空气制动柜布置图

1—B09 测试口；2-B06/1，B06/2 压力传感器；3—A24 总风塞门；4—B40 弹簧停车模块；5—B50 踏面清扫模块；6—B29 测试 Vl；7—B28/B30/B34 的压力传感器接口；8—电气接口；9—U81 安全阀；10—U83 干燥风缸；11—U84 压力开关；12—U80 辅助空压机；l3—U43 升弓模块；14—F41 撒砂模块；15—B46 主机 IPM；16—B47 继电器模块 RIM；17—B49 电缆箱；18—B20 电空控制单元；19—空气接口；20—Z10. 22 闸缸塞门；21—Z10. 36 紧急电磁阀；22—B48 电源盒；23—Gl 电子防滑器；24—空气接口

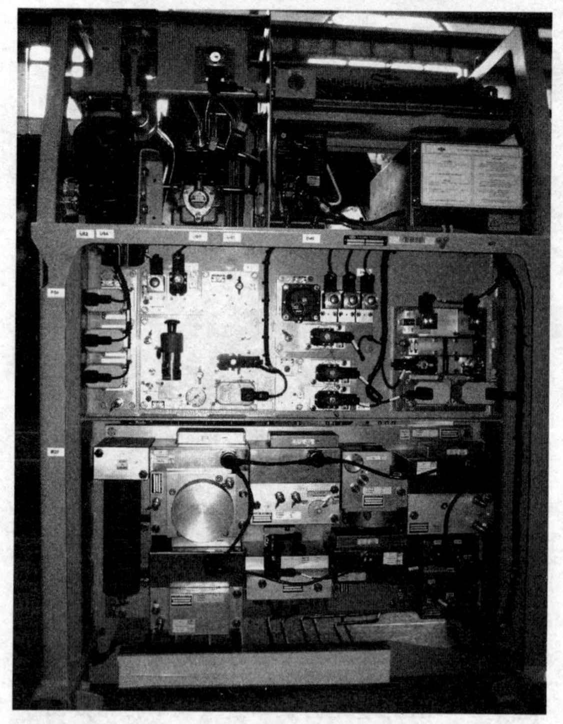

图 4-3 HXD$_3$B 型电力机车空气制动柜布置图

1—辅助控制模块；2—总风截断塞门；3—干燥风缸；4—辅助干燥器；5—辅助压缩机；6—电空控制单元；7—气路接口；8—监控传感器接口；9—升弓钥匙塞门；10—气路接口；11—预留空间；12—I/O 模块；13—辅助压缩机按钮；14—微处理器；15—电器接口

四、CCB-Ⅱ型机车制动系统主要部件控制关系

1. HXD₃型电力机车 CCB-Ⅱ型制动系统主要部件控制关系

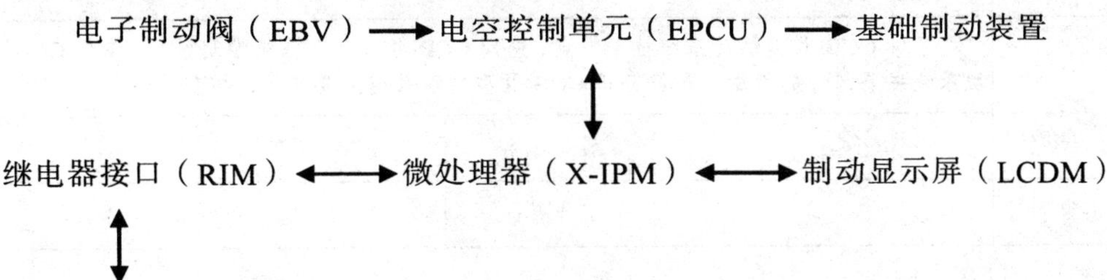

机车控制系统（TCMS）

在制动机主要部件中，EBV、EPCU、RIM、IPM 之间通过 LON 网线进行通信；IPM、LCDM 之间通过 RS422 进行通信；IPM、TCMS 之间通过 MVB 数据线进行通信；RIM、TCMS 通过开关模拟量硬线进行通信。通信关系如图 4-4 所示。

2. HXD₃B 型电力机车 CCB-Ⅱ型制动系统主要部件控制关系

HXD_3B 型机车取消了制动显示屏 LCDM，将其功能全部集成在机车显示屏中。该方案在不降低制动功能的前提下，减少了制动部件，节约了制造成本，同时将牵引信息和制动信息集成在一个界面内，大大方便了司机对机车信息的观察，利于行车，其制动机系统主要部件的控制关系如下：

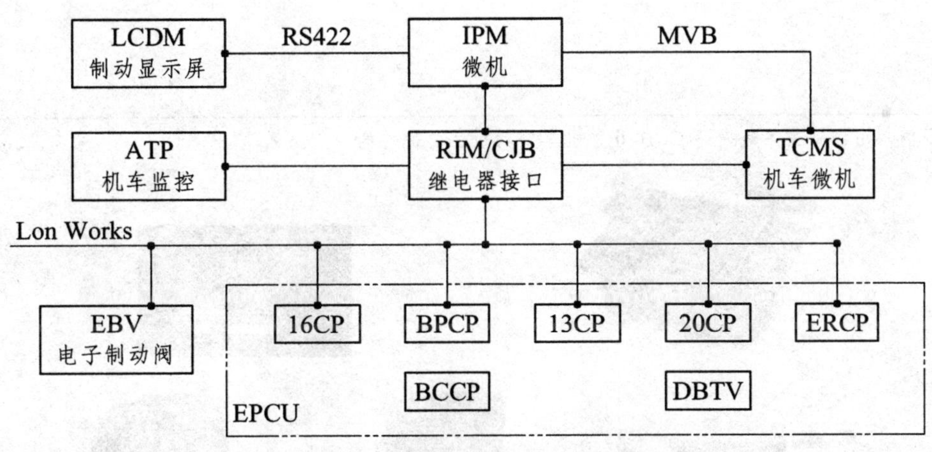

图 4-4　HXD_3 制动机主要部件通信关系图

电子制动阀（EBV）⟶电空控制单元（EPCU）⟶基础制动装置

↕

继电器接口（CJB）⟷微处理器（B-IPM）

↕

机车控制系统（TCMS）⟷机车显示屏

【实践与训练】

学习工作单

<table>
<tr><td>工 作 单</td><td colspan="3">CCB-Ⅱ型机车制动系统</td></tr>
<tr><td>任　　务</td><td colspan="3">了解 CCB-Ⅱ型制动系统技术特点；熟知 CCB-Ⅱ型制动系统控制原则；掌握 CCB-Ⅱ型制动系统主要部件的组成；能够分析 CCB-Ⅱ型制动系统主要部件的控制关系。</td></tr>
<tr><td>班　　级</td><td></td><td>姓　　名</td><td></td></tr>
<tr><td>学习小组</td><td></td><td>工作时间</td><td></td></tr>
<tr><td colspan="4">【知识认知】</td></tr>
<tr><td colspan="4">1. 简述 CCB-Ⅱ型机车制动机技术特点；
2. 简述 CCB-Ⅱ型机车制动机控制原则；
3. 简述 CCB-Ⅱ型机车制动机系统主要部件的组成；
4. 简述 CCB-Ⅱ型机车制动机主要部件的控制关系。</td></tr>
<tr><td colspan="4">【能力训练】</td></tr>
<tr><td colspan="4">1. 试归纳 CCB-Ⅱ型机车制动机的组成与各主要部件的名称，并试述 CCB-Ⅱ型机车制动机的特点及控制原则。</td></tr>
<tr><td colspan="4">2. 按照图例，用控制关系线表述 CCB-Ⅱ型机车制动机主要部件的控制关系。

</td></tr>
</table>

续上表

任务学习其他说明或建议：
指导老师评语：
任务完成人签字：　　　　日期：　　年　　月　　日 指导老师签字：　　　　日期：　　年　　月　　日

任务二　CCB-Ⅱ型机车制动系统主要部件的构造及作用

【知识要点】

1. 熟知 CCB-Ⅱ型机车制动机各主要部件的结构及作用；
2. 能够完成“本机”、“补机”、“单机”、“客车”等设置操作；
3. 熟知 CCB-Ⅱ型机车制动机手柄在各位置的气路综合作用。

【任务实施】

一、电子制动阀（EBV）

1. 电子制动阀的构造及功用

EBV（Electronic Brake Valve）电子制动阀是 CCB-Ⅱ型机车制动机的人机接口，如图 4-5 所示。电子制动阀采用水平安装结构，设有自动制动手柄和单独制动手柄，两手柄均采用推拉式操作方式，并具有自保压特性。自动制动手柄位于左侧，单独制动手柄位于右侧，中间为手柄位置的指示标牌。司机通过自动制动阀和单独制动阀的操作手柄实施电气制动及空气制动。单独制动阀控制机车制动缸的压力，实现机车的制动、保压、缓解。

在 EBV 内部有一个机械阀，当自动制动手柄置于紧急制动位时机械阀动作，保证机车车辆在任何状态下均能产生紧急制动作用。其组成各部如图 4-6 所示。

司机通过电子制动阀直接给电空控制单元（EPCU）发送指令，并通知微处理器（IPM）进行逻辑控制。

图 4-5 电子制动阀（EBV）实物

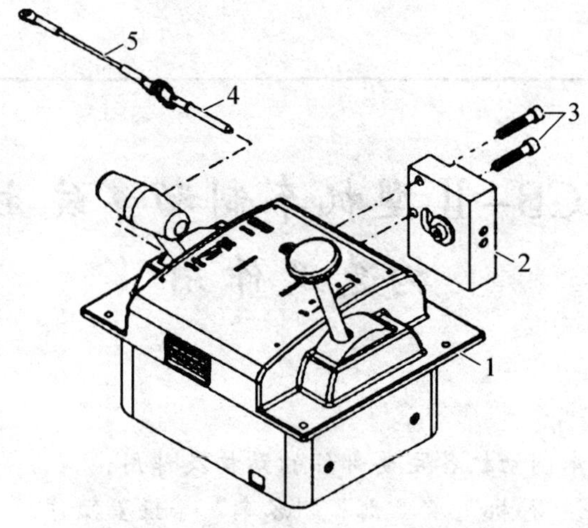

图 4-6 重要部件名称

1—EBV；2—放风阀；3—凹头螺栓；4—锁钉；5—系锁

2. 电子制动阀各手柄位置及作用

HXD_3B 型电力机车的每一个司机室均装有一个电子制动阀。当操纵端司机室的机车显示屏（LCDM）被激活时，微处理器（IPM）将激活操纵端的电子制动阀，操作者可操纵该阀进行制动控制。此时非操纵端司机室的电子制动阀未被激活，不能够送出制动指令。未被激活的电子制动阀的自动制动手柄，需用销子将其锁定在“重联”位上，以免误动作触发紧急制动，单独制动手柄应放置在“运转”位。

（1）自动制动手柄

自动制动手柄有“运转”位、“初制动”位、“全制动”位、“抑制”位、“重联”位和“紧急制动”位等操作位置。在“初制动”位和“全制动”位之间的扇形区是常用制动区。

运转位：向制动装置充风，并缓解列车制动。

初制动位：提供最小制动力，实现最小减压量（列车制动管减压 40 ~ 60 kPa）。

常用制动区：手柄向前移动通过制动区，制动管减压量增大。

全制动位：提供全制动，制动管实现最大有效减压量（140 或 170 kPa）。

抑制位：如全制动位一样，提供全制动，以及抑制超速控制和安全控制（惩罚制动），也可以对惩罚制动复位。

重联位：设置机车空气制动系统，用于重联机车的拖车运行或列车编组中的无火回送机车运行。

紧急制动位：实施紧急制动，也用于惩罚（安全）制动和紧急制动后的复位。

（2）单独制动手柄

单独制动手柄有“运转”位和“全制动”位等操作位置。在“运转”位和“全制动”位之间的扇形区是制动区。通过侧压单独制动手柄可以实现机车的单独缓解功能。

运转位：自动制动手柄也处于“运转”位时，将单独制动手柄置于“运转”位可缓解机车制动。

制动区：单独制动手柄置于“制动区”，手柄向前移动时（朝向机车前方）通过制动区，机车空气制动力增大。

全制动位：单独制动手柄置于“制动区”，实现机车空气全制动作用，机车制动缸压力 300 kPa。

单独缓解位：在任何位置侧压该手柄，可缓解机车制动。这个动作包括在重联机车中的任何机车上的制动。为了确保缓解完全，重联机车中每台机车的手柄应保持侧压不少于 6 s。

二、制动显示屏（LCDM）

制动显示屏 LCDM（Locomotive Cab Display Module）位于司机室操纵台左侧，其外观如图 4-7 所示。制动显示屏是 CCB-Ⅱ型机车制动机的主要显示和操作装置。它由 10.4″ 液晶显示器、下方 8 个功能键和左侧 3 个亮度调节键组成。功能键用来实现操作菜单的选择及制动功能的选定。操作菜单可以用中文或英文显示。

图 4-7　制动显示屏外观

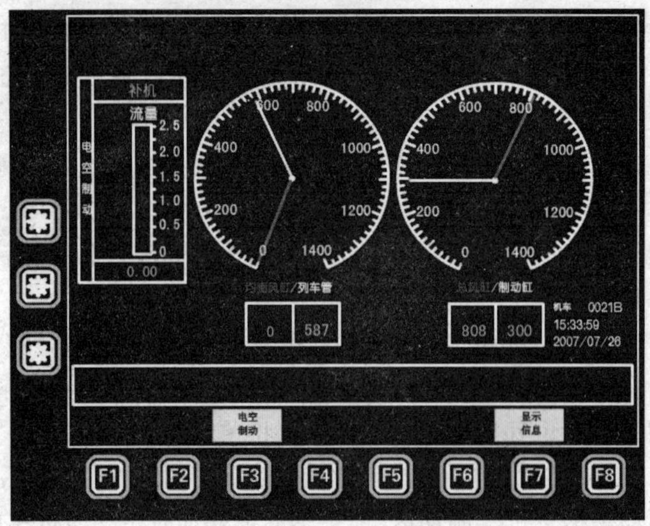

图 4-8　制动显示屏界面

制动显示屏在机车正常操作时，实时显示均衡风缸、制动管、总风缸和制动缸的压力值，也实时显示制动管空气流量和空气制动模式的当前状况，制动显示屏显示界面如图 4-8 所示。

通过显示屏可以实时显示制动机故障信息，并将其记录。通过显示屏还可以对制动机进行如下操作：对制动机各模块进行自检，可以进行本机/补机、均衡风缸压力设定、制动管投入/切除、客车/货车、补风/不补风、风表值标定、故障查询等功能的选择和应用。

HXD_3B 型电力机车每个司机室的操纵台上装有一个机车显示屏，取消了制动显示屏 LCDM，将其功能全部集成在机车显示屏中。当通过钥匙接通电源开关时，两端机车显示屏同时得电，均可显示机车制动的状态。当机车微机判断出操纵端后，将其信号将送到制动系统微处理器（IPM），微处理器（IPM）根据此信号激活对应的操纵端电子制动阀（EBV），使其具有控制机车车辆制动系统的功能。但非操纵端的机车显示屏不可对制动状态进行修改。

制动显示主界面在机车正常操作时，实时显示均衡风缸、制动管、总风缸和制动缸的压力值，也实时显示制动管空气流量和空气制动模式的当前状况。机车显示屏主界面如图 4-9 所示，制动显示主界面如图 4-10 所示。

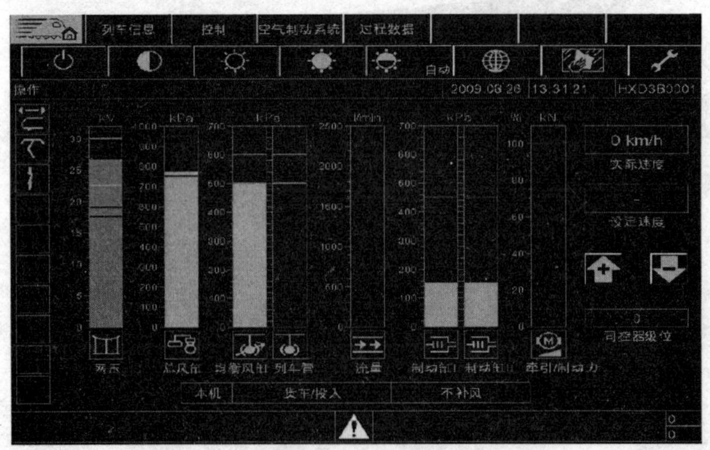

图 4-9　HXD_3B 型机车显示屏主界面

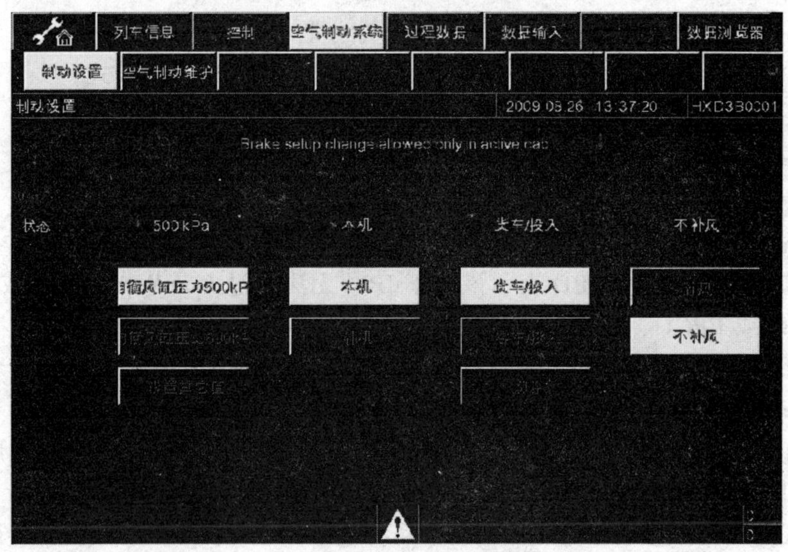

图 4-10　HXD$_3$B 型机车制动显示主界面

通过制动显示主界面还可以实时显示制动机故障信息，并将其记录。通过制动显示主界面还可以对制动机进行如下操作：对制动机各模块进行自检，可以进行本机/补机、均衡风缸压力设定、制动管投入/切除、客车/货车、补风/不补风、风表值标定和故障查询等功能的选择和应用。

三、微处理器（IPM）

微处理器 IPM（Integrated Processor Module）是 CCB-Ⅱ型机车制动机的中央处理器，如图 4-11 所示。微处理器负责各制动功能的软件运算，并对各部分软件状态进行检测和维护。它处理所有与制动显示屏（LCDM）有关的接口任务，并通过 LON 网络传送制动命令给电空控制单元（EPCU）。

微处理器也通过继电器接口模块（RIM）与机车控制系统（TCMS）和安全装置（ATP）进行通讯。

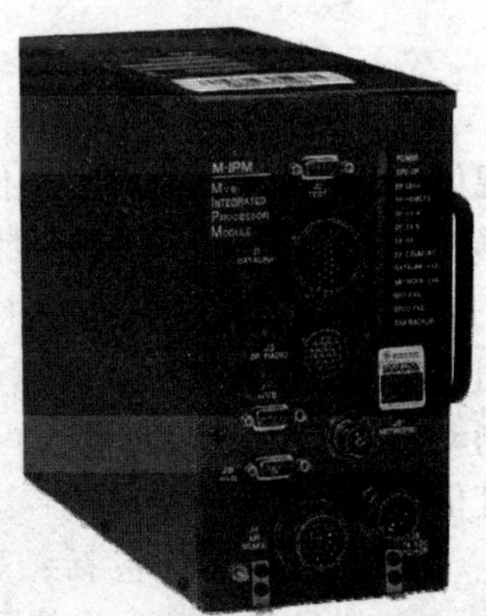

图 4-11　微处理器（IPM）

微处理器前端设有 13 个指示灯，用来提供制动系统状态的反馈信息。若制动系统处于正常状态，微处理器顶端两个绿色的指示灯处于指示状态，而其他指示灯没有指示信息。各指示灯具体含义如下：

POWER——绿色 LED 表示 IPM 已加电。如果在 IPM 得电的情况下，指示灯熄灭，则很有可能是电源失效；

CPU OK——根据内部看门狗计时器，绿色 LED 显示 IPM CPU 的状况良好，表示 IPM 成功通过每 15 分钟进行一次的自检；

DP LEAD——绿色 LED 表示该机车处于动力分散本机机车模式；

DP REMOTE——绿色 LED 表示该机车处于动力分散重联机车模式；

DP TX A——黄色 LED 表示该机车电台 A 正在传输 DP 无线信息；

DP TX B——黄色 LED 表示该机车电台 B 正在传输 DP 无线信息；

DP RX——绿色 LED 表示该机车正接受 DP 无线信息；

DP COMM INT——红色 LED 表示该机车 DP 无线通信故障；

DATALINK FA——红色 LED 表示该机车 IPM 无法通过 Lon Works 网络或 RS422 数据线与机车控制系统或 EPCU、LCDM 通信；

NETWORK FA——该红色 LED 表示 LOCOTROL EB 或 CCB-Ⅱ系统内部（IPM、EPCU、EBV）LON network 通信有问题；

EBV FAIL——红色 LED 表示 CCB-Ⅱ系统电子制动阀 EBV 失效，可能是电子部分故障，或空气部分故障，或两者皆有；

EPCU FAIL——红色 LED 表示 CCB-Ⅱ系统电空控制单元 EPCU 失效，可能是电子部分故障，或空气部分故障，或两者皆有；

EAB BACKUP——红色 LED 表示 CCB-Ⅱ系统已工作于一项后备模式，比如第一主风缸传感器失效，系统工作于第二主风缸传感器。

IPM 前端有七个电缆接口，其具体含义如下：

J1——数据传输装置，通过 RS422 数据线连接制动显示屏；

J2——测试接口，用于系统软件的更新及维护软件的下载；

J3——远程控制用电台连接接口（HXD_3 机车无此功能）；

J4——连接继电器接口模块（RIM）；

J5——电源输入接口；

J6——网络接口，连接电空控制单元（EPCU）；

J7——远程控制接口（HXD_3 机车无此功能）。

四、继电器接口模块（RIM）

继电器接口模块 RIM（Relay Interface Module）外观如图 4-12 所示，该模块位于机车制动柜，是微处理器（IPM）与机车间进行通信的继电器接口。

信号输入部分包括：由安全装置（ATP）产生的惩罚制动和紧急制动；A/B 端司机室操作激活信号；再生制动投入信号；MREP 压力开关工作状态信号；机车速度信号。

信号输出部分包括：紧急制动信号；动力切除（PCS）信号；撒砂动作信号；再生制动切除信号；重联机车故障信号。

图 4-12 继电器接口模块（RIM）

五、电空控制单元(EPCU)

电空控制单元 EPCU(Electro-Pneumatic Control Unit)由电空阀和空气阀组成，来控制机车空气管路的压力。它是制动系统的执行部件，所有电空阀和空气阀集成到 8 个线路可更换模块(LRU)，如图 4-13 所示。其中 5 个 LRU 是“智能的”，可以通过软件进行自检并通过 LON 网络与 EBV、IPM 进行通信，电空控制单元内主要部件采用冗余设计，机车运行过程中若发生故障，将自动转换到备用模式，同时报警并记录故障，此时机车仍可以维持运行。

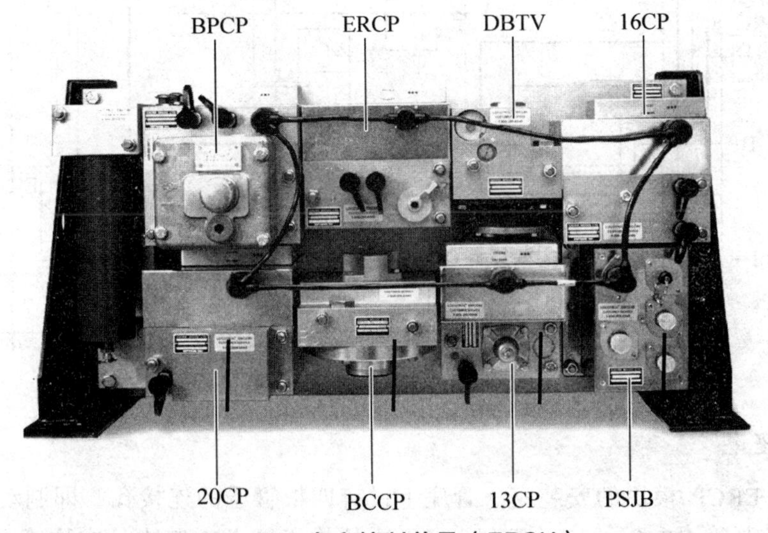

图 4-13 电空控制单元(EPCU)

电空控制单元 EPCU 其功能如下：

(一)均衡风缸控制模块 ERCP

均衡风缸控制模块(ERCP)接收来自电子制动阀(EBV)的自动制动手柄指令、微处理器(IPM)以及机车监控系统(ATP)的指令来控制机车均衡风缸的压力。它的功能类似于 JZ-7 型制动机中自动制动阀内的调整阀的功能，以及 DK-1 型制动机中自动制动阀与缓解电磁阀、制动电磁阀的联合作用。但又有所不同，JZ-7 的调整阀是纯机械结构，只响应自动制动阀手柄的动作，且均衡风缸的压力由凸轮的行程来决定；DK-1 虽然是通过电信号控制电磁阀实现均衡风缸的压力控制，但均衡风缸充风缓解时的最高压力是通过加装在总风管路上的减压阀来限制的；均衡风缸排风制动时，其最小减压量是通过制动电磁阀的缩口和初制风缸联合实现的。增大减压量是通过自动制动阀手柄长时间停留在制动位，即制动电磁阀长时间得电来实现，控制准确度、减压精度都不是很理想，且不能自动保压。本系统中的均衡风缸控制模块通过电子信号能够准确地控制均衡风缸的压力，且具有自保压功能。如果此模块发生了故障，会自动由其他模块(16CP)来代替其功能，DK-1 的电磁阀没有备份功能。无动力回送装置也集成在均衡风缸控制模块内部。

均衡风缸控制模块由外壳、管座、均衡风缸、REL 缓解电磁阀、APP 作用电磁阀、MVER 均衡模块电磁阀、MRT 总风压力传感器、ERT 均衡风缸压力传感器、TPER 均衡压力测试点、

TPMR 总风测试点、过滤器等部分组成。其中无动力回送装置由 DE 无动力塞门、DER 压力调整阀、C2 充风节流孔、CV 单向止回阀等部分组成。各部件连接示意图如图 4-14 所示。

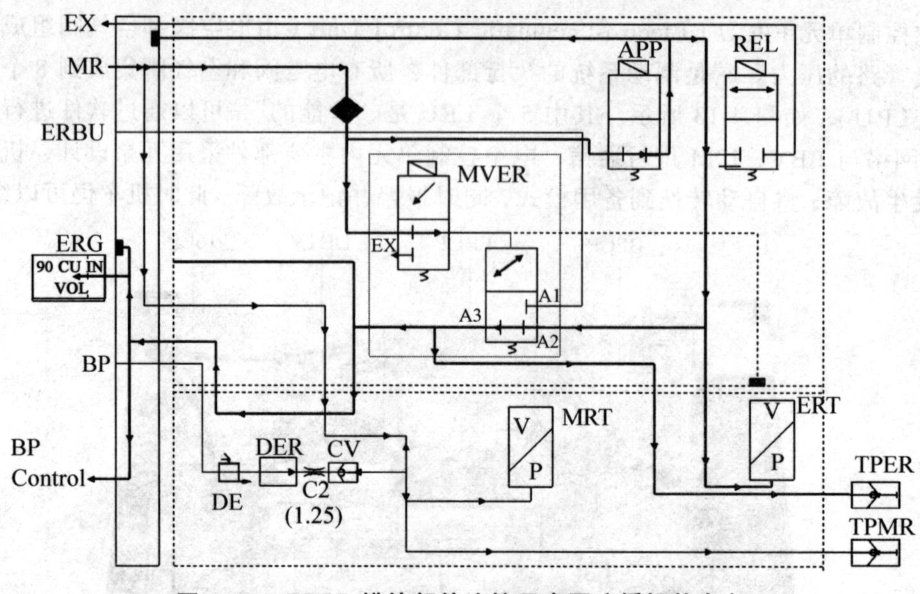

图 4-14 ERCP 模块部件连接示意图（缓解状态）

1. 管 座

管座亦为 ERCP 模块的安装座。管座上设有四根管子的连接孔，即制动管 BP、总风管 MR、制动管控制管 BP Control（类似 DK-1 中的均衡管，JZ-7 中的中均管），均衡风缸备份管 ERBU。均衡风缸容积为 90 立方英寸约 1.47 升，直接连接在管座上。

2. 各部件简介

ERCP 的其他部件均集成在外壳内。

（1）REL 缓解电磁阀

得电——均衡风缸通大气，均衡风缸减压；

失电——停止均衡风缸通大气，均衡风缸保压。

（2）APP 作用电磁阀

得电——总风通均衡风缸，均衡风缸增压；

失电——停止总风通均衡风缸，均衡风缸保压。

ERCP 通过 REL、APP 电磁阀实现对均衡风缸压力的控制。在缓解后或制动后的保压状态下，两个电磁阀均失电。若将自动制动阀手柄置于重联位，REL 电磁阀得电将均衡风缸风压排空到零。

（3）MVER 均衡模块电磁阀

得电——产生预控压力，允许机械阀接口 A2 通 A3，从而均衡风缸接受 REL、APP 电磁阀控制。

失电——预控压力排大气，允许机械阀接口 Al 通 A3，从而使均衡风缸同 ERBU 管连通。

本电磁阀用来控制机械接口的连通状态，是 ERCP 模块的预控电磁阀。

当制动机断电、机车设置为补机或 ERCP 模块故障处于备用模式下，MVER 电磁阀失电；其他状态下均得电。

（4）MRT 总风压力传感器

产生与第二总风缸压力成比例的电压信号，并通过 IPM 转换，在制动显示屏上显示总风压力。如果此传感器故障，会自动由 BPCP 模块中的 MRT 压力传感器代替其功能。

（5）ERT 均衡风缸压力传感器

产生与均衡风缸压力成比例的电压信号，并通过 IPM 转换，在制动显示屏上显示均衡风缸压力。备用模式下，其均衡风缸压力由 16CP 模块中的 16T 压力传感器通过 IPM 转换，在制动显示屏上显示。

ERT 均衡风缸压力传感器同 REL、APP 电磁阀配合作用，实现均衡风缸压力的精确控制和自动保压功能。

（6）TPER 均衡风缸压力测试点

此测试点直接与均衡风缸连接，通过与系统外部的压力表连接，能够检测出任何状态下均衡风缸的实际压力。

（7）TPMR 总风压力测试点

此测试点直接与第二总风缸连接，通过与系统外部的压力表连接，能够检测出第二总风缸的实际压力。

（8）DE 无动力塞门

此塞门在机车附挂（无动力回送）时使用，有投入和切除两个位置。

投入——将制动管与第二总风缸连通，允许制动管给总风缸充风，机车附挂时使用此位置。

切除——断开制动管与第二总风缸的通路，机车在正常运行时使用此位置。

（9）DER 压力调整阀

当无动力塞门在投入位时，限制制动管给总风缸充风的压力到 250 kPa 左右。

（10）C2 充风节流孔

当制动管给总风缸充风时，限制其压缩空气的流速，使得总风缸能够获得稳定的压缩空气，同时避免制动管压力下降太快而引起牵引机车紧急制动。

（11）CV 单向止回阀

防止机车在正常状态或无火回送状态时，总风缸压力空气向制动管逆流的现象发生。

（二）制动管控制模块 BPCP

BPCP 模块接收来自均衡风缸的压力，由内部 BP 作用阀响应其变化并使制动管快速地产生与均衡风缸相同的压力，从而完成列车的制动、保压和缓解。它的作用相当于 JZ-7 或 DK-1 系统中中继阀的作用。

此外 BPCP 模块可以监测列车制动管的压力，并可接收自动制动阀、IPM 发出的指令。当发现制动管压力快速下降或接收到来自自动制动阀、IPM 的紧急制动指令时，BPCP 模块会加快制动管减压产生紧急制动。此作用相当于 JZ-7 型制动机分配阀中紧急部或 DK-1 型制动中电动放风阀和紧急阀的作用。

BPCP 模块由外壳、管座、BP 作用阀、MV53 电磁阀、BPCO 机械阀、BPT 制动管压力传感器、MRT 总风压力传感器、FLT 制动管流量传感器、C1 充风节流孔、TPBP 制动管压力测试点、EMV 紧急电磁阀（74 V）、MVEM 紧急电磁阀（24 V）、PVEM 气动紧急放风阀、C3 充风节流孔等部分组成。BPCP 模块部件连接示意图如图 4-15 所示。

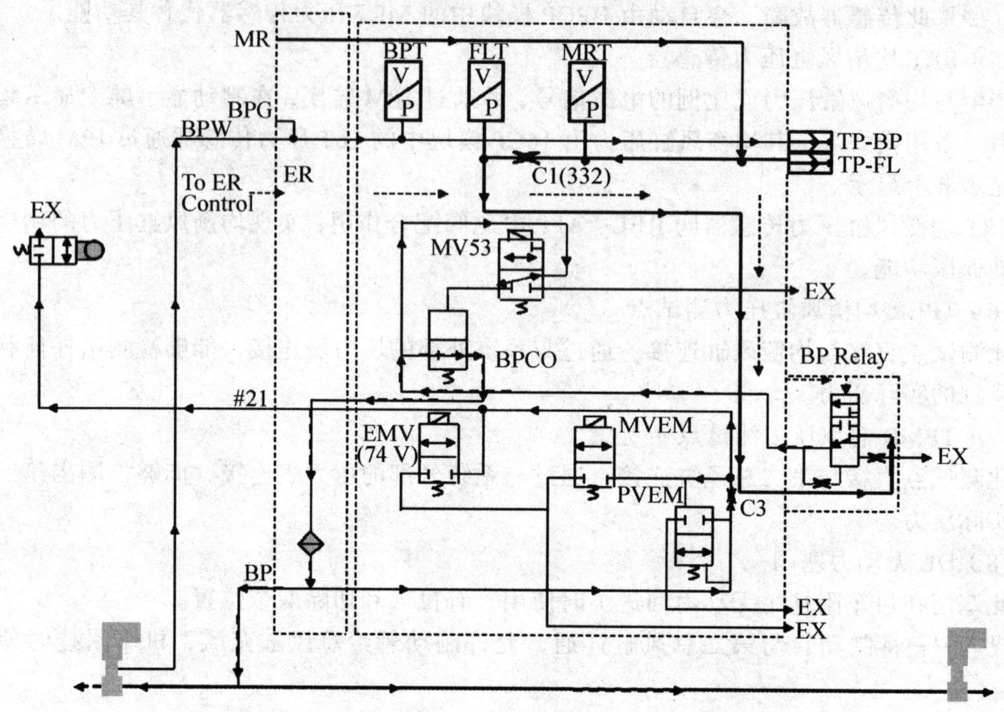

图 4-15　BPCP 模块部件连接示意图（缓解状态）

1. 管　座

管座亦为 BPCP 模块的安装座。管座上设有五根管子的连接孔，即总风管 MR，制动管压力反馈管 BPVV，制动管控制管 ER（BP Control），21 号管，制动管 BP。

2. 各部件简介

（1）BP 作用阀

接受均衡风缸的控制压力，产生与之相等的制动管压力，实现对列车的制动、缓解控制功能。其排风管路（EX）的制动管排风速度受 1/4″ 节流孔限制，使得制动时进行常用制动，而不会引起紧急制动。

此阀是 BPCP 模块的核心部件，属于机械阀。

（2）MV53 电磁阀/BPCO 机械阀

MV53 电磁阀同 BPCO 机械阀共同作用，实现机车制动管投入/切除、补风/不补风、一次缓解/阶段缓解等功能。

MV53 电磁阀失电——允许由 BP 作用阀产生的制动管压力通过本电磁阀，进而控制 BPCO 机械阀使其开通。BPCO 开通后由 BP 作用阀产生的制动管压缩空气通过 BPCO 机械阀，经过过滤后进入列车制动管。

MV53 电磁阀得电——由 BP 作用阀产生的制动管压力不能通过本电磁阀，并且本电磁阀控制 BPCO 机械阀的预控压力排向大气，从而使得 BPCO 机械阀通路关闭。机车（或列车）的制动管路与 BP 作用阀隔离。机车制动管处于保压状态，BP 作用阀虽仍受均衡风缸压力的控制，但它不再控制机车的制动管压力。

机车处于本机/补风/阶段缓解状态时，MV53 电磁阀处于常失电状态；机车处于本机/不补风状态时，当自动制动阀在运转位，MV53 电磁阀失电；当自动制动阀在制动区，制动管减压到均衡风缸控制压力后，微处理器使 MV53 电磁阀得电；如果运行时产生紧急制动作用或将机车设置为单机状态（操纵端/切除）、补机状态，MV53 电磁阀将常得电。

当制动管压力低于 90 kPa 时，BPCO 将自动关闭通路。

（3）BPT 制动管压力传感器

产生与制动管压力成比例的电压信号，传送给微处理器 IPM，进行数据处理并通过制动显示屏显示压力值。

（4）MRT 总风压力传感器

产生与第二总风缸压力成比例的电压信号，并传送给微处理器 IPM。如果 ERCP 模块上的总风压力传感器故障，本压力传感器将代替其功能，在显示屏显示总风压力。

（5）FLT 制动管流量传感器

产生与经过充风节流孔 Cl 的总风压力成比例的电压信号，并传送给微处理器 IPM。

IPM 通过比较 MRT 和 FLT 的电压信号，计算出制动管的充风流速，并在显示屏显示。

（6）C1 充风节流孔

其作用是限制总风给制动管的充风速度，避免长大列车充风太快，引起列车制动缓解不同步。

（7）TPBP 制动管压力测试点

此测试点直接与制动管压力反馈管 BPVV 连接，通过与系统外部的压力表连接，能够检测出制动管的实际压力。

（8）EMV 紧急电磁阀（24 V）

此电磁阀由微处理器 IPM 直接控制，产生紧急作用。EMV 紧急电磁阀失电，21 号管不排风（正常操作模式）；EMV 紧急电磁阀得电，21 号管排风，产生紧急制动。

（9）MVEM 紧急电磁阀（24 V）

此电磁阀接收电子制动阀 EBV 的紧急制动指令，产生紧急作用。MEMV 紧急电磁阀失电，EBV 不在紧急制动位，21 号管不排风；MEMV 紧急电磁阀得电，EBV 在紧急制动位，21 号管排风，产生紧急制动。

（10）PVEM 紧急放风阀

由于 21 号管排风，造成 PVEM 紧急放风阀动作，使得制动管内压缩空气以足够大的流速排向大气，保证紧急制动的发生。

（三）16CP 控制模块

此模块用来产生制动缸的控制压力，其基本功能类似于 JZ-7 及 DK-1 型制动机中分配阀的作用。

在本机状态下，通过对机车制动管的减压量、平均管的压力、机车单独缓解指令以及单独制动阀的控制指令来产生制动缸的控制压力，即 16 号管压力。

在补机状态下，除了制动管压力降到 140 kPa 以下并且总风重联管压力开关动作以外不再根据制动管的减压而产生制动缸的控制压力，重联机车的制动缸压力由平均管的压力来控制。

在本机模式下，16 号管增加的压力同制动管减少的压力的比率为 2.5∶1，并且 16 号管增加的压力最大不超过 (450 ± 15) kPa。

当接收到单独缓解命令或列车管压力增加 14 kPa 时，制动缸压力开始缓解。

当出现电源故障时，16CP 对制动缸的控制压力自动进行释放，然后通过 DBTV（本务状态）或者从 20CP 到制动缸中继阀的先导压力对制动缸压力进行控制。

一旦制动管压力小于 140 kPa，16CP 内部的紧急限制阀（ELV）将增加制动缸先导压力到一个常规值 440 kPa，这样会产生一个最小 420 kPa 的制动缸压力。产生的制动缸压力在补机单元不能自动释放，只有当制动管的压力被充到高于 140 kPa 时，补机单元中的制动缸压力才可随制动管压力增高而缓解。

在 ER 控制单元故障情况下，16CP 与制动缸隔离，通过 3 个电磁阀的动作连接到均衡风缸（上电 ERBU，断电 MVl6 和 MVER），这样 16CP 可以控制均衡风缸的压力。制动缸的控制压力则由 DBTV 控制。

在 20CP 故障情况下，16CP 可以根据单独制动手柄的位置产生制动缸控制压力。这种方式可以在本务机车上产生相应的制动缸压力,但是不能在本务机车上产生相应的平均管压力。

16CP 控制模块由外壳、管座、REL 缓解电磁阀、APP 作用电磁阀、MV16 电磁阀、PVTV 三通阀、DCV2 变向阀、PVE 紧急压力阀、ELV 紧急限压阀、DCV1 变向阀、16T 压力传感器、BPT 制动管压力传感器、BCT 制动缸压力传感器、C1 充风节流孔、TP16 作用管压力测试 FPBC 测试点、过滤器及作用风缸等部分组成。各部件的连接示意图如图 4-16 所示。

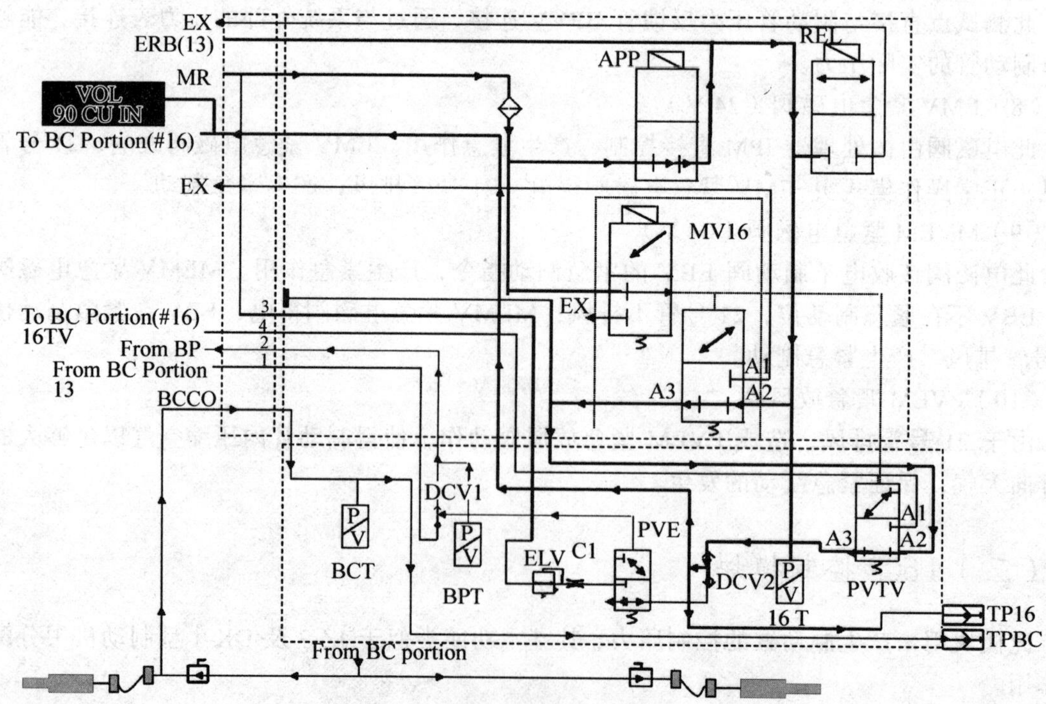

图 4-16 16CP 模块部件连接示意图（制动状态）

1. 管　座

管座亦为 16CP 模块的安装座。管座上设有七根管子的连接孔，即均衡风缸备用管 ERB（13）、总风管 MR、制动缸控制管 16 号管、通 DBTV 控制管 16TV 管、制动管 BP、单独缓解管 13 号管、制动缸压力反馈管 BCCO。作用风缸（90 立方英寸）直接连接在管座上。

2. 各部件简介

16CP 的其他部件均集成在外壳内，图中右侧虚线框表示外壳。

（1）REL 缓解电磁阀

得电——作用风缸通大气，作用风缸减压；

失电——停止作用风缸通大气，作用风缸保压。

（2）APP 作用电磁阀

得电——总风通作用风缸，作用风缸增压；

失电——停止总风通作用风缸，作用风缸保压。

16CP 控制模块通过 REL、APP 电磁阀实现对作用风缸压力的控制。在缓解后或制动后，两个电磁阀均失电，进行作用风缸保压。若将机车设置在补机位，REL 电磁阀得电，将作用风缸的压力空气排空。

（3）MV16 电磁阀

得电——产生控制压力，允许机械阀接口和 PVTV 三通阀接口的 A2 通 A3，从而作用风缸接收 REL、APP 电磁阀指令。

失电——控制压力排大气，允许机械阀接口和 PVTV 三通阀接口 A1 通 A3，从而使作用风缸同 DBTV 连通，并受其控制。

本电磁阀用来控制其机械阀接口的连通，是 16CP 模块的预控电磁阀。

当制动系统断电、ERCP 模块故障处于备用模式、16CP 模块故障处于备用模式时，MV16 电磁阀将失电，16CP 模块失去对作用风缸的控制能力，同时允许 DBTV 模块对作用风缸进行控制，即对制动缸压力进行控制；其他状态无论机车设置为本机/投入、本机/切除或补机，MV16 电磁阀均得电。

（4）PVTV 三通阀

此阀为机械阀，受 MV16 电磁阀控制，与 MV16 电磁阀配合作用，完成 16CP 模块对作用风缸的控制或 DBTV 对作用风缸的控制的选择或自动转换。在正常的工作状态下，作用风缸的压力控制应由 16CP 模块产生的 16 管压力来完成，但 DBTV 也适时根据制动管的压力变化产生作用风缸的控制压力 16TV，但此控制压力在 PVTV 三通阀处被堵截。

（5）DCV2 变向阀

DCV2 从 16/16TV 或 ELV 中选择最高压力，向作用风缸充风。

（6）PVE 紧急压力阀

当 BP 压力低于 140 kPa 时，PVE 动作，接通 ELV 和 DCV2，允许总风通过 ELV 直接进入作用风缸。

（7）ELV 紧急限压阀

将 MR 压力限制到 440 kPa，使通过 PVE 紧急压力阀控制的作用风缸压力不超过 440 kPa。

（8）DCVl 变向阀

DCVl 从制动管 BP 和单独缓解管 13 中选择最高压力，最高压力控制 PVE 紧急压力阀动作。

在紧急自动制动后单独缓解时，13 号管强制 PVE 动作，切断总风通往作用风缸的通路，可进行机车缓解。但当解除单缓命令后，PVE 恢复原态，作用风缸压力恢复到 440 kPa。

当使用单独制动手柄进行单独缓解时，建议将单独手柄置于制动区，以免单缓后机车突然缓解溜车。

（9）16T 压力传感器

产生与作用管压力成比例的电压信号，传送给微处理器 IPM，进行数据处理。

16T 压力传感器同 REL、APP 电磁阀配合作用，实现作用风缸压力的精确控制和自动保压功能。

（10）BPT 制动管压力传感器

产生与制动管压力成比例的电压信号，传送给微处理器 IPM，进行数据处理。

如果 BPCP 模块上的 BPT 压力传感器故障，本压力传感器将代替其功能，在显示屏显示制动管压力。

（11）BCT 制动缸压力传感器

产生与制动缸压力成比例的电压信号，传送给微处理器 IPM，进行数据处理，并在显示屏显示制动缸压力。

（12）TPl6 作用管压力测试点

此测试点直接与作用风缸连接，通过与系统外部的压力表连接，能够检测出任何状态下作用风缸的实际压力。

（13）TPBC 制动缸压力测试点

此测试点直接与制动缸反馈管 BCCO 连接，通过与系统外部的压力表连接，能够检测出任何状态下制动缸的实际压力。

（四）20CP 控制模块

20CP 模块根据制动管减压量、单独缓解命令、本机/单机模式下单独制动手柄位置等信号，产生本务机和补机的制动缸压力、平均管压力。平均管控制压力为列车管减压量的 2.5 倍。当制动管压力增加 14 kPa 或者在单独缓解时，平均管压力缓解。

平均管压力直接根据单独制动手柄命令产生，从在运转位的 0 kPa，直到全制动位时的 300 kPa。平均管压力可实现阶段变化，并取常用制动或单独制动命令中压力较高者。

20CP 模块在电源故障时进行管路保压作用。20CP 模块只在本务机车上有效，制动状态时故障，将保持制动缸原压力值。

当 20CP 故障时，16CP 会根据本务机单独制动命令产生制动缸压力，但不再产生平均管压力；20CP 在补机中不起作用，将保持失电状态。

20CP 控制模块由外壳、管座、REL 缓解电磁阀、APP 作用电磁阀、MVLT 电磁阀、20R 阀、PVLT 阀、20TL 压力传感器、20TT 压力传感器、Cl 充风节流孔、TP20 平均管压力测试点、过滤器及作用风缸等部分组成。各部件的连接示意图如图 4-17 所示。

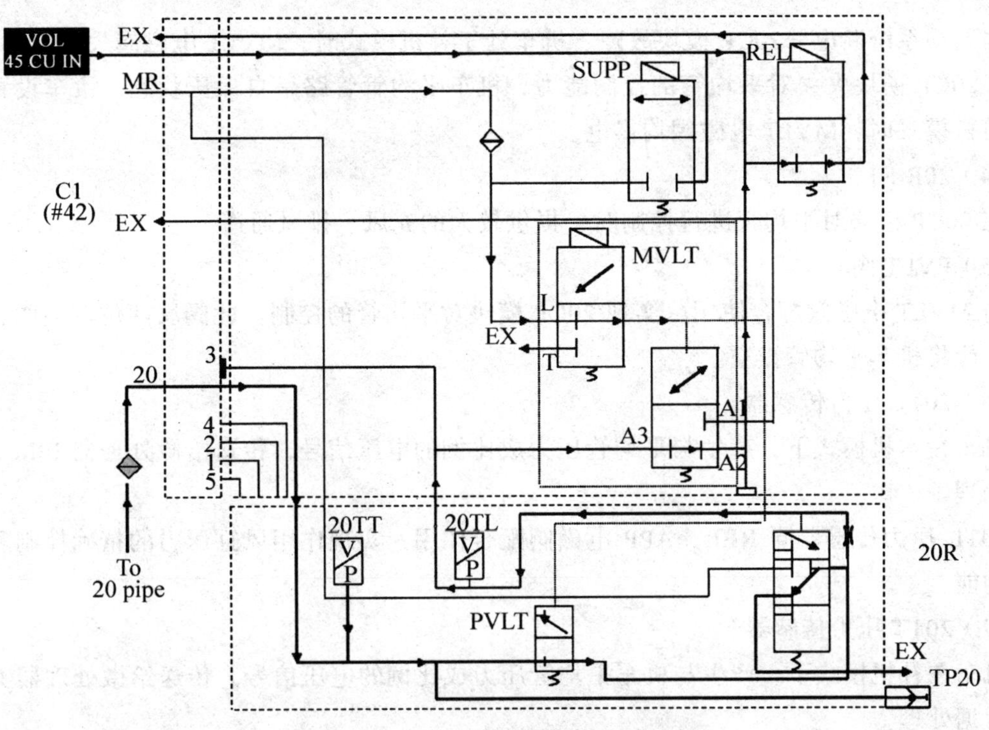

图 4-17 20CP 模块部件连接示意图

1. 管 座

管座亦为 20CP 模块的安装座。管座上设有两根管子的连接孔，即总风管 MR，平均管 20 号管。作用风缸（45 立方英寸）直接连接在管座上。

2. 各部件简介

（1）REL 缓解电磁阀

得电——作用风缸通大气，作用风缸减压，平均管排风；

失电——停止作用风缸通大气，作用风缸保压，平均管停止排风。

（2）APP 作用电磁阀

得电——总风通作用风缸，作用风缸增压，平均管充风；

失电——停止总风通作用风缸，作用风缸保压，平均管停止充风。

20CP 模块通过 REL、APP 电磁阀实现对作用风缸压力和平均管压力的控制。在缓解后或制动后，两个电磁阀均失电，作用风缸进行保压。若将机车设置在补机位，两个电磁阀均为失电状态。

（3）MVLT 电磁阀

得电——产生控制压力，允许机械阀接口 A2 通 A3，同时开通 PVLT 阀，从而实现通过控制 REL、APP 电磁阀对平均管进行控制。

失电——控制压力排大气，允许机械阀接口 A1 通 A3，同时关闭 PVLT 阀，从而使 20CP 模块失去对平均管的控制能力。

本电磁阀用来控制其机械阀的接口的连通和 PVLT 阀的通断，是 20CP 模块的预控电磁阀。

当制动系统断电、20CP 模块故障、机车处于补机模式时，MVLT 电磁阀失电，PVLT 阀关闭，20CP 模块失去对平均管的控制能力，机车平均管管路呈自保压状态。机车设置为本机、单机模式时，MVLT 电磁阀均得电。

（4）20R 阀

在 20CP 模块对平均管进行控制时，提供较大的充风、排风通道。

（5）PVLT 阀

与 MVLT 电磁阀配合使用，实现 20CP 模块对平均管的控制。此阀属两位两通阀，在关断后不能将机车平均管排空。

（6）20TL 压力传感器

机车在本机模式下，产生与平均管压力成比例的电压信号，传送给微处理器 IPM，进行数据处理。

20TL 压力传感器同 REL、APP 电磁阀配合作用，实现作用风缸压力的精确控制和自动保压功能。

（7）20TT 压力传感器

机车在补机模式下，产生与机车平均管压力成比例的电压信号，传送给微处理器 IPM，进行数据处理。

（8）TP20 平均管压力测试点

直接与 PVLT 阀前部的平均管相连，通过与系统外部的压力表连接，能够检测出任何状态下平均管的实际压力。

（五）13CP 控制模块

当单独制动手柄侧压时，13CP 控制 13 号管充风，对 DBTV 里的 BO 阀进行控制，排空 16TV 作用管的风压；同时制动系统控制 16CP 模块中的缓解电磁阀，排空作用风缸和 16 号作用管的压力，实现单缓机车制动缸压力（该压力由自动制动产生）。同时在 ER 备用情况下与 16CP 模块共同动作来实现均衡风缸的压力控制。13CP 模块由外壳、管座、MV13S 电磁阀和 ERBU 电磁阀等组成，各部件的连接示意图如图 4-18 所示。

1. 管　座

管座亦为 13CP 模块的安装座。管座上设有三根管子的连接孔，即总风管 MR，通往 16CP 的 ERBU 管，通往 DBTV 的 13 号管。

2. 各部件简介

（1）MV13S 电磁阀

单独制动阀手柄侧压，得电——总风缸给 13 号管充风，帮助 DBTV 内部实现机械的单缓功能；

单独制动阀手柄恢复，失电——停止总风缸给 13 号管充风。

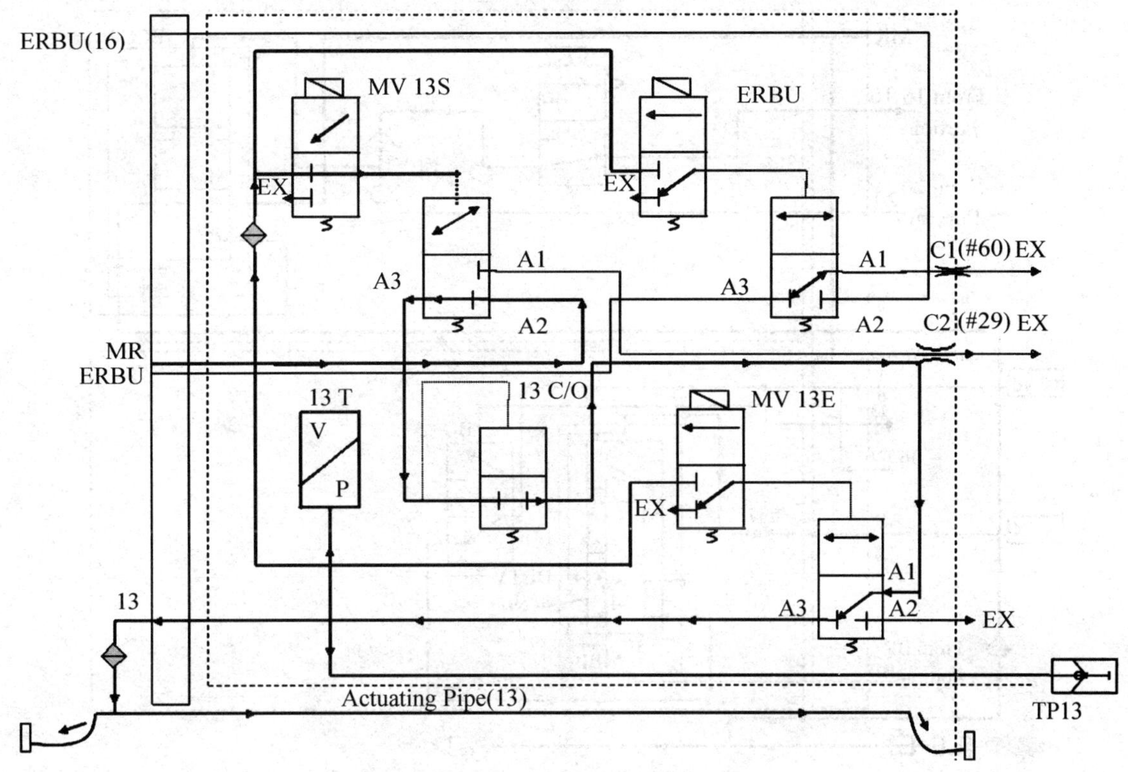

图 4-18　13CP 模块部件连接示意图

（2）ERBU 电磁阀

与 16CP、ERCP 模块配合使用，当 ERCP 模块故障失效时，系统自动使 MVER 失电，MV16 失电，ERBU 得电。利用 16CP 模块中的 REL 缓解电磁阀、APP 作用电磁阀代替 ERCP 模块中 REL 缓解电磁阀、APP 作用电磁阀的作用，用 ERBU 电磁阀代替 16CP 模块中 MV16 电磁阀的功能，实现对均衡风缸的控制。

（六）制动缸控制模块 BCCP

制动缸控制模块 BCCP 的作用是响应从 16CP 控制模块或平均管接收到的制动缸控制压力，产生制动缸压力。

BCCP 属于大通道的空气中继阀，它用总风缸作为供风风源，16 号管式平均管作为控制压力，对机车制动缸进行充风和排风控制。在失电情况下，BCCP 模块会使制动缸通过 PVPL 阀与平均管连接，产生平均管压力，这样补机就可以同本务机一样产生制动。PVPL 阀在均衡风缸后备管路压力大于 69 kPa 时开通。失电时，13CP 模块缩孔堵限制均衡风缸压力的释放，从而使本务机的 PVPL 阀可以将其制动缸与平均管相连而产生平均管压力，用于产生补机制动缸压力；空电互锁电磁阀也位于 BCCP 模块的 16 号管路中。

BCCP 模块由外壳、管座、BCCP 作用阀、DCVl 变向阀、PVPL 阀等部件组成。各部件的连接示意图如图 4-19 所示。

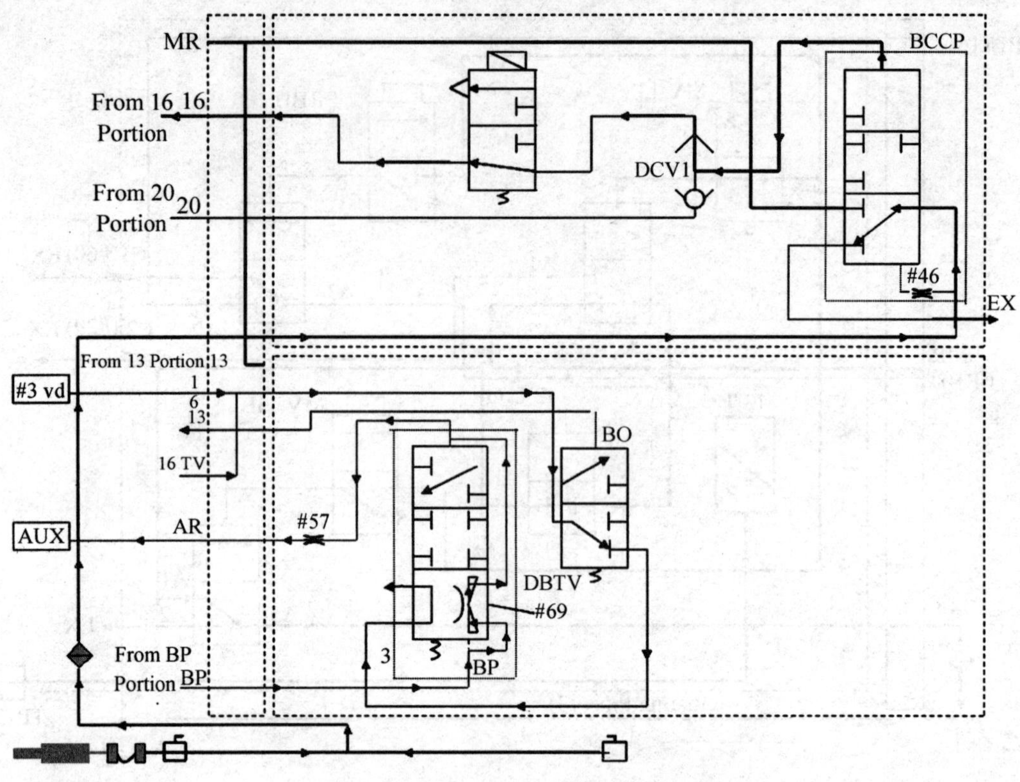

图 4-19 BCCP 模块部件连接示意图

1. 管 座

管座亦为 BCCP 模块的安装座。管座上设有五根管子的连接孔，即总风管 MR，通往 16CP 模块的 16 号管，通往 20CP 模块的 20 号管，通往 13CP 模块的 ERBU 管，通往制动缸的 BC 管。

2. 各部件简介

（1）BCCP 作用阀

BCCP 作用阀是大容量的空气中继阀。它按照 16 号管控制压力或平均管压力 1∶1 的比率产生制动缸压力。

（2）DCV1 变向阀

DCV1 变向阀在 16 号管和 20 号平均管中选择最高压力，导通此压力作为 BCCP（制动缸中继阀）的控制压力。

（3）PVPL 阀

在 ERBU（均衡风缸备份）工作期间、ERCP 断电均衡风缸排风期间或机车设置为补机状态时连接制动缸和机车平均管，避免 20CP 模块不能工作时，本务机车不能产生平均管压力，从而导致补机没有制动缸控制压力。

（七）DBTV 控制模块

在 16CP 模块故障情况时，DBTV 模块的三通阀为 16CP 模块提供了一个空气备份功能，来控制制动缸中继阀。DBTV 模块中的重要部件是始终工作的，但是由于制动系统的微机控制，它的作用是看不到的。

制动管充风缓解时，DBTV 模块使制动管向 EPCU 模块上的辅助风缸充风。当制动管压力降低时，辅助风缸通过 DBTV 模块向 16TV 管充风。当产生全制动时，DBTV 模块会使辅助风缸与 16TV 管和 3 号风缸压力均衡，从而达到全制动。

DBTV 模块由外壳、管座、DBTV 阀、BO 阀、缩孔堵、辅助风缸和 3 号风缸等部件组成。各部件的连接示意图如图 4-20 所示。

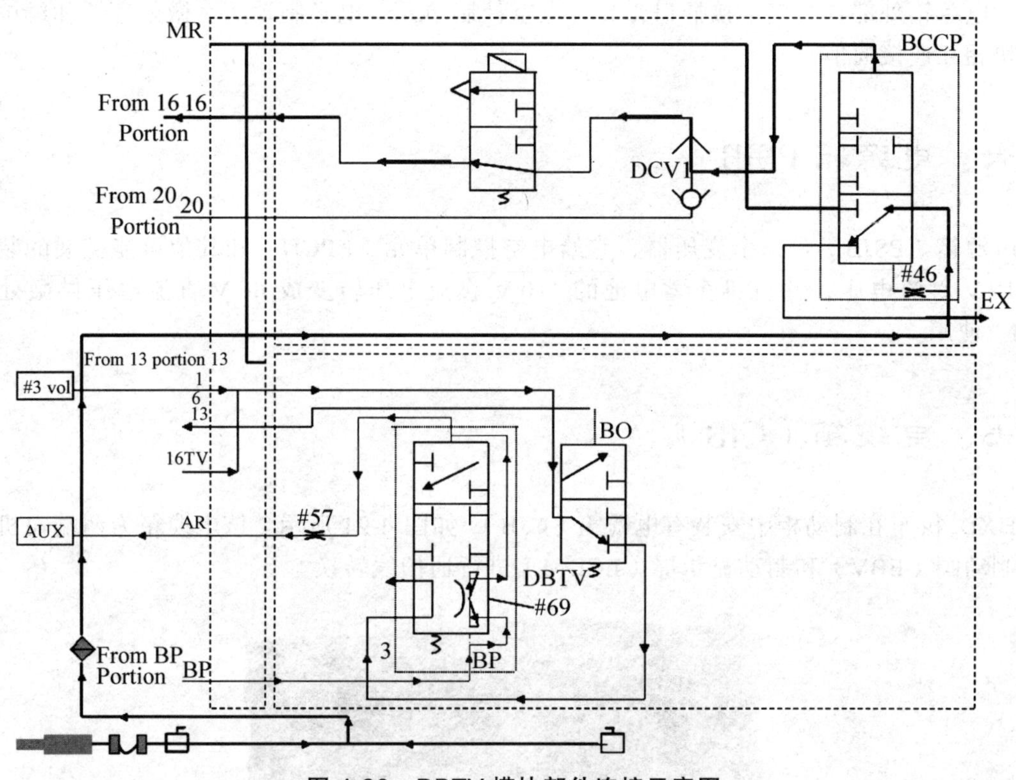

图 4-20 DBTV 模块部件连接示意图

1. 管 座

管座亦为 DBTV 模块的安装座。管座上设有三根管子的连接孔，即制动管 BP，通往 16CP 模块的 16TV 管，通往 13CP 模块的 13 号管。辅助风缸（435 立方英寸）和 3 号风缸（60 立方英寸）直接连接在管座上。

2. 各部件简介

（1）DBTV 阀

制动管压力增加——16TV 管排风，制动缸缓解，制动管给辅助风缸充风。

制动管压力降低——辅助风缸和 16TV 管接通，16TV 充风，制动缸作用。

制动管压力不变——16TV 关闭，充风、排风作用停止。

由于 DBTV 阀为纯机械结构，为使每次产生的制动缸控制压力达到目标值，在列车缓解时，辅助风缸必须完全充满。

（2）BO 阀

BDTV 模块中 13 号管压力高于 140 kPa 时，将导致 16TV 管排风，自动制动作用缓解。

（八）电源箱 PSJB

电源箱位于电空控制单元（EPCU）上，内置变压器，将电源箱（PSJB）提供的 110 V 直流电源转换为 24 V 直流电源后提供给 CCB-Ⅱ系统，供电空控制单元、电子制动阀等部件使用。电源箱外部具有多个接插口，允许电空控制单元、电子制动阀、微处理器和继电器接口模块相互连接通信。

六、电源箱 PSJB

电源箱（PSJB）是一个变压器，它给电空控制单元（EPCU）和其他可能扩展的装置提供 110 V 直流电压，并将机车蓄电池的 110 V 直流电压转变成 66 V 直流电压供微处理器（IPM）使用。

七、电缆箱（CJB）

HXD_3 机车在制动柜中安装有电缆箱（CJB），如图 4-21 所示。该电缆箱为两端司机室的电子制动阀（EBV）和制动显示屏（LCDM）进行通信线转换。

图 4-21 电缆箱（CJB）

【实践与训练】

学习工作单

工作单	CCB-Ⅱ型机车制动系统主要部件的构造及作用		
任务	认识 CCB-Ⅱ型机车制动机的组成；熟知 CCB-Ⅱ型机车制动机各主要部件的结构与作用；能够分析 CCB-Ⅱ型机车制动机 EPCU 模块各组成部分的控制作用。		
班级		姓名	
学习小组		工作时间	

续上表

【知识认知】

1. 简述 CCB-Ⅱ型机车制动机电子制动阀 EBV 各手柄位置及作用；
2. 简述制动显示屏 LCDM 的作用与显示、设置内容；
3. 简述制动系统微处理器 IPM 的作用与 LED 指示灯的显示；
4. 简述电空控制单元 EPCU 的组成结构与各模块的作用。

【能力训练】

1. 试归纳 CCB-Ⅱ制动机 EBV 的组成结构与各手柄位置作用。

2. 按照图例，分析 EPCU 中 BPCP 模块的组成及作用。

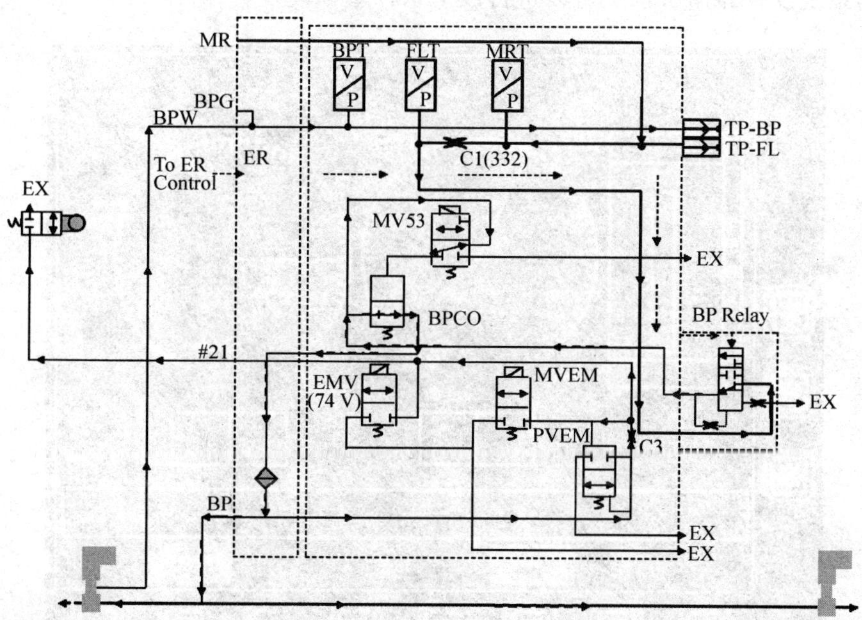

任务学习其他说明或建议：

指导老师评语：

任务完成人签字： 日期： 年 月 日

指导老师签字： 日期： 年 月 日

任务三 CCB-Ⅱ型机车制动系统基本设置

【知识要点】

1. 熟知 HXD_3 型机车 CCB-Ⅱ型制动系统基本设置方法；
2. 熟知 HXD_3B 型机车 CCB-Ⅱ型制动系统基本设置方法。

【任务实施】

一、HXD_3 型机车 CCB-Ⅱ型制动系统基本设置方法

CCB-Ⅱ型制动系统可通过制动显示屏（LCDM）在本机状态（制动管投入或切除）或在补机状态（制动管切除）下设置。

CCB-Ⅱ型制动系统通过制动显示屏（LCDM）的 8 个功能健 F1～F8（如图 4-22 主界面、图 4-23 制动系统设置界面所示）可以进行以下六种基本设置。

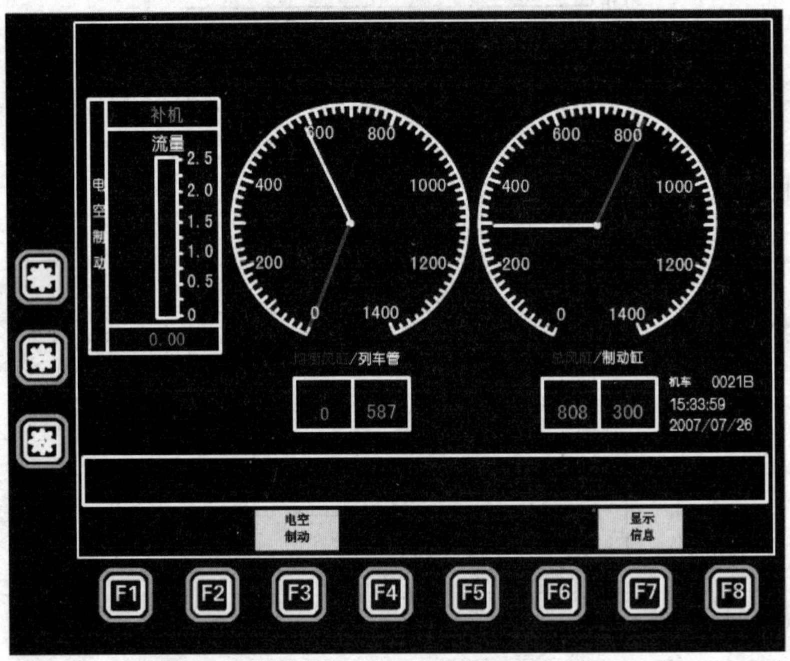

图 4-22 LCDM 主界面

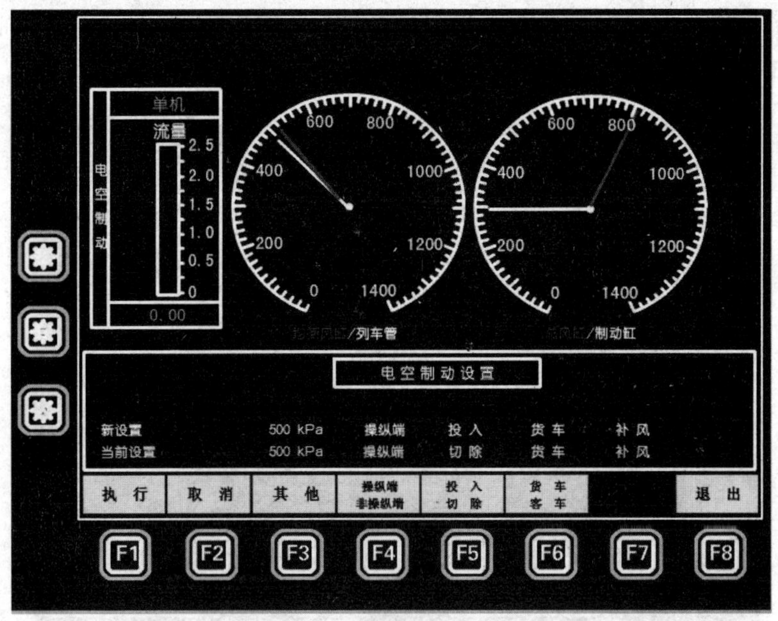

图 4-23 电空制动设置界面

1. 本机设置（列车管投入）

CCB-Ⅱ制动系统通过 LCDM 设置成“本机”时，单独制动控制可通过 EBV 单阀手柄实施，均衡风缸（ER）控制可通过 EBV 自动制动阀手柄获得，列车管压力被投入并随均衡风缸压力变化而变化。

当自动制动手柄在“运转”位时，均衡风缸（ER）和制动管（BP）将达到空气制动设置中确定的均衡风缸（ER）的设定压力，同时可进行列车管补风/不补风功能的选择。在补风状态，如果列车管有泄漏，总风将会自动给制动管充风到均衡风缸的压力；在不补风状态下，自动制动阀手柄在制动区，如果列车制动管有泄漏，制动系统也不会给制动管补风。

“本机”设置具体操作如下：如果有重联机车，在对本务机车进行设置前，确保其他机车在补机状态。

（1）机车 LCDM 默认的是当前的电空制动状态。

（2）将自阀手柄置“运转”位（并确保在非紧急制动状态下），单阀手柄置“全制动”位。

（3）将换向手柄置“中立”位。

（4）从 LCDM 选择 F3“电空制动”键，机车当前的设置信息显示在 LCDM 信息栏中。

（5）按 F4“操纵端/非操纵端”键设置为“操纵端”和 F5“投入/切除”键设置为“投入”，可将制动系统设置到本机状态（本机投入信息将会出现在信息栏“操纵端+投入”）。

（6）根据需要可按 F7 键设置补风或不补风状态。

（7）选择 F1“执行”键，显示屏恢复到默认状态。

均衡风缸规定压力设置界面如图 4-24 所示，操作如下：

（1）选择 F3“电空制动”键并检查均衡风缸的压力，压力值应为 500 kPa 或 600 kPa。

（2）选择 F3“其他”键进入下一菜单，选择 F5 键“增加 10 kPa 或减少 10 kPa”来调整均衡风缸的设定压力。

（3）选择 F8“退出”键，显示屏恢复到默认状态。观察制动管压力上升到均衡风缸设定压力（制动管 BP 等于均衡风缸 ER ± 10 kPa，HXD_3C 为 ± 7 kPa）。

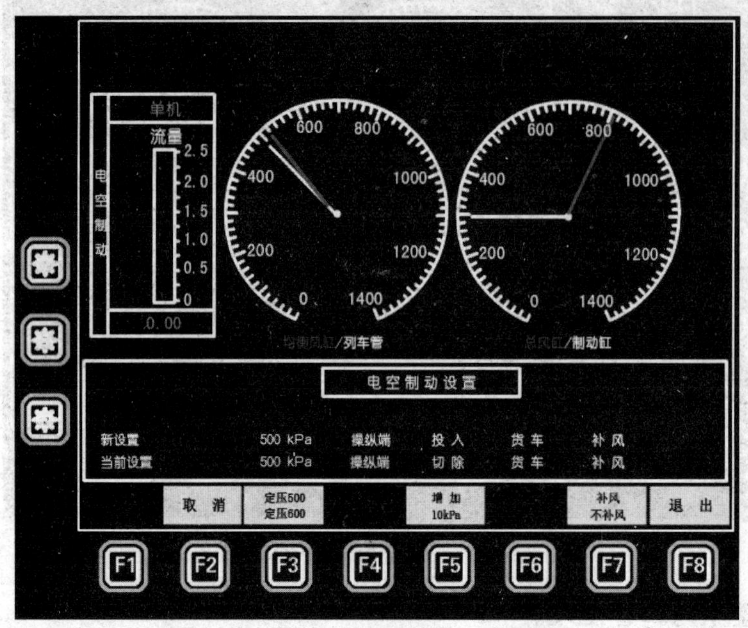

图 4-24 均衡风缸规定压力设置界面

2. 客运设置（阶段缓解）

CCB-Ⅱ制动系统通过 LCDM 设置成“客运”时，单独制动控制可通过电子制动阀 EBV 单独制动阀手柄实施；均衡风缸（ER）的控制可通过 EBV 自阀手柄获得。制动管压力被投入并随均衡风缸压力变化而变化。当自阀手柄移向“运转”位时，均衡风缸（ER）和制动管（BP）将逐步增压并逐步减小机车制动缸（BC）压力到 0 kPa。移动自阀手柄到“运转”位，均衡风缸（ER）和制动管（BP）将增压到 EAB 设置中 ER 设定的压力。

“客运”设置具体操作如下：

（1）机车制动显示屏（LCDM）默认显示的是当前的电空制动设置状态。

（2）将自动制动阀手柄置“运转”位（并确保在非紧急制动状态下），单独制动阀手柄置“全制动”位。

（3）将换向手柄置“中立”位。

（4）从制动显示屏 LCDM 选择 F3“电空制动”键，一个当前的设置信息将在消息栏中显示。

（5）按 F4“操纵端/非操纵端”键可将制动系统设置到“操纵端”状态（本机信息将会出现在消息栏中）。

（6）按 F5“投入/切除”键可将制动系统设置到“投入”状态（本机-投入信息将会出现在消息栏中）。

（7）按 F6“客车/货车”键，可将制动系统设置到“客车”状态（客车信息将会出现在消息栏中）。

（8）选择“执行”键，显示屏恢复到默认状态。

（9）选择 F3 键“电空制动”并检查均衡风缸的压力，压力值应该为 600 kPa，如果不是：

① 选择 F3“其他”键进入下一菜单；

② 选择一个预定的压力值或通过选择 F5 键“增加 10 kPa/减少 10 kPa”来调整均衡风缸的设定压力；

③ 当所需的压力值出现在消息栏中，按 F8“退出”键，显示屏恢复上一菜单。

（10）选择“执行”键，显示屏恢复到默认状态。观察制动管压力上升到均衡风缸的设定压力（BP 等于 ER ± 10 kPa，HXD_3C 为 ± 7 kPa）。

（11）单独制动和自动制动作用现在均可实施。

注：并不是所有 CCB-Ⅱ制动系统均有此模式，在此模式下“不补风”功能失效。

3. 单机设置（列车管切除）

CCB-Ⅱ制动系统通过 LCDM 设置成“单机”即“操纵端 + 切除”设置状态时，单独制动控制可通过 EBV 单独制动手柄获得，ER 控制可通过 EBV 自动制动手柄获得。制动管压力被切除，不被均衡风缸压力控制。机车制动作用和缓解作用仍可根据制动管压力减少和增加而变化。

具体操作如下：

（1）制动显示屏 LCDM 默认显示的是当前的电空制动状态。

（2）将自动制动阀手柄置于“运转”位（并确保在非紧急制动状态下），单独制动阀手柄置于“全制动”位。

（3）将换向手柄置于“中立”位。

（4）从制动显示屏 LCDM 选择 F3“电空制动”键，一个当前的设置信息将在消息栏中显示。

（5）按 F4“操纵端/非操纵端” 键可将制动系统设置到本机状态（本机信息将会出现在消息栏中）。

（6）按 F5“投入/切除”键可将制动系统设置到切除状态（本机-切除信息将会出现在消息栏中）。

（7）选择 F1“执行”键，显示屏恢复到默认状态。

（8）单独制动作用可用单独制动阀手柄实施，EBV 自动制动作用被切除。但通过自动制动手柄仍可实施紧急作用。

4. 补机（列车管切除）

CCB-Ⅱ制动系统通过 LCDM 设置成“补机”时，均衡风缸排大气，列车管压力被“切除”，不受均衡风缸压力控制。EPCU 将对 EBV 手柄移动不响应，仅当自动制动手柄被移动到“紧急制动”位时产生紧急作用。机车的制动、缓解作用通过平均管来控制。

“补机”设置具体操作如下：

（1）确保司机控制器在“零”位。

（2）移动单独制动手柄到“全制动”位，自动制动手柄到“重联”位。

（3）从制动显示屏 LCDM 选择 F3“电空制动”键，一个当前的设置信息将在消息栏中显示。

（4）按 F4“操纵端/非操纵端”键可将制动系统设置到补机状态（补机信息将会出现在消息栏中）。

（5）列车管切除信息将自动显示在消息栏中。

（6）选择 F1“执行”键，显示屏恢复到默认状态。单独制动作用和自动制动作用均被切除，移动单独制动手柄到“运转”位。

（7）确保制动管、总风管、平均管各端部软管均连接。

（8）开通制动管、总风管、平均管各端部塞门。

注：此模式下自动制动手柄的紧急制动作用仍然有效，如果 30 s 对屏幕无操作，LCDM 显示屏将进行屏保。

5. 无火状态设置（连接在车辆后）

EBA 系统没有动力，机车被连挂在车辆后（远离本机），制动作用将与车辆的相同。具体设置操作如下：

车上：

（1）移动单独制动手柄到“运转”位，自动制动手柄到“重联”位；

（2）确保司机控制器在“零”位；

（3）实施停放制动，制动系统断电；

（4）排放总风缸压力空气至 250 kPa 以下；

（5）排放辅助风缸压力空气，如停放制动风缸；

（6）在 EPCU 的 ERCP 模块上将无火回送塞门转到“投入”位；

（7）关闭总风缸塞门 A10；

（8）关闭停放制动控制塞门（B40.06）；

车下：

（9）确保制动管与车辆连接，开通制动管塞门，总风缸被制动管充风（15 ~ 20 min）到 250 kPa；

（10）手动缓解全部停放制动。

注：此模式下自阀手柄的紧急制动作用仍然有效。

6. 无火状态设置（连接在机车后）

EBA 系统没有动力，机车被附挂在本务机车后，制动作用将受控于本务机车。通过平均管可实现制动和缓解，无火回送机车无单缓功能。具体设置操作如下：

（1）确保司机控制器在“零”位；

（2）移动单独制动手柄到“运转”位，自动制动手柄到“重联”位；

（3）制动系统断电；

（4）确保制动管、总风管、平均管各端部软管连接；

（5）开通制动管、总风管、平均管各端部塞门；

注：此模式下自阀手柄的紧急制动作用仍然有效。

二、HXD_3B 型机车 CCB-Ⅱ型制动系统基本设置方法

HXD_3B 型机车制动显示屏集成在机车显示屏内，其功能与 HXD_3 型机车用制动显示屏（LCDM）的相同。

HXD_3B 型电力机车每个司机室的操纵台上装有一个机车显示屏。当通过钥匙开关上电时，两端机车显示屏同时得电，均可显示机车制动的状态。当机车微机判断出操纵端后，将其信号送到制动系统微处理器（IPM），微处理器（IPM）根据此信号激活对应的操纵端电子制动阀（EBV），使其具有控制机车车辆制动系统的功能。但非操纵端的机车显示屏不可对制动状态进行修改。

制动屏在机车正常操作时，实时显示均衡风缸、制动管、总风缸和制动缸的压力值，也实时显示制动管流量和空气制动模式的当前状况，如图 4-25 所示。

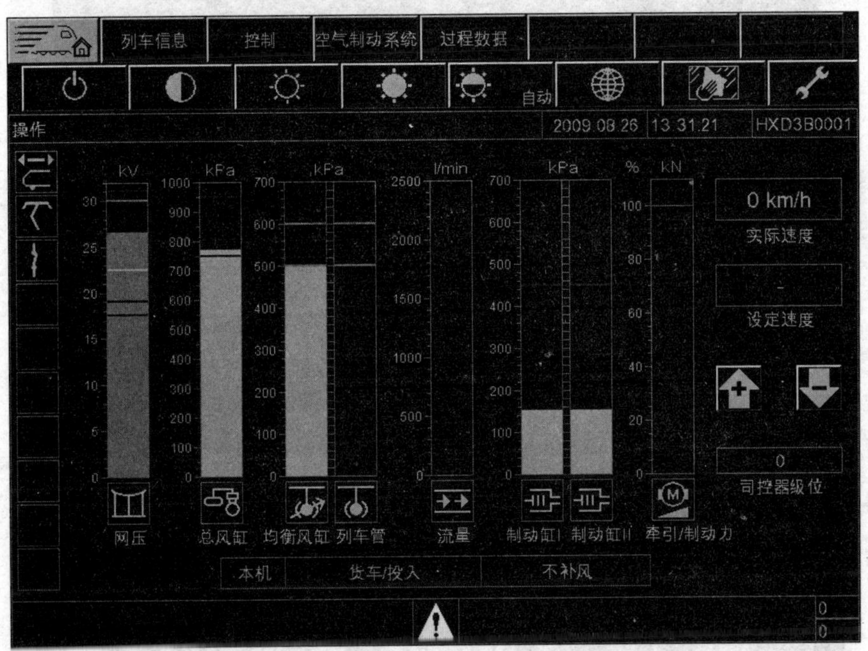

图 4-25 制动屏在机车正常操作界面

通过显示屏还可以实时显示制动机故障信息，并将其记录。

“空气制动系统”显示界面如图 4-26 所示，通过显示屏还可以对制动机进行如下操作：对制动机各模块进行自检，可以进行本机/补机、均衡风缸压力设定、制动管投入/切除、客车/货车、补风/不补风、风表值标定和故障查询等功能的选择和应用。

1. 制动系统的设置

（1）自阀手柄置“缓解”位，单阀手柄置“全制动”位。

（2）换向手柄置“中立”位。

（3）TCMS 屏内“控制-隔离”中“动力制动”应投入，如图 4-27 所示。

（4）缓解停放（蓄能）制动。

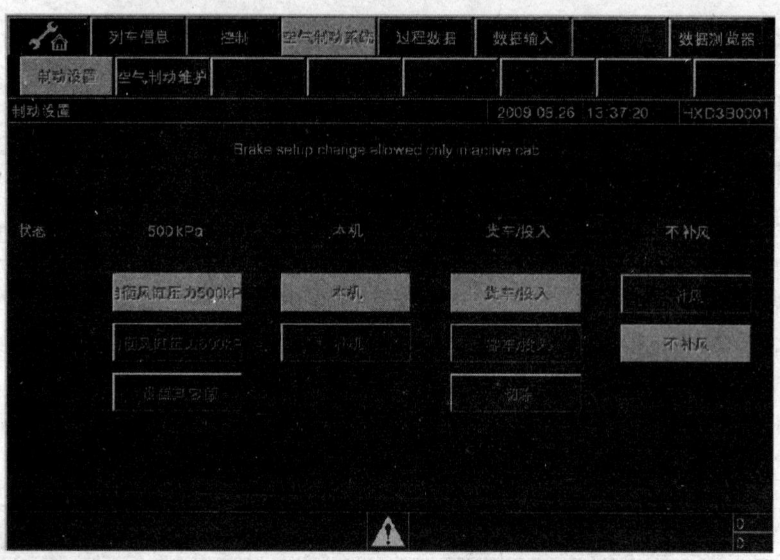

图 4-26　空气制动系统操作界面

（5）TCMS 屏内制动屏应设置为：本机、货车/投入、不补风。列车管压力设定应适当。

（6）系统严禁设置为“客车”和补风状态。

（7）紧急制动或惩罚制动后，自阀手柄须在紧急位或抑制位，分别停留 60 s 和 1 s 进行复位。

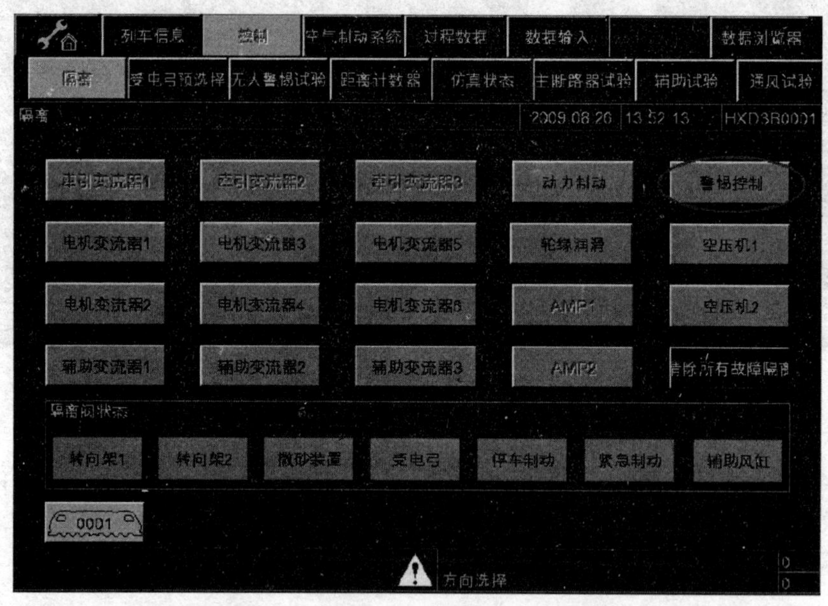

图 4-27　机车“控制-隔离”显示界面

2. 无火状态设置（连接在车辆后）

（1）机车与本务机车或车辆连挂好后，将自阀、单阀手柄置于“缓解”位。

（2）实施停放制动（弹停模块“B40”上的截断塞门置于关闭位）。

（3）手动缓解停放制动（第 1、3、4、6 轮左右共 4 处），并晃动闸片确认缓解状态。

（4）单阀置于“运转”位，自阀置于“重联”位（插好锁闭销）。

（5）确保司控器在零位，换向手柄在中立位，断开电钥匙。

（6）在 EPCU 的 ERCP 上将无火回送塞门转到“投入”位。

（7）控制风缸塞门置于关闭位。

（8）制动系统断电，将电器控制柜上空气开关除 QA80、QA43、QA44（车内照明）外全部断开。

（9）开放总风缸排水阀，总风排尽后关闭；关闭两个总风缸串联塞门 A10。

（10）将前、后平均管塞门开放。

（11）缓慢开通列车管塞门，防止紧急制动作用产生，总风缸被列车管充风（15 ~ 20 min）到 250 kPa（操纵台总风缸表不能显示）。

3. 无火状态设置（连接在机车后）

（1）单阀手柄置于“运转”位，自阀手柄置于“重联”位（插好锁闭销）。

（2）确保司控器在零位，换向手柄在中立位，断开电钥匙。

（3）制动系统断电，将电气控制柜上空气开关除 QA80、QA43、QA44（车内照明）外全部断开。

（4）将总风缸管、列车管、平均管分别与本务机车各管对应相连，开放截断塞门。

【实践与训练】

学习工作单

<table>
<tr><td>工 作 单</td><td colspan="3">CCB-Ⅱ型制动系统基本设置</td></tr>
<tr><td>任　　务</td><td colspan="3">了解 CCB-Ⅱ型制动系统设置种类与方法；能够操作 LCDM 完成制动机的本机、补机、客运、单机的设置；熟知 CCB-Ⅱ型制动机本机、补机、客运、单机的作用。</td></tr>
<tr><td>班　　级</td><td></td><td>姓　　名</td><td></td></tr>
<tr><td>学习小组</td><td></td><td>工作时间</td><td></td></tr>
<tr><td colspan="4">【知识认知】</td></tr>
<tr><td colspan="4">1. 简述 CCB-Ⅱ型制动机设置的种类与方法；
2. 简述 CCB-Ⅱ型制动机“本机”设置的作用；
3. 简述 CCB-Ⅱ型制动机“补机”设置的作用；
4. 简述 CCB-Ⅱ型制动机“单机”设置的作用；
5. 简述 CCB-Ⅱ型制动机“客运”设置的作用。</td></tr>
<tr><td colspan="4">【能力训练】</td></tr>
<tr><td colspan="4">1. 写出 CCB-Ⅱ型制动机“本机”设置的操作，并试述 CCB-Ⅱ型制动机“本机”设置的作用。</td></tr>
<tr><td colspan="4">2. 写出 CCB-Ⅱ型制动机“单机”设置的操作，并试述 CCB-Ⅱ型制动机“单机”设置的作用。</td></tr>
</table>

续上表

3. 写出 CCB-Ⅱ型制动机“客运”设置的操作，并试述 CCB-Ⅱ型制动机“客运”设置的作用。
4. 写出 CCB-Ⅱ型制动机“补机”设置的操作，并试述 CCB-Ⅱ型制动机“补机”设置的作用。
5. 写出 CCB-Ⅱ型制动机“无火”操作方法。
任务学习其他说明或建议：如有 HXD 型电力机车模拟操纵试验台可不写出操作步骤，直接进行模拟操作设置即可。
指导老师评语：
任务完成人签字： 日期： 年 月 日
指导老师签字： 日期： 年 月 日

任务四 CCB-Ⅱ型制动系统控制关系与气路综合作用

【知识要点】

1. 熟知 CCB-Ⅱ型制动系统气路控制关系；
2. 能够分析 CCB-Ⅱ型制动机手柄在各位置的气路综合作用。

【任务实施】

一、CCB-Ⅱ型制动机气路控制关系

1. 控制列车

自动制动阀→ERCP→均衡风缸→BPCP→制动管压力→车辆制动机

↓

→16CP→作用管（16 号管）→BCCP→机车制动缸

2. 控制机车

单独制动阀→20CP→BCCP→机车制动缸

↓

平均管→重联机车制动缸

二、CCB-Ⅱ型制动机气路综合作用

机车制动机的综合作用习惯上是指根据自动制动手柄和单独制动手柄各位置的变换（该变换是由操纵列车或机车实际运行情况而决定）而确定的机车制动机各主要部件之间的相互关系和作用规律。

CCB-Ⅱ型制动机的综合作用，按自动制动作用、单独制动作用、空气备份状态以及无火回送状态等方面逐一介绍。为了较清楚的说明问题，每种状态均附有气路图。

1. 自动制动作用

（1）本机-运转位

该位置是列车在运行过程中单阀、自阀手柄所处位置，是向全列车初充风、再充风缓解列车制动以及列车正常运用时单阀、自阀手柄所处的位置。初充风是指均衡风缸、制动管、制动缸压力从均为 0 kPa 的初始状态充风，再充风是指减压制动后的缓解充风。初充风和再充风相比，再充风要进行作用管（16 号管）压力和制动缸压力的缓解。

当单阀、自阀手柄均置于运转位时，手柄位置信号转换为电信号传输到 M-IPM，M-IPM 通过 Lonworks 总线将命令传输至各模块，各模块按预定的程序动作。ERCP 模块接收到自动制动手柄指令后，给均衡风缸充风到设定值；BPCP 模块响应均衡风缸压力变化，制动管被充风到均衡风缸设定压力；16CP/DBTV 模块响应列车管压力变化，将作用管（16 号管/16TV 管）压力排放；BCCP 模块响应作用管压力变化，机车制动缸排风缓解；同时车辆副风缸充风，车辆制动机缓解。

单阀、自阀手柄均置运转位时 EPCU 各模块内部通路如图 4-28 所示。

（2）本机-常用制动位

该位置是操纵列车常用制动，使列车正常缓慢停车或调整运行速度所使用的位置。包括“初制动”位和“全制动”位，两者之间是制动区。自动制动手柄在制动区的停留位置决定了均衡风缸的减压量，达到目标减压量后，均衡风缸自保压。

机车在货车模式时，自动制动手柄在制动区可实现阶段制动功能，但只可实现一次缓解功能；机车在客车模式下，自动制动手柄在制动区可实现阶段制动和阶段缓解功能。

根据自动制动手柄的位置给出减压量的电信号至 M-IPM，M-IPM 通过 Lonworks 总线传至 ERCP 确定减压量，通过均衡压力传感器 ERT 比较，控制缓解电磁阀 REL 的得电时间来控制均衡风缸的减压量，均衡风缸减压到目标值；BPCP 模块响应均衡风缸压力变化，通过 BPCP 模块的中继阀控制列车管的减压，减压速度为常用减压速度，确保常用制动的安定性。然后控制列车管的减压量，同时车辆副风缸给车辆制动缸充风，车辆制动机制动。EBV 手柄位置信号通过 M-IPM 传至 16CP 模块控制 16 号管的压力（作用管），16 号管的压力通过 BCCP 模块控制机车制动缸增压，机车制动。制动管减压量与机车制动缸增压量之比略低于 1∶2.5。

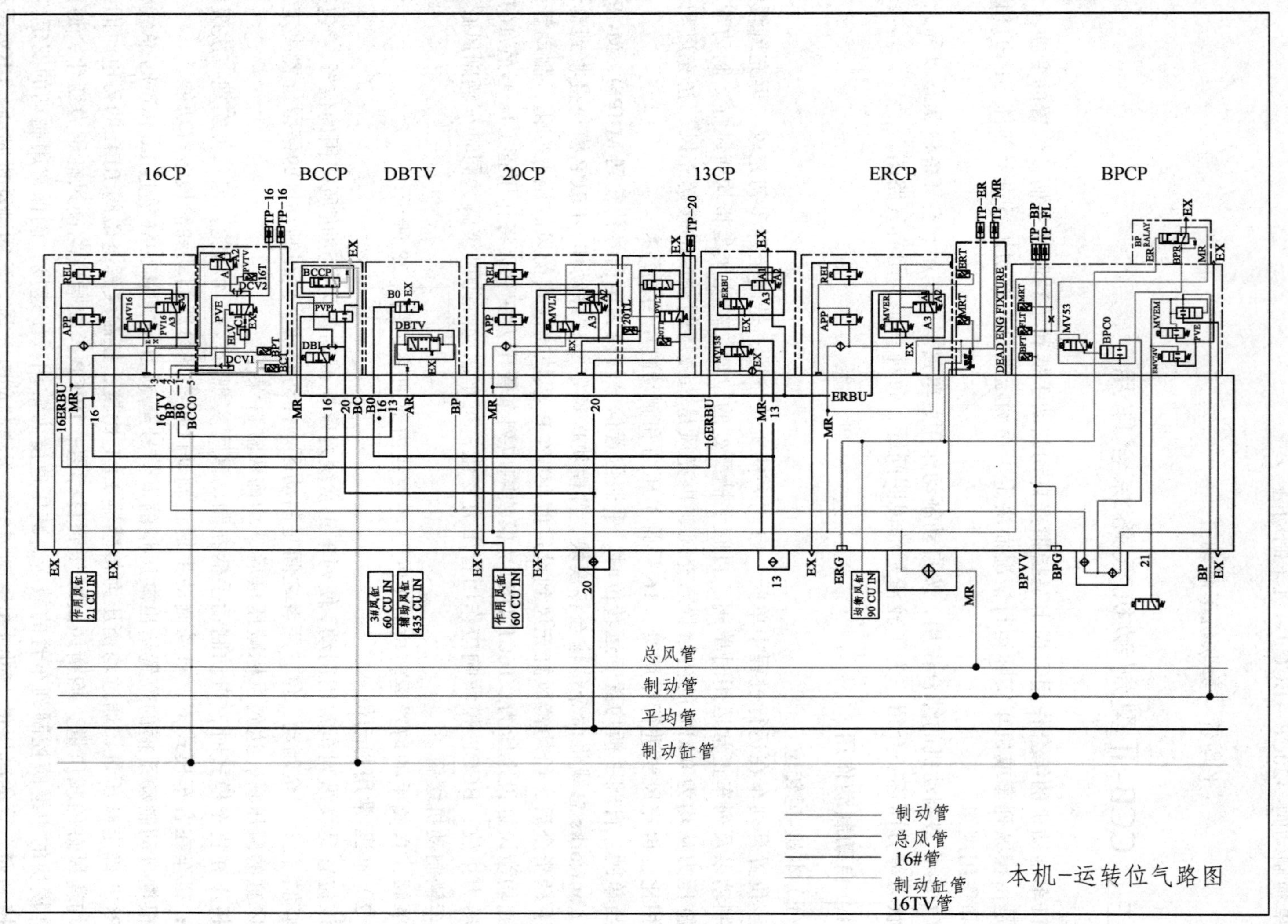

图 4-28 运转位气路图（本机）

关于常用制动限压，JZ-7 型制动机设置了常用限压阀，DK-1 型制动机设置了 208 压力开关，以控制最大减压量。CCB-Ⅱ型制动机则通过软件控制，制动缸压力达到全制动减压量所规定的制动缸压力以后的列车管减压为无效减压。

自阀手柄置于制动区时 EPCU 各模块内部气路通路（本机）如图 4-29 所示。

（3）本机—紧急制动位

该位置是列车运行过程中紧急停车所使用的位置。紧急制动可由多种条件触发。其中自阀手柄 EBV 置于紧急制动位、拉紧急制动阀手柄（N68）、按下操纵台紧急制动按钮、监控装置紧急制动及 IPM 等触发紧急制动均非由 CCB-Ⅱ型制动系统发出紧急制动。

自动制动手柄置于紧急制动位，先触发紧急制动阀（NB11），使制动管压力经（NB11）排向大气，制动管按紧急速率排风触发紧急排风阀（N97）排风，再触发 BPCP 模块中 PVEM 紧急放风阀加速列车管排风，保证紧急制动的灵敏性。

如拉动紧急制动阀手柄（N68）产生紧急制动，则先触发紧急排风阀（N97），其次是紧急制动阀（NB11），再触发 BPCP 模块中 PVEM 紧急放风阀加速列车管排风。

列车管迅速减压到零，均衡风缸以常用制动速率减压到零，16CP 模块响应列车管减压变化，迅速给作用管（16 号管）充风到最大允许压力，BCCP 模块响应作用管压力增加，给机车制动缸充风产生紧急制动作用；同时车辆副风缸给车辆制动缸充风，车辆制动机也产生紧急制动。

紧急制动时电空控制单元 EPCU 各模块内部气路通路如图 4-30 所示。

（4）自动制动后的单缓

列车实施制动后认为有必要单独降低机车制动力时使用的位置，需要通过单独制动手柄侧压来实现此功能。

单独制动手柄侧压，13CP 模块响应该指令，给 13 号管充风，控制 DBTV 模块中的 16TV 作用管减压；同时 16CP 模块和 20CP 模块也响应该指令，允许 16 号作用管和 20 号平均管进行减压；BCCP 模块响应 16 号作管压力的减少，允许机车制动缸排风缓解，缓解由自动制动手柄动作产生的自动制功作用；车辆制动机仍保持制动作用。

机车单独缓解时 EPCU 各模块内部气路通路如图 4-31 所示。

（5）补机-运转位

补机（重联机车）自动制动手柄应用销子固定在重联位，单独制动手柄应放置在运转位。此位置为本务机车在运转位时，补机（重联机车）受机车间制动管软管、总风管软管、平均管软管压力控制而发生作用的位置，其缓解作用应与本务机车同步。

本务机车制动管充风，作用管（16 号管）及平均管（20 号管）压力排空，制动作用缓解。补机（重联机车）响应制动管压力升高的变化，通过 DBTV 模块将 16TV 作用管压力排空，同时给补机副风缸充风；补机响应平均管压力的变化，通过 BCCP 模块将制动缸压力排空，补机缓解。

补机-运转位时 EPCU 各模块内部气路通路如图 4-32 所示。

（6）补机-制动位

此位置为本务机车在制动位时，补机（重联机车）受机车间制动管软管、总风管软管、平均管软管压力控制而发生作用的位置，其制动应与本务机车同步。

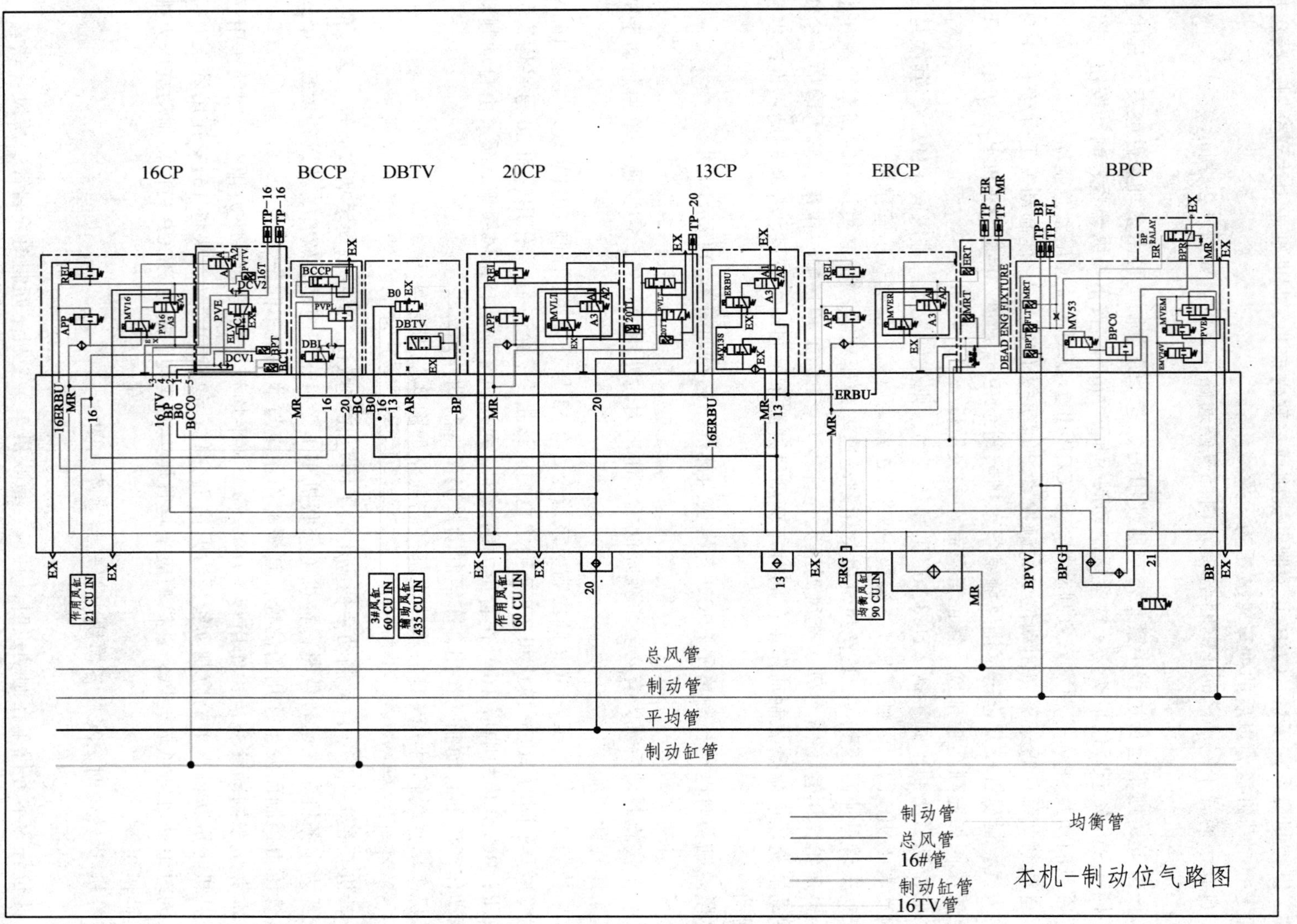

图 4-29 常用制动位气路图（本机）

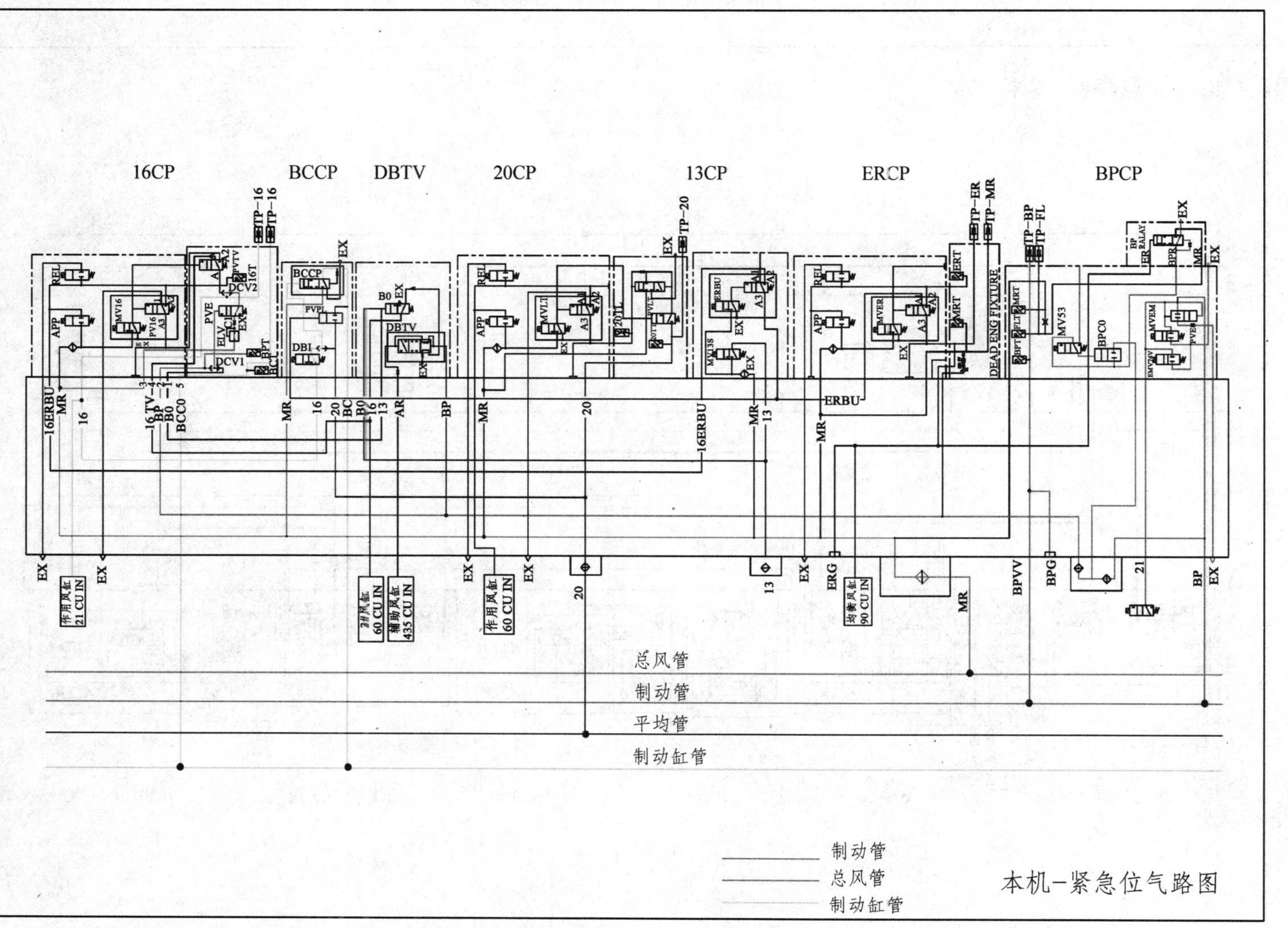

图 4-30　紧急制动位气路图（本机）

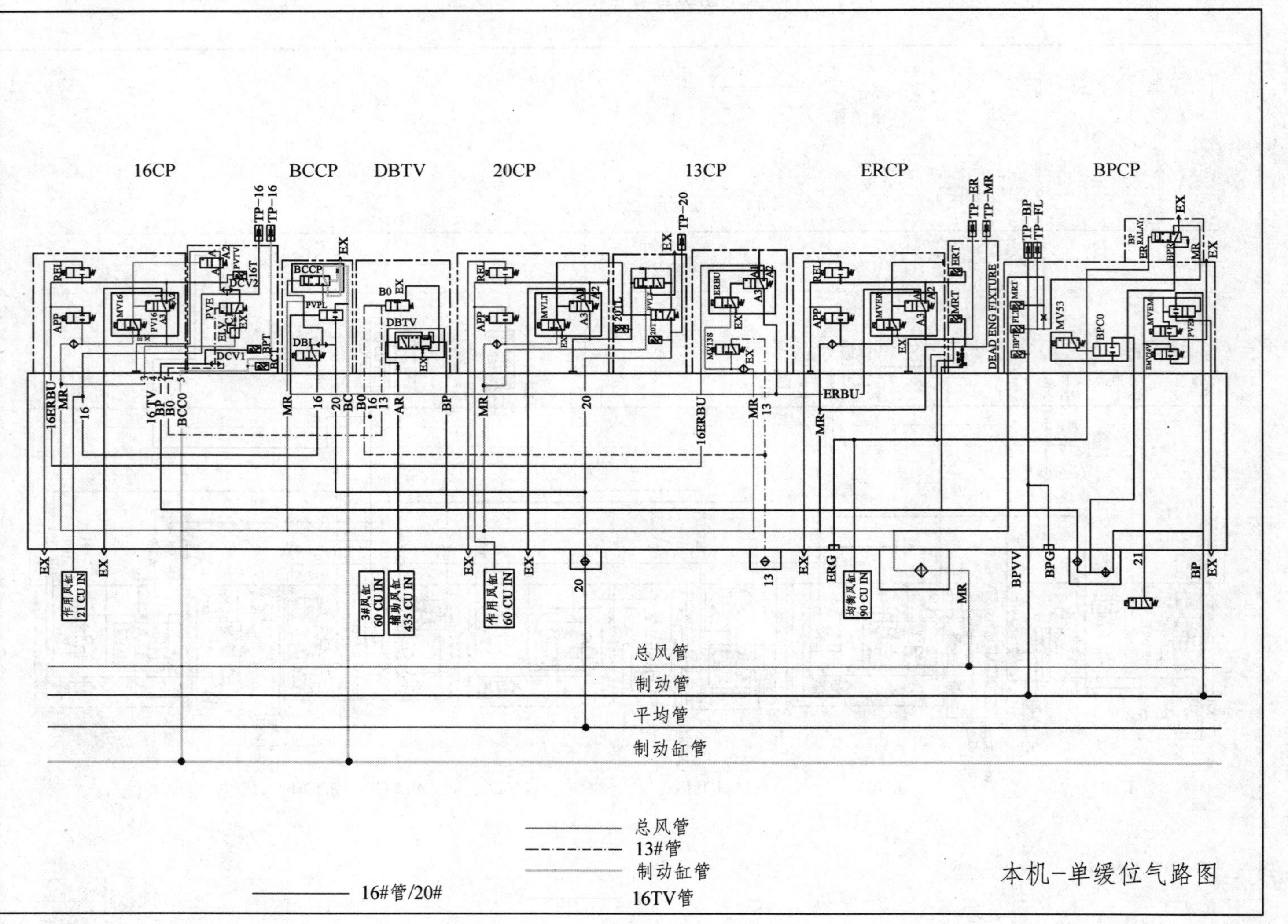

图 4-31 单缓位气路图（本机）

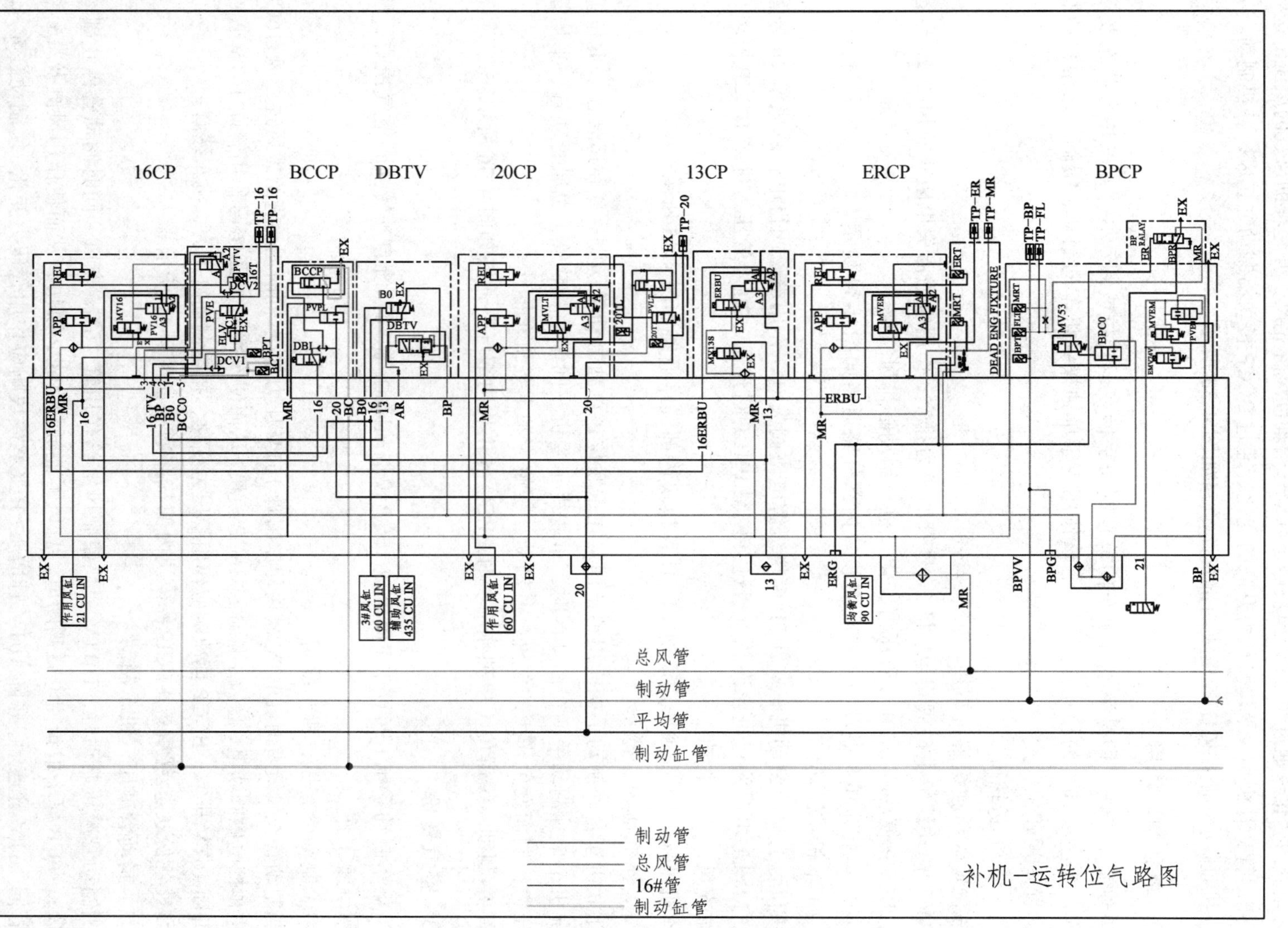

图 4-32　运转位气路图（补机）

本务机车制动管减压，平均管、作用管增压，机车制动缸充风产生制动作用。补机响应制动管压力减少的变化，通过 DBTV 模块停止制动管给辅助风缸充风，并将辅助风缸的风压传送到 16TV 作用管；补机响应平均管压力升高的变化，通过 BCCP 模块给制动缸充风，补机制动。

补机-制动位时 EPCU 各模块内部气路通路如图 4-33 所示。

2. 单独制动作用

单独制动作用，即操纵本务机车的单独制动手柄在运转位或制动区，观察本务机车及重联机车的各主要部件的相互作用关系。该作用用于单独操纵机车的制动、缓解。通常自动制动手柄置于运转位。

（1）本机-运转位

该位置为单独缓解机车用。

20CP 模块缓解电磁阀得电，将 20 号管的压力排空；作用电磁阀失电阻止总风给 20 号管充风；BCCP 模块响应 20 号管压力变化，机车制动缸排风缓解。

本机-运转位单独制动时 EPCU 各模块内部气路通路如图 4-34 所示。

（2）本机-制动位

该位置为单独制动机车。20CP 模块缓解电磁阀失电，作用电磁阀得电，总风给 20 号管充风，MVLT 电磁阀得电允许总风通过，控制 PVLT 阀开通，20 号管压力进入 BCCP 模块，制动缸充风，机车制动。

本机-制动位（单独作用）时 EPCU 各模块内部气路通路如图 4-35 所示。

（3）补机-制动、缓解位

重联机车自动制动手柄应用销子固定在重联位，单独制动手柄应放置在运转位。此位置为本务机车单独制动手柄在制动区时，重联机车受机车间制动管软管、总风管软管、平均管软管压力控制而发生作用的位置，其制动、缓解应和本务机车同步。

补机-制动、缓解位（单独作用）时 EPCU 各模块内部气路通路如图 4-36 所示。

3. 空气备份

当机车制动系统 EPCU 中 ERCP 或 16CP 模块故障时，制动系统自动转换到空气模式，使其仍可继续工作。

（1）制动管充风，机车缓解

当制动管充风缓解时，DBTV 模块使作用管 16TV 压力排空，同时制动管给副风缸充风；16CP 模块中预控电磁阀断电，总风不能通过 16CP 模块，从而使作用风缸及 16 号作用管同 16TV 管连通，并随 16TV 排空；BCCP 模块响应作用管压力变化，排空制动缸压力，机车缓解。

空气备份状态-缓解位 EPCU 各模块内部气路通路如图 4-37 所示。

（2）制动管减压，机车制动

当制动管减压制动时，DBTV 模块使副风缸给作用管 16TV 充风，同时制动管停止副风缸充风；16CP 模块中预控电磁阀断电，总风不能通过 16CP 模块，从而使作用风缸及 16 号作用管同 16TV 管连通，并随 16TV 管增压；BCCP 模块响应作用管压力变化，使制动缸充风，机车制动。

空气备份状态-制动位 EPCU 各模块内部气路通路如图 4-38 所示。

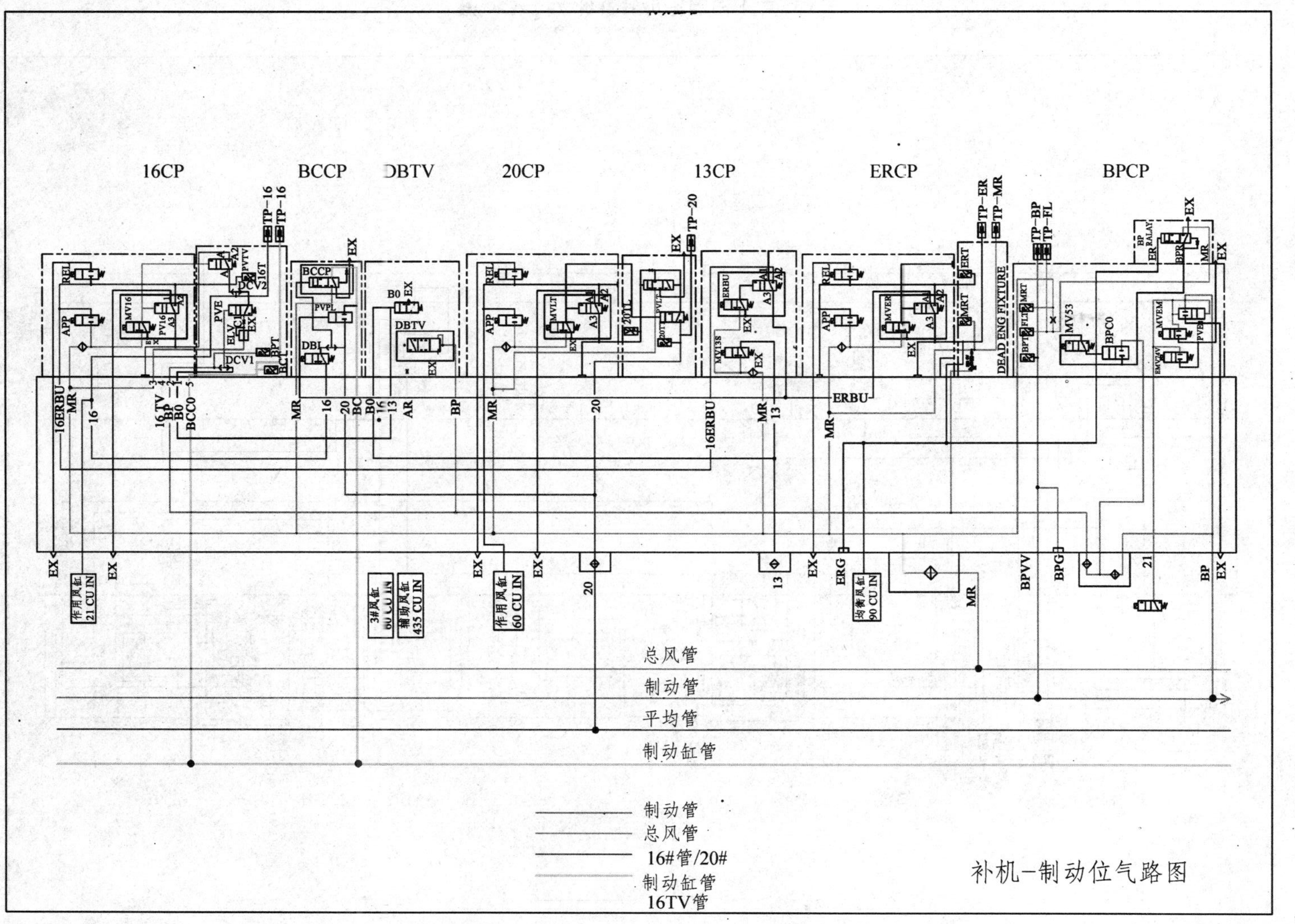

图 4-33　制动位气路图（补机）

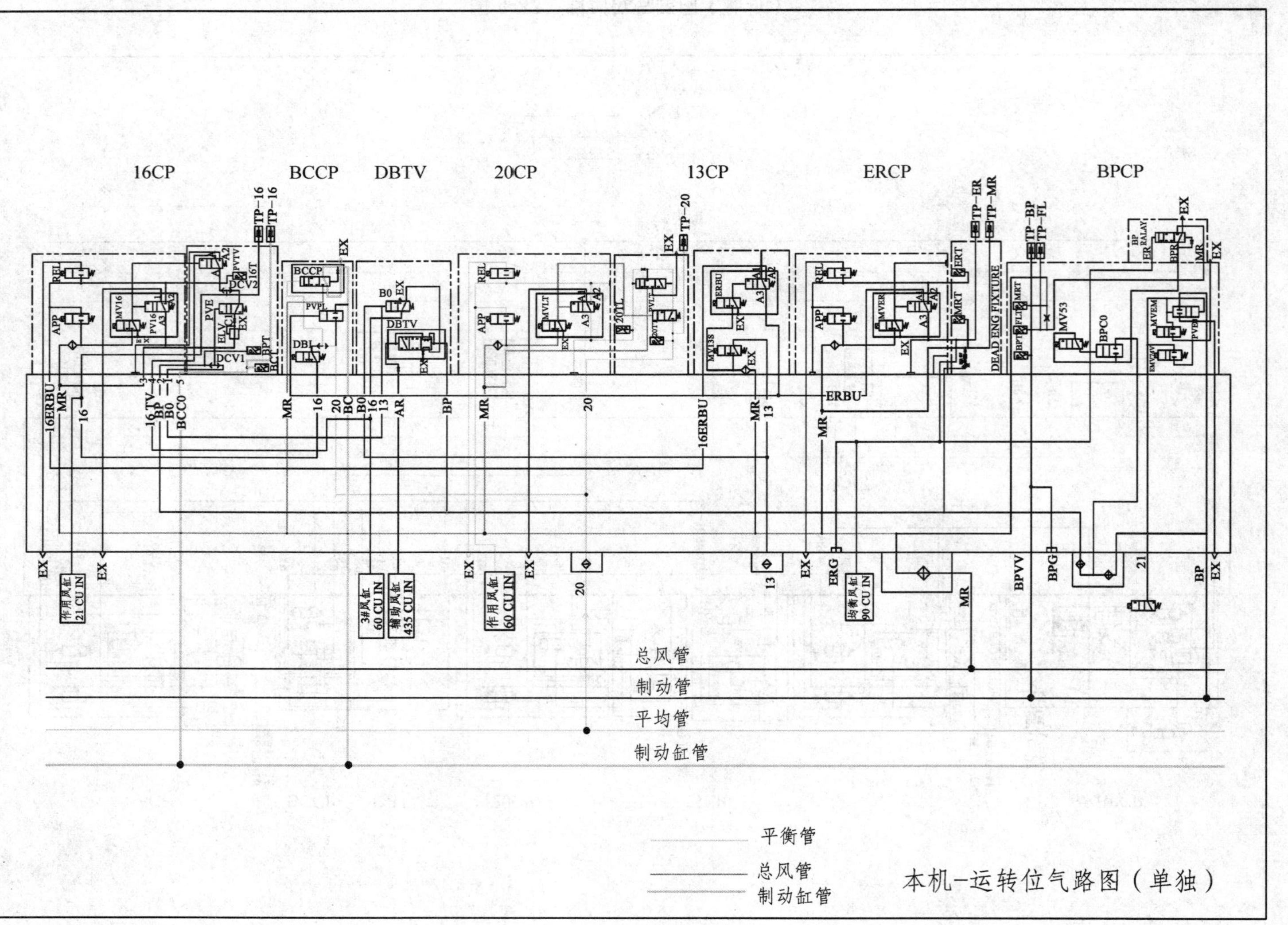

图 4-34 本机运转位气路图（单独）

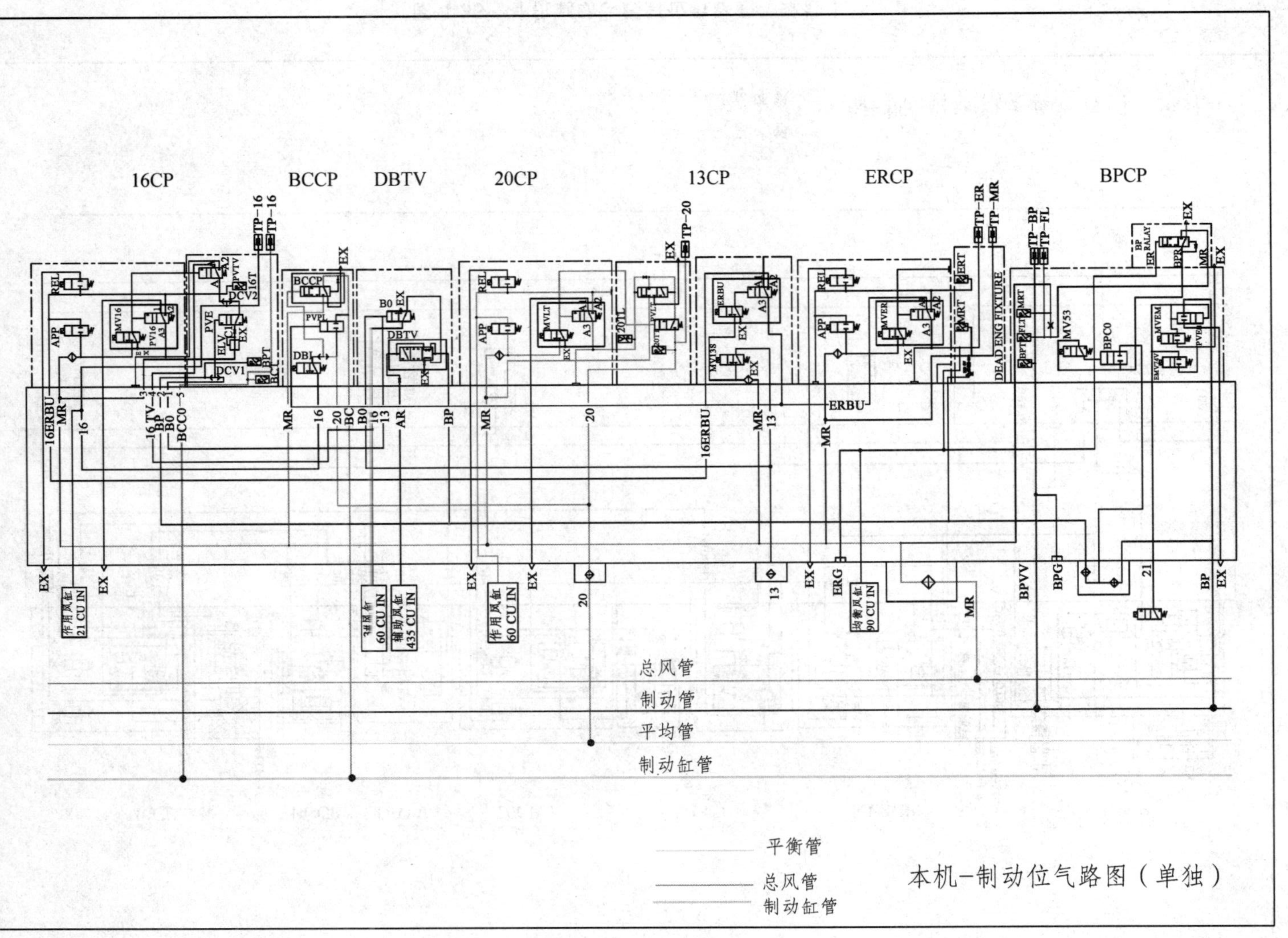

图 4-35　本机制动位气路图（单独）

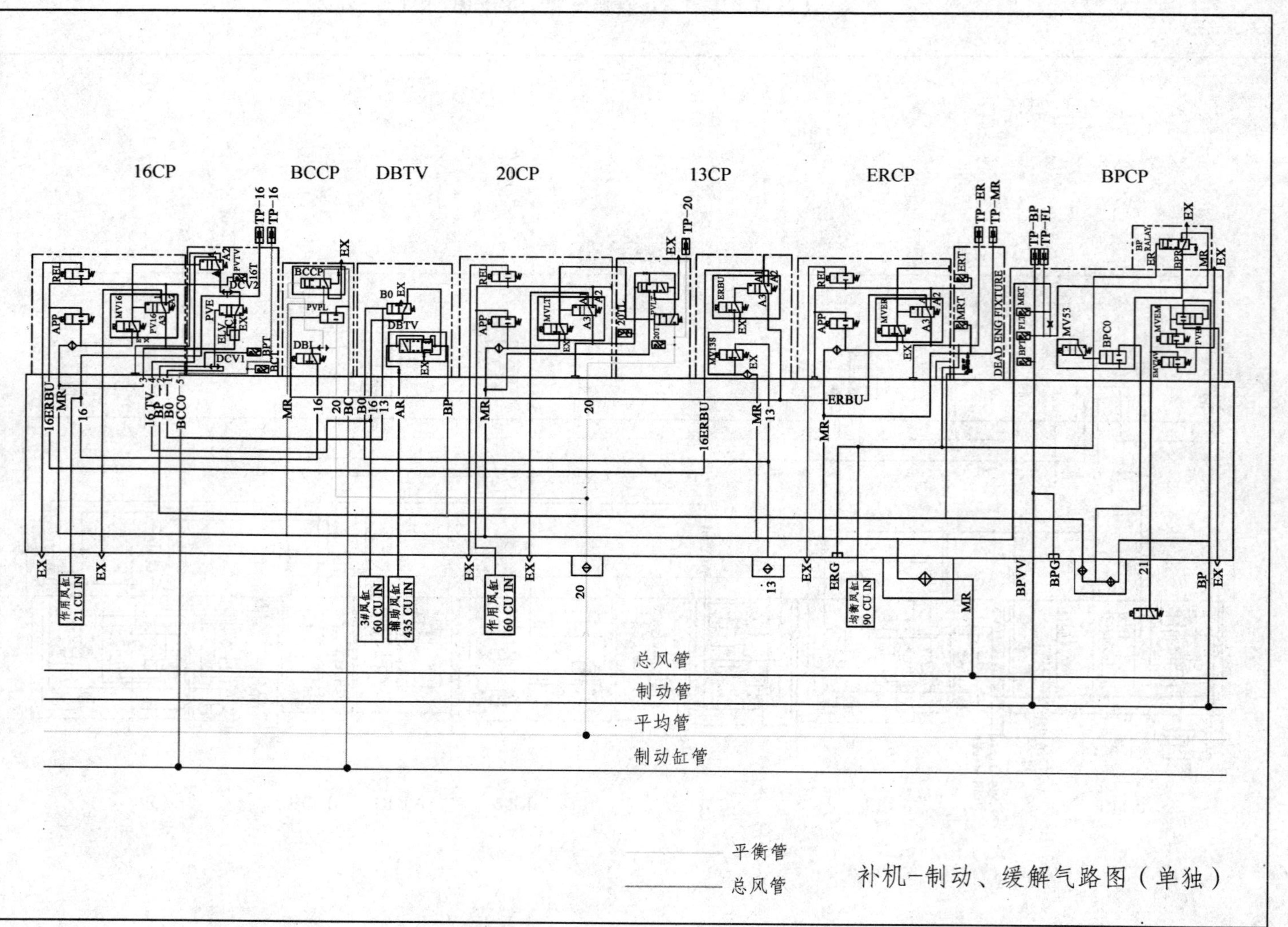

图 4-36 补机制动、缓解位气路图（单独）

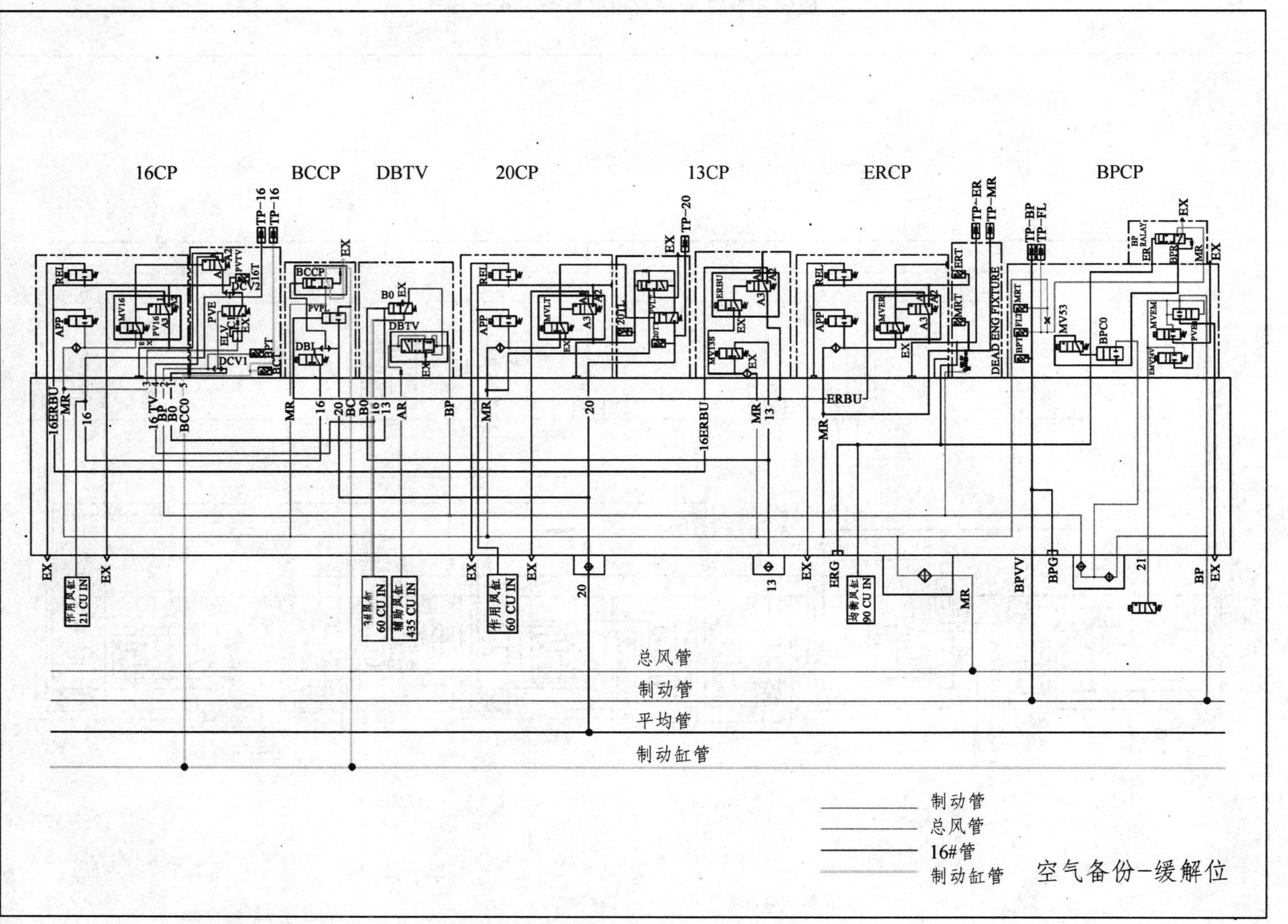

图 4-37　空气备份状态-缓解位气路图

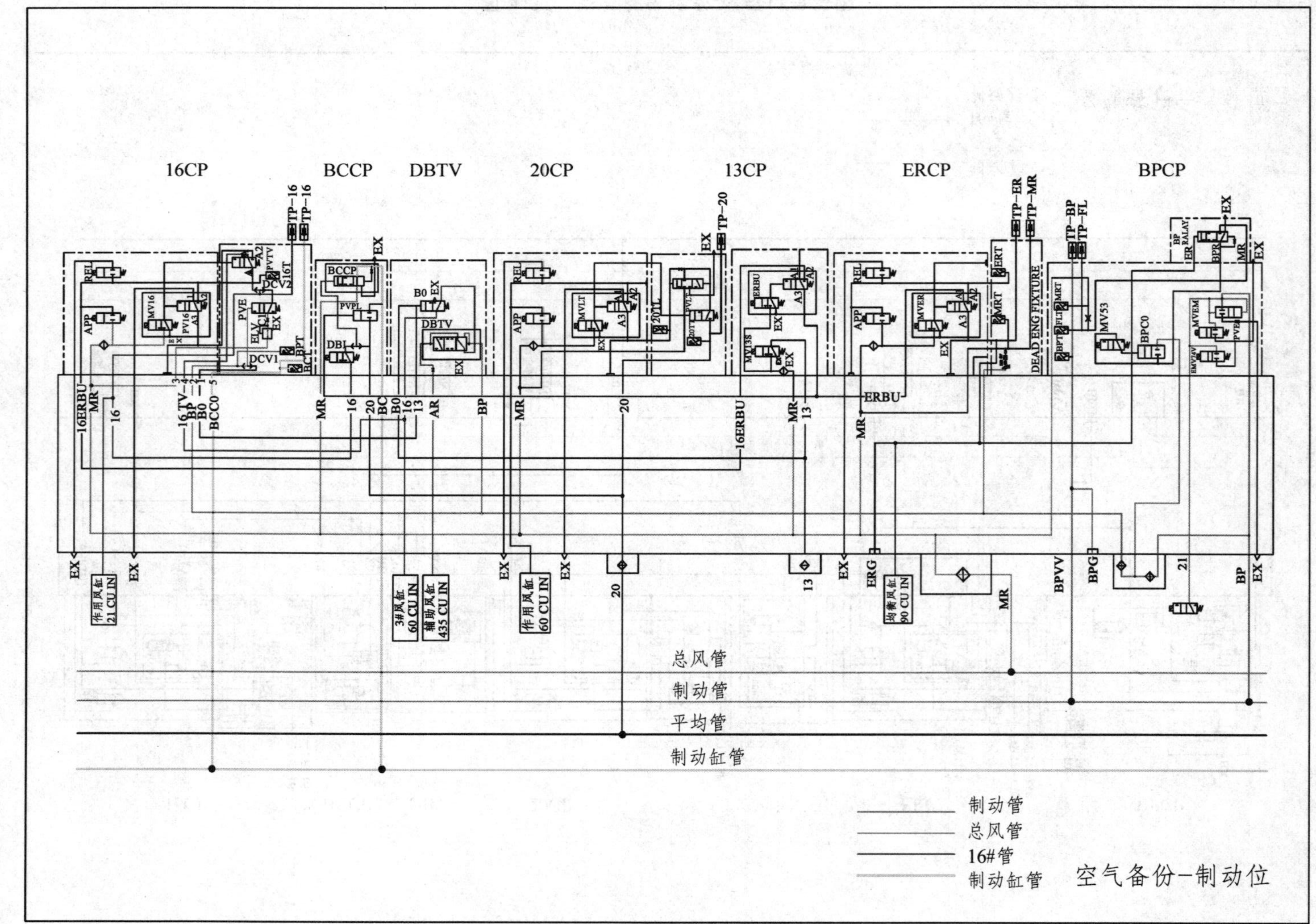

图 4-38 空气备份状态-制动位气路图

4. 无动力回送

机车无动力回送时，由于其空气压缩机无电停止使用，此时必须开放机车无动力装置。无动力装置由 DE 无动力塞门、DER 压力调整阀、C2 充风节流孔和 CV 单向止回阀等部分组成，集成于 ERCP 模块中，连接在机车的制动管与总风管之间。当开通无动力塞门后，制动管内压力空气经 DE 无动力塞门、DER 压力调整阀、C2 充风节流孔、CV 单向止回阀，将调压后的压力空气充入总风缸。此时总风缸在机车制动系统中相当于车辆的副风缸。

无火回送时的空气制动作用原理同空气备份相同，但总风缸压力较低，约为 220 kPa。

无火回送（缓解）时 EPCU 各模块内部气路通路如图 4-39 所示。

【实践与训练】

学习工作单

<table>
<tr><td>工作单</td><td colspan="3">CCB-Ⅱ型制动系统控制关系与气路综合作用</td></tr>
<tr><td>任务</td><td colspan="3">熟知 CCB-Ⅱ型制动系统气路控制关系；能够分析 CCB-Ⅱ型制动机手柄在各位置的气路综合作用。</td></tr>
<tr><td>班级</td><td></td><td>姓名</td><td></td></tr>
<tr><td>学习小组</td><td></td><td>工作时间</td><td></td></tr>
<tr><td colspan="4">【知识认知】</td></tr>
<tr><td colspan="4">1. 简述 CCB-Ⅱ型制动机气路控制关系；
2. 简述 HXD_3 型机车制动机综合作用原理。</td></tr>
<tr><td colspan="4">【能力训练】</td></tr>
<tr><td colspan="4">1. 试分析 CCB-Ⅱ型制动机自阀、单阀手柄在运转位的综合作用。识读气路图写出气路通路。</td></tr>
<tr><td colspan="4">2. 试分析 CCB-Ⅱ型制动机自阀手柄在制动区、单阀手柄在运转位的综合作用。识读气路图写出气路通路。</td></tr>
<tr><td colspan="4">3. 试分析 CCB-Ⅱ型制动机自阀手柄在运转位、单阀手柄在制动区的综合作用。识读气路图写出气路通路。</td></tr>
<tr><td colspan="4">4. 试分析 CCB-Ⅱ型制动机自阀手柄在制动区、单阀手柄压侧压位的综合作用。识读气路图写出气路通路。</td></tr>
<tr><td colspan="4">任务学习其他说明或建议：除了上述 4 个训练之外，教师可根据情况适当增加手柄作用位置让学生分析。</td></tr>
<tr><td colspan="4">指导老师评语：</td></tr>
<tr><td colspan="4">任务完成人签字：　　　　日期：　年　月　日
指导老师签字：　　　　日期：　年　月　日</td></tr>
</table>

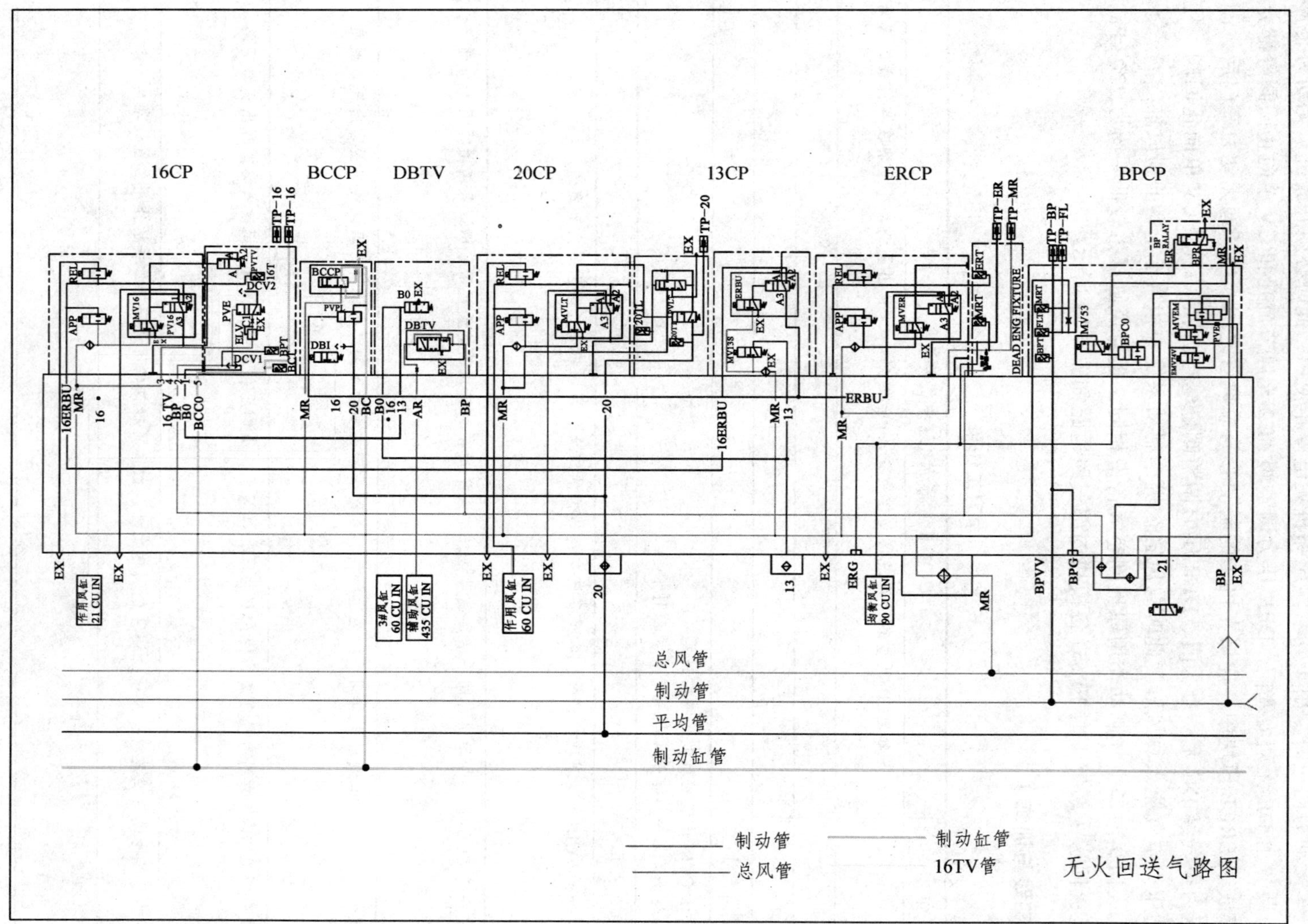

图 4-39 无火回送气路图（缓解）

任务五　系统主要部件的备份及故障检测方式

【知识要点】

1. 熟知系统的主要部件的备份；
2. 熟知 CCB-Ⅱ型制动机的故障检测方式。

【任务实施】

一、系统安全保护及主要部件的备份

1. 空气备份（16CP 失效）

空气备份模式是指系统采用纯机械三通阀（DBTV）来代替电子控制（16CP）产生制动缸管控制压力。其控制关系如下：

自动制动阀→ERCP→BPCP→制动管压力→车辆制动机
↓
DBTV→BCCP→机车制动缸

2. ER 备份（ERCP 失效）

如果 ERCP 失效，它的功能由 16CP 和 13CP 实现。由软件控制自行进行切换，控制关系如下：

自动制动阀→16CP/13CP→BPCP→制动管压力→车辆制动机
↓
DBTV→BCCP→机车制动缸

3. 单独制动备份（20CP 失效）

20CP 失效时，16CP 将响应单独制动手柄的指令，控制本务机车制动缸的压力。对于重联机车，将不存在平均管压力。控制关系如下：

单独制动阀→16CP→BCCP→机车制动缸

4. 紧急制动的触发方式

（1）自动制动阀置于紧急制动位；
（2）开放车长阀触发紧急制动；
（3）按下操纵台紧急按钮触发紧急制动；
（4）IPM 触发紧急制动；
（5）ATP 触发紧急制动；
（6）列车断钩分离触发紧急制动；
（7）机车警惕装置触发紧急制动。

5. 总风缸压力低保护

当总风缸压力低于 350 kPa 时，IPM 接收到 MREP 压力开关信号，使机车实施制动，不允许机车加载牵引。

备份模式的显示：

“D&T” Back up Mode（备份模式）：aa，bb，cc，dd，ee，ff

aa，bb，cc，dd，ee，ff 是当前备份模式的速记符号：

	“无”	无备份模式
aa	“BC”或“--”	BC 是否备份
bb	“ER”或“--”	ER 是否备份
cc	“20”或“--”	MVLT 关或开
dd	“BPT”或“---”	BP 传感器是否备份
ee	“MRT”或“---”	MR 传感器是否备份
ff	“ER0”或“---”	紧急 ER 压力是否到零

二、CCB-Ⅱ型机车制动机的故障检测方式

（1）开机时，微处理器（IPM）进行自检。自检通过后对电子制动阀（EBV）、电空控制单元（EPCU）的各模块进行实时诊断，确认故障后，自动进入备用模式，并将 3 位故障代码的故障信息显示在制动显示屏（LCDM）上。

（2）通过制动显示屏（LCDM）上的按键可以手动对电子制动阀（EBV）、电空控制单元（EPCU）的各模块进行循环或单独自检，若发现故障，将 4 位故障代码的故障信息显示在制动显示屏（LCDM）上。

（3）微处理器（IPM）及电空控制单元（EPCU）均有串口与外接 PC 机通信，传送各种信息供更新程序、检测或检修之用。

【实践与训练】

学习工作单

<table>
<tr><td>工 作 单</td><td colspan="3">CCB-Ⅱ型机车制动机的主要部件备份及故障检测方式</td></tr>
<tr><td>任 务</td><td colspan="3">了解 CCB-Ⅱ型机车制动机的几种形式的备用模式；了解故障检测方式，会根据机车制动显示屏上显示的自检故障代码查找相应的手册找出其改正措施。</td></tr>
<tr><td>班 级</td><td></td><td>姓 名</td><td></td></tr>
<tr><td>学习小组</td><td></td><td>工作时间</td><td></td></tr>
<tr><td colspan="4">【知识认知】</td></tr>
<tr><td colspan="4">1. 简述 CCB-Ⅱ型机车制动机的几种形式的备用模式；
2. 简述 CCB-Ⅱ型机车制动机的故障检测方式。</td></tr>
</table>

续上表

【能力训练】	
1. 说出 CCB-Ⅱ型机车制动机的几种形式的备用模式，并说明下列例子分别采用的备份模式。 例：1998 年 7 月 30 日 12：13：14 备份模式：无 1998 年 7 月 30 日 12：13：14 备份模式：BC，--，--，---，---，ER0 1998 年 7 月 30 日 12：13：14 备份模式：BC，ER，--，---，---，--- 1998 年 7 月 30 日 12：13：14 备份模式：BC，ER，20，BRT，MRT，---	
2. 简单阐述如何使用 CCB-Ⅱ型机车制动机自检功能。	
任务学习其他说明或建议：	
指导老师评语：	
任务完成人签字：	日期：　年　月　日
指导老师签字：	日期：　年　月　日

任务六　控制与辅助管路系统

【知识要点】

1. 熟知 CCB-Ⅱ型机车制动系统主要部件和气路控制关系。
2. 熟知 CCB-Ⅱ型机车制动系统辅助管路系统。

【任务实施】

一、CCB-Ⅱ型机车制动系统控制关系

1. 主要部件控制关系

在以下各部件中，EBV、EPCU、RIM、IPM 之间通过 LON 网络进行通信，IPM、LCDM 之间通过 RS422 数据线进行通信，TCMS、RIM 通过开关模拟量进行通信。

电子制动阀（EBV）⟹电空控制单元（EPCU）⟹基础制动装置

⇗⇙

继电器接口模块（RIM）⟹集成处理器（IPM）⟹制动显示屏（LCDM）

机车控制系统（TCMS）

2. 气路控制关系

控制列车：

自动制动阀→EPCP→BPCP→制动管压力→车辆制动机

↓

16CP→BCCP→机车制动缸

控制机车：

单独制动阀 →20CP→BCCP→机车制动缸

↓

平均管压力→重联机车制动缸

二、辅助管路系统

1. 停放制动装置

司机通过位于操纵台的旋转开关可以对停放制动进行控制。当旋到“制动”位时，脉冲电磁阀的作用电磁阀得电，于是停放制动缸制动；当旋到“缓解”位时，脉冲电磁阀的缓解电磁阀得电，于是停放制动缓解。同时设置了停放制动和空气制动的连锁，即当制动缸充风制动时，自动缓解停放制动缸。

停放制动装置的控制关系如下：

总风管→脉冲电磁阀→双向止回阀→减压阀→停放制动缸

↑

制动缸压力

在发生供电故障的情况下，也可以使用脉冲电磁阀的手动装置对停放制动装置进行手动操作。在系统无风的情况下，可以使用停放制动单元的手动缓解装置（位于制动缸夹钳上）

缓解停放制动。手动缓解后，不能再次实施停放制动。如果需要重新实施停放制动，必须使系统总风压力达到 550 kPa 以上，方可实施停放制动。

2. 踏面清扫装置

为了清扫车轮圆周表面的杂物及油污，增加机车与钢轨的黏着系数，每个车轮配有踏面清扫器来配合制动单元的动作。当制动缸压力高于 100 kPa 时，通过压力开关使清扫电磁阀得电，总风进入踏面清扫风缸，踏面清扫器动作；当机车制动缸压力低于 50 kPa 时，踏面清扫解除。

3. 撒砂和鸣笛装置

机车设有 8 个砂箱和撒砂装置，每个走行部上设有 4 个砂箱，容积为 100 L/个，撒砂量可在 0.5 ~ 1 L/min 范围内调节。撒砂动作与司机脚踏开关、紧急制动、防空转、防滑行等功能配合使用，撒砂方向与机车实际运行方向一致。

机车两端均设有 2 个高音喇叭、1 个低音喇叭，由电空阀控制，电空阀由司机操纵台面板上的喇叭按钮、操纵台下的喇叭脚踏开关分别控制。

【实践与训练】

学习工作单

<table>
<tr><td>工 作 单</td><td colspan="3">CCB-Ⅱ型机车制动系统辅助管路系统</td></tr>
<tr><td>任 务</td><td colspan="3">了解停放制动装置、踏面清扫装置、撒砂和鸣笛装置的施加条件以及控制。</td></tr>
<tr><td>班 级</td><td></td><td>姓 名</td><td></td></tr>
<tr><td>学习小组</td><td></td><td>工作时间</td><td></td></tr>
<tr><td colspan="4">【知识认知】</td></tr>
<tr><td colspan="4">1. 简述停放制动装置的结构及控制关系；
2. 简述踏面清扫装置的作用及施加条件；
3. 简述撒砂和鸣笛装置的施加条件。</td></tr>
<tr><td colspan="4">【能力训练】</td></tr>
<tr><td colspan="4">1. 按照图例，试说明停放制动装置的控制关系。
</td></tr>
</table>

续上表

2. 按照图例，试说明撒砂装置的使用和作用。

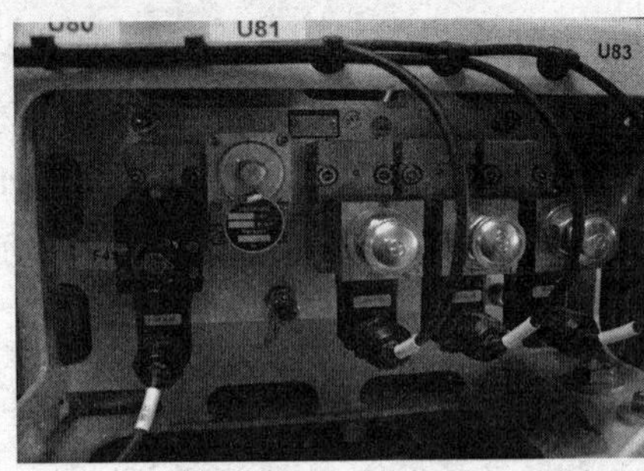

任务学习其他说明或建议：

指导老师评语：

任务完成人签字： 日期： 年 月 日

指导老师签字： 日期： 年 月 日

项目五

法维莱 Eurotrol 制动系统

任务一　法维莱 Eurotrol 制动机的组成

【知识要点】

1. 了解法维莱 Eurotrol 制动机的功能和特点；
2. 熟知法维莱 Eurotrol 制动机的组成。

【任务实施】

HXD_2 型机车制动系统是在 SAB WABCO 微机控制电空制动机基础上为满足中国铁路运营的要求开发出来的，是符合 UIC 标准的新一代机车制动系统。该系统在正常工况时，通过微机控制列车制动管和机车制动缸压力，实现列车的制动控制；在出现严重故障时，将机车制动系统转换到备用制动以进行列车制动控制。系统按其功能分为风源系统、控制系统管路、辅助系统管路、制动机系统。Eurotrol 是制动机系统中的一个关键部件，也是 HXD_2 型机车制动系统有别于其他机车制动系统的标志性部件，因此，通常情况下，HXD_2 型机车制动系统也被称作 Eurotrol 制动系统，由于该系统为法维莱公司技术，所以将 HXD_2 型机车采用的制动机称为法维莱 Eurotrol 制动机。

HXD_2 型机车制动系统，具有以下功能：

1. 复合制动功能

空气制动和电制动协调配合，电制动优先。能充分利用强大的再生制动力，制动时无冲动且减少了闸片的磨耗，节约电能，降低了机车的检修维护和运用成本。紧急制动时，只有空气制动作用。

2. 阶段制动、阶段缓解和一次缓解选择功能
3. 紧急制动功能
4. 无动力回送功能
5. 备用制动功能
6. 重联控制功能
7. 断钩保护功能

HXD_2 型机车制动系统，具有以下特点：

在正常情况下车辆制动采用常用制动模式，无论载重大小，都能够安全、快速、有效地停车。如果需要，使用电制动时可通过空气制动进行补偿。司机制动阀（Eurotrol）只控制空气制动，包括列车制动管减压及缓解，快速缓解，过充及其消除。

在紧急工况下采用紧急制动模式，确保无论载重大小都能获得该系统所能提供的最大减速度。紧急制动的特征是列车制动管快速排空，可由自动制动控制器（直接推到底）、紧急按钮或其他的紧急装置所触发（例如行车安全系统、无线重联控制系统）。

需要注意的是，自动制动控制器和紧急制动按钮都是直接（机械地）在列车制动管上打开一个快速排气口，并通过微动开关反馈给 BCU（制动控制单元）应用上述装置触发了紧急制动。通过触发紧急制动，使列车制动管达到 0 kPa 的目标值，强制进行制动。紧急制动也可通过机车的逻辑控制实现，其基本前提是紧急制动必须确保其最大停车距离的要求。实际上，所有的安全装置均能触发紧急制动。

停放制动模式确保车辆在超载与最大坡度的情况下能够停车（停放）。

为方便安装与维修，制动机采用阀类与电器部件集中安装的方式，主要部件集中在制动柜中。法维莱 Eurotrol 制动机制动控制柜的各主要部件组成及名称如图 5-1 所示。

制动机主要包括司机制动控制器、制动显示屏、司机制动阀、作用阀模块、BCU（制动控制单元）、备用制动模块、直通制动模块、停放制动模块、隔离模块、流量计、分配阀、转向架中继阀等部件组成。

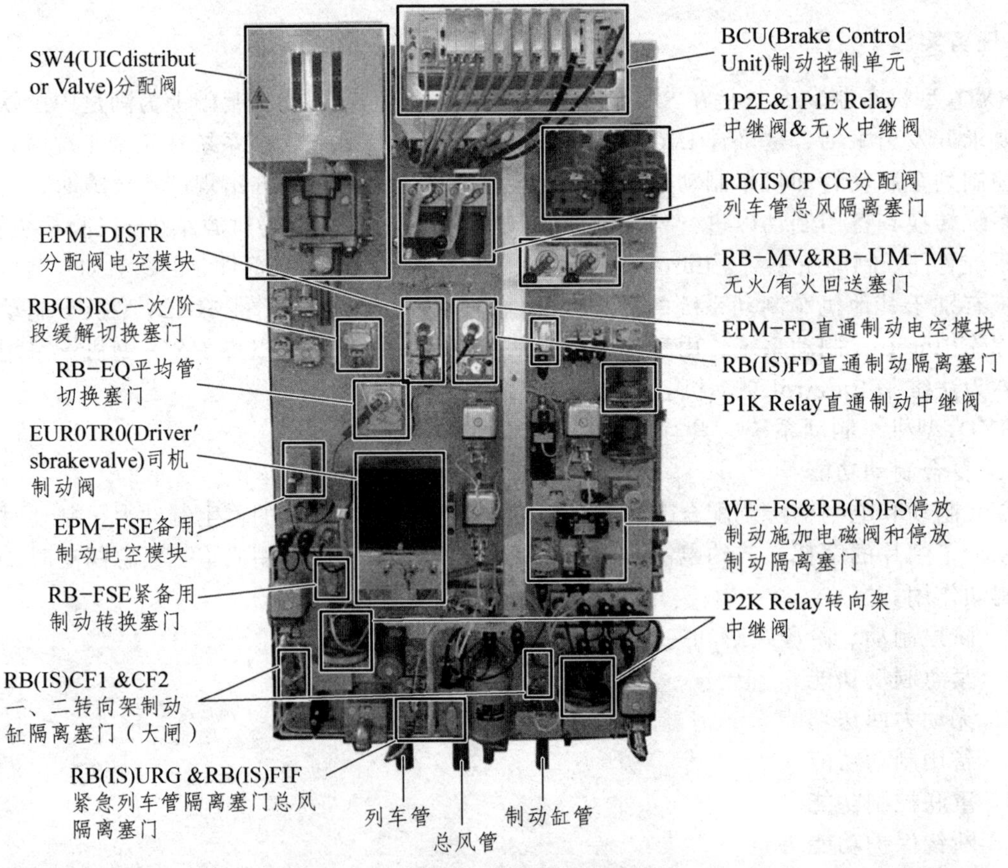

图 5-1 法维莱 Eurotrol 制动机的组成

【实践与训练】

学习工作单

<table>
<tr><td>工 作 单</td><td colspan="3">法维莱 Eurotrol 制动机的组成</td></tr>
<tr><td>任　　务</td><td colspan="3">了解法维莱 Eurotrol 制动机的功能和特点，熟知法维莱 Eurotrol 制动机的组成。</td></tr>
<tr><td>班　　级</td><td></td><td>姓　　名</td><td></td></tr>
<tr><td>学习小组</td><td></td><td>工作时间</td><td></td></tr>
<tr><td colspan="4">【知识认知】</td></tr>
<tr><td colspan="4">1. 简述法维莱 Eurotrol 制动机的功能；
2. 简述法维莱 Eurotrol 制动机的特点；
3. 简述法维莱 Eurotrol 制动机的紧急制动；
4. 简述法维莱 Eurotrol 制动机的组成。</td></tr>
<tr><td colspan="4">【能力训练】</td></tr>
<tr><td colspan="4">1. 按照下图，写出法维莱 Eurotrol 制动机制动屏柜各部件名称。
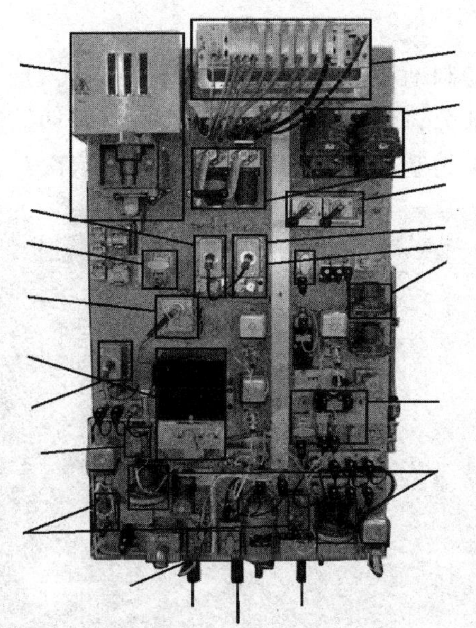</td></tr>
<tr><td colspan="4">任务学习其他说明或建议：
1. 法维莱 Eurotrol 制动机采用微处理器数字化控制，因此控制准确性高，反应迅速。
2. 制动机具备阶段缓解和一次缓解选择功能，使得它既可以牵引货物列车，也可以牵引客运列车。
3. 制动机紧急制动功能主要是通过机械地在列车制动管上开一个快速排风口来确保将列车制动管压力迅速下降至零。这样就能确保紧急制动的安全可靠。
4. 机车上其他所有安全装置均能触发紧急制动。</td></tr>
<tr><td colspan="4">指导老师评语：</td></tr>
<tr><td colspan="4">任务完成人签字：　　　　　　　　　　　　　　日期：　　年　　月　　日
指导老师签字：　　　　　　　　　　　　　　　日期：　　年　　月　　日</td></tr>
</table>

任务二 法维莱 Eurotrol 制动机司机制动控制器和制动显示屏

【知识要点】

1. 了解法维莱 Eurotrol 制动机的功能和特点；
2. 熟知法维莱 Eurotrol 制动机的组成；
3. 熟知制动显示屏外观，掌握制动显示屏显示信息内容，会与制动显示屏进行人机交互操作。

【任务实施】

一、法维莱 Eurotrol 制动机司机制动控制器

司机制动控制器包括自动制动控制器和直通制动控制器，是一个集成在一起的制动操纵装置，左侧是自动制动控制部分，俗称大闸，右侧是直通制动控制部分，俗称小闸。

自动制动控制器（大闸）是基于位置控制，从前往后依次存在 6 个作用位置：

图 5-2 司机制动控制器外观

➢ 运转位：在运转位时列车制动管缓解至定压。

➢ 初制动位：列车制动管减压 50 kPa 实施初制动。

➢ 全制动位：列车制动管减压至 360 kPa（定压 500 kPa）或者 430 kPa（定压 600 kPa）实施最大常用全制动。

➢ 抑制位：抑制位有两种用途：1. 消除惩罚制动、紧急制动。即当惩罚制动清除后需要缓解时将大闸推至抑制位停留 1 s 然后缓解，或当紧急制动之后需要缓解时将大闸推至抑

制位停留 1 s 然后可以缓解；2. 当启用备用制动的时候，需要将大闸推至抑制位并停留 60 s 以激活备用制动。

➢ 重联位：大闸推至重联位可以以常用减压速率将列车制动管排空，此时可以通过显示屏或者操作制动控制柜切换制动模式。

➢ 紧急制动位：大闸推到紧急制动位产生紧急制动同时将列车制动管通大气。

直通制动控制器（小闸）有 3 个作用位置：

➢ 运转位：小闸安全缓解。

➢ 全制动位：小闸输出最大制动缸压力 300 kPa。

➢ 单缓位：小闸侧压可以缓解大闸制动。

二、法维莱 Eurotrol 制动机制动显示屏

法维莱 Eurotrol 制动机制动显示屏外观如图 5-3 所示，显示屏具有如下功能：

（1）实时显示与制动相关的压力及流量信息，压力包括均衡风缸、列车制动管、总风及制动缸的压力。

（2）可以进行制动机模式切换。

图 5-3　制动显示屏

➢ 选择客/货车模式（阶段缓解/一次缓解模式）：司机室激活后在紧急制动状态下按压 F3【空气制动】进入下一级菜单，然后按压 F6 选择【货车位/客车位】，可以在其上方看到新设置的状态，确认之后按压 F1【确定】即完成客/货车模式选择设置。

➢ 切换定压：司机室激活后在紧急制动状态下按 F3【空气制动】进入下一级菜单，然后继续选择 F3【更多】进入下一级操作界面，然后按压 F3【500 kPa/600 kPa】选择需要的定压模式，此时可以在状态栏里看到新设置的状态，确认之后按 F1【确定】即完成更改设置。

➢ 中立及补风/不补风切换：司机室激活后按 F3【空气制动】进入下一级菜单，然后继续选择 F3【更多】进入下一级操作界面，然后按压 F7 选择需要的模式，此时可以在状态栏里看到新设置的状态，确认之后按 F1【确定】即完成更改设置。

可以通过显示器查看相应的信息，在激活端司机室按 F7【显示屏信息】可以查看相应信息，如 F6 查看软件版本，F3 设置机车号，F5 设置语言，进入维护界面可以查看制动机故障历史记录。

【实践与训练】

学习工作单

<table>
<tr><td>工 作 单</td><td colspan="3">法维莱 Eurotrol 制动机司机制动控制器和制动显示屏</td></tr>
<tr><td>任　　务</td><td colspan="3">了解法维莱 Eurotrol 制动机的功能和特点；熟知法维莱 Eurotrol 制动机的组成；熟知制动显示屏外观，掌握制动显示屏显示信息内容，会与制动显示屏进行人机交互操作。</td></tr>
<tr><td>班　　级</td><td></td><td>姓　　名</td><td></td></tr>
<tr><td>学习小组</td><td></td><td>工作时间</td><td></td></tr>
<tr><td colspan="4">【知识认知】</td></tr>
<tr><td colspan="4">1. 简述司机制动控制器的组成；
2. 简述自动制动控制器的功能；
3. 简述直通制动控制器的功能；
4. 简述法维莱 Eurotrol 制动机制动显示屏显示内容；
5. 简述法维莱 Eurotrol 制动机的模式转换。</td></tr>
<tr><td colspan="4">【能力训练】</td></tr>
<tr><td colspan="4">1. 写出法维莱 Eurotrol 制动机司机制动控制器自动制动控制器各个位置的功能。
➢ 运转位：
➢ 初制动位：
➢ 全制动位：
➢ 抑制位：
➢ 重联位：
➢ 紧急制动位：</td></tr>
<tr><td colspan="4">2. 写出法维莱 Eurotrol 制动机司机制动控制器直通制动控制器（小闸）各个位置的功能。
➢ 运转位
➢ 全制动位
➢ 单缓位</td></tr>
<tr><td colspan="4">3. 写出法维莱 Eurotrol 制动机制动显示屏内容。</td></tr>
<tr><td colspan="4">4. 写出法维莱 Eurotrol 制动机模式转换的方法。</td></tr>
<tr><td colspan="4">任务学习其他说明或建议：</td></tr>
<tr><td colspan="4">指导老师评语：</td></tr>
<tr><td colspan="4">任务完成人签字：　　　　日期：　　年　　月　　日

指导老师签字：　　　　日期：　　年　　月　　日</td></tr>
</table>

任务三　法维莱 Eurotrol 制动机司机制动阀和作用阀模块

【知识要点】

1. 熟知法维莱 Eurotrol 制动机司机制动阀的作用与组成，分析其工作原理；
2. 掌握作用阀模块的作用与组成，分析其工作原理。

【任务实施】

一、司机制动阀

司机制动阀从 BCU（制动控制单元）接收输入信号，然后调整 BP（列车制动管）压力信号，进而控制机车的缓解及制动。其主要包括减压阀、缓解阀、中立阀、中继阀、压力传感器、快速缓解阀等部件。司机制动阀外形如图 5-4 所示。其工作原理为通过缓解电磁阀 VE（DG）和制动电磁阀 VE（SG）控制先导压力 RE，进而控制中继阀 Q（P）CG 的开闭而达到对列车制动管压力的控制，通过列车制动管压力的变化，最终发出对机车实施制动和缓解的操作指令。其气动原理如图 5-5 所示。

图 5-4　司机制动阀外观

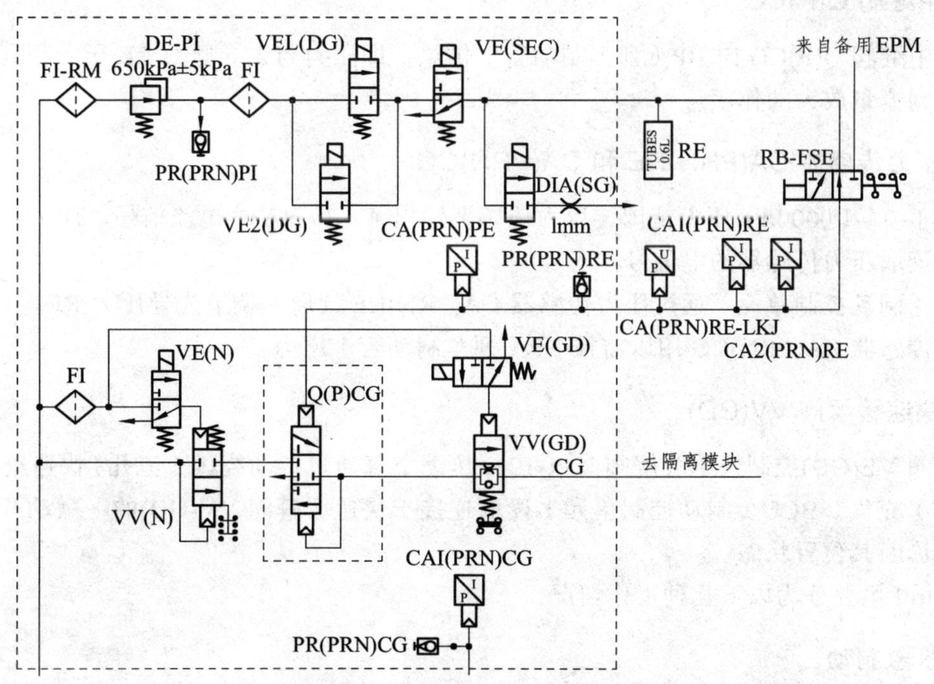

图 5-5　司机制动阀气动原理图

1. 减压阀 DE–PI

司机制动阀通过 MP（总风管，法文中为 CP，图片中 CPF 为总风管经过总风过滤阀后）与风源相连。其中附加的过滤器后装有减压阀 DE-PI，它将压力降至 650 ± 5 kPa 的范围内，以避免比过充还要高的压力作用于中继阀。

2. 缓解阀和制动阀

电磁阀 VE1(DG)、VE2(DG)、VE(SEC) 和 VE(SG) 用于控制先导室（均衡风缸）压力，它们均受 BCU 控制。

电磁阀 VE(SEC) 常用制动和缓解时得电，使其他电磁阀能够顺利控制先导室（均衡风缸）的压力变化。当紧急制动或者电源发生故障时，该电磁阀将失电，从而使先导压力 RE 始终排向大气，并且 RE（先导室均衡风缸）不可能再充气。

当电磁阀 VE(SG) 故障时，电磁阀 VE(SEC)也可作为冗余。

电磁阀 VE1(DG) 和 VE(SG) 确保对先导压力 RE 的控制：

电磁阀 VE1(DG) 得电，先导压力 RE 增加（制动后缓解）；电磁阀 VE1(SG)失电，先导压力 RE 降低（制动）；当电磁阀 VE1(DG) 发生故障时，VE2(DG)电磁阀作为其冗余。

3. 中立阀 VV(N)

中立阀 VV(N) 集成于司机制动阀，它由电磁阀 VE(N) 控制，用以切断司机制动阀中继阀 Q (P) CG 的供风源。该指令由司机控制中立开关控制。中立阀 VV(N) 的状态通过 BCU 和司机室指示灯进行监控。

4. 中继阀 Q(P)CG

通过中继阀 Q(P)CG 向 BP（列车制动管）供风，即压力与先导压力 RE 压力相同，但中继阀可起到流量放大的作用。

5. 压力传感器 CA(PRN)RE 和 CA(PRN)CG

对应于 0 ~ 1 000 kPa 压力范围，压力传感器输出 4 ~ 20 mA 的电流信号。BCU（制动控制单元）读取压力传感器的电信号。

BCU（制动控制单元）通过压力传感器 CA(PRN)RE 读取并调节先导压力 RE。

压力传感器 CA(PRN)CG 用以监控 BP（列车制动管）压力。

6. 快速缓解阀 VV(GD)

电磁阀 VE(GD)控制快速缓解阀 VV(GD)，压缩空气通过自动绕过节流孔，快速给 BP（列车制动管）充气。BCU（制动控制单元）读取连接于快速缓解阀 VV(GD)的一微动开关的信息，进而诊断其位置状态。

Eurotrol 主要分为以下几种工作情况：

1. 紧急制动

VE(SEC)失电，RE 快速通大气，均衡风缸压力为零。通过中继阀 Q(P)CG，使 CG（制动管）压力也为零。实际上紧急制动时制动管压力都是在 Eurotrol 外部快速通大气，此时将均衡风缸压力快速通大气也是对中继阀 Q(P)CG 的一种保护。

2. 缓　解

电磁阀 VE(SEC)、VE1(DG)得电，CPF（总风管）压缩空气经 FI-RM 过滤后，再经减压阀 DE-PI 限压后向均衡风缸 RE（0.6L）充风。根据压力传感器 CA(PRN)RE 返回的信号，决定电磁阀 VE1(DG) 得电时间的长短。当均衡风缸 RE 被充风到规定压力值时，BCU 发出指令使电磁阀 VE1(DG) 失电，均衡风缸得到规定的压力而保压。

中继阀 Q(P)CG 根据均衡风缸的压力值，在下述两种情况下使制动管得到与均衡风缸相等的压力。

（1）正常充风缓解

电磁阀 VE(GD)失电，VV(GD)不动作，总风缸通过充风节流孔向制动管充风。

（2）快速充风缓解

电磁阀 VE(GD)得电，VV(GD) 动作，总风缸通过比较大的孔径直接快速向制动管充风。

3. 制　动

电磁阀 VE(SEC) 得电，VE(SG)得电，均衡风缸 RE 经过 DIA(SG)排向大气。根据（PRN）RE 压力传感器 CA(PRN) RE 返回的信号，决定 VE(SG) 得电时间的长短。当均衡风缸 RE 被充风到规定压力值时，BCU 发出指令使电磁阀 VE(SG) 失电，使均衡风缸得到规定的压力而保压。

在均衡风缸减压后保压时，根据制动机处于补风还是不补风状态，有如下两种方式：

（1）补风

电磁阀 VE(N)失电，VV(N)开通总风管至中继阀 Q(P)CG 的通路，使制动管有供风风源，这样在制动管泄漏时，因为均衡风缸压力不变，可随时通过中继阀 Q(P)CG 向制动管充风，使制动管动态保压。

（2）不补风

当制动机要求制动后不补风时，BCU 使电磁阀 VE(N)得电，电磁阀 VV(N) 动作，关闭总风管至中继阀 Q(P) CG 的通路，使制动管失去供风风源。此时制动管泄漏时，就不能再被补风。

4. 保　压

由缓解、制动状态下气路分析可知，当电磁阀 VE(SEC) 得电、电磁阀 VE1(DG) 和 VE(SG) 失电时，均衡风缸既不通总风缸，也不通大气，均衡风缸压力保持不变。

在缓解状态下，电磁阀 VE(N)不会得电，制动管始终保持与均衡风缸压力相等。

在制动后保压时，根据制动机的要求，当制动机补风时，制动管的泄漏可以得到补充，制动管始终保持与均衡风缸压力相等；当制动机不补风时，制动管的泄漏不能得到补充，制动管不能保持与均衡风缸压力相等（如果制动管没有发生泄漏，则制动管与均衡风缸的压力仍然相等）。

二、作用阀模块

作用阀模块由一个安全装置先导控制的电磁阀 VE-URG1、BCU 控制的电磁阀 VE-URG2、一个紧急压力开关 MA-URG1、一个中继阀 Q(ECH)URG 和一个塞门 RB(IS)Q(ECH)URG 组成，用于紧急制动时快速排出 BP 压缩空气。塞门 RB(IS)Q(ECH)URG 在故障情况下将模块隔离。作用阀模块的原理如图 5-6 所示。

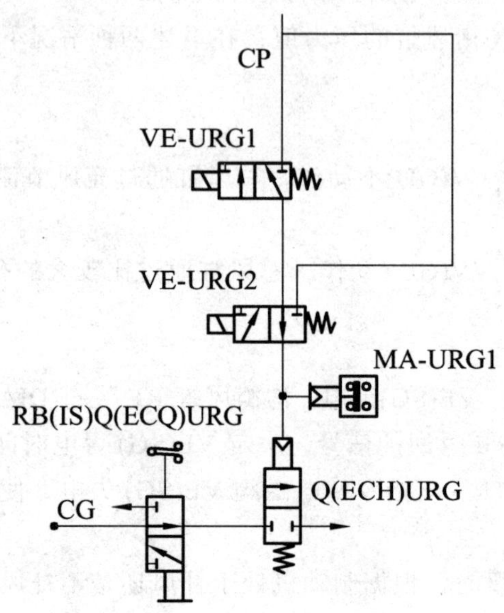

图 5-6 作用阀模块结构原理图

图中，CP 为总风缸管，CG 为列车制动管，原因在于法文中与英文中对总风缸和列车制动管的标注不一样，本书采用 HXD_2C 原图中的标注。

作用原理：

（1）当 BCU 控制作紧急制动时，电磁阀 VE-URG2 得电，CP 压缩空气到达中继阀 Q(ECH)URG 控制压力处，使其动作，将 CG（列车制动管）过来的压缩空气经动作的中继阀 Q(ECH)URG 迅速排出。

（2）当 BCU 控制没有作紧急制动时，电磁阀 VE-URG2 失电，此时如果安全装置先导控制电磁阀 VE-URG1 得电，则 CP（总风管）先经电磁阀 VE-URG1，再经失电的电磁阀 VE-URG2 到达中继阀 Q（ECH）URG 控制压力处，使其动作，将 CG（列车制动管）过来的压缩空气经动作的中继阀 Q（ECH）URG 迅速排出。

（3）在正常常用制动与缓解情况下，电磁阀 VE-URG1、VE-URG2 均失电，中继阀 Q(ECH)URG 无控制压力，不动作，列车制动管压力在此不变化。

【实践与训练】

学习工作单

<table>
<tr><td>工 作 单</td><td colspan="3">法维莱 Eurotrol 制动机司机制动阀和作用阀模块</td></tr>
<tr><td>任　　务</td><td colspan="3">熟知法维莱 Eurotrol 制动机司机制动阀的作用与组成，能够分析其工作原理；掌握作用阀模块的作用与组成，能够分析其工作原理。</td></tr>
<tr><td>班　　级</td><td></td><td>姓　　名</td><td></td></tr>
<tr><td>学习小组</td><td></td><td>工作时间</td><td></td></tr>
<tr><td colspan="4">【知识认知】</td></tr>
<tr><td colspan="4">1. 简述法维莱 Eurotrol 制动机司机制动阀的组成及各部件的作用；
2. 简述法维莱 Eurotrol 制动机司机制动阀的工作原理；
3. 简述法维莱 Eurotrol 制动机作用阀的组成及各部件的作用；
4. 简述法维莱 Eurotrol 制动机作用阀的工作原理。</td></tr>
<tr><td colspan="4">【能力训练】</td></tr>
<tr><td colspan="4">1. 写出法维莱 Eurotrol 制动机紧急制动状态下司机制动阀得电和失电的电磁阀。画出压缩空气流通路径。</td></tr>
<tr><td colspan="4">2. 写出法维莱 Eurotrol 制动机制动状态下司机制动阀得电和失电的电磁阀。画出压缩空气流通路径。</td></tr>
<tr><td colspan="4">3. 写出法维莱 Eurotrol 制动机缓解状态下司机制动阀得电和失电的电磁阀。画出压缩空气流通路径。</td></tr>
<tr><td colspan="4">4. 画出法维莱 Eurotrol 制动机作用阀模块在 BCU 控制作紧急制动时的压缩空气流通路径。</td></tr>
<tr><td colspan="4">5. 画出法维莱 Eurotrol 制动机作用阀模块当安全装置控制做紧急制动时的压缩空气流通路径。</td></tr>
<tr><td colspan="4">任务学习其他说明或建议：</td></tr>
<tr><td colspan="4">指导老师评语：</td></tr>
<tr><td colspan="4">任务完成人签字：　　　　日期：　年　月　日

指导老师签字：　　　　日期：　年　月　日</td></tr>
</table>

任务四 法维莱 Eurotrol 制动机 EPM 模块和分配阀

【知识要点】

1. 熟知 EPM 模块的作用与组成，分析其工作原理；
2. 熟知分配阀的组成、作用和工作原理。

【任务实施】

一、EPM 模块

EPM 模块用于将从 BCU 接收的数字压力值转换为相应的气动压力，实现相应气动压力的数字化闭环控制。EPM 由 BCU 控制，其外形如图 5-7 所示：

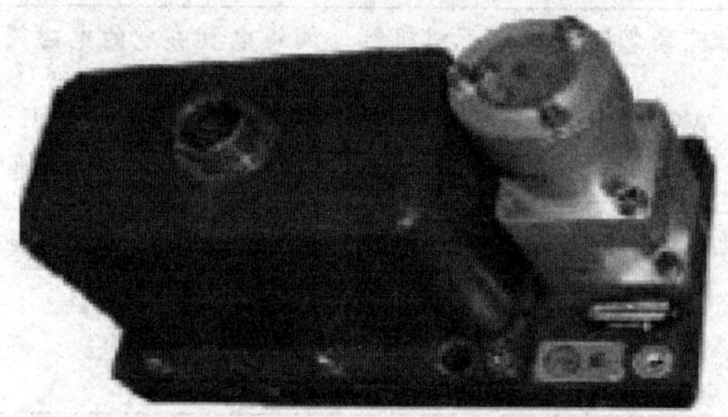

图 5-7 EPM 外观图

EPM 包括三个模块：即备用制动模块 EPM、直通制动模块 EPM 和转向架制动模块 EPM。

1. 备用制动模块 EPM

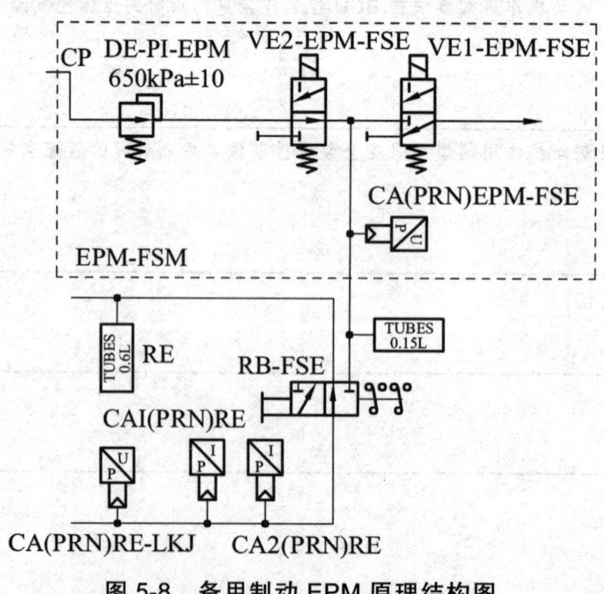

图 5-8 备用制动 EPM 原理结构图

（1）备用制动模块 EPM 组成

① 减压阀 DE-PI-EPM

减压阀 DE-PI-EPM 将压力降至（650 ± 10）kPa 的范围内，以防止均衡风缸压力过高。

② 电磁阀 VE1 – EPM-FSE，VE2-EPM-FSE

这两个电磁阀用于控制先导室（均衡风缸）压力。它们均受 BCU 控制。

③ 备用制动转换阀 RB-FSE

备用制动转换阀有两个工作位置，正常位时将司机制动阀 Eurotrol 的输出送到中继阀 Q(P)CG，备用位时将备用制动 EPM 的输出送到中继阀 Q(P)CG。

④ 压力传感器 CA(PRN)EPM-FSE、CA(PRN)RE-LKJ、CA1(PRN)RE、CA2(PRN)RE

BCU（制动控制单元）通过压力传感器 CA1(PRN)RE、CA2(PRN)RE 读取并调节先导压力 RE。

LKJ 监控装置通过压力传感器 CA（PRN）RE-LKJ 获得 RE（均衡风缸）压力值。

CA(PRN)EPM-FSE 将备用制动 EPM 中的压缩空气压力传送至 BCU。

（2）备用制动模块 EPM 作用原理

当制动系统发生重大故障时（BCU 或 Eurotrol 故障），制动系统的控制就转为备用制动模式，备用制动模块（EPM）作为冗余控制 RE（均衡风缸）。

① 缓解

电磁阀 VE1-EPM-FSE 常失电，VE2-EPM-FSE 得电，总风缸（CP）压缩空气经过减压阀 DE-PI-EPM 减压为 650 kPa，经电磁阀 VE2-EPM-FSE 得电打开的通路，再经备用制动转换阀 RB-FSE 进入中继阀 Q(P)CG，作为中继阀 Q(P)CG 的控制压力。当压力传感器 CA(PRN)EPM-FSE、CA1(PRN)RE、CA2(PRN)RE 检测到均衡风缸 RE 压力达到控制要求时，使 VE2-EPM-FSE 失电，均衡风缸 RE 压力值保持在规定值。

② 制动

电磁阀 VE2-EPM-FSE 常失电，电磁阀 VE1-EPM-FSE 得电，中继阀 Q(P)CG 的控制压力（均衡风缸）压缩空气经过备用制动转换阀 RB-FSE，再经电磁阀 VE1-EPM-FSE 得电打开的通路排向大气。当压力传感器 CA(PRN)EPM-FSE、CA1(PRN)RE、CA2(PRN)RE 检测到均衡风缸 RE 压力达到控制要求时，使电磁阀 VE1-EPM-FSE 失电，均衡风缸通向大气的通路被切断，均衡风缸 RE 压力保持在规定值。

2. 直通制动模块 EPM

（1）直通制动模块 EPM 的组成

① 减压阀 DE-FD

减压阀 DE-FD 将总风缸 CP 来的压缩空气减压为 300 kPa，确保直通制动时制动缸最高压力为 300 kPa。

② 电磁阀 VE1-FD，VE2-FD

这两个电磁阀用于控制制动缸先导压力（作用管压力）。它们的得失电均受直通制动控制器控制。

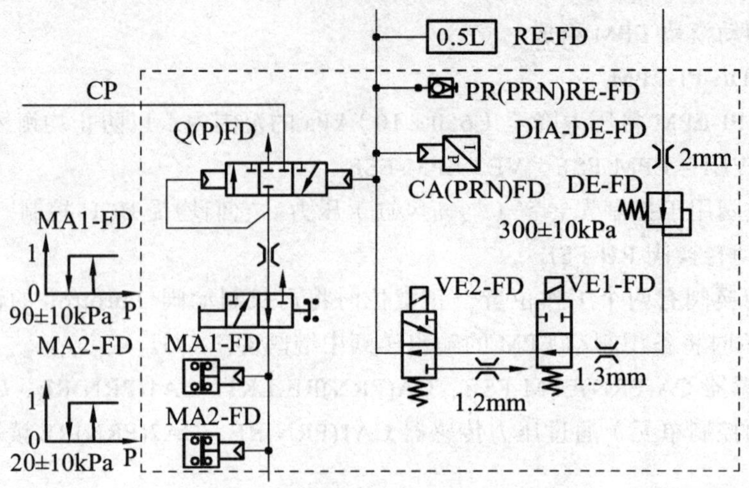

图 5-9 直通制动 EPM 原理结构图

③ 直通制动中继阀 Q(P)FD

直通制动中继阀 Q(P)FD 为大流量中继阀，通过它将电磁阀 VE1-FD，VE2-FD 所控制的制动缸先导压力（作用管）转换为制动缸压力。

④ 压力传感器 CA(PRN)FD

BCU（制动控制单元）通过压力传感器 CA(PRN)FD 读取并调节制动缸先导压力。

⑤ MA1-FD、MA2-FD

MA1-FD 为制动缸先导压力上升时的压力开关，动作值为（90 ± 10）kPa。

MA2-FD 为制动缸先导压力下降时的压力开关，动作值为（20 ± 10）kPa。

⑥ 直通制动隔离塞门 RB(IS)FD

通过直通制动隔离塞门 RB(IS)FD 打到隔离位隔离直通制动模块 EPM 的输出。

（2）直通制动模块 EPM 作用原理

当机车单独驾驶时或调车时，通过直通制动模块 EPM 实现向转向架制动缸供风。

直通制动的电磁阀由直通制动控制器直接控制，它的输出可由塞门 RB(IS)FD 进行隔离。

① 制动

电磁阀 VE1-FD 失电，VE2-FD 失电，总风缸 CP 压缩空气经过减压阀 DE-FD 减压为 300 kPa，经电磁阀 VE1-FD 和 VE2-FD 因为失电而打开的通路经塞门 RB(IS)FD 进入直通制动中继阀 Q(P)FD 的控制室，作为中继阀 Q(P)FD 的控制压力。

② 制动后保压

当压力传感器 CA(PRN)FD 检测到制动缸预控压力达到要求时，使电磁阀 VE1-FD 得电，VE2-FD 保持失电，制动缸预控压力保持在要求值。

③ 缓解

电磁阀 VE2-FD 得电，VE1-FD 得电，制动缸预控压力经过 VE2-FD 得电而打开的通路排向大气，实现直通制动的缓解。

④ 缓解后的保压

当压力传感器 CA(PRN)FD 检测到制动缸预控压力达到要求时，使电磁阀 VE1-FD 保持得电，VE2-FD 失电，制动缸预控压力保持在要求值。

3. 转向架制动模块 EPM

转向架制动就是制动缸预控压力的控制，即通常情况下所说的作用管压力控制。转向架制动由 EPM 模块或者分配阀控制。EPM 模块是数字化闭环控制，分配阀控制为模拟直接控制，其作用原理类似于项目 1 中任务 4 的自动空气制动机中三通阀的工作原理。通常情况下 VE-Q（P）FR 阀得电，转向架制动模块 EPM 的输出与制动缸预控压力（作用管）相通，制动缸的预控压力由 EPM 控制。当 EMP 或 BCU 故障时或者机车无火回送模式时，VE-Q（P）FR 阀失电，SW4 分配阀输出与制动缸预控压力（作用管）相通，实现由分配阀控制制动缸预控压力（作用管）。

转向架制动模块 EPM 的原理结构图如图 5-10 所示，可实现制动缸预控压力的数字化闭环控制，其具体结构作用原理与备用制动模块 EPM 作用原理类似。通过压力传感器 CA(PRN)EPM-DISTR 传送回来的压力值来判断与 BCU 的要求是否符合，进而控制电磁阀 VE2-EPM-DISTR 与 VE1-EPM-DISTR 的得电与失电。

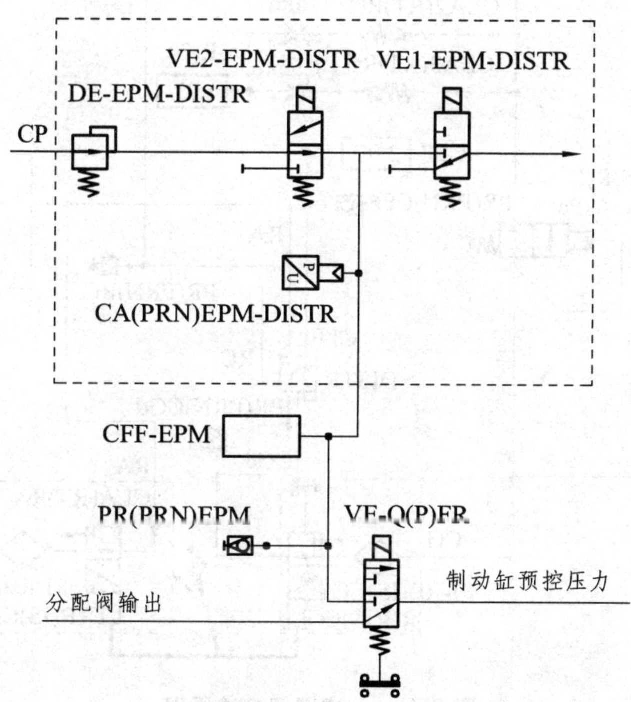

图 5-10　转向架制动模块 EPM 原理结构图

（1）缓解

当电磁阀 VE2-EPMP-DISTR 得电、VE1-EPM-DISTR 得电时，作用风缸 CFF-EPM 内的压缩空气直接通大气，最终使制动缸预控压力通大气，机车缓解。

（2）制动

当电磁阀 VE2-EPMP-DISTR 失电、VE1-EPM-DISTR 失电时，总风缸 CP 的压缩空气通过 DF-EPMPDISTR 减压后向作用风缸 CFF-EPM 充气，最终使制动缸预控压力上升，机车制动。

（3）保压

当电磁阀 VE2 -EPMP-DISTR 得电、VE1-EPM-DISTR 失电时，作用风缸 CFF-EPM 内的压缩空气既不通大气，也不通总风缸，压力保持不变。

二、分配阀

每节机车使用一套分配阀，该分配阀符合 UIC 标准的自动空气制动装置要求，并且必须对副风缸和停放制动气路里的空气进行分配。

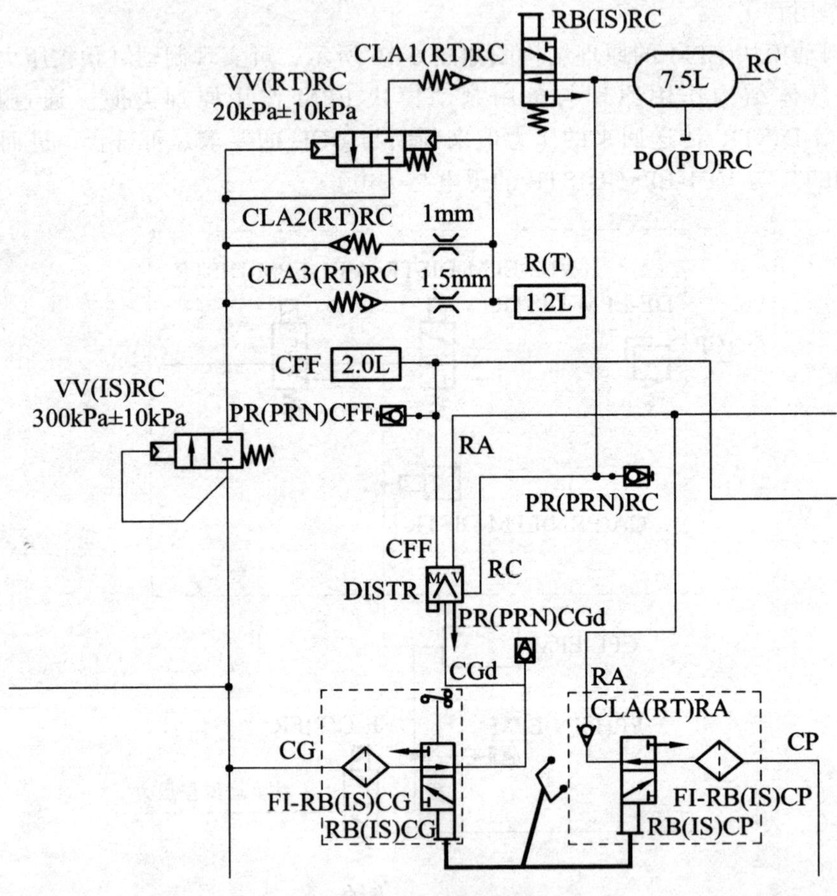

图 5-11 一次缓解模块原理

分配阀包括 SW4 分配阀、辅助风缸及隔离设备、分配阀一次缓解模块。

1. SW4 分配阀

SW4 分配阀符合 UIC540 标准。该分配阀通过塞门 RB(IS)CP 可将总风管和分配阀隔离，并受过滤器 FI-RB(IS)CP 的保护；通过塞门 RB(IS)CG 可将制动管和分配阀隔离，并受过滤器 FI-RB(IS)CG 的保护。

分配阀的作用模式控制杆（G 或 M = 货车位，P 或 V = 客车位）连接到一个微动开关，其触点能向控制系统发送信息。分配阀处于两种不同的模式时，机车制动缸充、排风时间对比如表 5-1 所示。

表 5-1　客/货位制动缸充、排风时间对比

参　数	种　类	
	货车模式	客车模式
制动缸充风时间（0～95%）	（24±4）s	（7±1）s
制动缸排风时间（最大～40 kPa）	（45 s，…，60 s）	（7±1）s

2. 辅助风缸及隔离设备

总风缸通过总风管经由过滤器 FI-RB(IS)CP 和塞门 RB(IS)CP 为辅助风缸提供风源。

3. 分配阀一次缓解模块

分配阀缓解有两种模式：阶段缓解和一次缓解。一次缓解模块的气路原理如图 5-11 所示。

通过隔离塞门 RB(IS)RC，向 BCU 提供以下两种模式：

阶段缓解 = 开关打开（塞门隔离）；

一次缓解 = 开关闭合（塞门导通）。

通过将制动控制器置于快速缓解（GD）位（一次缓解期间，BCU 不读取快速缓解位信号），以大流量实施一次缓解。一次缓解仅出现在列车制动管处于制动状态、压力超过 300 kPa 时，气动阀 VV(IS)RC 确保该项功能。当气动阀 VV(RT)RC 检测到列车制动管和风缸 R(T)的压差超过 20 kPa 时，控制风缸 RC 开始通过 VV(RT)RC 阀将其内部的压缩空气排入列车制动管。在这种方式下，分配阀能更快速地缓解。当列车制动管和风缸 R(T)的压差低于 20 kPa 时，气动阀 VV(RT)RC 自动关闭。当制动缸完全缓解时，列车制动管开始向控制风缸充风。

【实践与训练】

学习工作单

工作单	法维莱 Eurotrol 制动机 EPM 模块和分配阀		
任　务	掌握 EPM 模块的作用与组成，能分析其工作原理；掌握分配阀的组成、作用和工作原理。		
班　级		姓　名	
学习小组		工作时间	
【知识认知】			
1. 简述法维莱 Eurotrol 制动机 EPM 模块的组成； 2. 简述法维莱 Eurotrol 制动机备用制动、直通制动和转向架制动模块 EPM 的组成和工作原理； 3. 简述法维莱 Eurotrol 制动机分配阀一次缓解模块的组成和工作原理； 4. 简述法维莱 Eurotrol 制动机分配阀客/货位制动缸充、排风时间对比。			
【能力训练】			
1. 写出法维莱 Eurotrol 制动机备用制动模块 EPM 的组成和工作原理。			

续上表

2. 法维莱 Eurotrol 制动机直通制动模块 EPM 的组成和工作原理。		
3. 法维莱 Eurotrol 制动机转向架制动模块 EPM 的组成和工作原理。		
4. 写出法维莱 Eurotrol 制动机一次缓解模块的组成和工作原理。		
5. 试分析对比法维莱 Eurotrol 制动机分配阀客/货位制动缸充、排风时间。		
任务学习其他说明或建议：		
指导老师评语：		
任务完成人签字：		日期：　年　月　日
指导老师签字：		日期：　年　月　日

任务五　法维莱 Eurotrol 制动机中继阀和停放制动模块

【知识要点】

1. 掌握中继阀的组成、作用和工作原理；
2. 掌握停放制动模块的组成、作用和工作原理。

【任务实施】

一、中继阀

在 HXD_2 型电力机车法维莱 Eurotrol 制动机系统中多处采用了新型中继阀，其中主要为 P1K 及 1P1E 型两种中继阀。

（一）P1K 型中继阀

P1K 型中继阀具有大流量输出压缩空气的性能，输出压缩空气压力按照来自低流量控制单元的由小到大的先导压力进行变化，与先导压力的变化呈线性关系。P1K 型中继阀输出压力与先导压力之间的比例为 1∶1。

在直通制动模块 EPM 中的中继阀 Q(P)FD 即为 P1K 型中继阀。

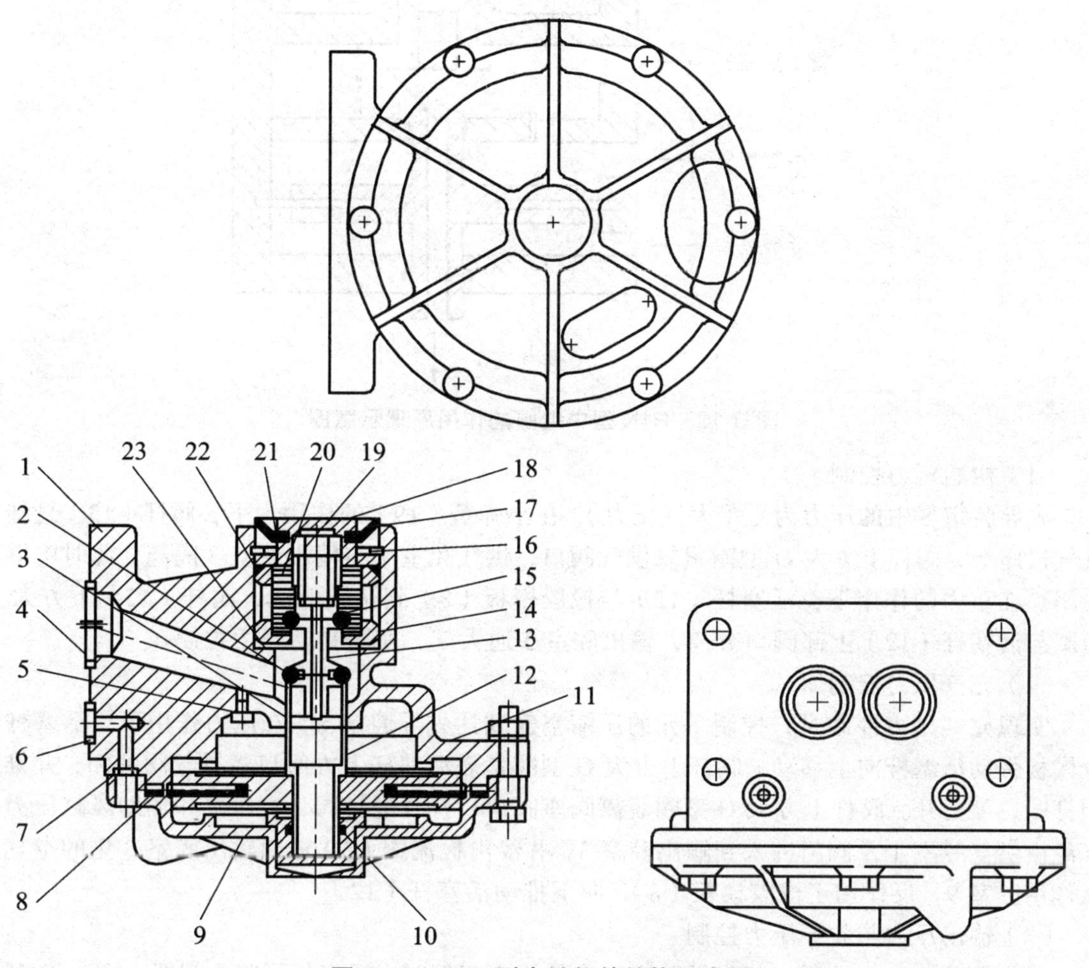

图 5-12　P1K 型中继阀的结构组成图

1—阀体；2、3、4、6、7、20、22、23—O 型圈；5—扼流圈；8—橡胶模板；9—下阀盖；10—支撑环；11—铭牌；12—活塞杆；13—阀杆；14—阀座；15、19—弹簧；16—卡簧；17—防尘垫；18—封盖；21—浮动盖

1. P1K 型中继阀的结构组成

P1K 型中继阀的结构如图 5-12 所示，主要组成如下：

阀杆（13）带 2 个大 O 型圈（2），将阀腔隔离为供气和输出 2 个腔室，与阀体（1）、橡胶模板（8）和下阀盖组件（9）、（10）共同组成供气腔室 1、输出腔室 3、反作用腔室 9、先导腔室 8 和排气孔 5。腔室 3 和 9 根据输出压力变化要求，由不同孔径的扼流圈（5）连接。所有接合面由相应 O 型圈密封。

2. P1K 型中继阀的作用原理

供气腔室 1 由主风缸和辅助风缸提供压缩空气。P1K 型中继阀的作用原理图如图 5-13 所示。

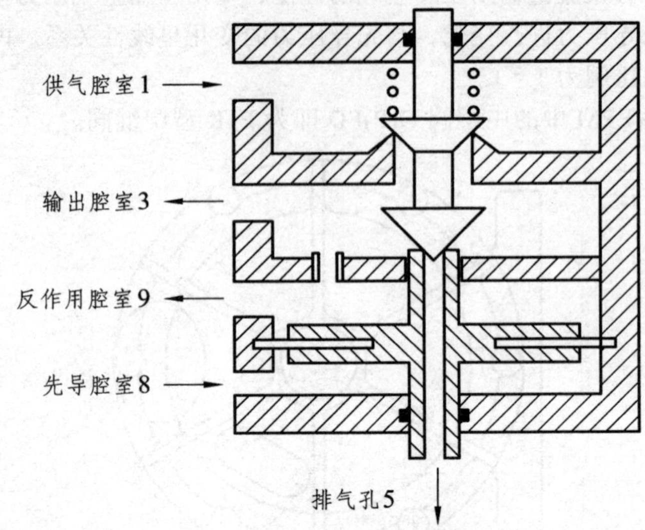

图 5-13 P1K 型中继阀的作用原理示意图

(1) 初始压力控制

先导腔室 8 中的压力为零（大气压力），在小弹簧（19）的作用力下，阀杆（13）悬挂在进气口座上，阀杆上方大 O 型圈紧靠供气阀口，供气腔室 1 与输出腔室 3 隔离，此时中继阀关闭。在重力的作用下，活塞杆（12）与橡胶模板（8）到达较低位，阀杆（13）下方大 O 型圈与活塞杆（12）上部阀口分离，输出腔室 3 通大气，实现初始压力控制。

(2) 充气压力控制

实现充气压力控制时，控制单元的压缩空气到达先导腔室 8。在压力作用下，活塞杆橡胶模板带动活塞杆向上移动，阀杆下方大 O 型圈紧靠活塞杆上方阀口将排气阀关闭，并推动阀杆（13）上升。阀杆上方大 O 型圈脱离阀座阀口，打开进气阀，主风缸和辅助风缸压力空气经由供气腔室 1 及阀门进入到输出腔室 3，并经由扼流圈（5）输出输出腔室 3 里的空气到反作用腔室 9，反作用于橡胶模板（8），向下推动活塞杆（12）。

(3) 输出压力与先导压力控制

反作用腔室 9 中的压力与先导腔室 8 中的压力相等时，活塞杆下降，阀杆上方大 O 型圈紧靠阀口，将供气腔室与输出腔室隔离，在排气阀未被打开的情况下，关闭供气阀。

如果输出腔室 3 中的压力由于输出气路漏泄而下降，先导压力就会占优势，并且推动活塞杆上升，使阀口打开，输出腔室 3 会重新充气直至均衡为止。

(4) 大流量压力控制

反作用腔室 9 与输出管路连通时，造成单元顺流充气损失。如果输出管路的充气容量大，压缩空气就会通过扼流圈（5）由输出腔室 3 向反作用腔室 9 流动。在压差的作用下，反作用腔室 9 中的空气压力会比先导腔室 8 中的压力低。压差推动活塞杆开始上升，阀杆上方大 O 型圈脱离阀口，供气阀被完全打开，直到反作用压力与相关输出管路达到规定的控制压力值为止。此时 P1K 型中继阀实现大流量压力控制。

（5）排气压力控制

当先导控制腔室 8 中的压力下降时，反作用腔室 9 中的压力就会推动活塞杆向下移动，阀杆上方大 O 型圈仍紧靠阀口，供气腔室与输出腔室仍保持隔离状态。而阀杆下方大 O 型圈脱离排气阀口，打开排气孔，输出腔室 3 中的压力空气从空心杆排出，直至均衡为止。

（二）1P1E 型中继阀

根据供气管路的控制压力，1P1E 型中继阀能为制动装置提供合适的载荷压力。一般情况下机车空气分配阀的输出压力与踏面制动器所需的压力较难适应，使用 1 个 1P1E 型中继阀即可将压力调整到规定值。

转向架中继阀 Q(P)-FR1 即为 1P1E 型中继阀。

1. 1P1E 型中继阀结构组成

1P1E 型中继阀由气动中继阀和机械调整装置两部分组成。结构组成如图 5-14 所示。

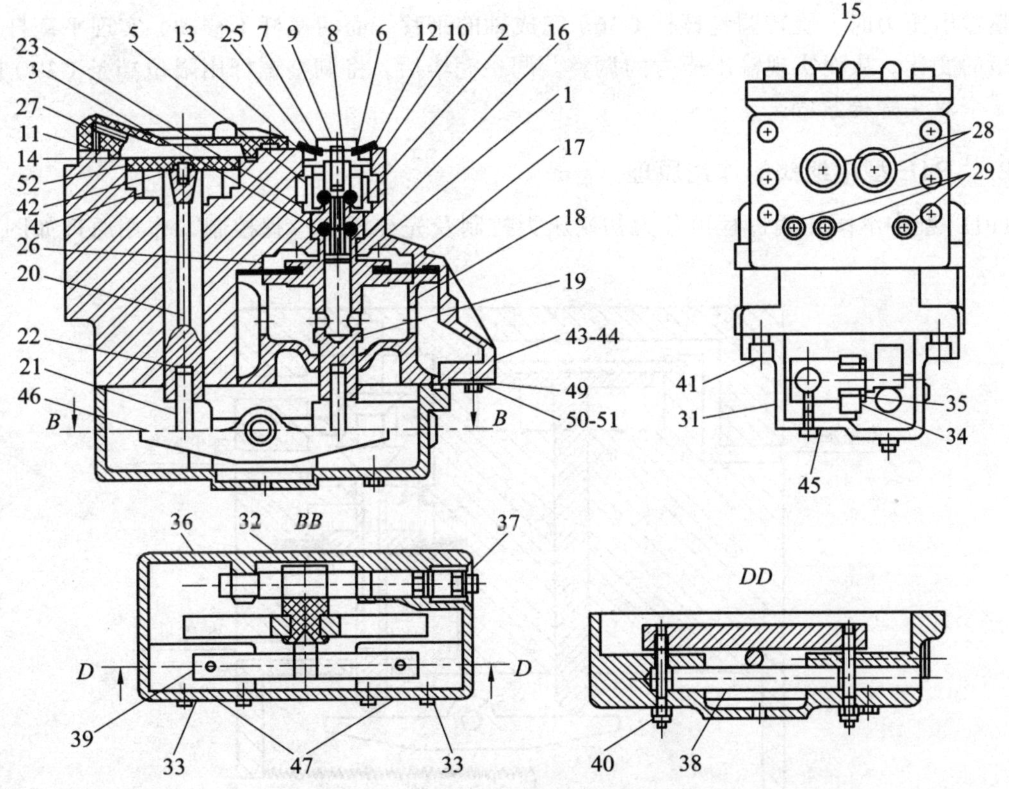

图 5-14　1P1E 型中继阀结构组成图

1—上阀体；2—阀座；3、6、10、11、16、23、28、29—O 型圈；4、8、12—弹簧；5—浮动盖；7—阀杆；9—封盖；13—卡簧；14—橡胶模板；15—螺栓；17—橡胶模板；18—活塞隔板；19—主活塞杆；20—副活塞杆；21—限位销；22、34、50—垫片；25—防尘垫；26—校准喷嘴；27—阀盖；31—下阀体；32—支撑轴；33—螺栓；35—轴向止挡；36—调整螺杆；37—防尘垫；38—导杆；39—限位挡条；40—螺母；41—螺栓；42—定位销；43—铭牌；44—销子；45—导向螺钉；46—平衡杆；47—大铭牌；49—滤尘网；51—螺栓；52—活塞头

（1）气动中继阀结构组成

1P1E 型中继阀中气动中继阀结构如下：2 个销子、校准喷嘴（26）和滤尘网（49）安装在阀体（1）上。活塞头（52）固定在副活塞杆（20）上。橡胶膜板（14）紧靠活塞头，在弹簧（4）的作用下能反向弹跳。组件封装在上主体和阀盖（27）中，由 2 个 O 型圈（11）和橡胶膜板（14）实现密封。

用来平衡主活塞（19）的空心杆由活塞隔板（18）固定在阀体（1）中。2 个活塞杆均安装限位销（21），并使用增减垫片（22）的数量调整与平衡杆（46）的安装位置。浮动盖（5）压紧弹簧（12），从而将阀座（2）压紧在阀体内，并使用 O 型圈（23）密封在底部位置。阀杆（7）带 2 个大 O 型圈（3），用来控制进气腔室和输出腔室的沟通或隔离，可借助弹簧（8）返回。所有接合面由相应 O 型圈密封。

（2）机械调整装置结构组成

1P1E 型中继阀机械调整装置由调整螺杆（36）、防尘垫（37）及导杆（38）等组成。调整螺杆的平移由导向螺钉（45）完成。

支撑轴（32）支撑平衡杆（46）和滚针轴承，用轴向止档（35）和垫片（34）固定。需要调整输出压力时，旋转调整螺杆（36）完成轴的平移，而活塞杆不移动，实现平衡杆（46）上力矩的变化，从而实现输出压力的调整。调整完毕后，将调整螺杆用限位挡条（39）固定，并用 2 个双头螺栓紧固。

2. 1P1E 型中继阀的作用原理

1P1E 型中继阀作用过程可分为初始压力控制及先导压力过程控制，作用原理如图 5-15 所示。

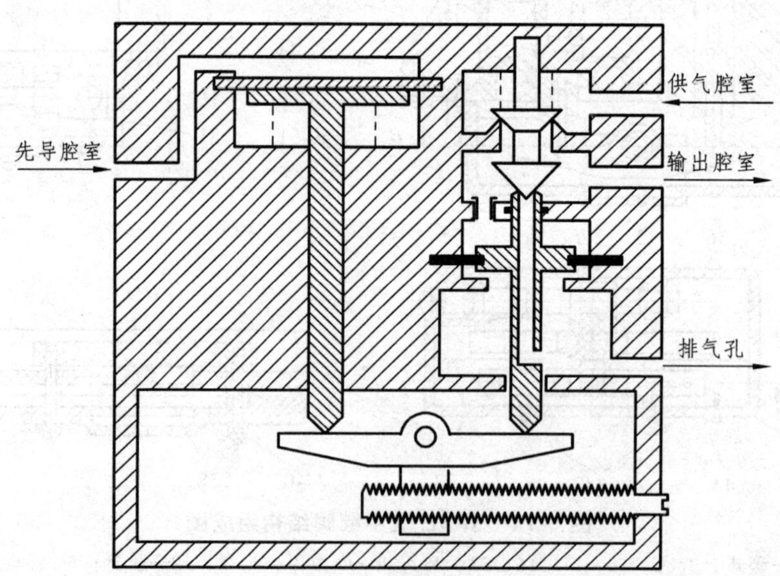

图 5-15　1P1E 型中继阀的作用原理示意图

（1）初始压力控制

通过机车分配阀控制，先导腔室压力为零（大气压力）。在弹簧（4）的作用下，活塞头（52）上升到上部限位止档。没有任何作用力作用在平衡杆（46）上，因此也没有力被传递到主活塞杆（19）上。主活塞杆由于重力作用，下降到下部限位止档，阀杆（7）下部大 O 型圈不再紧靠主活塞杆上部阀口，输出腔室与排气孔沟通，踏面制动器气缸与大气沟通。辅助风缸向供气腔室提供的压力空气不能通过弹簧（8）启动阀杆，供气腔室与输出腔室隔离。

（2）先导压力过程控制

根据列车制动管里形成的压力下降情况，机车空气分配阀使 1P1E 型中继阀先导腔室里活塞头（52）上方形成先导压力。先导压力作用在活塞头（52）上，推动副活塞杆下移，使活塞头的下部压紧弹簧（4），推动平衡杆沿轴向旋转，使主活塞杆向上移动。主活塞杆上部阀口紧靠阀杆下方的大 O 型圈，将排气孔关闭。然后，阀杆（7）升起，阀杆上方大 O 型圈与阀座脱离，供气腔室里来自辅助风缸的压缩空气进入到输出腔室，对踏面制动器进行制动控制。

来自输出腔室的空气通过校准喷嘴（26）也进入到位于 2 个腔室之间的反馈腔室，并向下作用于主活塞杆的平衡活塞，直至使平衡杆回复至平衡。踏面制动器的压力调整根据来自列车制动管形成的合适压力设定，当列车制动管压力上升时，即可实施缓解。

（三）转向架中继阀模块

转向架中继阀模块主要为两台转向架的基础制动装置的制动缸供风。

1. 组　成

（1）Q(P) 1、2 转向架中继阀

Q(P) 1、2 转向架中继阀将预控压力转换成与之相等的制动缸压力。

（2）VE1-Q(P-COM)F、VE2-Q(P-COM)F 电磁阀

由 MPU(TCU)控制，得电时排空 Q(P) 1、2 转向架中继阀的先导压力，最终使机车缓解，从而实现空电联合制动时电制动优先，自动缓解机车空气制动的功能。这两个阀还可以执行 Bail off 功能，以实现小闸在大闸制动后单独缓解机车。

（3）RB(IS)CF1、2 制动缸隔离塞门

打至隔离位时，隔离相应的第一或第二转向架的制动缸。

（4）VV1、VV2 双向止回阀

将 Q(P) 1、2 转向架中继阀的输出压力与直通制动输出压力在这两个止回阀进行比较后取大值输出。

（5）VV-FS1、VV-FS2 双向止回阀

VV-FS2 将两个转向架制动缸压力的较大值进行输出。

VV-FS1 将停放制动模块的输出与 VV-FS2 的输出进行比较后取大输出到停放制动缸，确保停放制动装置不会受到停放制动与制动缸两个作用力。

2. 作用原理

转向架控制模块原理如图 5-16 所示。正常情况下电磁阀 VE1-Q(P-COM)F、VE2-Q(P-COM)F 失电，制动缸预控压力进入 Q(P)1、2 先导压力室，Q(P)1、2 中继阀以先导压力室压力为标准，1∶1 输出制动缸压力，风源来自辅助风缸 RA。Q(P)1、2 中继阀输出的制动

缸压力经过制动缸隔离塞门输出后与直通制动模块输出的制动缸压力进行比较后取大值输出到相应转向架制动缸。

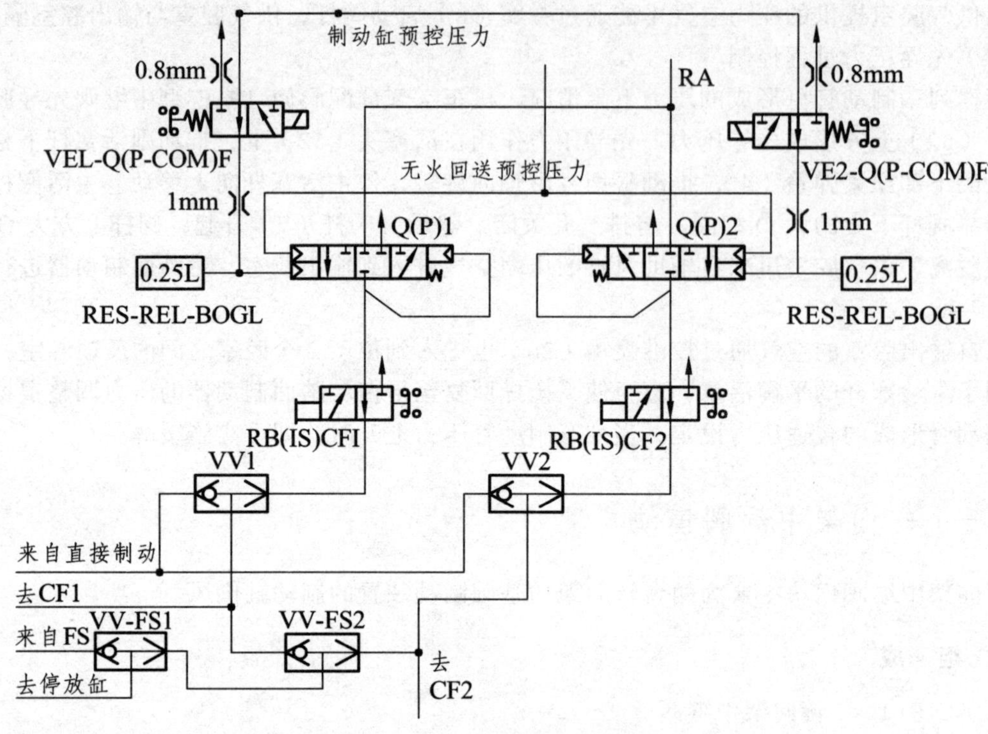

图 5-16 转向架控制模块原理图

二、停放制动模块

停放制动为弹簧施加/压力释放式，由双稳态阀 VE · FS 控制。此阀可以由来自司机室的电信号驱动，或者通过对阀本身的手动操作驱动。

停放制动模块主要由停放制动减压阀 DE-FS、手动或电控施加停放制动的双稳态阀 VE-FS、停放制动隔离开关 RB(IS)FS、停放制动压力开关 MA-FS1、2 和双向止回阀 VV-FS1 等组成。

停放制动模块原理如图 5-17 所示。当施加停放制动时，停放制动缸内的压力为 0 kPa。不能同时施加停放制动和常用制动,如果停放制动缸内的压力为 0 kPa，同时常用制动被施加，则停放制动缸将通过双止回阀被充注至与常用制动相同的压力，与停放制动部分相关的制动力由此被减小，以避免损坏制动卡钳。

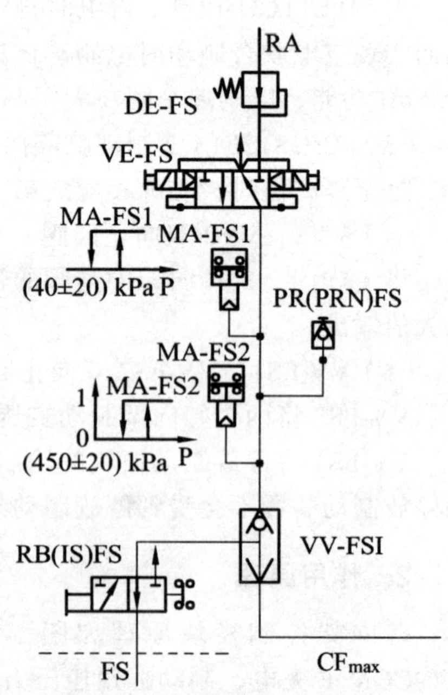

图 5-17 停放制动模块原理图

每一转向架的停放制动回路由压力开关 MA-FS1/2

进行监测。从机车外面可通过停放制动指示器查看停放制动器状况。如果停放制动故障，可通过塞门 RB(IS)FS 隔离。

【实践与训练】

学习工作单

<table>
<tr><td>工 作 单</td><td colspan="3">法维莱 Eurotrol 制动机中继阀和停放制动模块</td></tr>
<tr><td>任 务</td><td colspan="3">掌握中继阀的组成、作用和工作原理；掌握停放制动模块的组成、作用和工作原理。</td></tr>
<tr><td>班 级</td><td></td><td>姓 名</td><td></td></tr>
<tr><td>学习小组</td><td></td><td>工作时间</td><td></td></tr>
<tr><td colspan="4">【知识认知】</td></tr>
<tr><td colspan="4">1. 简述法维莱 Eurotrol 制动机 P1K 型中继阀的组成和工作原理；
2. 简述法维莱 Eurotrol 制动机 1P1E 型中继阀的组成和工作原理；
3. 简述法维莱 Eurotrol 制动机转向架中继阀模块组成和工作原理；
4. 简述法维莱 Eurotrol 制动机停放制动模块组成和工作原理。</td></tr>
<tr><td colspan="4">【能力训练】</td></tr>
<tr><td colspan="4">1. 写出法维莱 Eurotrol 制动机 P1K 型中继阀工作原理。</td></tr>
<tr><td colspan="4">2. 写出法维莱 Eurotrol 制动机 1P1E 型中继阀工作原理。</td></tr>
<tr><td colspan="4">3. 说明法维莱 Eurotrol 制动机转向架中继阀模块的组成和工作原理。</td></tr>
<tr><td colspan="4">4. 写出法维莱 Eurotrol 制动机停放制动模块施加停放制动时的工作原理。</td></tr>
<tr><td colspan="4">任务学习其他说明或建议：</td></tr>
<tr><td colspan="4">指导老师评语：</td></tr>
<tr><td colspan="4">任务完成人签字： 日期： 年 月 日
指导老师签字： 日期： 年 月 日</td></tr>
</table>

任务六 法维莱Eurotrol制动机隔离模块、流量计和制动控制单元BCU

【知识要点】

1. 了解法维莱 Eurotrol 制动机的功能和特点；
2. 熟知法维莱 Eurotrol 制动机的组成。

【任务实施】

一、隔离模块、流量计

（一）隔离模块

该模块由一个电磁阀 VV(IS)RM 和一个气动阀 VV(IS)RM 组成，用于将司机制动阀和列车制动管隔离开。如果 VE(IS)RM 阀得电，司机制动阀和 BP 隔离；如果 VE(IS)RM 阀失电，司机制动阀和列车制动管不隔离。该模块由 BCU 控制。

微动开关把气动阀的状态发送给 BCU，当司机制动阀隔离时，司机控制台上的指示灯点亮。开关 Z(IS)RM 对 VE(IS)RM 阀得失电状态进行控制。隔离模块原理如图 5-18 所示。

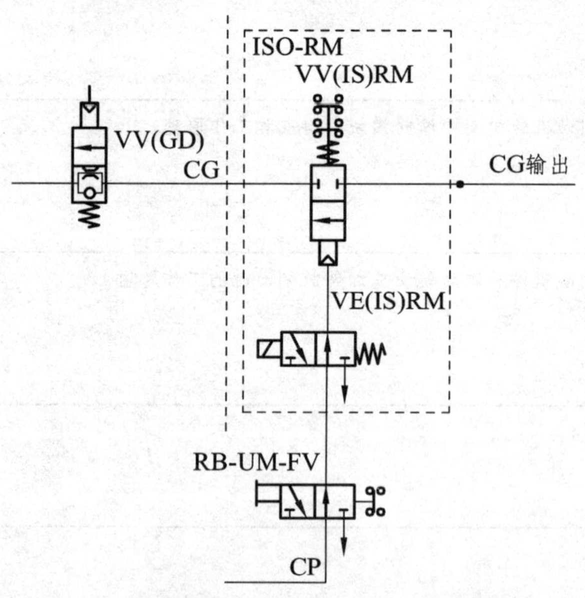

图 5-18 隔离模块原理图

当 RB-UM-FV 打到无火回送或者重联位时，将 VE(IS)RM 输入端的压力排空，自动将列车制动管隔离。

（二）流量计

司机制动阀有一个流量计，用于测量列车制动管的空气流量。该流量值由 BCU 读取并发给 Locotrol。流量计由文氏管止回阀 I－DB 和差压传感器 CA(PRN)DEB 组成，其结构原理图如图 5-19 所示。

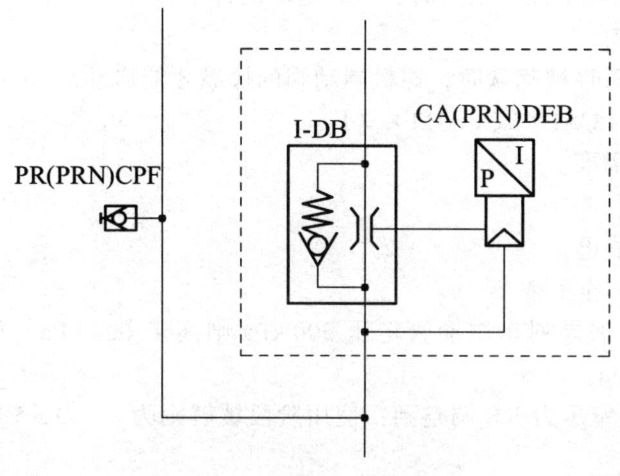

图 5-19　流量计结构原理图

二、制动控制单元 BCU

制动控制单元 BCU 对司机制动阀进行控制，它通过 FIP 总线连接到列车计算机，通过 RS422 连接到 Locotrol。

BCU 根据自动制动控制器的指令或来自 Locotrol 系统的制动指令计算先导室压力 RE，然后通过控制阀闭环控制得到所需的先导室压力 RE。

（一）BCU 硬件描述

BCU 是一个被称作 Gemini II 的通用软硬件平台，可成为整列车或单台车的控制装置。该系统设计成最优化的功能配置，本身具有安全防护措施和自诊断功能。通过以下措施实现上述目标。

在单个插件式单元中，分配所有的系统资源（比如 RAM，ROM，E^2PROM 存储器，看门狗功能）；CPU 不同功能的插件单元（如数字部分、模拟输入输出）使用隔离电源；电气隔离不同功能的设备；使用能与所有电池电压制式（24 V，48 V，76 V，110 V）相连的“宽范围”数字接口，而不需要任何的适配器插件；使用复合和表贴的生产制造技术，保证质量和可靠性的增长；通过快速总线将各插件单元连接起来；为每一外部接口增加滤波设施，以使外部电磁干扰的影响最小化，提高信噪比；提供具备软件支持的在线检查措施的硬件部分，生成正确的操作状态信息。

（二）BCU 软件描述

下面描述如何根据机车制动控制器的制动指令来操纵列车制动管。

1. 预备阶段

当 BCU 通电而驾驶室没有激活时，所有电磁阀都不得电。由于 VE(SEC) 阀通大气，使先导室压力 RE 为 0 kPa。

只有当下列所有条件被确认时，司机制动阀的操纵才能启动。

（1）司机室运行（CAB1 或 CAB2）= 1。

（2）无紧急制动需要。

（3））非中立需要。

（4）UM 模式非禁止。

（5）VE(SEC)阀工作正常

（6）总风压力：如果列车制动管定压 500 kPa 则高于 600 kPa，如果列车制动管定压 600 kPa 则高于 700 kPa。

（7）BCU 将先导室压力 RE 调整到：使用阶段缓解则为（300 ± 5）kPa；使用一次缓解则为（0 ± 5）kPa。

在上述条件下，操纵制动控制器来控制列车制动管。如果上述其中一个条件没有得到确认，则压力保持为零，不可能控制列车制动管。只能激活一个司机室，一旦同时激活两个司机室，则显示相应的故障代码。一旦司机室被锁闭，RE 压力被设定为 0 kPa，BP 自动排气。

2. 先导室控制

通过 BCU 驱动司机制动阀的电磁阀来控制先导室。先导室压力按照闭环控制，BCU 闭环控制示意图如图 5-20 所示。

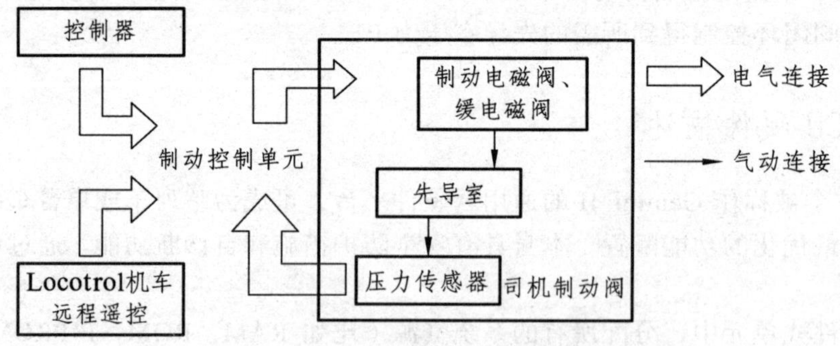

图 5-20 BCU 闭环控制示意图

司机制动阀先导室压力应稳定在定压，这是通过 BCU 根据 C(M/V) 转换杆的位置来控制的。根据所选定的压力，先导气路的压力应等于（500 ± 5）kPa 或者（600 ± 5）kPa。

BCU 接收到制动指令，通过司机制动阀的电控阀将其转换成气动压力。压力传感器 CA(PRN)RE 读取先导压力，以模拟量信号的形式发送给 BCU。BCU 根据该信号，使制动和缓解电磁阀得电或失电。

（1）阶段缓解模式

① 初始制动

初始压降，通过自动制动控制器的一个 70 ms 制动脉冲来体现。只有从缓解状态（列车制动管再充气）开始才能实现。

用时间和压力大小（BP = 25 L 储气缸）来表示，这个过程的主要特征是：在 $T \leqslant 2$ s 的时间内，ΔP =（50 ± 5）kPa。为满足上述参数，通过 VE(SG)和 VE(SEC)电磁阀的作用来实现初始压降。

② 制动作用

在初始制动后，可以利用由自动制动控制器产生的 $T > 70$ ms 的制动脉冲来实现ΔP = 5 kPa 的制动级。

连续操纵制动控制器向 BCU 发送制动信号，使 VE(SG)电磁阀得电，RE 先导压力按照制动控制器的作用时间成比例排大气，中继阀排出列车制动管的压力。当达到期望压力值时，制动控制器就缓解，BCU 使 VE(SG)失电，停止排放先导压力。

在常用全制动时，在 T =（6 ± 1）s 内压力从定压（500 kPa）下降，ΔP = 140 kPa。

如果列车制动管定压为 600 kPa：在常用全制动时，在 T =（7 ± 1）s 内压力从定压（600 kPa）下降，ΔP = 170 kPa。

在常用全制动时，通过在不到 10 s 的时间内，将相当于列车制动管容积的 400 L 风缸内的压力排至 120 kPa，来确定司机制动阀 Eurotrol 的排气能力。

持续操纵制动控制器，使 RE 先导压力完全排空。当制动控制器回到运转位时，BCU 将自动设定 RE 压力为 300 kPa。

③ 来自 BP 的指令

如果 BP 压力 5 s 内下降大于 150 kPa，并且不是由 RE 先导压力下降引起的，则 RE 先导压力应降低 80 kPa。当制动管压力下降消失，没有缓解需求时 RE 压力不应增加。

在中立和隔离模式下此功能应有效。

④ 来自 LKJ2000 系统的指令

通过驱动 VE-URG 作用阀或 RE 减压要求的制动作用，LKJ2000 安全装置能实施紧急制动。当 BCU 从 LKJ2000 系统接收到制动指令时，RE 先导压力下降 110 kPa。LKJ2000 制动指令持续 6 s 而压降跟随 DBV 压力下降斜率。制动命令被重复执行直到达到最大的制动压力（300 kPa）。

⑤ 制动后缓解

通过制动控制器来获得增压的最小脉冲时间是 70 ms。从 300 kPa 到自动恢复到定压的压力范围内，可以实现 ΔP = 10 kPa 的缓解级。

持续操纵制动控制器向 BCU 发送缓解信号，使 VE1(DG)阀得电，将来自减压阀 DE-PI 的压缩空气按照制动控制器的作用时间成比例地充入 RE 先导压力气路，中继阀再次将总风充至列车制动管。当达到期望压力值时，制动控制器就缓解，BCU 使 VE1(DG)失电，停止给先导压力充气。

全缓解时，对于相当于容积 25 L 的列车制动管的压力形成时间是：从定压 150 kPa 到定压 10 kPa 为（5 ± 1）s；从定压 10 kPa 到定压 0 kPa 至少 5 s。在一个相当于 BP 容积的 400 L 风缸内，从比定压低于 150 kPa 充至比定压低 10 kPa，BP 的再充气时间低于 20 s。

在全缓解之前的上一个缓解级，再充气压力限制在比定压低 25 kPa。因此不能达到比定压低 25 kPa 到定压这个范围的值，一次缓解的需要值高于定压 25 kPa，就会被 BCU 转换成为升至定压的全缓解。

定压为 500 kPa，且 MP 压力低于 600^{+0}_{-20} kPa 时，不能进行制动缓解操作；定压为 600 kPa，且 MP 压力低于 700 700^{+0}_{-20} kPa 时，不能进行制动缓解操作。

⑥ 制动或缓解后的保压

当自动制动控制器置于缓解位时，BCU 从压力传感器 CA(PRN)RE 获得先导压力值 RE，同时控制制动及缓解阀 VE(SG)和 VE1(DG)，以将先导压力维持在同一值。

⑦ 快速缓解

只有在司机要求（通过将自动制动控制器置于快速缓解位置）并且 RE 先导压力处于常用制动和再充气压力之间时，才由 BCU 实施快速缓解。

只有总风 MP 压力高于 600 kPa 或 700 kPa，快速缓解指令才能被接受。根据定压不同，如果总风 MP 压力降至 550 kPa 或 650 kPa 以下，快速缓解指令将被终止，继续以小流量进行缓解。快速缓解可以使相当于 BP 容积的 400 L 风缸在 $T<10$ s 时间内，从定压 150 kPa 缓解到定压 10 kPa。在确认指令之后，指令作用期间和 BP 容积无关，在 VE(GD)阀带电（60 ± 2）s，RE 先导压力开始达到定压 Preg，60 s 之后 VE(GD) 阀失电。快速缓解需求应长于 150 ms，如果短于 150 ms 将被拒绝。如果快速缓解需求持续 60 s 以上，会被 BCU 自动清除。VV(GD)阀上的微动开关触点使得 BCU 可诊断该阀的功能。假如两个状态之间有差异，将产生一个故障代码。

假如有常用制动或紧急制动要求，中立或隔离要求和来自 BP 的制动需要指令，VE(GD)阀失电，相应的过程中断。

⑧ 过充及其消除过程

一经接收到司机的请求（操纵台上专门的按钮），BCU 启动过充过程。只有当完全缓解且无中立需要或重联时，这一请求才被接受。在过充过程中，先导容积室的压力以 2 kPa/s 的速率增加（15 ~ 25 s 内 $\Delta P=$（40 ± 5）kPa，根据选定的压力最大可达到 540 kPa 或 640 kPa）。操纵台上的指示灯在整个过充过程中保持点亮（过充请求激活）。过充期间，VE(GD)阀保持失电状态。

如果在制动没有被完全缓解时（RE 压力 < 再充气压力）发出过充请求，过充不会被启动，制动也不会被缓解。

由司机再次按动过充按钮，过充过程被中断。从而启动过充消除，指示灯关闭。过充的消除遵循 UIC541-03 所给出的时间参数，在 60 s 和 75 s 内 ΔP 为 15 kPa（由 540 kPa 到 500 kPa 或 640 kPa 到 600 kPa 的总消除时间在 160 ~ 200 s 范围内）。

如果在过充过程期间出现一个制动请求或紧急制动请求，过充将停止，并且操纵台上的指示灯关闭。所降低的压力与选定的定压 500 kPa 或 600 kPa 有关（例如初始制动时，BP 从最大压力 540 kPa 降到 450 kPa 而不是 490 kPa）。由于事实上没有过充的记忆，下一次全缓解时 BP 压力仍升至定压。当制动被完全缓解并且如果过充命令被禁止，操纵台上的过充指示灯开始闪烁，直到司机将工作台上的过充按钮按下。如果过充指令仍然存在，当制动全缓解时，自动重新开始过充。

如果在过充消除过程中出现一个隔离请求，则消除过程立刻终止，压力值被设定为 500 kPa 或 600 kPa，并且过充指示灯关闭。

如果在过充消除过程中出现一个中立请求，则过充立刻终止且压力值保持在当前值。当中立指令消除时，中继阀使 BP 压力恢复到适当值，随着漏泄而降低，并从当前值重新开始过充消除。

⑨ 中立位

该功能用于完成列车制动管的密封性试验以及在紧急制动期间避免不适当的向列车制动管再充气。BCU 接收到电磁阀 VE(N)的状态（由机车控制单元控制）。当该阀得电（VE(N)信号等于 1）时，任何缓解会被禁止，但仍然可以制动。当再次将中立请求设置为零时，RE 压力保持达到的值。两个微动开关监控 VV(N)中立阀。第一个触点阀控制司机室的一个指示灯，而第二个阀允许 BCU 诊断该功能（阀的状态和反馈信号之间的不一致）。一旦中立阀失效，将会显示专门的故障代码。

⑩ 紧急制动

操纵司机室的紧急制动设备（按钮）之后，制动管压力空气通过一个 $\phi 25$ 的大孔迅速排向大气。另外，通过使 VE(SEC)阀失电，排出 RE 先导压力，从而使得列车制动管排大气，同时，中立阀 VE(N)得电，防止列车制动管再充气。

通过在 $T \leqslant 4$ s 时间内，使相当于列车制动管容积的 400 L 风缸排气后压力降低 $\Delta P \geqslant$ 150 kPa，来测定每个独立的执行装置的排气能力。在小于 3 s 时间内，使压力从定压 Preg 排至 0 kPa，来测定 25 L 风缸的排气能力。当紧急制动需要被取消时，中立位失去作用，RE 先导压力增至 300 kPa（达到常用制动后的压力）。

安全装置也能产生紧急制动。安全装置系统通过控制电路来控制先导阀 VE-URG1，以便使 BP 通过 Q(ECH)URG 阀迅速排气。

⑪ 总风压力过低

如果定压是 500 kPa，总风压力小于等于 600 kPa 时，快速缓解期间，总风管压力低于 550 kPa，则 VE(GD)阀失电，继续以小流量进行缓解；当总风管的压力高于 600 kPa 时，则 VE(GD)阀再次得电，并维持阀的作用时间，重新开始大流量的快速缓解；总风管的压力低于 500 kPa，则 BCU 通过使 RE 先导阀降低压力（50 ± 10）kPa，来产生制动作用。

如果定压是 600 kPa，总风压力小于等于 700 kPa 时，快速缓解期间，总风管压力低于 650 kPa，则 VE(GD)阀失电，继续以小流量进行缓解；当总风管的压力高于 700 kPa 时，则 VE(GD)阀再次得电，并维持阀的作用时间，重新开始大流量的快速缓解；总风管的压力低于 600 kPa 时，则 BCU 通过使 RE 先导阀压力降低（50 ± 10）kPa，来产生制动作用。

（2）一次缓解模式

① 初始压降

初始压降，通过自动制动控制器的一个 70 ms 制动脉冲来体现。只有从缓解状态（列车制动管再充气）开始才能实现。

用时间和压力大小（BP = 25 L 储气缸）来表示，这个过程的主要特征是：在 $T \leqslant 2$ s 的时间内，$\Delta P =$（50 ± 5）kPa。为满足上述参数，通过 VE(SG) 和 VE(SEC) 阀的作用来实现初始压降。

② 制动作用

在初始制动之后，可以利用由自动制动控制器产生的 $T>70$ ms 的制动脉冲来实现$\Delta P=$ 5 kPa 的制动级。

连续操纵制动控制器向 BCU 发送制动信号，使 VE(SG)阀得电，RE 先导压力按照制动控制器的作用时间成比例排大气，中继阀排出列车制动管的压力。当达到期望压力值时，制动控制器就缓解，BCU 使 VE(SG)失电，停止排先导压力。

在常用全制动时，在 $T=$（6 ± 1）s 内压力从定压（500 kPa）下降，$\Delta P=140$ kPa。

如果列车制动管定压为 600 kPa，在常用全制动时，在 $T=$（7 ± 1）s 内压力从定压（600 kPa）下降，$\Delta P=170$ kPa。

在常用全制动时，通过在不到 10 s 的时间内，将相当于列车制动管容积的 400 L 风缸内的压力排至 120 kPa，来确定司机制动阀 Eurotrol 的排气能力。持续操纵制动控制器，使 RE 先导压力完全排空。当制动控制器回到运转位，BCU 将自动设定 RE 压力为 300 kPa。

③ 来自 BP 的制动指令

如果 BP 压力 5 s 内下降不小于 150 kPa，并且不是由 RE 先导压力下降引起的，则 RE 先导压力应降至 0kPa。当引起制动管压力下降的原因消失，没有制动缓解需求时，RE 压力不应增加。

④ 来自 LKJ2000 系统的指令

通过驱动 VE-URG1 作用阀或 RE 减压要求的制动作用，LKJ2000 安全装置能实施紧急制动。当 BCU 从 LKJ2000 系统接收到制动指令时，RE 先导压力下降 110 kPa。LKJ2000 制动指令持续 6 s 而压降跟随 Eurotrol 压力下降速率。制动命令被重复执行直到达到最大的制动压力（300 kPa）。

⑤ 制动后缓解

如果 RB(IS)RC 塞门打开，则一次缓解被激活。通过将自动制动控制器置于快速缓解位 60 s（在一次缓解模式下，BCU 不读取快速缓解位信号），以大流量完成一次缓解。制动控制器向 BCU 发送快速缓解信号，使 VE(GD)阀得电（60 ± 2）s，RE 先导压力达到定压。

当该模式激活缓解时，在相同容积的风缸上，按下列方法检查：

定压是 500 kPa 时；从 0 kPa 升至 480 kPa 的时间少于 9 s；定压是 600 kPa 时，从 0 kPa 升至 580 kPa 的时间少于 11s。

定压是 500 kPa 且 MP 压力低于 600 kPa 时，不能进行缓解操作；定压是 600 kPa 且 MP 压力低于 700 kPa 时，不能进行缓解操作。

⑥ 制动或缓解后的保压

当自动制动控制器置于缓解位时，BCU 从压力传感器 CA(PRN)RE 获得先导压力值 RE，同时控制制动及缓解阀 VE(SG)和 VE1(DG)，以将先导压力维持在同一值。

⑦ 过充及其消除过程

一旦接收到司机的请求（操纵台上专门的按钮），BCU 启动过充过程。只有当完全缓解且无中立或重联需求时，这一请求才被接受。在过充过程中，先导容积室的压力以 2 kPa/s 的速率增加（15～25 s 内$\Delta P=$（40 ± 5）kPa，根据选定的压力最大可达到 540 kPa 或 640 kPa）。操纵台上的指示灯在整个过充过程中保持点亮（过充请求激活）。过充期间，VE(GD)阀保持失电状态。

如果在制动没有被完全缓解时（RE 压力 < 再充气压力）发出过充请求，过充不会被启动，制动也不会被缓解。

司机再次按动过充按钮，过充过程被中断。从而启动过充消除，指示灯关闭。过充的消除遵循 UIC541-03 所给出的时间参数，在 60 s 和 75 s 内ΔP为 15 kPa（由 540 kPa 到 500 kPa 或 640 kPa 到 600 kPa 的总消除时间在 160 ~ 200 s 范围内）

如果在过充过程期间出现一个制动请求或紧急制动请求，过充将停止，并且指示灯关闭。所降低的压力与选定的定压 500 kPa 或 600 kPa 有关（例如初始制动时，BP 从最大压力 540 kPa 降到 450 kPa 而不是 490 kPa）。由于事实上没有过充的记忆，下一次全缓解 BP 压力仍升至定压。当制动被完全缓解并且如果过充命令被禁止，操纵台上的过充指示灯开始闪烁，直到司机将操纵台上的过充按钮按下。如果过充指令仍然存在，当制动全缓解时，自动重新开始过充。

如果在过充消除过程中出现一个隔离请求，则消除过程立刻终止，压力值被设定为 500 kPa 或 600 kPa 并且过充指示灯关闭。

如果在过充消除过程中出现一个中立请求，则过充立刻终止且压力值保持在当前值。当中立指令消除时，中继阀使 BP 压力恢复到适当值，随着漏泄而降低，并从当前值重新开始过充消除。

⑧ 中立位

该功能用于完成列车制动管的密封性试验以及在紧急制动期间避免不适当的向列车制动管再充气。BCU 接收到电磁阀 VE(N)的状态（由机车控制单元控制）。当该阀得电（VE(N) 信号等于 1），任何缓解会被禁止，但仍然可以制动。当再次将中立请求设置为零时，RE 压力保持达到的值。两个微动开关监控 VV(N)中立阀。第一个触点阀控制司机室的一个指示灯，而第二个阀允许 BCU 诊断该功能（阀的状态和反馈信号之间的不一致）。一旦中立阀失效，将会显示专门的故障代码。

⑨ 紧急制动

操纵司机室的紧急制动设备（按钮）后，制动管压力空气通过一个 ϕ25 的大孔迅速排向大气，另外，通过使 VE(SEC)阀失电，排出 RE 先导压力，从而使得列车制动管排大气，同时，中立阀 VE(N)得电，防止列车制动管再充气。通过在 $T \leqslant 4$ s 时间内，使相当于列车制动管容积的 400 L 风缸排气后压力降低 $\Delta P \geqslant 150$ kPa，来测定每个独立的执行装置的排气能力。在小于 3 s 时间内，使压力从定压 Preg 排至 0 kPa，来测定 25 L 风缸的排气能力。当紧急制动需要被取消时，中立位失去作用，RE 先导压力增至 300 kPa（达到常用制动后的压力）。

安全装置也能产生紧急制动。安全装置系统通过控制电路来控制先导阀 VE-URG1，以便使 BP 通过 Q(ECH)URG 阀排气。

⑩ MP（总风）压力过低

如果定压是 500 kPa，总风风压小于等于 600 kPa 时，快速缓解期间，总风管压力低于 550 kPa，则 VE(GD)阀失电，继续以小流量进行缓解；当总风管的压力高于 600 kPa，则 VE(GD)阀再次得电，并维持阀的作用时间，重新开始大流量的快速缓解；总风管的压力低于 500 kPa，则 BCU 通过使 RE 先导阀降压（50 ± 10）kPa 来产生制动作用。

如果定压是 600 kPa，总风风压小于等于 700 kPa 时，快速缓解期间，总风管压力低于 650 kPa，则 VE(GD)阀失电，继续以小流量进行缓解；当总风管的压力高于 700 kPa，则

VE(GD)阀再次得电，并维持阀的作用时间，重新开始大流量的快速缓解；总风管的压力低于 600 kPa，则 BCU 通过使 RE 先导阀降压（50 ± 10）kPa 来产生制动作用。

3. 列车制动管隔离

司机操纵选择开关 Z(IS)RM 请求重联模式。该信号被传送至 BCU，BCU 使 VE(IS)RM 阀得电。隔离时，所有的制动请求都被执行，BCU 使 VE(IS)RM 阀失电来施加制动，然后再次将司机制动阀隔离，无法实现缓解。

两个位置开关监控隔离阀 VE(IS)RM。第一个带触点的阀控制司机室的一个指示灯，而第二个允许 BCU 诊断该功能（阀的状态和反馈信号之间的不一致）。一旦隔离阀出现故障，将会显示专门的故障代码。

4. 分布式车组中的机车

在分布式车组中，在运行方向上每一台机车第一单元的司机制动阀处于运用状态。

（1）通信系统

BCU 通过 RS422 与 Locotrol 系统通信。

BCU 通过 FIP 网络与车辆控制计算机通信。

（2）流量计

如果无线电通信失效且产生制动作用时，差压传感器能识别出止回阀上不断增加的压降。流量计将压降信息传送至 BCU，BCU 将该信息送给 Locotrol，Locotrol 命令 BCU 操纵 VE(IS) RM 来隔离 DBV。

5. CPU 显示管理

CPU 显示允许用户进入 CPU 内部信息区，例如软件版本和故障代码，从而执行特殊操作，如重置故障和压力传感器的设置。此功能只有 BCU 在调试状态下才能运行。正常状态下显示信息为 9999（无故障发生）或 89××（一个或多个故障出现），××指明故障类型（83 = 重大故障；84 = 次要故障；87 = 一般故障）。CPU 显示按钮如图 5-21 所示。

图 5-21 CPU 按钮

CPU 的用户接口编码成 4 个数字显示和 2 级处理，如下：P1，P2，P3 和 P4 通过它们左边或者右边的动作级别的位置。进入调试状态的通道是使用 P3；通过按这个按钮，屏幕显示 Cxyy，xyy 指明 BCU 的软件版本（x = 版本，y = 升级版本）。按钮的另一个动作是使系统返回正常功能模式。

在调试状态，通过按下 P1，显示的数字是 0001。这个数字可以通过使用 P1 和 P2 来修改。

【实践与训练】

学习工作单

<table>
<tr><td>工 作 单</td><td colspan="3">法维莱 Eurotrol 制动机隔离模块、流量计和制动控制单元 BCU</td></tr>
<tr><td>任　　务</td><td colspan="3">掌握隔离模块的组成、作用和工作原理；掌握流量计的组成、作用和工作原理；掌握制动控制单元 BCU 的作用和工作原理。</td></tr>
<tr><td>班　　级</td><td></td><td>姓　　名</td><td></td></tr>
<tr><td>学习小组</td><td></td><td>工作时间</td><td></td></tr>
<tr><td colspan="4">【知识认知】</td></tr>
<tr><td colspan="4">1. 简述法维莱 Eurotrol 制动机隔离模块的组成、作用和工作原理；
2. 简述法维莱 Eurotrol 制动机流量计的组成、作用和工作原理；
3. 简述法维莱 Eurotrol 制动机 BCU 的作用和控制原理。</td></tr>
<tr><td colspan="4">【能力训练】</td></tr>
<tr><td colspan="4">1. 写出法维莱 Eurotrol 制动机隔离模块的组成、作用和工作原理。</td></tr>
<tr><td colspan="4">2. 写出法维莱 Eurotrol 制动机流量计的组成、作用和工作原理。它对检查折角塞门是否开通有何意义？</td></tr>
<tr><td colspan="4">3. 画出法维莱 Eurotrol 制动机 BCU 控制原理框图。</td></tr>
<tr><td colspan="4">4. 写出法维莱 Eurotrol 制动机 BCU 的作用。</td></tr>
<tr><td colspan="4">任务学习其他说明或建议：</td></tr>
<tr><td colspan="4">指导老师评语：</td></tr>
<tr><td colspan="4">任务完成人签字：　　　　日期：　　年　　月　　日
指导老师签字：　　　　日期：　　年　　月　　日</td></tr>
</table>

任务七 法维莱 Eurotrol 制动机综合作用分析

【知识要点】

1. 熟知法维莱 Eurotrol 制动机在自动制动工况下的综合作用过程；

2. 熟知法维莱 Eurotrol 制动机在直通制动、停放制动、无火回送等工况下的综合作用过程。

【任务实施】

制动系统综合作用大致可分为自动制动、直通制动、停放制动、无火回送、故障处理、Locotrol 控制的集成式制动。

1. 自动制动

列车制动管（BP）压力是用来控制机车及列车制动指令的。自动制动控制器的电气部件发出必要的信号，通过 BCU（制动控制单元）来控制司机制动阀。BCU 接收到来自制动控制器接触器的控制信号，根据相关时间改变先导室的压力。控制原理如图 5-22 所示。

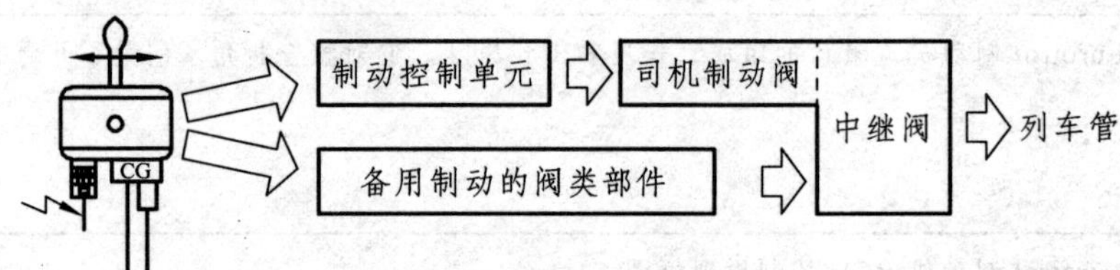

图 5-22 BCU 控制原理图

列车制动管（BP）压力通过司机制动阀利用来自总风管 MP 的压缩空气进行调节。这些装置主要包括自动制动控制器、司机自动制动阀、电子控制单元 BCU。根据分配阀的位置，BP 压力可设定在 500 kPa 或 600 kPa。根据货车位/客车位的转换位置，BCU 设定司机制动阀中继阀先导室达到的定压。

列车制动管压力的选择，可以通过分配阀的 M/V 位转换杆位置选择。

2. 直通制动

直通制动是一种直接向转向架制动缸供风的制动方式。主要用于机车单独行驶时（如调车时）使用。其气动原理如图 5-9 所示。

由于有 VV1/1 双向止回阀，直通制动装置和自动制动装置不会相互干扰。两者信号按照取大原则进行制动。

在远程重联机车上，直通制动装置由 BCU 根据 Locotrol 系统的要求进行控制。

3. 停放制动

弹簧停放制动的施加和缓解由副风缸压力控制。机车需停车时，通过列车制动管排风来实施自动空气制动。制动缸内的压力在分配阀的控制下由副风缸供风。

经过长时间停放后，副风缸的压力也会因为泄漏而降低。此情况下弹簧制动逐步起作用以保证制动作用。一旦副风缸内的压力以低于 250 kPa/min 的速度降到 300 kPa 以下时，停放制动开始起作用；如果停放制动装置充气通路中的压降速度高于 100 kPa/s，停放制动不会起作用。

此外，通过隔离塞门 RB(IS)FS1/2 或副风缸 RB(PU)RA1/2 上的排水阀来排空停放制动装置，会使停放制动装置失去作用。

4. 无火回送

切除驱动电源时，机车可作为单一的货车进行无火回送，回送时塞门 RB-MV 必须人工关闭，且下列作用自动隔离：司机制动阀（通过排空 RB-MV 阀的先导压力）、紧急排风、直通制动。

5. Locotrol 控制的集成式制动

在长大列车中，几辆机车可以连挂起来，并且都由头台本务机车根据牵引力和制动力以及其他各种指令进行控制。这些功能可以通过接口到车组控制系统来实现。车组控制的作用原理如图 5-23 所示。

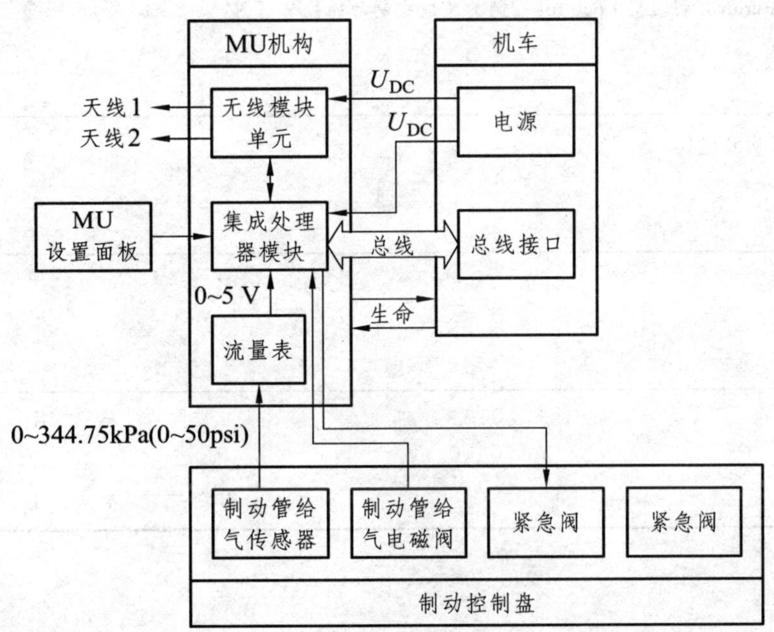

图 5-23　车组控制作用原理

Locotrol 系统安装在所有机车上（头台及遥控机车）。几个 Locotrol 单元间均采用无线通信，它们通过一个同步 RS422 总线接口，以便机车控制和 BCU 进行数据交换。

Locotrol 系统经由 RS422 串行通信通道与 BCU 通信，该通信通道是一个点对点的通信通道。如果其中一个单元出现故障，作为冗余，A 单元和 B 单元的 Locotrol 系统将连接到 A 单元和 B 单元的 BCU 系统，作为操纵目标，在某一时刻，只有一台 Locotrol 系统或一台 BCU 将被激活。在故障情况下，故障部件会设置成非激活状态，而其他单元激活。

【实践与训练】

学习工作单

<table>
<tr><td>工 作 单</td><td colspan="3">法维莱 Eurotrol 制动机综合作用</td></tr>
<tr><td>任　　务</td><td colspan="3">分析掌握法维莱 Eurotrol 制动机在不同工况下的综合作用过程。</td></tr>
<tr><td>班　　级</td><td></td><td>姓　　名</td><td></td></tr>
<tr><td>学习小组</td><td></td><td>工作时间</td><td></td></tr>
<tr><td colspan="4">【知识认知】</td></tr>
<tr><td colspan="4">1. 简述法维莱 Eurotrol 制动机自动制动综合作用过程。
2. 简述法维莱 Eurotrol 制动机直通制动、停放制动、无火回送等综合作用过程。
3. 简述法维莱 Eurotrol 制动机 Locotrol 控制的集成式制动。</td></tr>
<tr><td colspan="4">【能力训练】</td></tr>
<tr><td colspan="4">1. 画出法维莱 Eurotrol 制动机自动制动作用时自动制动控制器在运转位时压缩空气的流通路径。</td></tr>
<tr><td colspan="4">2. 画出法维莱 Eurotrol 制动机 Locotrol 控制的集成式制动的控制框图。</td></tr>
<tr><td colspan="4">任务学习其他说明或建议：</td></tr>
<tr><td colspan="4">指导老师评语：</td></tr>
<tr><td colspan="4">任务完成人签字：　　　　日期：　　年　　月　　日
指导老师签字：　　　　日期：　　年　　月　　日</td></tr>
</table>

项目六

基础制动装置与停放制动装置

任务一　HXD_1、HXD_2 型电力机车基础制动装置与停放制动装置

【知识要点】

1. 熟知基础制动装置与停放制动装置的作用和种类；
2. 熟知 HXD_1 型电力机车基础制动装置与停放制动装置的结构及工作原理；
3. 熟知 HXD_2 型电力机车基础制动装置与停放制动装置的结构及工作原理。

【任务实施】

一、概　述

SS 系列电力机车、HXD 系列大功率交流电力机车制动装置包括：机车制动机、停放制动装置（老型号韶山电力机车采用传统的手制动机作为停放制动装置）和基础制动装置。基础制动装置是机车制动装置的重要组成部分，是产生制动作用的部分，对机车安全运行起重要保障作用。基础制动装置的作用如下：

（1）传递制动缸活塞杆的推力（也叫制动原力）至闸瓦；

（2）将此力增大适当的倍数；

（3）保证各闸瓦（闸片）有较一致的制动力；

（4）与手制动机或停放制动装置配合产生停放制动作用。

SS 系列电力机车的基础制动装置均采用独立箱式单元制动器，它是以制动器箱体为基础，将制动缸、制动传动机构和闸瓦间隙调整装置安装于箱体内部，闸瓦装置安装于箱体外部的一种基础制动装置，因而又称为单元制动器。单元制动器吊装在转向架构架的制动器安装座上，用螺栓连接，此外还采用了其他的稳定措施。单元制动器与老式杆系制动装置相比，其精密部件实行全密封，体积小，质量轻，空行程时间短。在提高制动效率、减轻机车重量、

均匀分配制动力、改善转向架动力学性能以及减少维护等方面作用明显。经过多年的使用表明，其性能稳定，作用可靠，维护性好。

SS 系列电力机车基础制动装置采用“闸瓦踏面制动”方式。按闸瓦的配置，有单侧制动和双侧制动两种。单侧制动的基础制动装置只在车轮一侧配置闸瓦，简称单闸瓦式，也称为单侧制动，如图 6-1 所示。双侧制动即在车轮两侧均装有闸瓦的制动方式，简称双闸瓦式，也称为双侧制动，如图 6-2 所示。

单侧闸瓦式基础制动装置具有构造简单、自重较轻、成本较低、制造方便、便于检查和维修等优点。这种制动装置在制动时，车轮只受一侧的闸瓦压力作用，使轴箱单侧受力，易造成轴瓦偏磨，引起热量过大而出现热轴现象。此外，由于制动力受到闸瓦面积和闸瓦承受压力的限制，制动力的提高也受到限制。若闸瓦单位面积承受的压力过大，闸瓦摩擦系数将下降，影响制动效果，容易造成闸瓦熔化。这不仅会加剧闸瓦的磨耗，而且还会磨耗闸瓦托，使制动力衰减，影响行车安全。

SS_4改、SS_{3B}、SS_{6B}、SS_{7D}、SS_{7E}、SS_8、SS_9等型电力机车采用单侧制动。

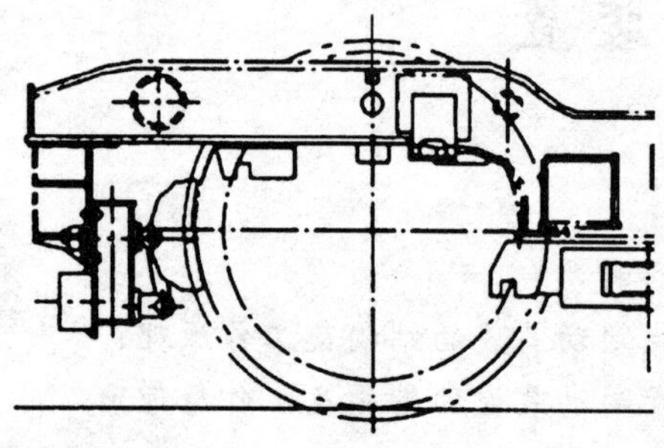

图 6-1 单侧闸瓦制动

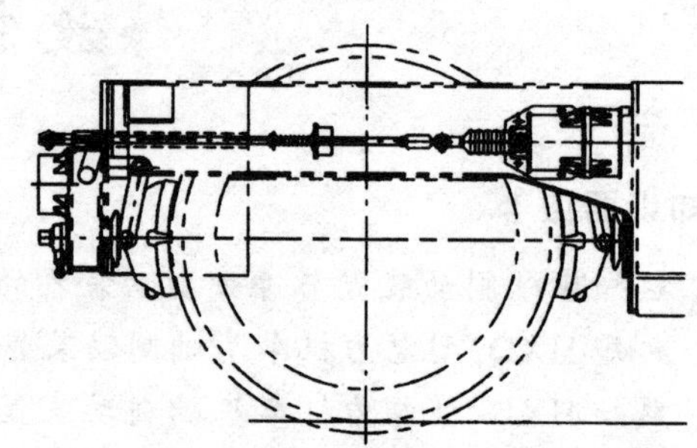

图 6-2 双侧闸瓦制动

双侧闸瓦式基础制动装置在车轮的两侧都安装有闸瓦，闸瓦的摩擦面积比单侧闸瓦式增加一倍，闸瓦单位面积承受的压力较小。这不但能提高闸瓦的摩擦系数，而且散热面积大，可降低闸瓦与车轮踏面的温度，延长车轮的使用寿命，减少闸瓦的磨耗量，并可得到较大的制动力（尺寸相同的制动缸与相同闸瓦压力的情况下）。同时，由于每个车轮两侧都有闸瓦，制动时两侧的闸瓦同时压紧车轮，可以克服单闸瓦式车轮一侧受力而引起的各种弊病。

SS_7型电力机车采用双侧制动。SS_1、SS_3等型电力机车采用每个转向架 2 双侧/1 单侧制动。

HXD_2型电力机车基础制动装置采用单侧踏面制动单元。

HXD_1、HXD_3系列交流电力机车基础制动装置采用轮盘式盘形制动方式。

轮盘式盘形制动（摩擦式圆盘制动）是在车轮辐板侧面装上制动盘（一般为铸铁圆盘），用制动夹钳使合成材料制成的两个闸片紧压制动盘侧面，通过摩擦产生制动力，把列车动能转变成热能并消散于大气。轮盘式盘形制动装置如图 6-3 所示。

轮盘制动和踏面制动同属于摩擦制动方式，但轮盘制动相对于踏面制动有如下优点：

（1）传统的踏面（闸瓦）制动方式大部分热能由车轮和闸瓦来承担。随着机车速度的提高和载重的增大，车轮的制动热负荷也相应增加。轮盘制动取消了闸瓦对车轮踏面的摩擦，增大了摩擦接触面积，改善了热负荷传递条件，同时也减少了车轮的磨耗，延长了车轮的使用寿命，改善了运行品质，保证了行车安全。

（2）在轮盘制动装置中，作为摩擦副的制动盘和闸片的材质及结构，可根据制动的要求进行多种方案的选择，可以获得较高的摩擦系数，并且比较稳定，受速度变化的影响小。因此可以减小制动缸压力，制动缸及杠杆的尺寸都可以缩小，减轻了制动装置的重量。

（3）轮盘制动装置的散热性能比较好，摩擦系数稳定，能得到较恒定的制动力。它的热容量允许它采用较高的制动率，可以在更高的速度下制动，获得较高的减速度，从而也就缩短了制动距离。

（4）轮盘制动装置结构紧凑，制动效率高，便于装拆和维护。

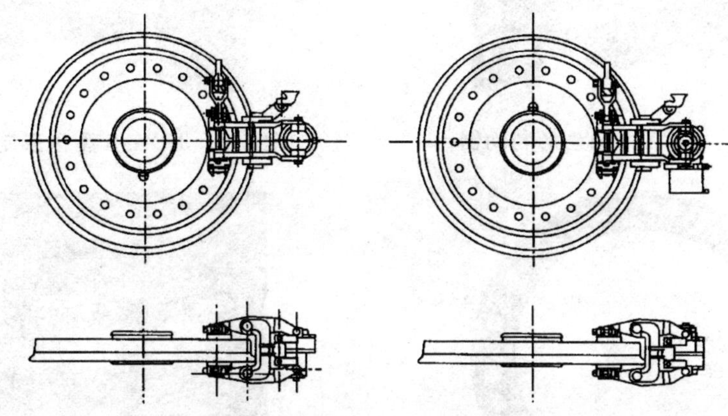

图 6-3　轮盘式单元制动装置

当机车停在较大坡道或较长时间停留在轨道上时，应对机车进行制动，以免机车发生溜车引起事故。停放制动装置弹簧止轮器是通过调节螺杆和杠杆将蓄能制动器所产生的制动力传递到单元制动器闸瓦上，以实现停放制动。

二、HXD_1 型机车（配备 DK-2 型制动系统）基础制动装置与停放制动装置

（一）结构

基础制动装置主要包括 JPXZ-1 型盘形制动器、JPXZ-2 型盘形制动器、铸铁制动盘、闸片、制动指示器，如图 6-4 ~ 6-8 所示。其中 JPXZ-1 型盘形制动器是不带停放制动的制动器，JPXZ-2 型盘形制动器是带有停放制动的制动器，轮装制动盘为整体式铸铁制动盘，闸片为符合 UIC541-3 标准的有机合成闸片。

JPXZ-1 型盘形制动器由单元制动缸、闸片间隙调整机构、丝杆复位机构、夹钳机构四大部分组成。JPXZ-2 型盘形制动器在 JPXZ-1 型盘形制动器的基本结构上，增加了弹簧停放制动部分，提供行车制动力与停放制动力。TJLP01 型制动盘安装在车轮辐板两侧，采用合金铸铁铸造而成。

机车两侧安装了显示空气制动和停放制动的指示器，如图 6-7、图 6-8 所示。

图 6-4 JPXZ-1 型盘形制动器

图 6-5 JPXZ-2 型盘形制动器图

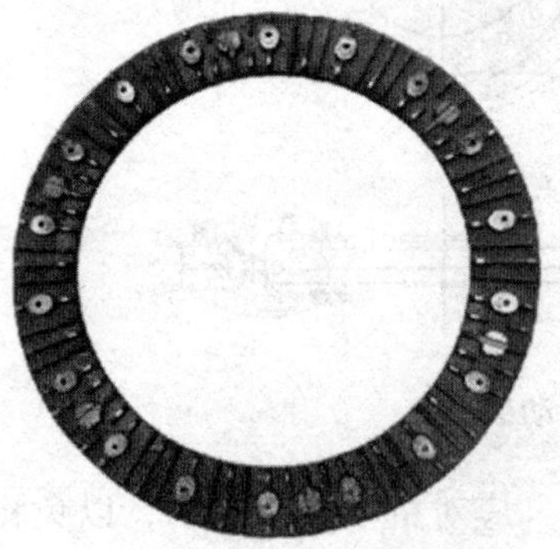

图 6-6 TJLP01 型制动盘

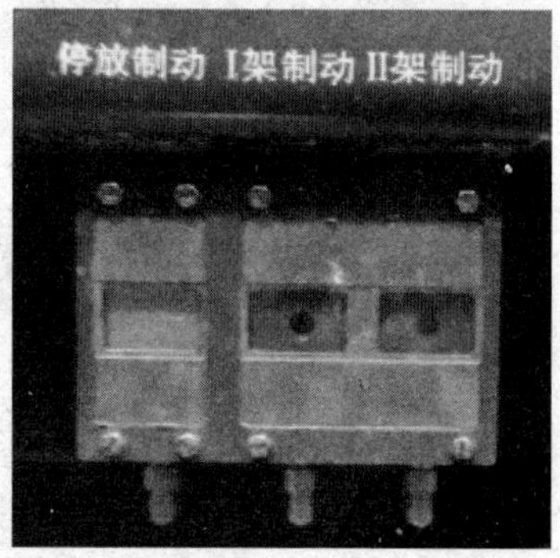

图 6-7 制动指示器（状态 1）

图 6-8 制动指示器（状态 2）

（二）闸片间隙调整

闸片间隙（双边：2 ~ 4 mm）在出厂时已经设定并调整好，可用 3 mm 塞尺检测闸片间隙，如图 6-9 所示，正常情况下安装后不需重新设定。JPXZ-1 型、JPXZ-2 型制动器具有闸片间隙自动调整功能，能根据闸片磨耗量自动补偿间隙以保证闸片和轮盘间隙在正常范围内。如有特殊情况需人为调整闸片间隙（如更换闸片），需用口径 27 mm 的扳手旋转制动器螺盖，顺时针旋转会使闸片间隙变大，逆时针旋转会使闸片间隙变小，如图 6-10 所示。

图 6-9　测量闸片间隙

图 6-10　闸片间隙调整

（三）更换闸片

JPXZ-1 型、JPXZ-2 型制动器更换闸片时需先将闸片间隙调大，然后将闸片托体下部的弯销向外撬动，使闸片挡板打开，闸片就能取出。闸片换装完毕后将闸片挡板向里推，使弯销复原，将螺盖逆时针旋转一圈，再进行制动、缓解操作，循环数次直至闸片间隙复原，完成闸片的更换工作，如图 6-11 所示。

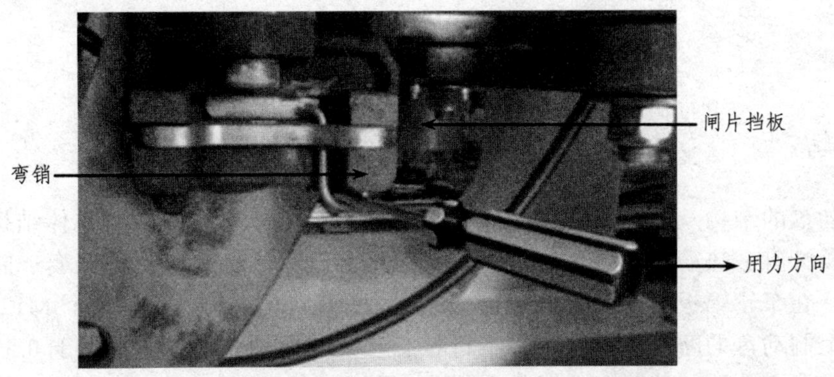

图 6-11　闸片更换（用螺丝刀向外撬动弯销）

（四）手动缓解

机车在停放时要移动而又无司机操纵或机车无风时，需对停放制动施行手动缓解，只要拉动手动缓解拉环，听到风缸的机械撞击声后松开即可缓解停放制动，如图 6-12 所示。

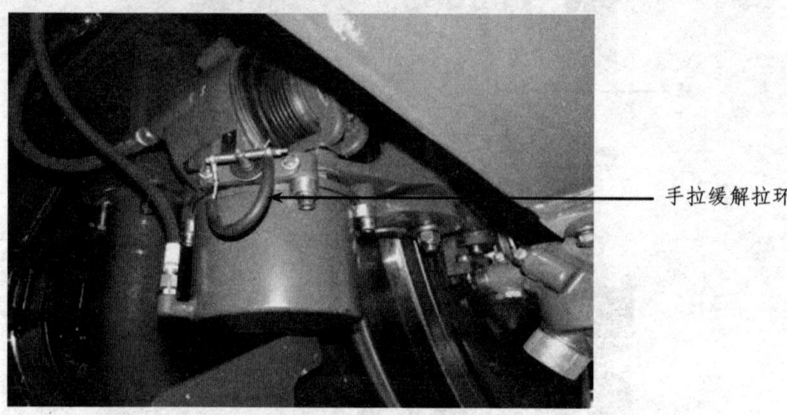

图 6-12 JPXZ-2 型盘形制动器手拉缓解机构

三、HXD_1 型机车（配备 CCB-II 型制动系统）基础制动装置与停放制动装置

（一）主要参数

紧急制动距离	
轴重为 23 t 时	≤800 m
轴重为 25 t 时	≤900 m
制动率	40.5%
制动空走时间	≤6 s
停放制动	30‰ 坡道能制停，制动率：16%，滑移安全系数：1.4
制动盘尺寸	740 × 1 090 mm，厚度 24 mm，制动盘最大不平衡量：16 g · m
制动倍率	2.41
闸片厚度	24 mm

（二）结 构

轮装制动盘的结构及安装方式如图 6-13 所示。轮装制动盘采用铸钢整体结构，在制动盘靠轮辐一侧设计有散热筋。每两个轮盘为一组，用 18 个 M12 螺栓、膨胀套、防松螺母和 6 个定位键安装在车轮辐板两侧，每个螺栓的预紧力矩为 60 N · m，在 18 个 M12 螺栓达到预紧力矩后两个制动盘的摩擦面基本上呈平行状态，其端面轴向跳动量不大于 0.5 mm。

单元制动器由单元制动缸和夹钳机构组成，其安装如图 6-14 所示。

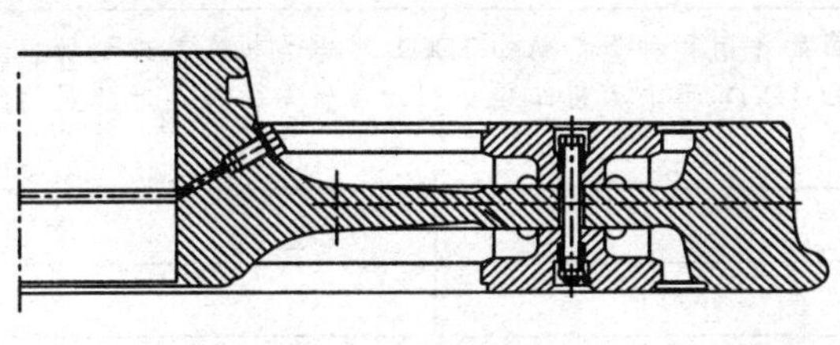

图 6-13　轮盘结构

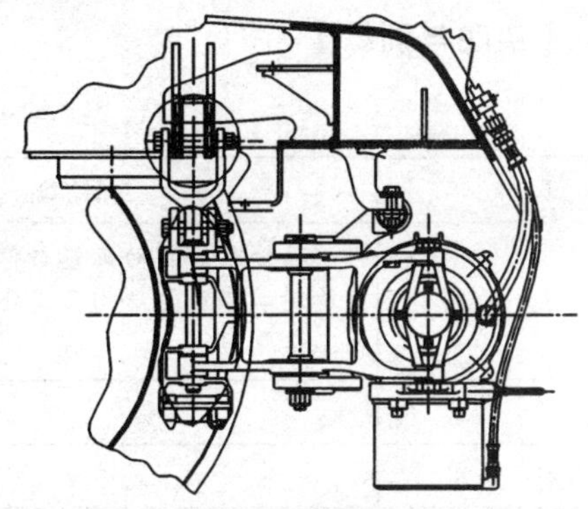

图 6-14　单元制动器安装结构

HXD_1 型机车每轮对有两套轮盘制动装置，其中一个带有蓄能制动装置。

四、HXD_2 型电力机车基础制动装置与停放制动装置

HXD_2 型电力机车基础制动装置采用单侧踏面制动单元，制动单元用螺栓紧固在转向架构架侧梁上。每个转向架设有 4 套单元制动器，其中 2 套为带停放制动功能的踏面制动单元，分别安装在轮对齿轮侧的 2 个车轮处，如图 6-15 所示。

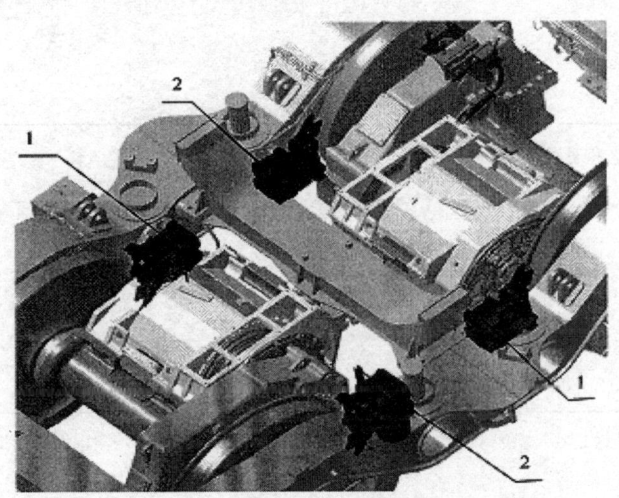

图 6-15　踏面制动单元的安装

1—不带停放制动的踏面制动单元；2—带停放制动的踏面制动单元

踏面制动单元设计有单向间隙自动调整器。闸瓦间隙自动调整装置能够对闸瓦和车轮间的间隙进行自动调整，是一单独作用的机构。它不受制动力产生的弹性变形的影响，当轮瓦磨损后，它能保证轮瓦间隙在非制动状态始终为 8 mm。

每个制动器安装有两块闸瓦，闸瓦采用合成闸瓦。

该基础制动装置可以实现在平直道上 120 km/h 速度下，轴重 25 t 机车紧急制动距离不超过 1 080 m 的要求。在无风和所有设备工作时，停放制动可以保证机车在 30‰ 坡道上安全停放。

【实践与训练】

学习工作单

<table>
<tr><td>工作单</td><td colspan="3">HXD_1、HXD_2型电力机车基础制动装置与停放制动装置</td></tr>
<tr><td>任务</td><td colspan="3">熟知基础制动装置与停放制动装置的作用和种类；熟知 HXD_1 型电力机车基础制动装置与停放制动装置的结构及工作原理；熟知 HXD_2 型电力机车基础制动装置与停放制动装置的结构及工作原理。</td></tr>
<tr><td>班级</td><td></td><td>姓名</td><td></td></tr>
<tr><td>学习小组</td><td></td><td>工作时间</td><td></td></tr>
<tr><td colspan="4">【知识认知】</td></tr>
<tr><td colspan="4">1. 简述基础制动装置与停放制动装置的作用和种类。
2. 简述 HXD_1 型电力机车基础制动装置与停放制动装置的结构及工作原理。
3. 简述 HXD_2 型电力机车基础制动装置与停放制动装置的结构及工作原理。</td></tr>
<tr><td colspan="4">【能力训练】</td></tr>
<tr><td colspan="4">1. 试分析比较 HXD_1、HXD_2 型电力机车基础制动装置的异同点。</td></tr>
<tr><td colspan="4">2. 试总结闸片间隙调整和更换闸片的步骤。</td></tr>
<tr><td colspan="4">任务学习其他说明或建议：</td></tr>
<tr><td colspan="4">指导老师评语</td></tr>
<tr><td colspan="4">任务完成人签字：　　　　　　　　日期：　　年　　月　　日
指导老师签字：　　　　　　　　日期：　　年　　月　　日</td></tr>
</table>

任务二　HXD_3系列交流电力机车基础制动装置与停车制动装置

【知识要点】

1. 熟知HXD_3系列交流电力机车基础制动装置；
2. 熟知盘形制动单元和带停放制动功能的盘形制动单元的结构及工作原理。

【任务实施】

HXD_3系列交流电力机车基础制动装置采用轮盘式盘形制动方式。下面以HXD_3B型电力机车为例介绍。HXD_3B型电力机车单元制动器采用KNORR三点吊挂式轮盘式单元制动器，其结构和基本工作原理如下：

一、结　构

基础制动装置采用轮盘制动方式，每个车轮安装一套独立的制动单元，制动单元采用KNORR三点吊挂式轮盘式制动单元，无踏面清扫装置，采用KNORR制动盘，闸瓦采用合成闸瓦。每个转向架有两个带弹簧停放制动功能的制动单元，分别布置在每个转向架的一轴和三轴右侧，以满足在30‰坡道停车的要求。制动单元型号为C112130，制动倍率为3.23，其余制动单元型号为C115054，制动倍率为2。

轮盘制动装置由单元制动缸（常用单元制动缸如图6-16所示，和带停放制动功能单元制动缸如图6-17所示）、制动盘、闸片及夹钳组成。

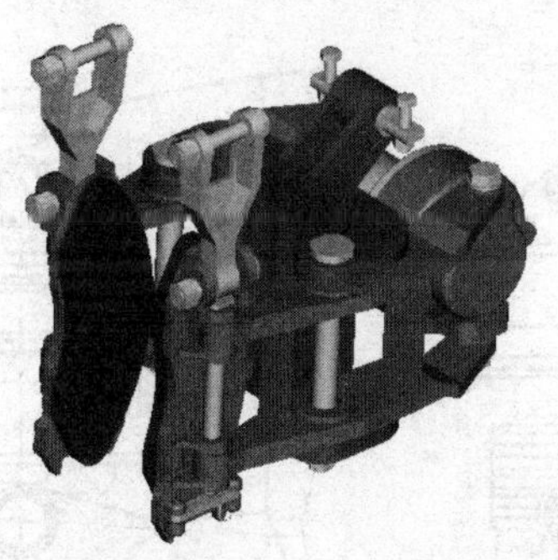

图6-16　盘形制动单元

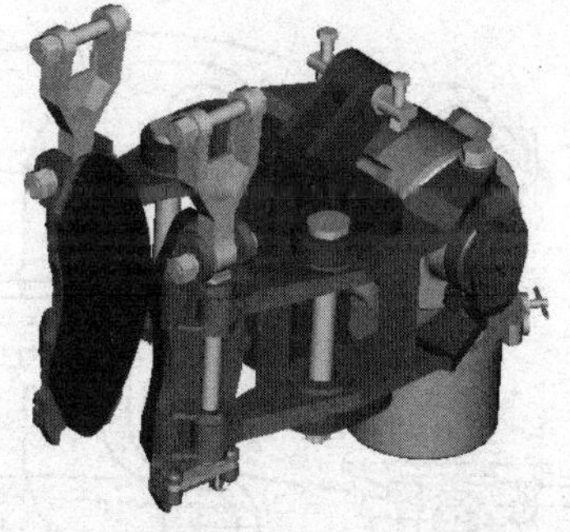

图6-17　带停放制动盘形制动单元

制动单元是由制动缸作用部与闸片间隙调整器组成的一个独立的单元结构。闸片间隙调整器可以在闸片和制动盘磨耗过大后使盘片间隙得到自动的调整，使间隙始终保持在正常的数值范围内。

带停放制动功能制动单元是由制动单元作用部与弹簧停放作用部组成的一个独立制动单元。当用于正常的制动时，弹簧停放缸得到压力空气，弹簧停放缸缓解。然后缸内一直保持420～450 kPa的压力空气。其常用制动缸作用与不带停放制动单元制动缸相同。

盘形单元制动器主要包括制动缸 1（带或不带停放制动缸 1.2）、制动闸片 2、闸片托 2.4/2.5、制动杠杆 2.3 和制动拉杆 2.6，其结构如图 6-6、图 6-7 所示。盘形单元制动器由三点固定装置安装在转向架上。

停放制动缸具有手动缓解机构，以便在停放制动缸无风时手动缓解停放制动。

三点固定装置包括固定支架 L（拉杠 2.6 的一部分）和两个用螺栓 2.14 连接到闸片托 2.4/2.5 的挂钩 2.16。固定支架 L 和挂钩 2.16 用螺栓与转向架相连。制动夹钳 2 是一个预先装配好的组件，包括两个由拉杆 2.6 连接在一起的刚性制动杠杆 2.3。安装在制动杠杆端部的是成对的闸片托 2.4/2.5。制动杠杆的另一端通过枢轴螺栓 13 和锁定环 14 与制动缸相连。

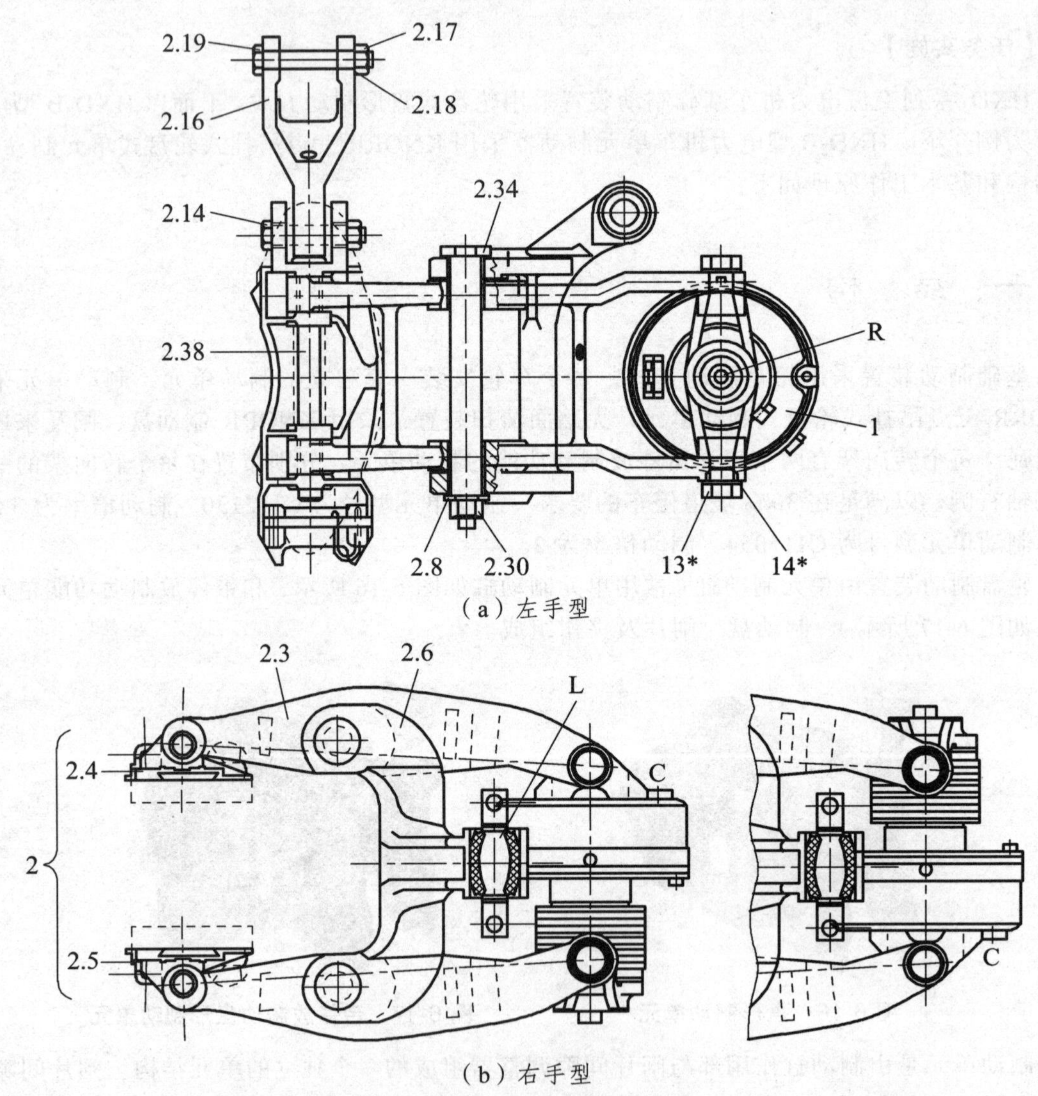

（b）右手型

图 6-18 盘形单元制动器主要部件

1—制动缸；2—制动夹钳；2.3—制动杠杆；2.4、2.5—闸片托；2.6—拉杆；2.8、2.18—垫圈；2.14、2.19、2.34—螺栓；2.16—挂钩；2.17、2.30—六角螺母；2.38—插脚；13—枢轴螺栓；14—锁定环；R—制动缸上的重新设置螺母；L—固定支架；C—压缩空气入口，用于制动缸

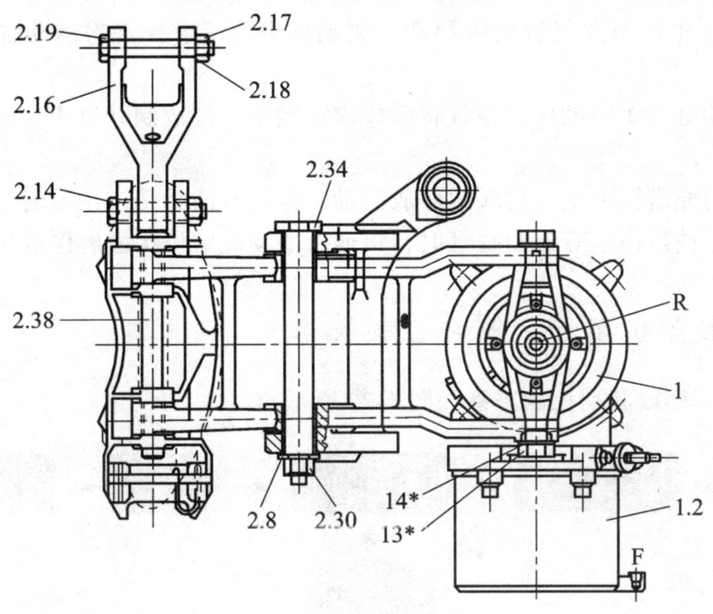

（a）左手型

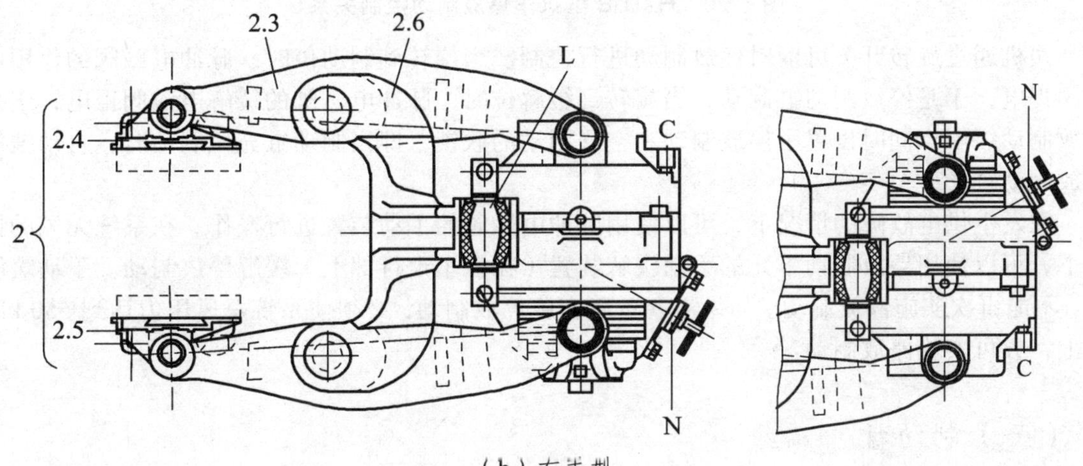

（b）右手型

图 6-19　带停放制动盘形单元制动器主要部件

1—制动缸；1.2—停放制动缸；2—制动夹钳；2.3—制动杠杆；2.4、2.5—闸片托；2.6—拉杆；2.8、2.18—垫圈；2.14、2.19、2.34—螺栓；2.16—挂钩；2.17、2.30—六角螺母；2.38—插脚；13—枢轴螺栓；14—锁定环；R—制动缸上的重新设置螺母；L—固定支架；N—手动缓解机构；C—压缩空气入口，用于制动缸；F—压缩空气入口，用于停放制动缸

二、基本工作原理

（一）单元制动器的基本工作原理

进行制动时，制动缸 1 充气，制动缸活塞杆推出，制动杠杆带动闸片托和闸片夹紧制动盘。随着制动缸充气过程的进行，制动力逐渐增加。

排空制动缸 1 中压力空气将缓解制动。制动缸中的缓解弹簧将制动缸活塞推回到缓解位置。

排空停放制动缸 1.2 中的压力空气将实施停放制动。停放制动缸中弹簧的力使闸片夹紧制动盘。

停放制动缸内充满压力空气将缓解停放制动。停放缸内弹簧被压紧时，制动杠杆 2.3 到达其缓解位置。停放缸内没有压力空气时，可通过手动缓解机构缓解停放制动。

（二）HXD_3B 型机车停放制动控制关系

HXD_3B 型机车停放制动控制关系如图 6-20 所示。

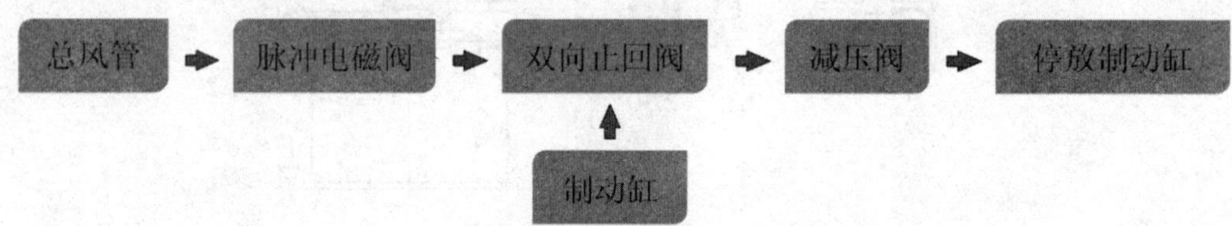

图 6-20 HXD_3B 型机车停放制动控制关系

司机通过旋转开关可以对停放制动进行控制。当旋转到制动位时，脉冲电磁阀的作用电磁阀得电，于是停放制动缸制动；当旋转到缓解位时，脉冲电磁阀的缓解电磁阀得电，于是停放制动缓解。同时设置了停放制动和空气制动的联锁，即当制动缸充风制动时，自动缓解停放制动缸。

在发生供电故障的情况下，可以使用脉冲电磁阀的手动装置进行操作。在系统无风的情况下，可以使用停放制动单元的手动缓解装置（在机车走行部上）缓解停放制动。手动缓解后，不能再次实施停放制动。如果需要重新实施停放制动，必须使系统总风压力达到 550 kPa 以上，方可实施停放制动。

（三）制动盘

制动盘材料采用高强度合金铸铁。结构为带散热筋的环状结构。通过均布的 6 个 ϕ25 圆键和 18 个 M12 的 10.9 级高强度螺栓、全金属锁紧螺母安装在机车车轮辐板上。车轮制动盘的尺寸设计，通常是使摩擦表面与车轮轮辋的外表面齐平，以保证制动盘能够与所有标准闸片和制动单元配合使用，如图 6-21 所示。

制动盘抗热温度不小于 400 °C。闸片为合成材料制造，采用标准的燕尾插装式安装在闸片托上。制动盘与闸片的平均摩擦系数为 0.35。

1. 制动盘设计特点

车轮制动盘是环形的铸件，并且带有放射状的散热筋。

根据车轮制动盘的不同用途，可采用灰口铸铁、球墨铸铁、铸钢或者铝制造。HXD_3 型机车制动盘材料采用高强度合金铸铁。

车轮制动盘是制动组件的一部分，它通过与闸片的摩擦将动能转化成热能。

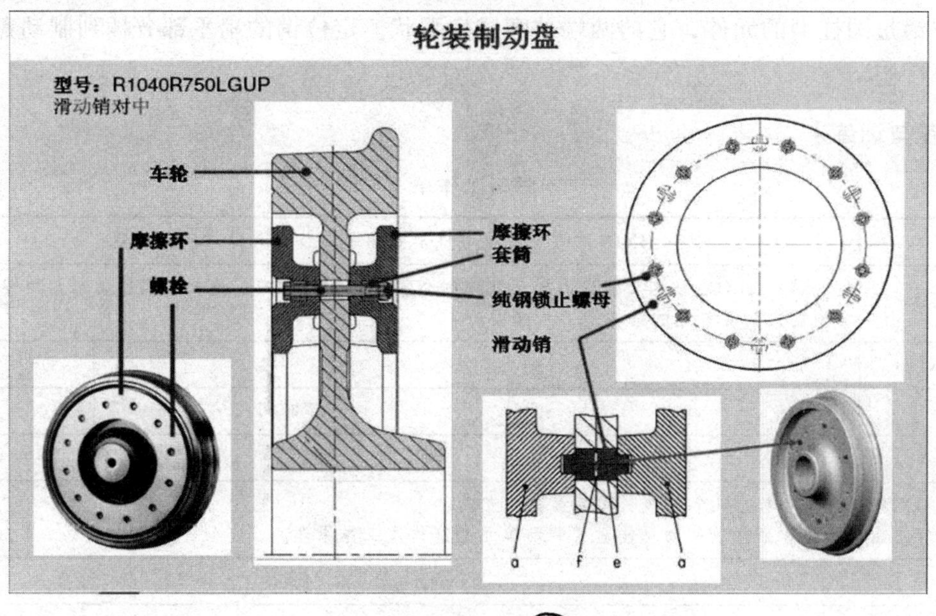

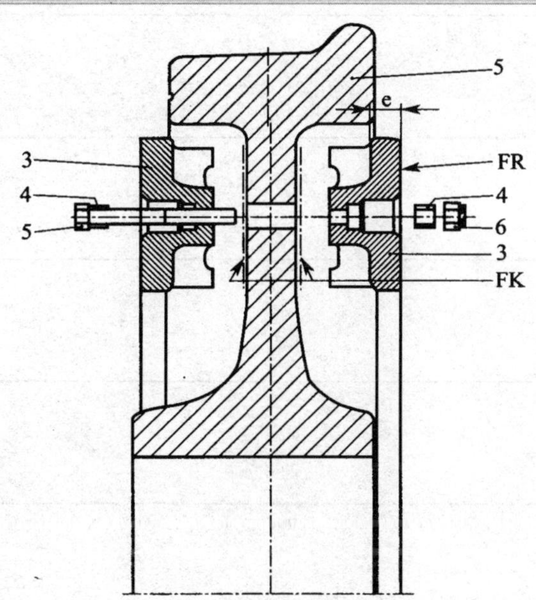

图 6-21　轮装制动盘的安装

3—摩擦盘（外侧，内侧）；4—膨胀管套；5—六角螺栓；6—螺母；e—摩擦环厚度；
FK—接触表面（涂有 Molykote D 321 R）；FR—摩擦表面

2. 制动盘结构特点

车轮制动盘由两个摩擦盘组成，根据它们与车轮的相对位置确定是在内还是在外。

在这个结构中，其中一个制动盘在安装面设有散热筋。散热筋具有散热和支撑作用。

制动盘的厚度、冷却筋的数量以及形状都是为了在制动时使制动盘的温度能保持在正常温度范围内。结构设计上要尽可能地减小部件的重量。

用螺栓和圆销将制动盘固定在车轮辐板上以传递制动力矩。螺栓的紧固力应保证制动盘受热膨胀时也不会产生位移和松弛。

定位销是圆柱型的元件，它的两端被磨成扁平状。定位销的扁平部分插到制动盘的槽内起到定位作用。

【实践与训练】

学习工作单

工 作 单	HXD$_3$系列交流电力机车基础制动装置与停放制动装置		
任 务	熟知 HXD$_3$系列交流电力机车基础制动装置的制动方式；熟知盘式制动单元和带停放制动功能盘式制动单元的结构及工作原理。		
班 级		姓 名	
学习小组		工作时间	
【知识认知】			
1. 简述 HXD$_3$系列交流电力机车基础制动装置制动方式； 2. 简述盘式制动单元和带停放制动功能盘式制动单元的结构及工作原理。			
【能力训练】			
1. 试总结单元制动器的基本工作原理。			
2. 试分析 HXD$_3$B 型机车停放制动控制关系。			
任务学习其他说明或建议：			
指导老师评语			
任务完成人签字：		日期： 年 月 日	
指导老师签字：		日期： 年 月 日	

任务三 防滑器

【知识要点】

1. 熟知防滑器的作用；
2. 熟知防滑器的种类；
3. 熟知 GV12-ESRA 型空气制动防滑系统的工作原理；
4. 熟知 MGS2 型防滑器的结构和作用原理。

【任务实施】

一、概述

轮轨间纵向滑动有两种情况：一种是在牵引状态下发生的，轮周牵引力超过了黏着限制，车轮飞快地转动而车速很慢、甚至根本不动，这叫“空转”或“打飞轮”；另一种情况是在制动状态下发生的，制动力超过了黏着限制，车轮转速急剧下降甚至停转而车速下降得很慢，这叫“滑行”或“抱死轮”。制动系统中的防滑器主要是防止车轮“滑行”的。

防滑器应用在高速机车车辆或重载机车上，其作用是防止在车轮滚动过程中轮轨之间纵向发生严重的相对滑动，以免造成车轮踏面严重擦伤。

车轮在钢轨上滚动的黏着状态实际上是一种“滚动中有微量滑动”的状态。在制动力小于黏着力时，这种微量滑动不但不会导致机车车辆滑行，相反地，据研究它还可以起清除轮轨接触处污垢和改善轮轨接触表面状态的作用。但是，当制动力大于黏着力时，轮轨接触面的纵向相对滑动就会急剧增大，在过渡阶段纵向滑动由小变大，最后导致车轮被抱死而完全滑行。在这个过程中，闸瓦摩擦力随车轮转速的急剧降低、摩擦系数的急剧增大而急剧增大，制动力则与其背道而驰，反而随轮轨间的纵向相对滑动的急剧增大而急剧减小。防滑器的作用就是要在这短暂的过渡阶段内检测出车轮即将发生滑行的危险，并及时动作，快速排出制动缸中的压力空气但不排空，使制动力迅速降至小于黏着力，以防止车轮滑行，恢复轮轨间的黏着状态；而且在车轮黏着恢复以后，还要使防滑器立刻由发生作用状态回到停止作用状态，制动缸及时再充风，尽量恢复较大的制动力。

防滑器有机械式防滑器、电子式防滑器和微机控制式防滑器等。机械式防滑器的工作原理是把回转体的惯性转换成位移，打开阀门或接通电路，使角减速度（此种防滑器的判断根据是车轮的角减速度）骤然降低的轮对缓解。电子式防滑器可以有多种判据，又具有较高的灵敏度和较快的作用速度，还能进行必要的监督和轮径补偿。但是分离电子元件的零点漂移不易清除。微机控制的防滑器可以对制动、即将滑行、缓解、再黏着的全过程进行动态检测与控制，信息采用脉冲处理，既简单又可靠，无零点漂移，无需调节和补偿，更重要的是微处理器的处理速度极快，既可以提高检测速度，又可以利用软件随时提供有关信息。

二、GV12-ESRA 型空气制动防滑系统

HXD_1 型电力机车装有空气制动防滑系统，每节机车配备有一套空气制动防滑系统，该装置能防止空气制动期间车轮的滑行，避免对车轮踏面造成损伤。电制动时的车轮防滑保护由机车控制系统负责。空气制动防滑系统由微机防滑保护单元（见图 6-22）、速度传感器、防滑阀（见图 6-23）等组成。

图 6-22 微机防滑保护单元

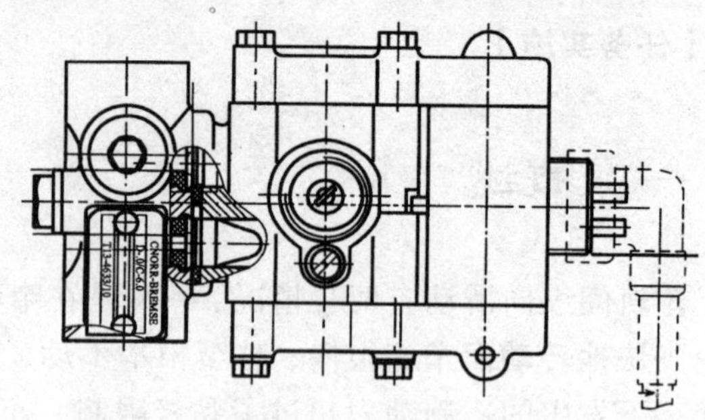

图 6-23 防滑阀

防滑保护装置在所有车轴上独立工作。每根车轴有自己的速度传感器和防滑阀。

防滑保护装置有一个继电器输出，它作为一个接口将故障信息传送到司机室显示屏LCDM。这个继电器在牵引和拖车模式下都有电。另外，在空气备用制动模式中也有另一个继电器输出，用来向 CCU 传送相同的信息。

每个轮对上都装有一个速度传感器和一个测速齿轮来监测轮对的速度。测速齿轮安装在轮对上，通过一定数量的齿在固定时间间隔内经过速度传感器来显示旋转的速度。速度传感器安装在车轴的轴箱盖上。

为了防止机车在黏着状态不佳的时候打滑，制动缸的压力由防滑阀来控制。防滑阀型号为 GV12-ESRA，符合 UIC541-05 标准。防滑阀包括排风电磁阀和作用电磁阀，可控制制动缸排风和充风。在没有通电的情况下，防滑阀处于开通状态，让来自制动缸管的压力空气自由通过至制动缸。倘若排风电磁阀失电而作用电磁阀得电，供给制动缸的压力空气被隔离，制动缸保压。

控制电磁阀的得、失电状态决定制动缸内空气压力的变化：

- 排风电磁阀和作用电磁阀同时失电，制动缸内压力升高。
- 排风电磁阀失电而作用电磁阀得电，制动缸内压力保持。
- 排风电磁阀和作用电磁阀同时得电，制动缸内压力降低。

在调试首台机车时，通过调节集成在防滑阀中的阻气门横截面来优化制动缸压力释放和补风的时间。

三、MGS2 型防滑器

（一）构造

HXD_3 型电力机车采用 MGS2 型防滑器，属于微处理器控制的防滑器，由防滑处理器ESRA、防滑排风阀 GV12-ESRA、速度传感器及感应齿轮等组成。

1. 速度传感器和感应齿轮

MGS2 型防滑器的感应齿轮安装在车轴端部，齿轮有 80 个齿。齿轮组装后齿顶距速度传感器顶部须保留 0.4 ~ 1.4 mm 间隙。传感器安装示意图如图 6-24 所示。

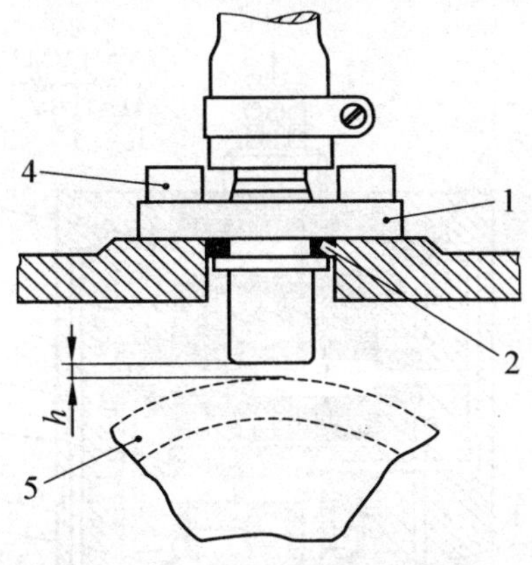

图 6-24　传感器安装示意图

1—速度传感器；2—密封圈；4—紧固螺栓；5—感应齿轮；*h*—安装间隙（0.4 ~ 1.4 mm）

2. 防滑处理器 ESRA

防滑处理器 ESRA 由外壳、电源板、主板、通讯板，控制钮和信息窗等部分组成，是防滑控制的处理装置。防滑处理器外形结构如图 6-25 所示。

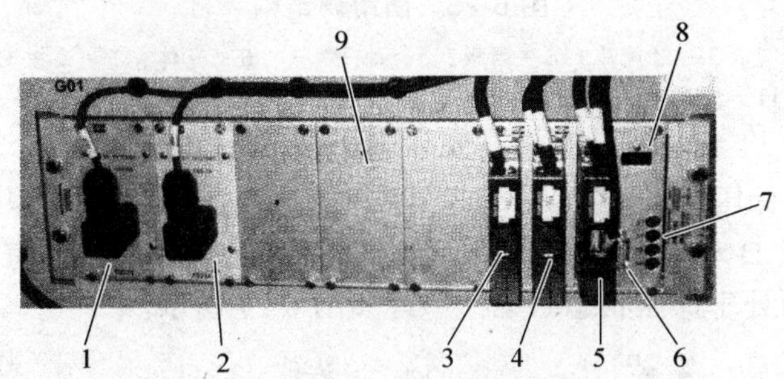

图 6-25　防滑处理器 ESRA

1、2—电源控制板；3—通信板 EB01B；4—主板 MB03B；5—主板 MB04B；
6—通信接口；7—操作按钮；8—信息窗口；9—外壳

3　防滑排风阀 GV12-ESRA

防滑排风阀 GV12-ESRA 是防滑控制的执行装置。每辆机车上装有 6 个防滑排风阀，分别独立控制每根车轴上的制动缸的压力。防滑阀的控制电压为 DC 24 V。

（1）结构：防滑阀主要由两个动作模板、一个双阀电磁阀和一个阀座组成。阀座上有缩孔堵 dC（未安装）和 dD（5 mm），两个阀座（VD，VC）由两个模板开关（C，D）控制。D 模板控制 D 室至 C 室通道的通断，C 模板控制 C 室和大气通道的通断。双阀电磁阀由两个 2 位 3 通电磁阀（VM1 排气，VM2 进气）组成，具体结构如图 6-26 所示。

（2）工作原理

防滑器未投入（BC 制动）：电磁阀 VM1 和 VM2 失电，VC 关闭，VD 开启。C 和 D 之间通道开放。

防滑器投入（BC 缓解）：电磁阀 VM1 和 VM2 得电。压力 D 通过电磁阀 VM2 到达控制室 SD，膜板 D 动作，阀座 VD 关闭，切断 D 室通路。控制室 SC 压力通过 VM1 排空，膜板 C 动作，阀座 VC 开启，C 室压力通过阀座 VC 排至大气。

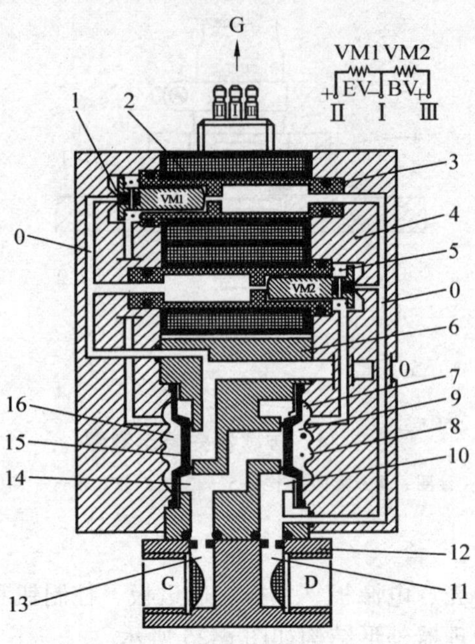

图 6-26 防滑阀结构

1—外阀座；2—内阀座；3—对阀座；4—侧板；5、8—弹簧；6—壳体；7—膜板 D；9—控制室 SD；10—阀座；11—缩孔 dD；12—阀支架；13—缩孔 dC；14—阀座 VC；15—膜板 C；16—控制室 SC；C—通制动缸；D—通作用阀；G—电接口

防滑器投入（BC 保压）：电磁阀 VM1 失电，电磁阀 VM2 得电。压力 D 通过电磁阀 VM2 到达控制室 SD，膜板 D 动作，阀座 VD 关闭，切断 D 室通路。控制室 SC 压力保持，阀座 VC 仍关闭，C 室压力处于保压状态。工作原理如图 6-27 所示。

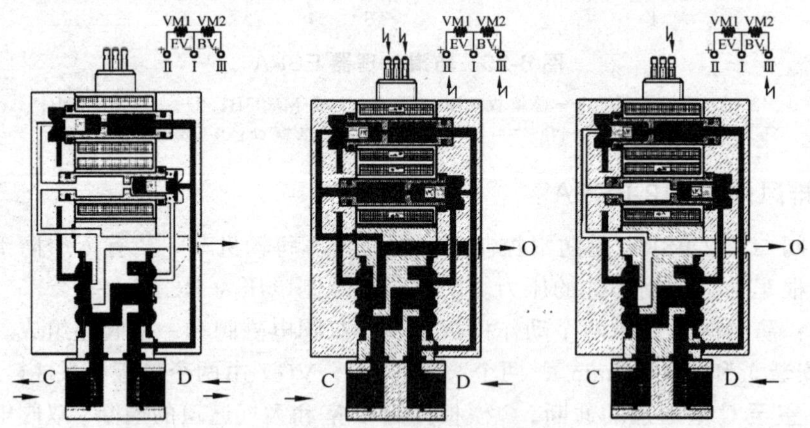

图 6-27 防滑阀工作原理

（二）作用原理及功能

1. 作用原理

（1）基本逻辑

速度传感器的脉冲信号传输到防滑处理器 ESRA，防滑处理器 ESRA 对本车或本转向架

的速度信号进行处理，当数据判断达到有关标准时，防滑处理器发出防滑控制指令，操纵防滑排风阀 GV12-ESRA，控制相应的制动缸进行阶段排风或一次排风，从而达到防止轮对滑行、并根据轮轨黏着系数调节制动力的目的。

（2）减速度判据的控制原理

减速度判据是与其他轮对无关的单独判据标准，图 6-28 所示为以减速度为判据时防滑器的循环工作原理。图中分别表示出制动时列车速度、一个轮对线速度、轮对减速度及制动缸压强的控制变化关系。

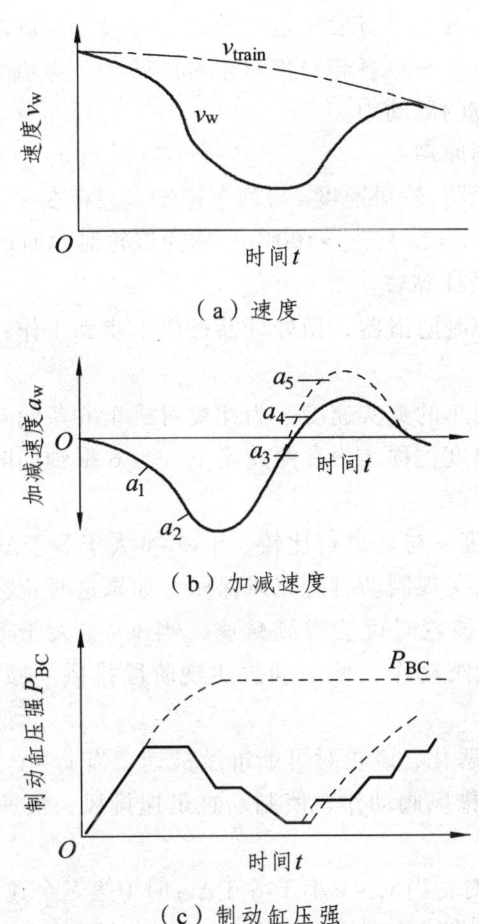

图 6-28　防滑器工作原理图（以减速度为判据）

制动时，当轮间黏着较差时，轮对处于连滚带滑的运行状态。此时该轮对产生一个大于正常值的减速度 a，致使该轮对的速度 v 低于列车速度 v_{train}，当该减速度继续增加到第一个判据 a_1 时，主机使防滑排风阀动作，使制动缸停止充风即保压（如果在制动充风过程中）。若轮轨间黏着状态差，该轮对减速度将会继续增加，其速度也将继续降低。当该轮对减速度达到第二个判据 a_2 时，防滑器主机再使防滑排风阀动作，使该轮对的制动缸阶段排风。如果遇到极差的黏着条件时，轮对减速度 a 很大，超过一次排风的判据标准时，可实现一次排风。由于制动缸排风，制动力减小，该轮对的减速度逐渐变小。当减速度小到 a_3 时，轮对即将开始恢复正常转动，此时主机将使防滑排风阀实施制动缸保压（不再排风），该轮对速度逐渐增加。当轮对加速度 a 大于 a_4 时，制动缸开始阶段再充风以恢复该轮对的制动力。倘若轮轨间的黏着变得很好，加速度很大，即 a 大于 a_5 时，主机控制实现制动缸一次再充风，如图 6-28（c）中虚线所示。这就是以减速度为判据的控制原理。

当遇到待定的轮轨黏着条件，6 条轮对减速度小于或等于 a_1，制动缸呈充风保压状态，但它们既达不到 a_2 的标准，又达不到速度差判据 Δv_2 的标准，即 6 条轮对同时以相近的减速度微量滑动。这种状态持续太久，终将会使 6 条轮对发生滑行。为了避免发生这种特殊情况，防滑器制定了专门的判据标准，一旦发生这种情况，经过一定的时间，将使各制动缸排风，让轮对恢复正常的运行状态。一旦各轮对恢复正常的转动，主机立即控制防滑排风阀，使各制动缸再充风，发挥出相应的制动力。

（3）速度差判据的控制原理

黏着蠕滑理论的实验表明，轮对速度 v 与列车速度 v_{train} 存在一定的速度差（$\Delta v = v_{trmin} - v$），此速度与列车速度的比值（$\eta = \Delta v / v_{trmin} \times 100\%$），称为该轮对此时的滑移率。当滑移率在 5%～15% 之间时，轮轨可获得最佳黏着。

为了按照速度差标准控制防滑器，微处理器按以下步骤工作：

① 速度比较

由于无法得到制动时列车的真实速度，为此要对机车 6 条轮对的速度分别进行计算、比较，选出最高者作为列车速度，称之为参照速度 v_r。当 6 根轴同时滑行时，则按照列车制动模式曲线计算列车参照速度值。

② 将各轮对的真实速度 v 与 v_r 进行比较，当 $v_r - v$ 大于等于 Δv_1 时（第一个速度差判据），主机控制防滑排风阀动作，实现制动时的充风保压（如果这时正在充风）。

③ 如果黏着条件差，该轮对可能继续减速，当 $v_r - v$ 大于等于 Δv_2 时（第二个速度差判据），主机控制防滑排风阀动作，使制动缸实现阶段排风。减速的轮对将逐渐恢复其转动速度。

④ 如果黏着条件继续恶化，该轮对可能继续减速，当 $v_r - v$ 大于等于 Δv_4 时（第四个速度差判据），主机控制防滑排风阀动作，使制动缸迅速排风，快速减小制动力，使轮对恢复转动。

⑤ 逐渐恢复转动的轮对，当 $v_r - v$ 小于等于 Δv_3 时（第三个速度差判据），主机控制防滑排风阀动作，使制动缸实现阶段再充风，以恢复该轮对的制动力。

以上就是用速度差判据控制，使其滑移率在最佳黏着范围内的防滑过程原理。

2. 功 能

（1）制动时能有效防止轮对因滑行造成的踏面擦伤。

（2）能根据轮轨间的黏着变化调节制动缸压力，从而有效利用轮轨黏着，缩短制动距离。

（3）具有轮径自动修正功能。

（4）具有防滑排风阀自动切换与相邻轴速度部件互补的功能。

（5）具有监视、故障存储和显示及诊断功能。

【实践与训练】

学习工作单

<table>
<tr><td>工 作 单</td><td colspan="3">防滑器</td></tr>
<tr><td>任　　务</td><td colspan="3">熟知防滑器的作用；熟知防滑器的的种类；熟知 GV12-ESRA 型空气制动防滑系统的工作原理；熟知 MGS2 型防滑器的结构和作用原理。</td></tr>
<tr><td>班　　级</td><td></td><td>姓　　名</td><td></td></tr>
<tr><td>学习小组</td><td></td><td>工作时间</td><td></td></tr>
<tr><td colspan="4">【知识认知】</td></tr>
<tr><td colspan="4">1. 简述防滑器的作用；
2. 简述防滑器的种类；
3. 简述 GV12-ESRA 型空气制动防滑系统的工作原理；
4. 简述 MGS2 型防滑器的结构和作用原理。</td></tr>
<tr><td colspan="4">【能力训练】</td></tr>
<tr><td colspan="4">1. 试标出防滑处理器 ESRA 各组成部件名称。
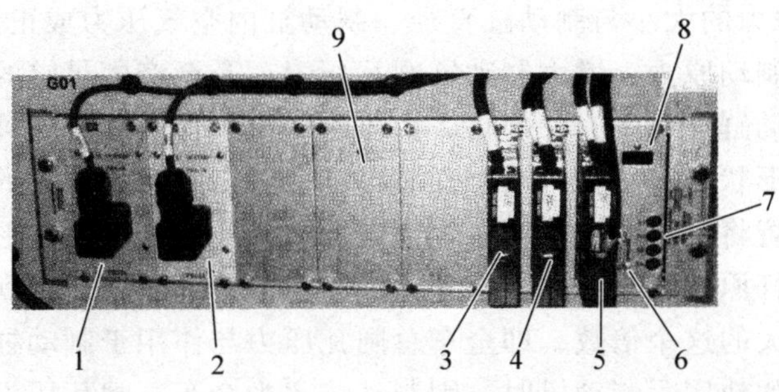
</td></tr>
<tr><td colspan="4">2. 试总结防滑器的作用原理及功能。</td></tr>
<tr><td colspan="4">任务学习其他说明或建议：</td></tr>
<tr><td colspan="4">指导老师评语</td></tr>
<tr><td colspan="4">任务完成人签字：　　　　日期：　　年　　月　　日</td></tr>
<tr><td colspan="4">指导老师签字：　　　　日期：　　年　　月　　日</td></tr>
</table>

任务四 制动倍率、传动效率和制动率

【知识要点】

1. 了解制动倍率、传动效率、闸瓦压力与制动率的计算公式；
2. 简述制动倍率、传动效率、闸瓦压力和制动率的概念；
3. 简述闸瓦压力的检测方法。

【任务实施】

一、制动倍率

制动时，为了得到足够的制动力，就必须有一定的闸瓦压力。闸瓦压力源于制动缸活塞产生的制动原力（副风缸的压力空气进入制动缸推动制动缸活塞，这时活塞所产生的推力叫做制动原力）。制动原力的大小与制动缸直径、制动缸内空气压力成正比。

如果想实现提高制动原力，增大制动缸闸瓦压力，乃至产生足够的制动力的目的，必须增大制动缸直径和制动缸空气压力。但是，由于制动机工作过程中不可能产生很大的制动缸压力，并且制动缸的形状、大小受到诸如安装尺寸、经济成本等因素的限制，所以实际工作中，是靠制动传动装置将制动原力放大一定倍数后传递到闸瓦装置，形成闸瓦压力的。即利用基础制动装置的杠杆原理将制动原力放大适当的倍数，并平均地传到各块闸瓦上，压紧车轮发生制动作用，放大的这个倍数，即全车总闸瓦压力与作用于制动缸活塞上的制动原力之比，叫做制动倍率。如使用手制动机时，则制动倍率为全车总闸瓦压力与作用于手制动轮上的手力之比。

因此，

$$r_b = \frac{\sum K_{理}}{F}$$

式中，r_b——制动倍率；

$\sum K$——全车总闸瓦压力（理论值），kN；

F——制动缸活塞总压力或拧手轮手压力，kN。

制动倍率的标准范围，一般客、货车以 7 ~ 9 倍为宜（旧型客车为 12，安装 K2 型三通阀的载重 50 t（折合 500 kN）货车，因制动力过小，经改造为 10 倍）。我国现有主要类型的城市轨道车辆的制动倍率为 5 倍左右。

制动倍率是基础制动装置的重要特性，它的数值与制动缸活塞行程及闸瓦与车轮间的间隙大小有关，所以制动倍率的数值对制动效果及运用维修工作有着直接的影响。制动倍率过大，就意味着车辆的制动能力过多地依赖杠杆的放大作用，当闸瓦有少量磨耗时，就将导致活塞行程的显著变化，不仅直接影响制动效果，还会增加调整活塞行程的工作量；如果制动倍率过小，为了保证必要的制动力就需要增加副风缸的容积和制动缸的直径。所以，制动倍率既不能过大，也不可过小，应在一个适当的范围内。

HXD_1B/C 型六轴机车制动倍率为 2.66，闸片与制动盘单侧间隙为 $S = 1.69 \sim 2.48$ mm；HXD_3 型六轴 7 200 kW 机车制动倍率为 3.23（1、6 轴）和 2（2、3、4、5 轴），闸片与制动盘单侧间隙 S 为单元缸（缸径：254 mm）$S = 1.75 \sim 2.0$ mm；复合缸（缸径：203 mm）$S = 1.4 \sim 2.05$ mm。

二、传动效率

1.制动传动效率

制动机在发生制动作用时，由于制动缸活塞与缸壁之间的摩擦力、缓解弹簧的反拨力、传动装置与连接部分的机械摩擦阻力和各销套与销孔的间隙等原因，造成制动缸推力在传递中的损失，从而使实际产生的闸瓦压力值小于从理论上通过杠杆原理计算出的闸瓦压力值。实际发生作用的闸瓦压力值与理论计算出的闸瓦压力值的比值，称为基础制动装置的传动效率，一般以 η 来表示。其定义式为：

$$\eta = \frac{\sum K_{实}}{\sum K} \times 100\%$$

式中，$\sum K_{实}$ ——全车闸瓦作用于车轮踏面上的实际压力；

$\sum K$ ——按理论计算出来的全车总闸瓦压力。

基础制动装置的传动效率 η 表征着制动原力的有效利用率。同一般机械设备一样，我们希望 η 值越大越好。制动传动效率 η 的大小，与杠杆的构造形式、关节连接的多少、制动缸直径，特别是日常保养的好坏，有着直接的关系。静止状态与运转状态的制动传动效率有所不同，即运转状态时的传动效率要比静止状态时的传动效率大。通常，制动传动效率值是由实验获得的。

制动机的传动效率约在 85% ~ 90% 之间，手制动机由于人力小，摩擦力大，其效率较低，约 20% ~ 35%。HXD_3 型六轴转向架机车基础制动装置传动效率（紧急制动时）当扣除缓解弹簧力时大于 0.95，含缓解弹簧力大于 0.85。

2. 闸瓦压力的计算

制动时，闸瓦压紧在车轮踏面上的力，叫闸瓦压力。它的大小随制动缸压力、制动缸活塞直径、制动倍率和制动传动效率的大小而定。一个制动缸产生的实际闸瓦压力为：

全车实际闸瓦压力 $\sum K_{实}$ = 制动缸活塞推力 × 制动倍率 × 制动传动效率

$$\sum K_{实} = \sum K\eta$$

$$\sum K = Fr_b$$

$$\sum K_{实} = Fr_b\eta$$

若要计算出机车实际闸瓦总压力，则还要乘上制动缸的总数 m，即：

$$\sum K = m\sum K_{实} = mp_z r_b \eta \frac{3.14d^2}{4}(\text{kN})$$

式中 p_z——制动缸压力（kPa）；

d——制动缸活塞直径（m）；

r_b——制动倍率；

η——传动效率。

则每块闸瓦压力：

$$K = p_z r_b \eta \frac{3.14d^2}{4}(\text{kN})$$

式中，K——每块闸瓦压力（kN）。

3. 换算闸瓦压力

为了简化制动力的计算，可采用换算摩擦系数 φ_h 的方法进行列车制动力的计算。而采用换算摩擦系数计算时所使用的闸瓦压力，叫换算闸瓦压力，并以 K_h 表示。为了使每块闸瓦用换算闸瓦压力计算的结果和用实算闸瓦压力计算的结果相等，就应使：

$$K_h \cdot \varphi_h = K \cdot \varphi_k$$

式中，φ_k——闸瓦与车轮之间摩擦系数

则：

$$K_h = \frac{K \cdot \varphi_k}{\varphi_h}$$

三、制动率

制动率是车辆或列车的单位重量所具有的闸瓦压力，它能确切地表示车辆或列车制动能力的大小。制动率按其研究对象的不同，可分为轴制动率、车辆制动率和列车制动率三种。

1. 轴制动率和车辆制动率

（1）轴制动率

作用在一根制动轴上的全部闸瓦压力与该轴载荷的比值，叫做轴制动率。

即：

$$\delta_z = \frac{K_z}{Q_z} \times 100\%$$

式中，δ_z——轴制动率；

K_z——一根轴上的总闸瓦压力（kN）；

Q_z——轴载荷（kN）。

（2）车辆制动率

作用于一辆车上的总闸瓦压力与该车的总重之比值，叫做车辆制动率。

即

$$\delta=\frac{\sum K}{q}\times 100\%$$

式中，δ——车辆制动率；

$\sum K$——一辆车的总闸瓦压力（kN）；

q——一辆车的总重量（kN）。

车辆制动率的大小，一般由车辆自重决定。设计时，要求在不超过黏着系数与摩擦系数的比值的范围内尽量提高，并且还要考虑采用的制动缸直径、制动缸压力和制动倍率。一般自重较大的车辆采用直径较大的制动缸，自重较小的采用直径较小的制动缸；制动缸压力由制动机决定；制动倍率由基础制动装置决定。目前我国车辆设计中一般车辆制动率不超过 90%。

2. 列车制动率

全列车的总闸瓦压力与列车总重力的比值，叫做列车制动率。它又分列车实算制动率和列车换算制动率。全列车的总实算闸瓦压力与列车总重力的比值，叫做列车实算制动率；全列车的换算闸瓦压力与列车总重力的比值，叫做列车换算制动率。

全列车制动率为

$$\delta_{hQ}=\frac{\sum K_h}{Q}\times 100\%$$

式中，$\sum K_h$——全列车的总换算闸瓦压力；

Q——全列车的总重量；

δ_{hQ}——全列车的换算制动率。

HXD_3 型电力机车机车空气制动率（紧急制动时）为 23.34%，停放制动率为 18%（能保证机车在 30‰ 坡道上安全停放）。

【实践与训练】

学习工作单

<table>
<tr><td>工 作 单</td><td colspan="3">列车闸瓦压力检测</td></tr>
<tr><td>任　　务</td><td colspan="3">了解制动倍率、传动效率、闸瓦压力与制动率的计算公式；掌握制动倍率、传动效率、闸瓦压力和制动率的概念；掌握闸瓦压力的检测方法。</td></tr>
<tr><td>班　　级</td><td></td><td>姓　　名</td><td></td></tr>
<tr><td>学习小组</td><td></td><td>工作时间</td><td></td></tr>
<tr><td colspan="4">【知识认知】</td></tr>
<tr><td colspan="4">1. 简述制动倍率、传动效率和制动率的概念；
2. 简述制动倍率、传动效率和制动率的计算公式；
3. 简述闸瓦压力的检测方法。</td></tr>
</table>

续上表

【能力训练】
1. 试归纳如何检测闸瓦压力。
2. 按照计算公式，试计算机车轮对的闸瓦压力及机车制动率。
任务学习其他说明或建议：
指导老师评语：
任务完成人签字： 日期： 年 月 日 指导老师签字： 日期： 年 月 日

任务五 制动力分析

【知识要点】

1. 熟知制动力的概念；
2. 熟知制动力的计算；
3. 熟知黏着与滑行的概念及影响；
4. 熟知闸瓦对制动力的影响。

【任务实施】

从能量的观点来看，“制动”的实质就是将列车动能转变成其他形式的能量或转移；从作用力的观点来看，“制动”就是让制动装置产生与列车运行方向相反的外力（制动力），使列车产生较大的减速度，尽快减速或停车。

一、制动力的概念

制动力是指作用在运动物体上，与物体运动方向相反的外力。目前，我国轨道机车车辆上使用最广泛的制动形式是闸瓦摩擦制动，通过闸瓦紧压在车轮踏面上的闸瓦压力 K 引起闸瓦作用于车轮的摩擦力。但是闸瓦与车轮之间的摩擦力对整个车辆来说是内力，它不能制止车辆自身的运动，那么闸瓦制动时，制止车辆运动的外力究竟是哪一个呢？它是怎样产生的呢？根据黏着理论，制动时的制动力是由闸瓦作用于车轮的摩擦力矩通过车轮压在钢轨上的法向力在轮轨接触点上产生的钢轨对车轮的静摩擦力所引起的。这个钢轨对车轮的水平反作用力 B 对于车轮及整个车辆来说，就是一种外力，其方向与列车运行方向相反，起着阻止列车运动的作用。

下面以单闸瓦式的四轴车为例，在车轮不滑行的正常情况下，进行力学分析。

先取轮对为自由体，其受力情况如图 6-29 所示。

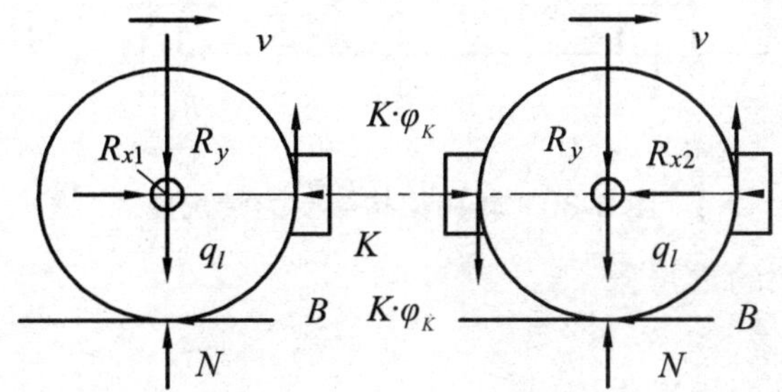

（a）闸瓦在车轮前面（按运行方向）　（b）闸瓦在车轮后面

图 6-29　单侧制动时轮对受力

图中，q_l——轮对重量；

R_y——轴颈受到的垂直载荷，设同一台车各个轴颈受到的垂直载荷均相同；

R_{x1}、R_{x2}——轴承对轴颈的纵向水平反作用力；

N——钢轨给轮对的垂直反作用力；

K——闸瓦压力；

φ_k——闸瓦与车轮间的摩擦系数；

B——钢轨给轮对的纵向水平反作用力；

v——列车运行速度。

根据牛顿第二定律 $F = ma$，当闸瓦在车辆运动方向的车轮前面时，得式：

$$B + K - R_{x1} = \frac{q_l}{g} \times a$$

当闸瓦在车辆运行方向的车轮后面时，得式：

$$B + R_{x2} - K = \frac{q_l}{g} \times a$$

式中，a——车辆减速度；

g——重力加速度。

车辆轮对除作平移运动外，还作回转运动，根据转动定律 $M = J \times \alpha$，得式：

$$K \cdot \varphi_k \cdot r - B \cdot r = J \cdot \alpha$$

式中，r——轮对半径；

J——轮对转动惯量；

α——轮对角减速度。

再取转向架构架为自由体，其受力情况如图 6-30 所示。

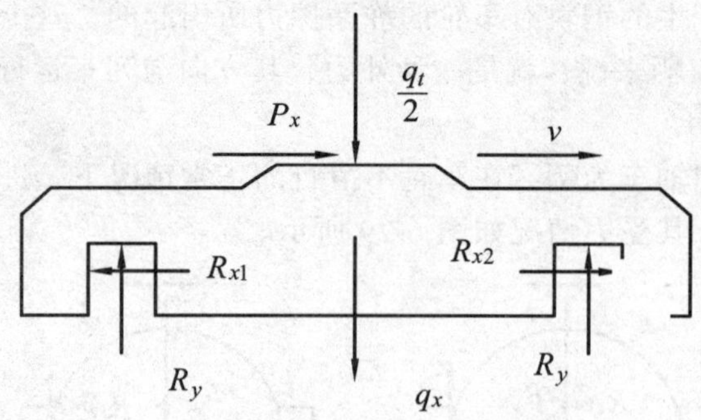

图 6-30　转向架构架受力情况图

图中，q_z——转向架构架的重量；

q_t——车体重量；

P_x——心盘间的纵向水平作用力。

由 $F = ma$ 得：

$$R_{x1} - R_{x2} - P_x = \frac{q_z}{g} \cdot a$$

最后取车体为自由体，其受力情况如图 6-31 所示。由 $F = ma$ 得：

$$2P_x = \frac{q_t}{g} \cdot a$$

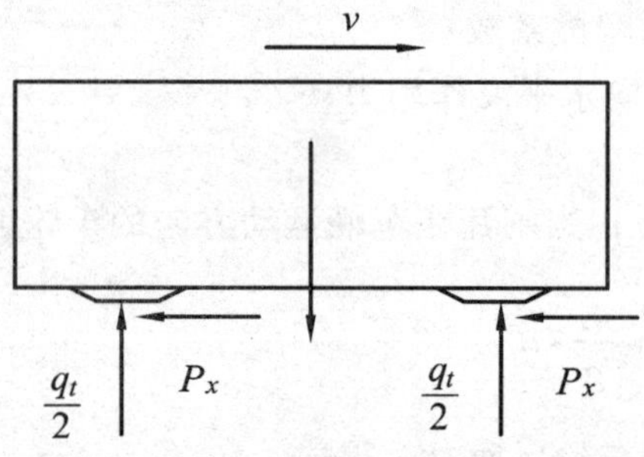

图 6-31　车体受力情况

整个车辆包括四个轮对（按车辆运行方向，有两个轮对的闸瓦在车轮之前，另两个轮对的闸瓦在车轮之后）、两个转向架和一个车体。故整个车辆的运动方程由以上各式合成而得，即

$$2(B + K - R_{x1}) + 2(B + R_{x2} - K) + 2(R_{x1} - R_{x2} - P_x) + 2P_x$$
$$= 2\frac{q_l}{g} \cdot a + 2\frac{q_l}{g} \cdot a + 2\frac{q_z}{g} \cdot a + \frac{q_t}{g} \cdot a$$

归并后得：

$$4B = (4q_l + 2q_z + q_t) \cdot \frac{a}{g}$$

由于车辆的总重量 $4q_l+2q_z+q_t=Q$，所以

$$4B=Q\cdot\frac{a}{g}$$

由此可见，使质量为 $\frac{Q}{g}$ 的车辆得到减速度为 a 的制动力，就是由闸瓦摩擦力引起的钢轨作用于车轮的水平反作用力 $4B$。

由上得出：

$$4(K\times\varphi_k\times r-B\times r)=4J\alpha$$
$$K\times\varphi_k\times r-B\times r=J\alpha$$

从中可知，闸瓦的摩擦力矩由两部分组成：一部分是 $B\times r$，它引起钢轨对轮对的水平反作用力，它使整个车辆发生减速度 a，另一部分是 $J\alpha$，它使转动惯量为 J 的各轮对发生角减速度，这部分影响较小（一般约为制动力的 0.6%），可以忽略不计，故得：

$$B=K\varphi_{\rm k}$$

由此可见，钢轨对轮对的水平反作用力是闸瓦制动装置的制动力，其方向与车辆运行方向相反，作用点在车轮与钢轨的接触处，其数值等于闸瓦的摩擦力。因此，一般在计算时，就取闸瓦摩擦力 $K\varphi_{\rm k}$ 为制动力。

二、制动力的计算

前面已证明，车辆的制动力就是闸瓦与车轮间的相对摩擦力。因此，在闸瓦摩擦力不大于轮轨黏着力的前提下，列车制动力就等于列车中所有机车和车辆的闸瓦压力与闸瓦摩擦系数乘积的总和。其计算方法有两种：一种是采用实算摩擦系数和实算闸瓦压力；另一种是采用换算摩擦系数和换算闸瓦压力。前者因每辆车的闸瓦压力和摩擦系数不尽相同，如果逐辆计算的话，则非常麻烦，故在制动计算中多采用后一种方法。其计算公式为：

$$B_{\rm Z}=1\,000\varphi_{\rm h}\sum K_{\rm h}$$

式中，$B_{\rm Z}$——列车制动力；

$\varphi_{\rm h}$——列车换算摩擦系数；

$\sum K_{\rm h}$——列车换算闸瓦压力总和（kN）。

列车减速度可以按下式计算：

$$a_{\rm z}=\frac{B_{\rm z}}{M}$$

式中，$a_{\rm z}$——列车减速度；

M——列车总质量（包括乘客）。

由于闸瓦换算摩擦系数是随列车运行速度的变化而变化，所以闸瓦压力不变时列车制动力随列车运行速度的变化而变化。

三、黏着与滑行

1. 黏 着

闸瓦制动的制动力，在运用中是通过控制闸瓦压力来调节的。在正常情况下，制动力随着闸瓦压力的增大而增大。而所谓的正常情况，指的是车轮没有发生滑行，或者说，轮轨间的黏着没有被破坏。

按刚体平面运动学的分析，沿钢轨自由滚动的车轮，具有不断变化的瞬时转动中心，车轮和钢轨的各个接触点在它们接触的瞬间是没有相对运动的，轮轨之间的纵向水平作用力就是物理学上说的静摩擦力，其最大值——“最大静摩擦力”是一个与运动状态无关的常量，它等于钢轨对车轮的垂直反力 N 与静摩擦系数 μ 的乘积。

实际上问题比较复杂，车轮和钢轨在很高的压力作用下都有变形，轮轨间实际上是椭圆面接触而不是点接触，不存在理想的瞬时转动中心；车辆运行中不可避免地发生冲击和各种振动，车轮在钢轨上滚动的同时还伴随着微量的纵向和横向滑动，即实际上不是纯粹的“静摩擦”状态；在制动过程中，由于制动力和车辆惯性力不是作用在同一水平面内，造成车辆前后车轮作用于钢轨的垂直载荷不均匀分配。所以，轮轨间的纵向水平作用力的最大值实际上与运动状态有关，而且比物理学上的“最大静摩擦力”要小得多。轮轨间的静摩擦系数 μ 、黏着系数 ψ 、动摩擦系数 φ 的关系是：$\mu > \psi > \varphi$ 。

因此，铁路牵引和制动理论中，分析轮轨间纵向力问题时，不用“静摩擦”这个名词，而是以“黏着”的概念来代替它。相应的，轮轨间纵向水平作用力的最大值就叫做（轮轨间）黏着力，而黏着力与轮轨间垂直载荷的比值就叫做黏着系数。而且，为了便于应用，还假定轮轨间垂直载荷在制动过程中固定不变，即黏着力的变化完全是由于黏着系数的变化引起的。这样，黏着力与运动状态的关系就被简化成了黏着系数与运动状态的关系。但是此时黏着系数也就成了假定值。由于它和假定不变的轮轨间垂直载荷的乘积等于实际的黏着力，所以这个假定用于黏着力计算是可行的。

依靠黏着滚动的车轮与钢轨黏着点之间的黏着力来实现机车车辆的制动，叫做黏着制动。黏着制动是目前主要的制动方式，它能实现的最大制动力不会超过黏着力。

影响黏着系数的因素概括起来主要有两个：一个是车轮和钢轨的表面状况，另一个是列车运行速度。

车轮和钢轨的表面状况又受许多因素的影响，如干湿情况，清洁和污秽以及是否生锈的情况，是否撒砂，砂子的数量和质量等。轮轨的湿度和脏污程度又与天气、环境污染情况和制动装置形式（踏面和轨面能否得到清扫）等因素有关。

列车运行速度对黏着系数的影响也相当复杂，但总的来说随着速度的提高，黏着系数呈下降趋势。

2. 车轮滑行

闸瓦制动的制动力，在运用中是通过控制闸瓦压力来调节的。车辆制动过程中发生滑行的过程如图 6-32 所示。在正常情况下，当车轮没有发生滑行，或者说，轮轨间的黏着没有被破坏时，如果忽略由于冲击、振动等带来的微量纵向和横向滑动，可以认为车轮基本上是在钢轨上做纯粹的滚动。这时，如果不考虑轮对的回转质量惯性，可以认为制动力就等于闸瓦摩擦力，

制动力 B 随闸片压力 K 的增加而加大，列车运行速度 v 相应地下降较快；同时，运行速度 v 降低引起摩擦系数 φ_k 的增大，如图 6-33 所示。但当闸瓦制动力大到接近、甚至等于黏着力时，轮轨间的黏着状态就开始被破坏，出现车轮在钢轨上“连滚带滑”的现象；即在车轮滚动的同时伴随着少量的但越来越大的纵向相对滑动，钢轨对车轮的纵向水平反力不仅不再随闸瓦摩擦力的增大而增大，反而开始急剧减小，车轮转速急剧降低，闸瓦摩擦系数剧增，闸瓦摩擦力几乎呈直线上升，轮轨黏着状态完全被破坏，车轮被“抱死”而不再滚动，车辆在钢轨上滑行。

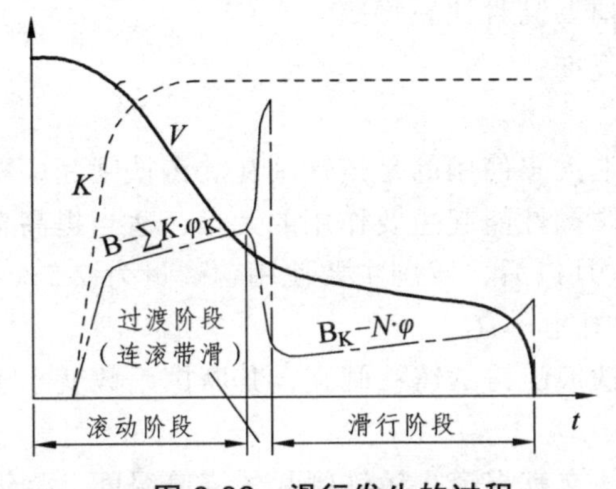

图 6-32　滑行发生的过程

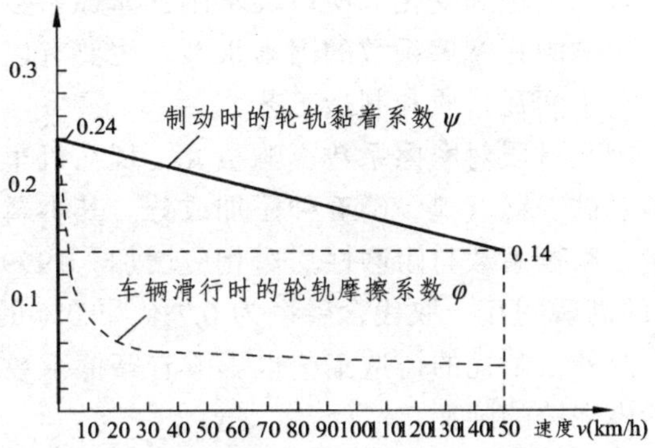

0.3
0.24
0.2
0.1
0.14
制动时的轮轨黏着系数 ψ
车辆滑行时的轮轨摩擦系数 φ
10 20 30 40 50 60 70 80 90 100 110 120 130 140 150 速度 v(km/h)

图 6-33　轮轨黏着系数和摩擦系数

这时，钢轨对车轮的纵向水平反力完全变成为滑动摩擦力，在阻力忽略不计时，可以认为它就是制动力 B_o。由于 $B_o = N \times \varphi$，N 为钢轨作用在车轮上的支反力，φ 是轮轨间滑动摩擦系数，它不仅比黏着系数小，而且比闸瓦与车轮间的摩擦系数也小得多（见图 6-33），因此滑行后的制动力 B_o 急剧下降，列车运行速度 v 的下降也就缓慢得多。随后，由于滑行速度降低到 20 km/h 左右后，轮轨间的摩擦系数显著上升，则制动力又稍有增长。整个制动过程中制动力的变化如图 6-32 中的曲线所示。

从以上分析可以看出，要不发生滑动，必须在制动时使钢轨对车轮的纵向水平反力（近似地说，即闸瓦摩擦力）不能大于轮轨间的黏着力（静摩擦力），或者说，闸瓦制动的制动力受到轮轨黏着能力的限制。

制动后的滑行一般是在低速时发生。经验证明，在滑行速度不高、滑行距离不长时，擦伤的危害并不显著（轻微擦伤短期运行即可消失）。非常危险的是另一类滑行（列车启动时）——某些轮对没有缓解而引起的长距离滑行。这种滑行在严冬季节最易发生，因为这时天气寒冷，制动机容易被冻住而发生缓解不良，制动缸有残余空气压力，再加上启动阻力大，启动时后轴减载，轨道上有冰霜等。所有这些不利因素加在一起，很容易使某些轮对阻碍车轮转动的力超过轮轨间的黏着力，因而发生滑行。在滑行开始以后，随着滑行距离的延长，车轮擦伤深度将逐渐增大，车轮就更不易恢复转动。在擦伤深度很大时，即使完全缓解，车轮也不会再转动起来了。

四、闸瓦对制动力的影响

对闸瓦制动装置来说，闸瓦是非常重要的最基本的零件，同时它又是铁路运输中消耗量最大的零件，据不完全统计，我国铁路车辆每年需消耗铸铁闸瓦 $10^5 t$。闸瓦压力和闸瓦摩擦系数直接影响制动力的大小和制动性能的优劣。所以，必须对闸瓦，特别是它的摩擦性能进行较深入的研究，找出其变化规律，并用以解决有关的制动问题，提高制动效能，减少材料消耗。

1. 闸瓦摩擦系数及影响因素

机车车辆闸瓦与车轮踏面间的摩擦系数简称为闸瓦摩擦系数，以 φ_k 表示。闸瓦摩擦系数是直接影响列车制动力的重要因素，在闸瓦压力一定时，制动力的大小和变化，就决定于摩擦系数的大小和变化。所以要求闸瓦摩擦系数的数值要高且比较稳定。

影响闸瓦摩擦系数的因素很多，主要有以下几方面：

（1）闸瓦材质和制造工艺

闸瓦材质对摩擦系数影响很大，现在机车车辆上大多使用的是铸铁闸瓦。铸铁闸瓦中配有碳、硅、锰、硫、磷五种添加成分。其中磷是对摩擦性能起主要作用的元素，适当提高含磷量，摩擦系数与耐磨性均可相应增加。1999 年 6 月以后，我国主要使用含磷量为 2.5% ~ 5% 的高磷闸瓦，取代含磷量为 0.7% ~ 1.0% 的中磷闸瓦。

此外，闸瓦的铸造工艺也影响着摩擦系数，用铁模浇铸的铸铁闸瓦，其摩擦系数就小于用砂模浇铸的闸瓦。

随着对铸铁闸瓦的研究不断深入，据国内外一些文献报道，铸铁闸瓦的浇铸温度、浇铸方法及闸瓦中所含的杂质都会大大影响闸瓦的耐热性与导热性，使闸瓦易于熔化，对摩擦系数也必然会有影响，从而导致同一材质的闸瓦就有可能有不同的摩擦系数。

（2）闸瓦压力

闸瓦对车轮单位面积上的压力越大，摩擦系数越小；反之摩擦系数越大。这是因为，闸瓦压力大时，摩擦产生的热量多，闸瓦温度升高，在接触面上可能有一薄层闸瓦因高温而变软，起着近似润滑剂的作用，所以降低了摩擦系数。

（3）列车运行速度

铸铁闸瓦与车轮间的摩擦系数受列车运行速度的影响较大。列车速度高，闸瓦与车轮踏面摩擦的相对速度就越大，在摩擦过程中产生的热量多，使闸瓦温度升高，摩擦系数减小。这显然不能满足高速时需要有较大制动力的要求；列车速度低，摩擦系数反而增大，尤其是在速度很低时，摩擦系数急剧上升，容易发生“抱死轮”，即“滑行”现象。

（4）列车制动初速度

制动初速度较低时，闸瓦摩擦系数较高。当制动初速度较高时，闸瓦温度高，则摩擦系数较低。根据试验：制动初速每提高 10 km/h，铸铁闸瓦和低摩擦合成闸瓦的摩擦系数将降低 0.006 ~ 0.012。

除上述几种主要因素外，闸瓦摩擦系数还与气候、轮瓦接触面状态等有关。

2. 改善闸瓦摩擦性能的措施

对闸瓦除要求有高的、比较稳定的摩擦系数外，还要求它有较好的耐磨性和导热性，以及一定的机械强度，并且希望制造成本低。因此，世界各国都在对闸瓦的摩擦性能进行广泛研究，以提高制动效能，降低材料消耗。

（1）提高铸铁闸瓦中的含磷量

据研究，含磷量高的高磷铸铁闸瓦可明显减小以至完全消除火花，制动效果好，但容易脆裂。我国研究出采用钢背作为补强措施的高磷铸铁闸瓦，现在已普遍使用高磷铸铁闸瓦。

（2）采用双侧制动或复式闸瓦

双侧制动即每一车轮两侧各有一块闸瓦。复式闸瓦是一个闸瓦托上安装两块或两块以上闸瓦。采用双侧制动或复式闸瓦能增加闸瓦的摩擦面积，减小闸瓦单位面积的压力。根据试验，闸瓦单位面积的压力较小者，可获得良好的摩擦系数与较小的磨耗量；同时闸瓦单位面积的压力小，制动时的温度较低，由此而引起的闸瓦变形也较小，使闸瓦与车轮有较好的接触状态，得以提高其摩擦系数。据国外试验资料表明，采用复式闸瓦时制动距离比采用单式闸瓦可缩短 10% ~ 15%。

此外，为减小制动过程中闸瓦因高温而发生的变化，除采用上述的复式闸瓦外，还可以采用两端硬化的闸瓦，来防止闸瓦冷却后两端翘起，闸瓦接触面减小，摩擦系数降低。

（3）采用合成闸瓦

由于铸铁闸瓦摩擦系数较低，而且随速度增加而减小，耐磨性亦较差。已不能满足铁路运输高速、重载和行车安全的要求，因而出现了一种很有前途的新型闸瓦——合成闸瓦。

合成闸瓦采用非金属材料（石墨粉、石棉、矿渣、云母、黏土等）和金属粉末（铸铁粉、铜粉、铅粉和铅锌等氧化物）为填充料，用橡胶或树脂等黏性材料作为黏结剂，通过加热而成。

合成闸瓦有以下优点：

① 可根据需要改变配方和工艺，使摩擦系数曲线与黏着系数曲线较好地吻合，即摩擦系数很大而且对速度的改变不太敏感（随速度而变的程度较轻或者说比较稳定）。

② 特别耐磨，其寿命一般在铸铁闸瓦的 4 倍以上，不会发生“磨托”事故。

③ 制动时基本无火花，不会发生“烧车”或沿线火灾事故。

④ 重量较小，仅为铸铁闸瓦的 1/3 左右。

⑤ 车轮踏面磨耗也少，比用铸铁闸瓦可少一半。

合成闸瓦的研究和推广受到世界各国的极大重视，我国铁路技术发展的政策也确定了将来要广泛采用合成闸瓦。

合成闸瓦的缺点是对钢轨的湿润比较敏感，而且散热性能较差，易使车轮踏面发生热裂、剥落、金属镶嵌，甚至磨出沟槽。当然，这些问题也不是不能解决。低弹性模量的闸瓦就是一种比较成功的产品，已经获得广泛的推广应用。

与铸铁闸瓦相比，它的摩擦系数大而稳定，而且可以在制造时，通过采用不同的配方和工艺进行调节。耐磨性也有显著提高，制动时的摩擦火花也小，可防止火灾。目前。我国快速旅客列车上已采用合成闸片。

为了适应高速列车制动的需要，人们还在继续研究采用新的闸瓦材质，如烧结材料、陶瓷铝等。

3. 闸瓦摩擦系数的经验公式

由于闸瓦摩擦系数的影响因素很多，而且比较复杂，难以推导出它的计算公式，通常是以综合试验结果得出的经验公式进行计算的。

在制定我国 1982 年 7 月 12 日颁布、1983 年 1 月 1 日开始实行的第二个《列车牵引计算规程》时，为了建立对客货车都适用的闸瓦摩擦系数公式，采用了按客货车机车制动装置复杂程度分别规定“动效率计算值”：客车定位 0.85（双侧制动，较复杂）；货车当时定为 0.95（单侧制动，较简单）。由此，得到各型闸瓦和闸片的实算摩擦系数 $\varphi_{\rm k}$，按下列各式计算：

中磷闸瓦

$$\varphi_{\rm k}=0.64\times\frac{K+100}{5K+100}\cdot\frac{3.6v+100}{14v+100}+0.007\times(110-v_{\rm o})$$

高磷闸瓦

$$\varphi_{\rm k}=0.82\times\frac{K+100}{7K+100}\cdot\frac{17v+100}{60v+100}+0.001\,2\times(120-v_{\rm o})$$

低摩合成闸瓦和闸片

$$\varphi_{\rm k}=0.25\times\frac{K+500}{6K+500}\cdot\frac{4v+150}{10v+150}+0.006\times(100-v_{\rm o})$$

高摩合成闸瓦和闸片

$$\varphi_{\rm k}=0.41\times\frac{K+200}{4K+200}\cdot\frac{v+150}{2v+150}$$

式中，K——每块闸瓦的闸瓦压力（kN）；

v——列车运行速度（km/h）；

$v_{\rm o}$——制动初速度（km/h）。

【实践与训练】

学习工作单

工作单	制动力的分析		
任　务	熟知制动力的概念；熟知制动力的计算；熟知黏着与滑行的概念及影响；熟知闸瓦对制动力的影响和改善闸瓦摩擦性能的措施。		
班　级		姓　名	
学习小组		工作时间	
【知识认知】 1. 简述制动力的概念； 2. 简述制动力的计算； 3. 简述黏着与滑行的概念及影响； 4. 简述闸瓦对制动力的影响和改善闸瓦摩擦性能的措施。			
【能力训练】 1. 试归纳影响闸瓦摩擦系数的因素。			

续上表

2. 试分析影响闸瓦摩擦系数的因素与闸瓦摩擦系数之间的关系，并归纳对制动力的影响。
任务学习其他说明或建议：
指导老师评语：
任务完成人签字：　　　　　　　　　　　　　　　　日期：　　年　　月　　日 指导老师签字：　　　　　　　　　　　　　　　　日期：　　年　　月　　日

项目七

制动系统试验及常见故障判断与处理

任务一 DK-2 型电空制动机和 CCB-Ⅱ型制动系统操作规程与试验

【知识要点】

1. 熟知 DK-2 型电空制动机试验程序（检查方法）；
2. 熟知 CCB-Ⅱ型制动系统设置办法；
3. 熟知 HXD_1 型电力机车制动机系统试验前准备工作、试验程序和备用制动机试验；
4. 熟知 HXD_3 型电力机车制动机制动控制静态试验程序方法；
5. 熟知 HXD_3 型电力机车制动机停放制动（蓄能制动）试验方法；
6. 熟知 HXD_3 型电力机车制动机制动缸压力指示器试验方法；
7. 熟知 CCB-Ⅱ型制动机换端操作步骤和机车无火回送的操作；
8. 熟知 CCB-Ⅱ型制动系统操作运行注意事项。

【任务实施】

一、HXD_1 型电力机车 DK-2 型电空制动机试验程序（检查方法）

DK-2 型电空制动机试验程序（检查方法），见表 7-1。

二、HXD_1 型电力机车 CCB-Ⅱ制动系统试验程序

（一）试验前准备工作

（1）确认本节、它节机车总风管、列车制动管、平均管连接良好且折角塞门处于开通状态。确认本节、它节机车各塞门处于正常位。

表 7-1　DK-2 型电空制动机试验程序（检查方法）

步骤	设置	自动制动手柄（大闸）运转	初制	制动	全制	抑制	重联	紧急	单独制动手柄（小闸）侧缓	运转	制动	全制	检查方法及要求（列车管定压 600 kPa）
一	本机\不补风	1						2 4	3				1. 风压力 750～900 kPa，列车管、均衡风缸为规定定压，制动缸压力为 0； 2. 列车管压力应在 3 s 内降至 0；机车制动缸压力在 5 s 内升至 400 kPa，最高压力为（450±10）kPa。均衡风缸压力降为 0，紧急制动倒计时 60 s 开始； 3. 制动缸压力应能缓解到 0，手柄复位后制动缸压力恢复； 4. 60 s 倒计时结束后操作，列车管、均衡风缸、制动缸压力不变。
二	本机\不补风	5 6 10			8	7	9						5. 均衡风缸增压至 600 kPa，列车管压力由 0 升至 580 kPa 的时间不大于 11 s，制动缸压力下降为 0； 6. 等待 60 s 使系统各风缸充满风； 7. 均衡风缸减压 170 kPa 的时间为 6～8 s；制动缸由零升至 400 kPa 的时间为 7～9.5 s；列车管减压到均衡风缸压力±10 kPa； 8. 均衡风缸、列车管、制动缸的泄漏量分别不大于每分钟 5 kPa、10 kPa 和 10 kPa； 9. 各压力无变化； 10. 均衡风缸、列车管均恢复至定压 600 kPa，制动缸压力为 0。
三	本机\不补风	14	11				13		12				11. 充满风后，均衡风缸减压（50±5）kPa，列车管减压到均衡风缸压力±10 kPa，制动缸压力为 90～110 kPa； 12. 制动缸压力应能缓解到 0，手柄复位后制动缸压力不恢复； 13. 均衡风缸以常用制动速率降为 0，列车管压力减压至 35～85 kPa，制动缸压力最终上升至（450±10）kPa； 14. 均衡风缸、列车管均恢复至定压 600 kPa，制动缸压力为 0。
四	本机\不补风									16 18		15 17	15. 阶段制动，制动缸压力阶段上升，全制动制动缸压力（300±10）kPa； 16. 阶段缓解，制动缸压力阶段下降，运转位制动缸压力下降为 0； 17. 制动缸在 2～4 s 上升到 285 kPa，最终达到（300±10）kPa； 18. 制动缸在（3～5）s 内降至 40 kPa 以下。
五	空气位	后备制动阀：缓解 19、21；中立；制动 20											19. 列车管、均衡风缸、总风缸均为规定压力，制动缸压力为 0； 20. 均衡风缸减压 170 kPa 的时间为 6～8 s，制动缸压力由零上升至 400 kPa 的时间为 7～9.5 s； 21. 制动缸压力从常用制动最高压力降至 400 kPa 的时间小于 8.5 s；均衡风缸、列车管恢复定压。 注：（19）～（21）系空气位操作，应按照操作规程由电空位转至空气位。试验完毕后，应恢复至电空位。

（2）将本节机车自动制动手柄置“抑制位”，单独制动手柄置“全制动位”，它节机车自动制动手柄置“重联位”并插入穿销锁死，单独制动手柄置“运转位”；

（3）升弓、闭合主断，给压缩机扳钮。

（二）制动机试验程序

（1）进行 LCDM 屏设置试验，本机→单机、单机→本机、本机→补机，补机→本机。本机设置为“600 kPa、操纵端、投入、货车、不补风”；单机设置为“600 kPa、操纵端、切除、货车、不补风”；补机设置为“600 kPa、非操纵端、切除、货车、不补风”。

（2）将本节机车 LCDM 屏设置在“本机位”、它节机车的 LCDM 屏设置在“补机位”，按表 7-2 所示要求进行试验。

（3）操纵方法：

①“运转位”列车制动管充风；“中立位”列车保压；

② 制动时，手柄自“运转位”、“中立位”移至“制动位”，手柄在“制动位”停留的时间长短控制列车制动管减压量，再回“中立位”；

③ 缓解时，手柄回“运转位”；

④ 注意制动缸不能单独缓解，缓解时必须确认机车施加停放制动。

（三）备用制动机试验

（1）CCB-Ⅱ型制动系统因故障不能使用时（如列车区间制动机不能缓解）启用备用制动。

（2）方法及要求：

① 自动制动手柄置“紧急位”，单独制动手柄置“运转位”；

② 自动制动手柄置“重联位”，均衡风缸压力空气排尽后；

③ 断开非操纵节的制动机电源（所有 = 28 开头的除停放制动外的脱扣）；

④ 备用制动阀手柄置“运转位”，拔起备用制动阀上调压阀旋钮，调整备用均衡风缸为定压；

⑤ 备用制动阀手柄置“制动位”，将备用均衡风缸排空；

⑥ 打开操纵端平均管折角塞门、防撞塞门；

⑦ 打开操纵端司机室左柜 D03 塞门（红色手把垂直地面），激活备用制动；

（3）操纵方法：

①“运转位”列车制动管充风；“中立位”列车保压；

② 制动时，手柄自“运转位”，“中立位”，移至“制动位”，手柄在“制动位”停留的时间长短控制列车制动管减压量，再回中立位；

③ 缓解时，手柄回“运转位”；

④ 注意制动缸不能单独缓解，缓解时必须确认机车施加停放制动。

表 7-2　CCB-Ⅱ制动系统“五步闸”检查方法

步骤	设置	自动制动手柄							单独制动手柄				检查内容
		运转	初制	制动	全制	抑制	重联	紧急	侧缓	运转	制动	全制	
1	本机/不补风						4	2	3				1. 总风压力 750～900 kPa，制动缸压力 0，均衡风缸压力 500 kPa，列车制动管压力 500 kPa； 2. 列车制动管压力在 3 s 内降为 0，制动缸在（3～5）s 内升至 200 kPa，并继续增压至 450 kPa，均衡风缸压力降为 0，紧急制动倒计时 60 s 开始； 3. 制动缸压力下降为 0，手柄复位后制动缸压力恢复； 4. 60 s 倒计时结束后操作，列车制动管、均衡风缸、制动缸压力不变；
2	本机/不补风	5, 6, 10			7, 8	9							5. 均衡风缸增压至 500 kPa，列车制动管增压至 480 kPa 不大于 9s，制动缸压力下降为 0； 6. 等 60 s 使系统各风缸充满风； 7. 均衡风缸在 5～7 s 减压到 360 kPa，列车制动管减压到均衡风缸压力 ±10 kPa，制动缸 6～8 s 增压到 360 kPa； 8. 保压 1 min，均衡风缸压力泄漏不大于 7 kPa，列车制动管压力泄漏不大于 10 kPa，制动缸压力变化不大于 25 kPa； 9. 各压力无变化； 10. 均衡风缸增压至 500 kPa，列车制动管压力 500 kPa，制动缸压力下降为 0；
3	本机/不补风	14	11				13		12				11. 充满风后，均衡风缸减压 50 kPa，列车制动管减压到均衡风缸压力的 ±10 kPa，制动缸增压到 70～110 kPa； 12. 制动缸压力下降为 0，手柄复位后制动缸压力不恢复； 13. 均衡风缸以常用制动速率降为 0，列车制动管减压至 55～85 kPa 后保持，制动缸增压至 450 kPa； 14. 均衡风缸增压至 500 kPa，列车制动管压力 500 kPa，制动缸压力下降为 0；
4	本机/不补风			19						16, 18		15, 17	15. 阶段制动：制动缸压力阶段上升，全制动制动缸压力 300 kPa； 16. 阶段缓解，制动缸压力阶段下降，运转位制动缸压力下降为 0； 17. 制动缸在 2～3 s 上升到 280 kPa，最终为（300±15）kPa； 18. 制动缸压力在 3～5 s 降到 35 kPa 以下； 19. 均衡风缸减压 100 kPa，列车制动管减压到均衡风缸压力的 ±10 kPa，制动缸增压到 230～250 kPa；
5	单机	22			20				21	24		23	20. 均衡风缸减压 140 kPa，列车制动管压力保持不变，制动缸压力保持不变； 21. 制动缸压力下降为 0，手柄复位后制动缸压力不恢复； 22. 均衡风缸增压至 500 kPa，列车制动管压力保持不变，制动缸压力保持不变； 23. 制动缸压力在 2～3 s 上升到 280 kPa，最终为 300 kPa； 24. 制动缸压力在 3～5 s 降到 35 kPa 以下。

注：试验完毕，机车恢复本机/不补风状态设置。

三、HXD₃型机车 CCB-Ⅱ型制动系统试验程序

（一）设置 CCB-Ⅱ型制动系统

（1）机车停车，小闸制动缸压力 280 kPa 以上压力状态下，CCB-Ⅱ型制动系统可通过司机室微机显示屏（LCDM）在本机（列车制动管投入）或单机状态（列车制动管切除）下设置。如果显示错误信息时，必须按照信息提示执行，否则将无法继续进行设置。

（2）设置方法及注意事项：

① 本机设置：按 F3“电空制动”，按 F4 选“操纵端”，按 F5 选“投入”，按 F1“执行”。

担当货物本务机车（含单机运行）时，须设置为本机位，LCDM 屏正常显示为：500 kPa→操纵端→投入→货车→不补风，确认微机显示屏流量表上方显示“本机”字样，此位置大、小闸各位置均有作用。

② 补机设置：按 F3“电空制动”，按 F4 选“非操纵端”，按 F1“执行”。此位置大、小闸都失效，因此在任何情况下适用重联线连接后位机车设置。

③ 单机设置：按 F3“电空制动”，按 F4 选“操纵端”，按 F5 选“切除”，按 F1“执行”。

担当被加挂货物列车补机时，须设置为单机位，LCDM 屏正常显示为：500 kPa→操纵端→切除→货车→不补风，确认微机屏流量表上方显示“单机”字样，大闸置重联位并插上锁闭插销，小闸置运转位，此位置除大闸紧急位起作用外，大闸各位置失效，小闸作用正常。

④ 列车制动管保持/不保持设置：确认操纵端 CCB-Ⅱ型制动机为本机状态：按 F3“电空制动”两次，按 F7 选定“不补风”，按 F1“执行”，制动系统显示屏上必须设置为“不补风”。

（5）均衡风缸压力的设置：按 F3“电空制动”两次，进入风压设定菜单，要调整均衡风缸设置压力，按“定压 500/定压 600”键，选择均衡风缸定压 500 kPa 或 600 kPa。每按一次“减少 10 kPa 或增加 10 kPa”键，可相应降低或增加均衡风缸定压 10 kPa。按 F4 降低；按 F5 增加，每次 10 kPa，F1“执行”。注意牵引客运列车或者行包列车时，只需将列车制动管定压由 500 kPa 调为 600 kPa，显示屏上只能设置为“货车”。如按压 F3 查询符合以上规定的，按压 F8 退回。如不符合以上规定的根据显示屏提示进行调整。调整后注意按压 F1 确认执行。

（二）HXD₃型电力机车 CCB-Ⅱ型制动系统检查及试验

1. 制动控制静态试验程序

（1）试验前的检查确认：

① 制动显示屏初始化正常，模式设置为本机、货车、不补风、管压 500 kPa（客车 600 kPa）。必须设置停放制动或在车轮下放置止轮器以防止机车移动，缓解弹停装置，确认弹停指示灯熄灭，弹停指示器绿色。

② 确认机车总风缸压力不小于 750 kPa，均衡风缸、制动管压力 500 kPa，制动缸压力为 0。

③ 检查总风缸截断塞门（A24）打开，总风缸 4 个排水塞门（A12）关闭；

④ 检查制动系统两端制动管塞门（B81）关闭、两端总风管塞门（B80）关闭、两端平均管塞门（BB94）关闭，紧急制动模块上制动缸截断塞门（Z10.22）打开。

⑤ 确认自动制动阀手柄在【重联】位、单独制动阀在【运转】位。

（2）试验操作程序：

HXD_3型电力机车 CCB-Ⅱ型制动系统“五步闸”检查方法见表 7-2，CCB-Ⅱ型制动系统试验程序见表 7-3。

表 7-3　HXD_3型电力机车 CCB-Ⅱ型制动系统试验程序

项目	序号	操作程序与简要说明	LCDM 显示屏信息
制动试验前的工作	1	合蓄电池自动开关（QA61）； 打开电钥匙开关。 （给制动系统供电、供气）	制动系统得电后，约 60 s，LCDM 显示屏得电并进入主操作画面（此时只有 F3 和 F7 两键有效）。 检查此时总风缸压力：750～900 kPa；制动缸压力：（450±15）kPa，均衡风缸压力：0 kPa；制动管压力低于 90 kPa。
	2	在主操作画面中按 F3 键（电空制动）。 （查询制动系统的设置状态）	主操作画面上出现“电空制动设置”。本机牵引货物列车的正常显示为： 【500 kPa-操纵端-投入-货车-不补风】 微机屏流量表上方显示为【本机】字样。 如参数显示不同，则可通过 LCDM 显示屏进行手动设置。
	3	移动自动制动阀手柄至运转位。 （等待 2 min，观察各压力表结果的稳定性）	均衡风缸压力表数值上升的同时，制动管压力也随之上升；制动缸压力下降。结果为： 均衡风缸增压至（500±7）kPa； 制动管压力增加至均衡风缸压力±10 kPa； 制动缸减压至 0 kPa。动力切除不显示。
常用制动	4	移动自动制动阀手柄到初制动位。	均衡风缸减压到 440～460 kPa； 制动管减压到均衡风缸压力±10 kPa； 制动缸压力上升到 70～110 kPa。 主操作画面上方无红色【动力切除】字样显示。
		等待 3 min，观察均衡风缸、制动管、制动缸保压情况。	均衡风缸保持在 440～460 kPa； 制动管压力保持在均衡风缸压力±10 kPa； 制动缸压力不能增加 15 kPa，也不能减少 15 kPa。
	5	缓慢移动自动制动阀手柄到常用制动区使均衡风缸减压至 390～410 kPa。（等待 1 min）	制动管减压到均衡风缸压力±10 kPa； 制动缸压力增加到 200～230 kPa。
	6	移动自动制动阀手柄到全制动位。（等待 1 min）	均衡风缸减压到 335～355 kPa； 制动管减压到均衡风缸压力±10 kPa； 制动缸压力增压到（360±15）kPa。
	7	移动自动制动阀手柄到抑制位	均衡风缸压力保持在 335～355 kPa； 制动管压力保持在均衡风缸压力±10 kPa； 制动缸压力保持在（360±15）kPa。
	8	缓慢移动自动制动阀手柄到抑制位和重联位之间使均衡风缸减压到 300～320 kPa	制动管减压到均衡风缸压力±10 kPa； 制动缸压力为（360±15）kPa； 主操作画面上方无红色【动力切除】字样显示。

续表 7-3

项目	序号	操作程序与简要说明	LCDM 显示屏信息
常用制动	9	移动自动制动阀手柄到抑制位	均衡风缸压力保持在 300～320 kPa； 制动管压力保持在均衡风缸压力±10 kPa； 制动缸保持作用。
	10	移动自动制动阀手柄到重联位	均衡风缸缓慢减压到 0 kPa（不发生紧急放风）； 制动管减压到 55～85 kPa； 制动缸压力增加到（450±15）kPa。
	11	移动自动制动阀手柄到运转位（等待 2 min）	均衡风缸增压至（500±7）kPa； 制动管增压至均衡风缸压力±10 kPa； 制动缸减压至 0 kPa； 主操作画面上方无红色【动力切除】字样显示。
	12	直接将自动制动阀手柄移至全制动位（等待 1 min）	均衡风缸在 5～7 s 内减压至 360 kPa； 制动缸在 6～8 s 内从 0 增压至 340 kPa，并继续增压至（360±15）kPa。
	13	移动自动制动阀手柄到运转位（等待 2 min）	均衡风缸增压至（500±7）kPa； 制动管增压至均衡风缸压力±10 kPa； 制动缸减压至 0 kPa； 主操作画面上方无红色【动力切除】字样显示。
紧急制动	14	置换向手柄于前进位，主控制器手柄置于牵引起始位。 快速直接将自动制动阀手柄移至紧急制动位 （一旦列车实施紧急制动，自动制动阀手柄必须在紧急制动位滞留 60 s，直至红色“动力切除”字样消失，才可移至运转位）。	排风阀（N97）打开； 制动管迅速减压到 0 kPa； 撒砂电磁阀得电并撒砂约 5 s。 确保 Z10.36 紧急电磁阀得电。 均衡风缸缓慢减压到 0 kPa； 制动缸在 3～5 s 内增压至 200 kPa 并继续增压至（450±15）kPa； 微机屏牵引电机指示器减至 0； 【动力切除】信息显示在 LCDM 显示屏上。
	15	移动主控制器手柄回零位。 移动自动制动阀手柄到运转位（等待 1 min）	主操作画面上方无红色【动力切除】字样显示。 均衡风缸增压至（500±7）kPa； 制动管增压至均衡风缸压力±10 kPa； 制动缸减压至 0 kPa。
单缓制动	16	置单独制动阀手柄于全制动位（等待 1 min）	制动缸充气到（300±15）kPa； 均衡风缸保持在（500±7）kPa； 制动管保持在均衡风缸压力±10 kPa。
	17	置自动制动阀手柄于全制动位（等待 1 min）	制动缸增压到（360±15）kPa； 均衡风缸减压到 335～355 kPa； 制动管减压到均衡风缸压力±10 kPa。
	18	侧压单独制动阀手柄	制动缸减压到（300±15）kPa； 均衡风缸保持在 335～355 kPa； 制动管保持在均衡风缸±10 kPa。
	19	单独制动阀从侧压位缓解	所有的压力保持不变。
	20	置单独制动阀手柄于运转位 （等待 1 min）	制动缸保持在（300±15）kPa； 均衡风缸保持在 335～355 kPa； 制动管保持在均衡风缸±10 kPa。
	21	置动制动阀手柄于运转位 （等待 1 min）	均衡风缸增压至（500±7）kPa； 制动管增压至均衡风缸压力±10 kPa；制动缸减压到 0 kPa。

续表 7-3

项目	序号	操作程序与简要说明	LCDM 显示屏信息
单独制动	22	逐步移动单独制动阀手柄到全制动位	制动缸压力逐步增加。
	23	随着单独制动阀手柄移到全制动位	制动缸压力应为（300±15）kPa。
	24	逐步移动单独制动阀手柄到运转位	制动缸压力逐步减少。
	25	放置单独制动阀手柄到运转位	制动缸压力为 0 kPa。
	26	快速移动单独制动阀手柄到全制动位	制动缸压力在 2～3 s 内增加到 255 kPa。
	27	快速移动单独制动阀手柄到运转位	制动缸压力在 3～5 s 内从（300±15）kPa 减到 35 kPa，并继续减压到 0 kPa。
	28	置自动制动阀手柄于重联位	LCDM 显示屏上信息同初始状态。 给自动制动阀手柄上锁。

2. 停放制动（蓄能制动）试验

停放制动（蓄能制动）试验程序见表 7-4。

表 7-4　停放制动（蓄能制动）试验程序

序号	操作程序	具体要求
1	将弹停塞门置于关闭位 （弹停塞门 B40.06）	查看塞门关闭信息显示正确 （查看方法：按【机器状态】→【空制状态】） 弹簧制动缸压力排向大气。
2	将弹停塞门置于开放位	塞门开放信息显示正确（方法同上）。
3	实施弹停缓解	在机车两侧弹停状态指示器显示“绿”色； 司机室弹停制动灯灭。
4	实施弹停制动	在机车两侧弹停状态指示器显示“红”色。 司机室弹停制动灯亮。

3. 制动缸压力指示器试验

制动缸压力指示器试验程序见表 7-5。

表 7-5　制动缸压力指示器试验程序

序号	操作程序	具体要求
1	将制动缸隔离塞门（Z10.22）置于“关闭”位置	信息显示正确； （查看方法：按【机器状态】→【空制状态】） 制动缸排风； 机车两侧制动缸压力指示器显示“绿”色。
2	将制动缸隔离塞门（Z10.22）置于“开启”位置 （试验后，缓解自阀）	1. 信息显示正确；方法同上 2. 制动缸压力上升。 3. 机车两侧制动缸压力指示器显示红色。

（三）CCB-Ⅱ型制动机换端操作步骤

换端前机车必须处于制动停车状态。换端作业时小闸置全制动位，大闸置重联位，并插上锁闭插销，确认制动缸压力达到 300 kPa 以上，换向手柄至中立位，断开空压机，断主断路器，降弓，断开电钥匙并拔出，B 司机拿换向手柄，A 司机拿电钥匙进行换端。换端后，大闸需在抑制位停留 2 s 以上再置“运转位”，大、小闸均置全制动位，进行操纵端“本机位”设置。一班人共同确认“本机位”设置无误后，升弓、合主断路器，合空压机。动车前必须进行大、小闸制动试验。动车后，速度达到 2 km/h 按照规定试闸。

CCB-Ⅱ型制动机换端作业卡死制度：严禁在走行中进行设置，严禁在设置为补机位的司机室进行牵引操纵，严禁在制动机完成设置前升弓、合闸，严禁大闸、小闸未在全制动位进行制动机设置，严禁换端后不进行大、小闸静态制动试验盲目动车，严禁换端中处理故障或做其他工作。

（四）机车无火回送的操作

1. 机车附挂时（无火回送连接在车辆或非和谐机车后）

确保司机控制器在零位，换向手柄在中立位，断开电钥匙。小闸手柄置“运转位”，大闸手柄置“重联位”（插好锁封销），实施停放制动（弹停模块“B40”上的截断塞门置于关闭位）。断开蓄电池接地断路器 QA61、制动系统 QA55。开放总风缸排水塞门，排空后关闭。将平均管塞门开放。控制风缸塞门 U77 置于关闭位。在 EPCU 的 ERCP 上将无火回送塞门转到“投入”位。缓慢开通列车制动管塞门，防止紧急作用产生，总风缸被列车制动管充风（15 ~ 20 min）到约 250 kPa。手动缓解弹停制动（4 个）。

2. 机车附挂在和谐号机车后（连接在本务机后）

确保司机控制器在零位，换向手柄在中立位，断开电钥匙，小闸手柄置“运转”位，大闸手柄置“重联位”（插好锁封销）。断开 QA55、QA61 开关，将总风缸管、列车制动管、平均管分别与本务机车相连，并开放截断塞门，实施停放制动（弹停模块“B40”上的截断塞门置于关闭位），手动缓解弹停制动（4 个）。

（五）CCB-Ⅱ制动系统操作运行注意事项

（1）始发站 CCB-Ⅱ型制动机设置正确后，运行中严禁随意更改设置（作业需要及处理故障除外）。

（2）运行中注意观察信息提示框流量模块和各仪表显示状态。如果发现有异常流量或者机车制动缸非正常上闸时，应及时检查确认。

（3）上电或失电（即闭合或断开电钥匙 SA49、微机控制 QA41、电空制动 QA55、司机控制 QA43（44）、机车控制 QA45、蓄电池 QA61 自动开关或断路器）、空气制动系统故障以及监控装置实施的放风均会造成机车惩罚制动，此时均衡风缸将以常用速度排到零，这是一个不可抑制的惩罚制动。（注意上述开关或断路器在运行中不得断开！）

当满足下列所有条件时惩罚制动才能消除：引起惩罚制动的原因必须按照提示消除，特别注意监控装置放风后，必须视情况实施解锁（实行常用制动时必须停车后按压缓解键；防溜自停按压警惕键），大闸手柄放抑制位停留 1 s。在运行途中一旦产生惩罚制动必须停车，不得擅自强行缓解，防止引发安全事故。

（4）遇制动机失电停车后，再次上电必须重新确认显示屏设置是否正确。

（5）运行中长时间不对此装置进行操纵，显示屏将出现黑屏，只要按压任意键就可消除。

（6）紧急制动（大闸非常制动、监控装置实施自停动作、警惕报警装置动作、列车起非常）后大闸在紧急制动位停放 60 s，并且观察制动机显示屏显示，根据其提示进行操作。

（7）担当第二位重联运行时，CCB-Ⅱ 型制动系统设定为单机。此时若本务机车或车列发起非常制动后，大闸手柄也要置紧急制动位 60 s 消除紧急制动，再放回重联位。注意当机车故障需要加挂运行、不能升弓打风时，须按无火回送处理。

【实践与训练】

学习工作单

<table>
<tr><td>工　作　单</td><td colspan="3">DK-2 型电力机车电空制动机和 CCB-Ⅱ型制动系统操作规程与试验</td></tr>
<tr><td>任　　务</td><td colspan="3">1. 熟知 DK-2 型电力机车电空制动机试验程序（检查方法）;
2. 熟知 CCB-Ⅱ型制动系统设置办法；
3. 熟知 HXD$_1$ 型机车 CCB-Ⅱ型制动系统系统试验；
4. 熟知 HXD$_3$ 型机车 CCB-Ⅱ型制动系统制动控制静态试验程序方法；
5. 熟知 HXD$_3$ 型机车 CCB-Ⅱ型制动系统停车制动（蓄能制动）试验方法；
6. 熟知 HXD$_3$ 型机车 CCB-Ⅱ型制动系统制动缸压力指示器试验方法；
7. 熟知 CCB-Ⅱ型制动机换端操作步骤和机车无火回送的操作。</td></tr>
<tr><td>班　　级</td><td></td><td>姓　　名</td><td></td></tr>
<tr><td>学习小组</td><td></td><td>工作时间</td><td></td></tr>
<tr><td colspan="4">【知识认知】</td></tr>
<tr><td colspan="4">1. 简述 CCB-Ⅱ型制动系统设置办法；
2. 简述 DK-2 型机车电空制动机试验程序（检查方法）；
3. IIXD$_1$ 型、IIXD$_3$ 型电力机车 CCB Ⅱ型制动系统试验前准备工作、试验程序和要求；
4. 简述 HXD$_3$ 型电力机车 CCB-Ⅱ型制动系统停放制动（蓄能制动）试验方法；
5. 简述 CCB-Ⅱ制动系统换端操作步骤；
6. 简述机车无火回送的操作步骤。</td></tr>
<tr><td colspan="4">【能力训练】</td></tr>
<tr><td colspan="4">1. 简述 CCB-Ⅱ型制动系统本机设置、补机设置和单机设置方法。</td></tr>
<tr><td colspan="4">2. 简述列车制动管保持/不保持设置和均衡风缸压力的设置方法。</td></tr>
</table>

续上表

3. 请总结 HXD_1 型电力机车 CCB-Ⅱ型制动系统试验前准备工作和试验操作程序。		
4. 请总结 HXD_3 型电力机车 CCB-Ⅱ型制动系统检查及试验操作程序。		
5. 简述 CCB-Ⅱ型制动系统换端操作步骤和机车无火回送的操作步骤。		
任务学习其他说明或建议：		
指导老师评语		
任务完成人签字：	日期：	年　月　日
指导老师签字：	日期：	年　月　日

任务二　法维莱 Eurotrol 制动机检查试验

【知识要点】

1. 熟知 HXD_2C 型电力机车制动机日常试验程序；
2. 掌握法维莱 Eurotrol 制动机日常试验方法和要求。

【任务实施】

HXD_2C 机车制动机日常试验，见表 7-6 所示。

表 7-6 HXD_2C 型电力机车制动机日常试验程序

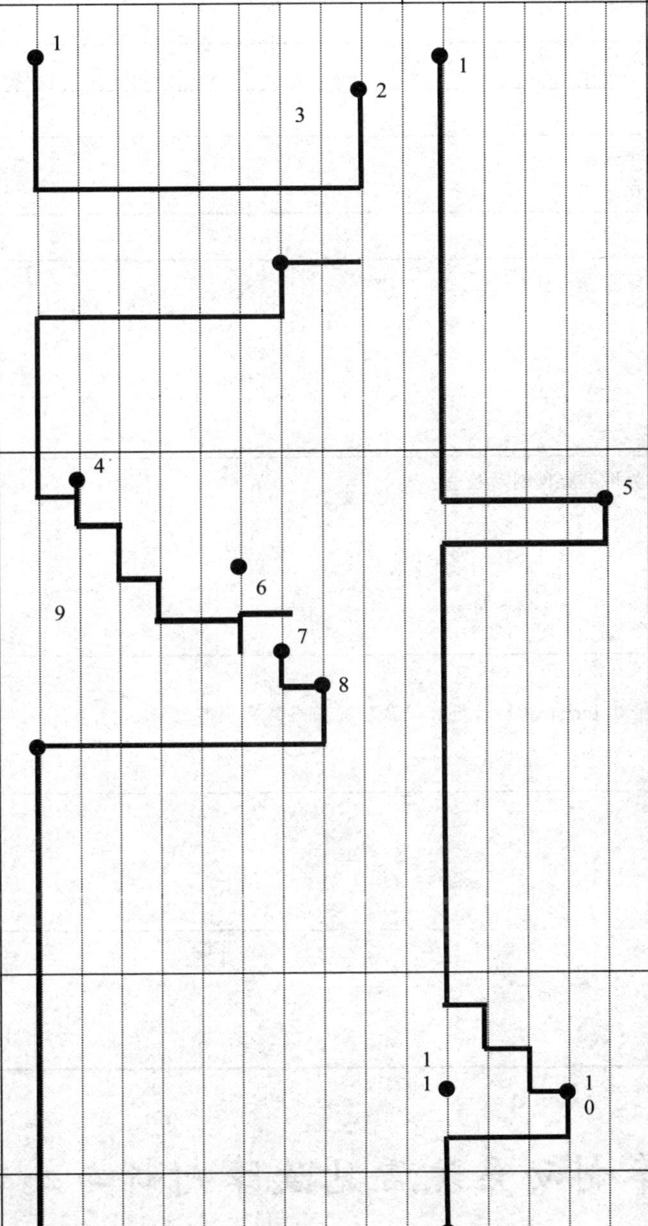

操作顺序	自动制动控制器（大闸）							直通制动控制器（小闸）				使用目的、检查项目及标准
	运转位	初制位	制动区	全制位	抑制位	重联位	紧急位	运转位	制动区	最大位	单缓位	
一	1				3		2	1				1. 将大、小闸手柄置于运转位，各压力值应符合下列要求： a. 总风缸压力为 750～900 kPa； b. 列车制动管压力为定压 600 kPa； c. 均衡风缸压力为定压 600 kPa； d. 制动缸压力为零。 2. 将大闸手柄由运转位移至紧急位，应产生下列作用： a. 列车制动管由 600 kPa 下降至零的时间不大于 3 s； b. 制动缸压力由零升至 400 kPa 的时间为（4±1）s； c. 制动缸最高压力应在（450±20）kPa； 3. 将大闸手柄由紧急位移至抑制位停留 65 s 以上，再将大闸移至缓解位，列车制动管压力由零升至 580 kPa 的时间不大于 11 s，制动缸压力从最高压力排至 40 kPa 的时间为（7±1）s。
二	9	4		6	7	8					5	4. 大闸紧急位移运转位后，待均衡风缸、列车制动管风压充至规定压力 60 s 以上，方可进行制动机试验。将大闸手柄由运转位移至初制位，列车制动管减压 50 kPa，制动缸压力为（100±10）kPa，均衡风缸泄漏量每分钟不大于 10 kPa，列车制动管泄漏量每分钟不大于 10 kPa。 5. 小闸单缓位，制动缸压力应缓解到零。 6. 检查阶段制动作用，大闸在制动区逐渐前移，直到全制位，阶段制动作用应稳定。均衡风缸从 600 kPa 降至 430 kPa 的时间为 6～8 s，列车制动管常用全制动减压 170 kPa，制动缸压力为（420±15）kPa，上升至最大压力的时间为 7～9.5 s。 7. 大闸从全制位移至抑制位，列车制动管、均衡风缸管压力不得下降。 8. 大闸从抑制位移至重联位，列车制动管缓慢下降至 0，均衡风缸压力不得下降。 9. 列车制动管恢复定压，制动缸压力应缓解至零。一次缓解时，制动缸压力从最高压力降至 40 kPa 的时间应小于 8.5 s。
三								11		10		10. 小闸移至制动区，阶段制动或阶段缓解作用应稳定。全制动时制动缸最高压力为（300±10）kPa，制动缸由零升至 285 kPa 的时间为 2～4 s。 11. 全缓解时，制动缸压力从 300 kPa 降至 40 kPa 的时间为 3～5 s。 试验完毕后，应将小闸推至最高压力 300 kPa。
四	12							12				12. 停放制动作用检查 a. 按压司机台上停放制动施加按钮，看司机显示屏上“停放制动”显示为红色，下车确认停车制动指示器显示为红色。 b. 首先恢复司机台停放制动施加按钮，看司机显示屏上“停放制动”显示为红色，按压司机台停放制动缓解按钮，看司机显示屏上“停放制动”红灯灭，下车确认，停车制动指示器显示为绿色。

【实践与训练】

学习工作单

<table>
<tr><td>工 作 单</td><td colspan="3">法维莱 Eurotrol 制动机日常试验</td></tr>
<tr><td>任　　务</td><td colspan="3">掌握法维莱 Eurotrol 制动机日常试验方法和要求。</td></tr>
<tr><td>班　　级</td><td></td><td>姓　　名</td><td></td></tr>
<tr><td>学习小组</td><td></td><td>工作时间</td><td></td></tr>
<tr><td colspan="4">【知识认知】</td></tr>
<tr><td colspan="4">1. 法维莱 Eurotrol 制动机日常试验时的操作程序；
2. 法维莱 Eurotrol 制动机日常试验检查项目及标准。</td></tr>
<tr><td colspan="4">【能力训练】</td></tr>
<tr><td colspan="4">1. 如何进行法维莱 Eurotrol 制动机紧急制动能力检查？</td></tr>
<tr><td colspan="4">2. 如何进行法维莱 Eurotrol 制动机自动制动作用阶段制动检查？</td></tr>
<tr><td colspan="4">任务学习其他说明或建议：
在制动机操纵台上或仿真试验台上进行法维莱 Eurotrol 制动机日常试验的操纵，掌握其方法。</td></tr>
<tr><td colspan="4">指导老师评语：</td></tr>
<tr><td colspan="4">任务完成人签字：　　　　日期：　　年　　月　　日
指导老师签字：　　　　日期：　　年　　月　　日</td></tr>
</table>

任务三　DK-2 型机车制动系统常见故障判断与处理

【知识要点】

1. 熟知 DK-2 型机车制动系统故障分类及处理方法；
2. 熟知 DK-2 型机车制动系统常见故障及应急处理。

【任务实施】

一、故障分类

由于 DK-2 型制动系统与一般机车空气制动系统在结构、性能及操作方法等方面有着较大的不同，故障的性质与特征也不相同，造成故障的原因也较为复杂，一般可分为控制电路、阀类部件、管路及连接部分及操作不当这四个方面的故障。

1. 控制电路故障

DK-2 型机车制动系统的操纵与转换控制系统采用电控方式，因此常出现一些控制电路故障。例如，接线头、插座、插头的虚接和电子元件的虚焊会造成控制功能的错误；而开关触点不良、电空阀线圈断路和控制导线的短路、接地等会造成执行部件不动作。

2. 阀类部件故障

在 DK-2 型机车制动系统中，阀类部件的故障会直接影响到气路的作用。这类故障大多发生在阀类部件内的滑动件上。例如，由于缺少油脂润滑，各种活塞和分配阀的滑阀、节制阀会出现卡滞，造成风路不能沟通；由于动作频繁和老化等原因，弹簧件会失效，影响阀类部件的正常动作；橡胶件会出现龟裂造成窜风和漏风，使阀类部件不能动作或性能下降；阀类部件内的小孔堵塞也会影响阀类部件的作用。

3. 管路及连接部分故障

这类故障的现象一般比较明显，主要表现在堵塞和泄漏，也有部分阀座内部暗孔内泄引起的窜风。例如，管道内部混合的机械杂质会在管道弯曲部分或变径处造成堵塞，而管接头和部件安装面则常会发生泄漏现象。

4. 操纵不当造成的故障

DK-2 型机车制动系统是一个比较复杂的系统，司机在使用机车前，必须全面学习并掌握 DK-2 型机车制动系统的功能与作用，并按照制动系统的操作方法来操纵机车，如果违反操作方法或操作不当，也会使制动系统出现故障。例如，塞门开闭不对，重联装置位置不对，非操纵端大闸及小闸的手柄位置不对，备用制动塞门位置不对等，都将使制动系统不能正常工作。

二、故障处理方法

（1）首先，必须熟悉 DK-2 型机车制动系统的控制电路和空气管路，而且要熟悉各部件的内部结构、作用原理和制动机的操作方法，以便快速、准确地判断故障。

（2）对机车制动系统所出现的故障大致判断一下，按分类方法将故障分类。例如，通过观察电控阀、压力开关动作是否正常可以把故障区分成电路或气路故障。

（3）对每一种故障现象，可以根据经验从最易发生故障的地方入手查找并处理故障；也可以根据分析，并按照电路或气路顺序一处一处查找并处理故障。

三、常见故障及应急处理

注意：任何情况下请确保制动柜右侧哈丁连接器连接正常，未出现松动现象。

1. 机车运行过程中大小闸操作无效，同时制动显示屏提示通讯中断。

处理措施：启用备用制动模式

操作步骤：

（1）司机室设置

① 将大闸手柄置“重联位”，小闸手柄置“运转位”。

② 将操纵节机车司机室备用制动模块上的备用塞门打开，此时操纵节机车的制动机会自动断电。

（2）机械间内设置

① 将两节车上的制动机电源都断开（每节车上 = 28-F04、= 28-F06 开关打到向下位置）。其中 = 28-F04 为制动控制器的电源开关，= 28-F06 为 BCU 的电源开关。

② 操纵节机车制动柜塞门设置

将操纵节机车制动柜上的转换阀由“正常位”转到“空气位”。

③ 将非操纵节机车制动柜上的中继阀列车制动管塞门 115 置关闭位。

（3）试验

操作备用制动控制手柄，对机车进行制动和缓解，调节备用制动调压阀，使其输出压力为列车制动管定压，按压备用制动单缓按钮可以单缓机车。

（4）注意事项

① 操纵空气备用制动阀可对全列车进行制动、保压和缓解，单缓机车则要按单缓按钮。

② 应将自动制动控制器手柄置“重联位”，单独制动控制器手柄置“运转位”。

③ 需紧急制动时，可按压紧急按钮或者拉车长阀，并同时将备用制动阀手柄移至“制动位”。

④ 因列车制动管具有补风作用，备用制动阀减压后放中立位保压时，要注意监视列车速度的变化，防止长时间保压时车辆制动机自然缓解。

⑤ 因为空气位的制动机性能不齐全，不能长期使用，但可作为制动机电空位故障时的一种维持运行的补救操作措施，因此在操作时必须格外注意，做到正副司机密切协调，方能确保行车安全。

2. 机车运行过程中制动显示屏黑屏、蓝屏或白屏且自动制动控制器能正常控制制动机。

处理措施：

（1）通过观察司机室机械风表显示的列车制动管、制动缸及总风压力来操纵机车。

（2）机车停车后尝试复位电源柜自动开关 = 28-F05“制动显示屏”来消除故障。

3. 机车运行过程中，监控系统或 CCU 发出惩罚制动，制动机施加惩罚制动后，列车制动管无法缓解或者无法缓解至定压。

处理措施：

（1）确保惩罚源消除。如果惩罚源已知且无法消除，而机车需要临时动车，可以临时将 BCU 电源板上 ATP 钮子开关拨至“ATP 切除”来切除制动机外部的惩罚信号（紧急制动除外），原则上不推荐用户将 ATP 钮子开关置于“ATP 切除”。

（2）如需解除惩罚制动，首先惩罚源必须消除，同时需要将自动制动手柄置于抑制位 1 s，制动机才能完成解锁。

4. 机车运行过程中，微机显示屏提示 BCU 牵引封锁请求，或者制动显示屏提示总风压力低于 500 kPa。

处理措施：

（1）确保没有紧急制动产生或者紧急制动已解锁。

（2）确保总风压力不低于 750 kPa，如果低于 750 kPa 应立即启动空压机打风。

（3）确保制动机本补设置正确，操作节设置为本机，非操作节设置为补机（非操作节大闸置“重联位”，小闸置“运转位”，大小闸呈锁闭状态）。

（4）如果前三步都无法消除故障，检查两节机车制动柜 BCU 状态，如果任何一节的 BCU 数码管无显示或者 BCU 生命状态灯未跳变，请复位故障节 BCU 电源开关 = 28-F06。

（5）如果以上方法都无法消除故障，请参考启用备用制动模式。

5. 机车紧急制动后，操作大闸至“运转位”，列车制动管不能缓解。

处理措施：

（1）机车紧急制动而且机车速度为零时，制动显示屏将提示紧急解锁倒计时，倒计时 60 s 后，需将大闸手柄置“紧急位”或者“重联位”1 s 解锁（注意制动显示屏上提示），由其他原因引起机车紧急制动也需上述同样操作来解锁。

（2）如果制动显示屏提示紧急制动发生，但一直未提示紧急锁定倒计时，表明制动机一直未接收到来自 CCU 的零速信号（输入板第 27 点亮表示收到机车零速信号），请确认 CCU 工作正常，或进行操作节机车大复位。

（3）如果机车大复位后，列车制动管还不能缓解，如需临时运行机车，请参考启用备用制动模式。

6. 机车如果无法缓解或者缓解不到定压，同时制动柜中电动放风阀 94、电动放风阀 98 排风不止或者紧急阀 95 排风不止。

处理措施：

（1）确认司机室紧急制动按钮已复位。

（2）如果是电动放风阀 94 故障，可临时关闭塞门 117 隔离。

（3）如果电动放风阀 98 故障，可临时关闭塞门 118 隔离。

（4）如果是紧急阀 95 故障，可临时关闭塞门 116 隔离。

7. 机车上电后，操作大小闸，制动机没有反应。

处理措施：

（1）确认制动机电源开关 = 28-F04 与 = 28-F06 已闭合。

（2）确保机车总风压力大于 750 kPa。

（3）确保操作节机车制动柜重联阀转换阀置“本机位”，非操作节重联阀转换阀置“补机位”，非操作节大闸置“重联位”，小闸置“运转位”，机械锁闭钥匙被拔出。

（4）将操作节大闸置“重联位”或“抑制位”1 s，解制动机开机锁（注意制动显示屏上提示）。

8. 机车上电后，制动机解锁成功，大闸置“运转位”，但列车制动管不充风。

处理措施：

（1）确保总风塞门 157、列车制动管塞门 115 处于打开位。

（2）确保电空转换阀 153 阀处于正常位。

（3）确保两节机车紧急制动按钮没有被按下。

（4）通过制动显示屏确认制动机是否未处于“单机”模式，如果制动机处于单机模式（大闸除紧急位有效外其他位置均无效，小闸有效），将 BCU 钮子开关“单机投入 / 切除”置于“单机切除”位。

9. 机车上电后，制动机解锁成功，大闸置于制动区，制动缸不上闸。

处理措施：

（1）确保制动缸塞门 119 和 120 置于打开位。

（2）确保制动机本补设置正确。

（3）制动机初充风时间过短，工作风缸未充满，将大闸至运转位 90 s 以上，再进行制动操作。

10. 无火回送时停放制动缸手动缓解拉杆不动或拉动不缓解。

处理措施：

（1）升弓打风，使停放制动装置恢复正常状态后，重新进行无动力回送设置。

（2）若无法升弓打风，借用本务机车或调车机车列车制动管压力使停放制动单元复位后重新进行无动力回送设置。

（3）处理后检查机车缓解状态，确认所有闸片活动。

11. 无火回送时机车制动缸不随牵引机车列车制动管缓解而缓解。

处理措施：

应检查各节机车相关塞门是否处于正确的位置。尤其需要重点检查两节机车制动柜分配阀缓解塞门 156 是否处于打开状态（塞门手柄与地面垂直）。

12. ATP 或 CCU 发出惩罚制动，制动机施加惩罚制动后，列车制动管无法缓解至定压。

可能原因：

（1）惩罚源没有消除。

（2）制动机惩罚锁未解除。

解决方法：

如需解除惩罚制动，首先惩罚源必须消除，同时需要将自动制动阀手柄置于抑制位 1 s，制动机才能完成解锁。

13. 制动显示屏提示“请确认钮子开关状态”消息。

可能原因：

人为改变 BCU 钮子开关状态。

解决方法：

当制动显示屏出现“请确认钮子开关状态”消息提示时，确认钮子开关状态后，请在操作端显示屏上按“确认”。如未按下确认键，制动显示屏将不会出现其他消息提示，影响制动机正常操作。

14. 制动机解锁成功后，大闸手柄置“运转位”，均衡风缸不充风。

可能原因：电空转换阀 153 置于空气位。

解决方法：将 153 置于正常位。

四、DK-2 型制动机故障对照表

A 类故障：严重的故障，需司机和/或维护人员高度重视并及时处理的故障。处理不及时可能造成机车无法正常运行，同时制动机根据不同的 A 类故障将产生相应的安全导向措施（具体见制动显示屏的故障提示）。

B 类故障：一般的故障，需司机和/或维护人员注意，处理不及时可能会影响机车部分功能的运用。

C 类故障：轻微的故障，可由维护人员延迟处理，不影响机车正常运用。

DK-2 型机车制动机故障代码定义表见表 7-7。

表 7-7　DK-2 型机车电空制动机故障代码定义

故障代码	故障等级	故障定义	故障分类
FAULTS[01]	A01	列车制动管传感器故障	运行故障
FAULTS[02]	A02	均衡风缸传感器故障	运行故障
FAULTS[03]	A03	备　用	运行故障
FAULTS[04]	A04	大闸手柄位置故障	运行故障
FAULTS[05]	A05	小闸手柄位置故障	运行故障
FAULTS[06]	A06	电连锁塞门 115 关闭	运行故障
FAULTS[07]	A07	紧急微动开关故障	运行故障
FAULTS[08]- FAULTS[16]	A08-A16	备　用	
FAULTS[17]	B01	闸 1 传感器故障	运行故障
FAULTS[18]	B02	闸 2 传感器故障	运行故障
FAULTS[19]	B03	总风传感器故障	运行故障
FAULTS[20]	B04	作用管传感器故障	运行故障
FAULTS[21]	B05	电联锁塞门 137 关闭	运行故障
FAULTS[22]	B06	电联锁塞门 119 或者 120 关闭	运行故障
FAULTS[23]	B07	电联锁塞门 139 打开	运行故障
FAULTS[24]	B08	停放塞门 177 切除	运行故障
FAULTS[25]	B09	40 kPa 压力开关故障	运行故障
FAULTS[26]	B10	制动缸预控传感器故障	运行故障
FAULTS[27]	B11	PWM 过流保护	运行故障
FAULTS[28]	B12	输出板的过流保护	运行故障

续表 7-7

故障代码	故障等级	故障定义	故障分类
FAULTS[29]	B13	大闸制动区模拟量输出故障	运行故障
FAULTS[30]	B14	紧急电动放风阀塞门 117/118 关闭	运行故障
FAULTS[31]- FAULTS[49]	B15-B32	备　用	
FAULTS[50]	B33	初充风，BP 与定压差大于 10 kPa	自检故障
FAULTS[51]	C33	初充风，BP 与 ER 差大于 10 kPa	自检故障
FAULTS[52]	B34	初充风，制动缸未缓解到零	自检故障
FAULTS[53]	B35	大闸紧急 BP 降至零的时间大于 3 s	自检故障
FAULTS[54]	C34	大闸紧急制动缸从零的升至 400 kPa 时间大于 5 s	自检故障
FAULTS[55]	C35	大闸紧急后制动缸压力未在 440～460 kPa 之间	自检故障
FAULTS[56]	C36	大闸紧急制动后，小闸单缓，制动缸不能缓解到零	自检故障
FAULTS[57]	C37	1）大闸紧急，小闸测压后回运转位，制动缸压力回升至 440～460 kPa 之间 2）大闸紧急，小闸测压后回运转位，制动缸压力回升	自检故障
FAULTS[58]	C38	大闸紧急后回运转位充风，ER 升至 480 kPa/580 kPa 的时间超过 9 s/11 s	自检故障
FAULTS[59]	C39	大闸紧急后回运转位充风，列车制动管未充风	自检故障
FAULTS[60]	B36	大闸运转，小闸全制动，列车制动管压力有变化	自检故障
FAULTS[61]	B37	小闸全制动，制动缸升至 280 kPa 的时间大于 4 s	自检故障
FAULTS[62]	C40	小闸全制动，制动缸最终压力不在 290～310 kPa 之间	自检故障
FAULTS[63]	C41	小闸全制动后回运转位，制动缸压力降至 40 kPa 的时间大于 5 s	自检故障
FAULTS[64]	B38	小闸全制动后回运转位，制动缸压力最终压力未到零	自检故障
FAULTS[65]	B39	大闸初制动列车制动管减压量不在 45～55 kPa 之间	自检故障
FAULTS[66]	C42	大闸初制动，小闸运转位，制动缸压力不在 90～110 kPa 之间	自检故障
FAULTS[67]	C43	大闸初制动，小闸运转，均衡管泄漏超过每分钟 3 kPa	自检故障
FAULTS[68]	B40	大闸初制动位，小闸运转位，列车制动管泄漏超过每分钟 5 kPa	自检故障
FAULTS[69]	C44	大闸减压 100 kPa，小闸运转位，制动缸压力不在 240～270 kPa 之间	自检故障
FAULTS[70]	C45	大闸减压 170/140 kPa，小闸运转位，制动缸压力不在（405～435）kPa/（340～370）kPa 之间	自检故障
FAULTS[71]	C46	大闸全制动位，小闸运转位，均衡风缸减压（170±5）kPa/（140±5）kPa 的时间不在 6～8 s/5～7 s 范围内	自检故障
FAULTS[72]	C47	大闸全制动位，小闸运转位，制动缸压力值 400 kPa/340 kPa 未在 7～9.5 s/6～8 s 范围内达到	自检故障
FAULTS[73]	C48	大闸全制动位，小闸运转位，列车制动管最终减压量不在（160～180）kPa/（130～150）kPa 之间	自检故障
FAULTS[74]	C49	大闸全制动位，小闸运转位，制动缸压力值不在 400～435 kPa 范围内	自检故障

续表 7-7

故障代码	故障等级	故障定义	故障分类
FAULTS[75]	C50	大闸运转位，小闸运转位，8.5 s/7 s 后制动缸压力值大于 40 kPa	自检故障
FAULTS[76]	C51	大闸抑制位，小闸运转位，列车制动管最终减压量不在（160～180）kPa/（130～150）kPa 之间	自检故障
FAULTS[77]	C52	大闸抑制位，小闸运转位，制动缸压力不在（405～435）kPa/（340～370）kPa 范围内	自检故障
FAULTS[78]	C53	大闸重联位，小闸运转位，检查列车制动管最终压力不在 35～85 kPa	自检故障
FAULTS[79]	C54	大闸重联位，小闸运转位，检查制动缸最终压力不在 435～465 kPa	自检故障

任务四　CCB-Ⅱ型制动系统常见故障判断与处理

【知识要点】

1. 熟知 CCB-Ⅱ型制动系统故障应急处理时注意事项；
2. 熟知 CCB-Ⅱ型制动系统常见故障应急处理方法。

【任务实施】

一、HXD_1C 型电力机车 CCB-Ⅱ型制动系统故障诊断与处理

（一）事件报文：故障代码 001，ERCN 故障

代码描述：ERCN 故障。

反应：ERCP 不能控制均衡风缸的压力。

可能的原因：EBVCN 生命信号丢失 6 s。

故障排除方法：确保 EBV 的插头和 PSJB 的 J100 插头之间的 LON 总线连接可靠。复位 AB 断路器。

（二）事件报文：故障代码 002，ERCP AW4 故障

代码描述：ERCP AW4 故障。

反应：ERCP 不能控制均衡风缸的压力。

可能的原因：均衡风缸的容积大于 825，或者 10 s 内压力变化不在(－35～＋35) kPa 范围内。

故障排除方法：均衡风缸模块进行自检测试。如果通过，复位 AB 断路器以清除备份模式。如果没有通过，更换 ERCP。

（三）事件报文：故障代码 003，ERT 故障

代码描述：ERT 故障。

反应：ERCP 不能控制均衡风缸的压力。

可能的原因：传感器输出电压 > 4.5 V 或者 < 0.5 V。

故障排除方法：复位 AB 断路器。如果仍然出现故障，更换 ERCP。

（四）事件报文：故障代码 004，MRT 故障

代码描述：MRT 故障。

反应：CCB-Ⅱ型制动系统不能通过在 ERCP 里面的传感器读出主风缸的压力。

可能的原因：传感器输出电压 > 4.5 V 或者 < 0.5 V；或者 IPM 探测到传感器停止传输信号达到 15 s。

故障排除方法：AB 断路器复位。如果仍然出现故障，更换 ERCP。

（五）事件报文：故障代码 006，MVER 故障

代码描述：MVER 失电关闭。

反应：ERCP 不能准确控制均衡风缸。

可能的原因：输出反馈显示 MVER 已经断开。

故障排除方法：更换 ERCP。

（六）事件报文：故障代码 008，MRT2 故障

代码描述：MRT 故障 2（MRT—备份）。

反应：CCB-Ⅱ型制动系统不能读出主风缸的压力。

可能的原因：传感器输出电压 > 4.5 V 或者 < 0.5 V；或者 IPM 探测到传感器停止传输信号达到 15 s。

故障排除方法：在下次库检时更换 BPCP。

（七）事件报文：故障代码 009，FLT 故障

代码描述：FLT 故障。

反应：CCB-Ⅱ型制动系统不能准确读取 FLT 的压力。

可能的原因：传感器输出电压 > 4.5 V 或者 < 0.5 V。

故障排除方法：在下次库检时更换 BPCP。

如果在复位 AB 断路器以后仍然出现故障，可在下次库检时更换 BPCP。

（八）事件报文：故障代码 010，BPT 故障

代码描述：BPT 故障。

反应：CCB-Ⅱ型制动系统不能通过在 BPCP 里面的传感器读出主风缸的压力。

可能的原因：传感器输出电压 > 4.5 V 或者 < 0.5 V；或者 IPM 探测到传感器停止传输信号达到 15 s。

故障排除方法：如果在复位 AB 断路器以后仍然出现故障，可在下次库检时更换 BPCP。

（九）事件报文：故障代码 014，MV-53 故障

代码描述：MV-53 失电打开。

反应：对制动管的控制丢失。

可能的原因：连续性的丢失。

故障排除方法：在补机模式下使用空气备用制动。更换 BPCP。

（十）事件报文：故障代码 016，BPCN 故障

代码描述：BPCN 故障（BP 管丢失）。

反应：对制动管的控制丢失。

可能的原因：生命信号丢失 4 s。

故障排除方法：复位 AB 断路器；检查 BP 控制节点处的黄色指示灯，如果稳定亮着，重新输入程序或者更换 BPCP；如果在重启电源之后亮着红灯，更换 BPCP。

（十一）事件报文：故障代码 018，MVEM 故障

代码描述：MVEM 失电关闭。

反应：产生紧急事件的备份方式无法使用。

可能的原因：输出反馈显示 MVEM 失电。

故障排除方法：更换 BPCP。

（十二）事件报文：故障代码 026，MV13S 故障

代码描述：MV13S 失电关闭。

反应：丧失对紧急快缓和备用快缓功能。

可能的原因：输出反馈显示 MV13S 失电。

故障排除方法：更换 13CP。

（十三）事件报文：故障代码 031，13CN 故障

代码描述：13CN 故障。

反应：对 13#管和均衡风缸备份控制的丢失。

可能的原因：13CN 生命信号丢失 10 s。

故障排除方法：在采购之前，可以作为本务机车和补机使用。紧急快缓和备用快缓丢失，更换 13CP。检查 13 控制节点处的黄色指示灯。如果稳定发亮，重新输入程序或者更换 LRU。如果在重启电源之后红灯一直亮着，可更换 13CP。

（十四）事件报文：故障代码 033，ERBU 故障

代码描述：MVERBU 失电关闭。

反应：CCB-Ⅱ型制动系统对均衡风缸管控制丢失。

可能的原因：输出反馈显示 MVERBU 失电。

故障排除方法：在采购之前，可以在备用模式下作为本务机车使用。如果在重启电源之后仍然出现故障，可更换 16CP 和 13CP。如果更换之后还出现故障报错，检查 LON 总线。

（十五）事件报文：故障代码 036，16CP 故障

代码描述：16CPAW4 故障（AW4-16 故障）。

反应：16CP 不能正常工作。

可能的原因：16 > 690 或者 10 s 内的压力变化不在（ – 35 ~ + 35）kPa 范围内。

故障排除方法：运行 16CP 自检。如果自检通过，复位 AB 断路器以清除备份模式。如果自检没有通过，更换 16CP。

（十六）事件报文：故障代码 037，16T 故障

代码描述：16T 故障。

反应：16CP 不能正确控制 16#管。

可能的原因：传感器输出电压 > 4.5 V 或者 < 0.5 V；或者 IPM 探测到传感器停止传输信号达到 15 s。

故障排除方法：在采购之前，可以在备用模式下作为本务机车使用。更换 16CP。

（十七）事件报文：故障代码 039，MV16 故障

代码描述：MPV16 失电关闭。

反应：16CP 不能正确控制 16#管。

可能的原因：输出反馈显示 MPV16 失电。

故障排除方法：更换 16CP。

（十八）事件报文：故障代码 048，BPT 故障

代码描述：BPT 故障。

反应：16CP 不能正确控制 16#管。

可能的原因：传感器输出电压 > 4.5 V 或者 < 0.5 V；或者 IPM 探测到传感器停止传输信号达到 15 s。

故障排除方法：如果在重启电源之后还有故障报错，可更换 16CP。

（十九）事件报文：故障代码 049，BCT 故障

代码描述：BCT 故障。

反应：16CP 不能正确控制 16#管。

可能的原因：传感器输出电压 > 4.5 V 或者 < 0.5 V。

故障排除方法：机车驾驶员可以在不用列车制动管的情况下启动机车的备用模式。推荐在采购之前可以在补机模式下使用。更换 16CP。

（二十）事件报文：BCU 故障代码 052，16CN 故障

代码描述：16CN 故障。

反应：16CP 不能正确控制 16#管。

可能的原因：16CN 生命信号丢失达到 4 s。

故障排除方法：机车驾驶员可以在不用列车制动管的情况下启动机车的备用模式。推荐在采购之前可以在补机模式下使用。保证 16CP 插座的 LON 总线连接可靠。复位 AB 断路器。如果在重启电源以后红灯还亮着，可更换 16CP。

（二十一）事件报文：BCU 故障代码 055，20CP 故障

代码描述：20CP AW4 故障。

反应：20CP 不能正确控制 20#管。

可能的原因：10 s 以内压力变化不在 – 35 ~ + 35 kPa 范围内。

故障排除方法：运行 20CP 自检。如果自检通过，复位 AB 断路器以清除备份模式。如果自检没有通过，设置成补机。在采购时更换 20CP。

（二十二）事件报文：BCU 故障代码 056，20T 故障

代码描述：20T 故障。

反应：20CP 不能正确控制 20#管。

可能的原因：传感器输出电压 > 4.5 V 或者 < 0.5 V。

故障排除方法：只有 BC 管压力稍微减小。更换 20CP。

（二十三）事件报文：BCU 故障代码 058，MVLT 故障

代码描述：MVLT 失电关闭。

反应：20CP 不能正确控制 20#管。

可能的原因：输出反馈显示 MVLT 失电。

故障排除方法：设置成补机模式。采购时更换 20CP。

（二十四）事件报文：BCU 故障代码 062，20CN 故障

代码描述：20CN 故障。

反应：20CP 不能正确控制 20#管。

可能的原因：20CN 生命信号丢失达到 4 s。

故障排除方法：保证 20CP 插座的 LON 总线连接可靠。复位 AB 断路器。如果仍然出现故障，关闭 ABCB，使用补机模式下的气动备份。

（二十五）事件报文：BCU 故障代码 075，Auto POT 故障

代码描述：自动手柄打开。

反应：自动手柄不能正确的工作。

可能的原因：电位计输出电压小于最小输出值。

故障排除方法：设置成补机。更换 EBV。

（二十六）事件报文：BCU 故障代码 076，Ind POT 故障

代码描述：Ind 手柄打开。

反应：Ind 手柄不能正确的工作。

可能的原因：电位计输出电压小于最小输出值。

故障排除方法：设置成补机。更换 EBV。

（二十七）事件报文：BCU 故障代码 080，EBV B01 故障

代码描述：EBV B01 故障。

反应：快缓功能故障。

可能的原因：EBV 节点一直有输入信号 B01。

故障排除方法：设置成补机。更换 EBV。

（二十八）事件报文：BCU 故障代码 085，EBV CN 故障

代码描述：EBV CN 故障。

反应：EBV 不起作用。

可能的原因：EBV CN 生命信号丢失达到 6 s。

故障排除方法：确保 EBV 的插头和 PSJB 的 J100 插头之间的 LON 总线连接可靠。复位 AB 断路器。

（二十九）事件报文：BCU 故障代码 090，IPM CN 故障

代码描述：IPM CN 故障。

反应：IPM 和 EPCU 之间的通信失败。

可能的原因：所有的 LON 报文丢失 1.5 s。

故障排除方法：重启 EPCU 的电源（ABCB），以及 IPM 电源（包括 LEB，DP，或者 MTB 电路断路器）。检查 IPM 与 RIM 和 PSJB 之间的电缆，如果以上没有问题可考虑更换 IPM。

（三十）事件报文：BCU 故障代码 098，BPT/BPT2 故障

代码描述：BPT 和 BPT2 故障。

反应：BP 对制动管的控制丢失。

可能的原因：BPT 和 BPT 备份已经失败。

故障排除方法：重启 EPCU 的电源（ABCB），以及 IPM 电源（包括 LEB，DP，或者 MTB 电路断路器）。如果还出现故障报错，关闭 ABCB，启用补机模式下的气动备份。检查控制节点处的黄灯，如果黄灯一直在亮着，重编程序或者更换受之影响的 LRU。检查 LON 总线连接。如果必要的话更换 BPCP 和 16CP。

（三十一）事件报文：BCU 故障代码 099，20TL 故障

代码描述：20TL 故障。

反应：20CP 不能正确控制 20#管。

可能的原因：传感器输出电压 > 4.5 V 或者 < 0.5 V。

故障排除方法：复位 AB 电路断路器。关闭 ABCB，设为补机模式。如果故障仍然存在，采购时更换 20CP。

（三十二）事件报文：BCU 故障代码 100，ER BU 故障

代码描述：ER 备份故障。

反应：CCB-Ⅱ型制动系统对均衡风缸控制的丢失。

可能的原因：ER 备份，以及另外 036、037 和 052 故障。

故障排除方法：设置 AB 为补机—遵循特殊故障的处理步骤。

二、HXD_3型电力机车制动机常见应急故障处理

（一）故障应急处理时注意事项

1. 故障处理前，必须将主手柄及换向手柄置于“0”位，断开主断路器。
2. 确认需要断开蓄电池自动开关 QA61 之前，应正确处理好监控装置的操作。

（二）HXD₃机车制动系统故障判断处理流程图

HXD$_3$型电力机车制动系统故障判断处理流程图

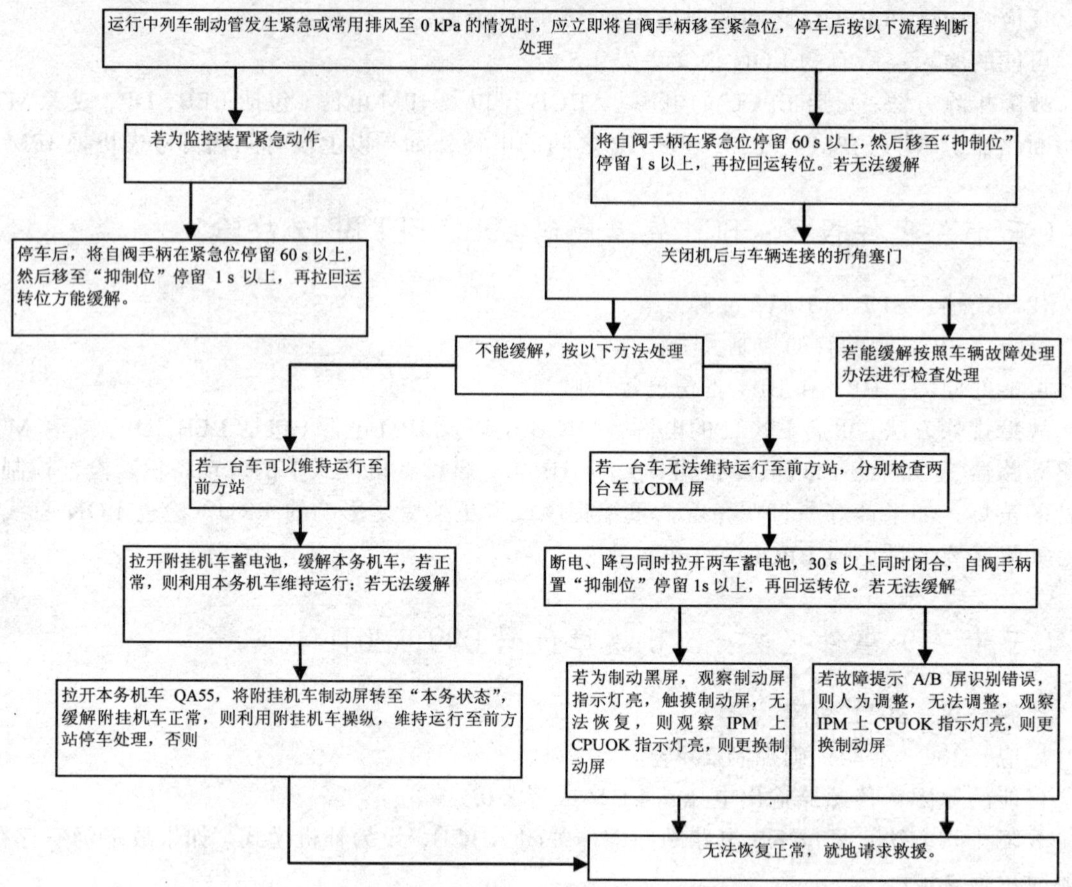

（三）HXD₃型电力机车制动机常见应急故障处理

1. 机车发生惩罚制动故障

（1）监控装置常用制动引起的惩罚制动，应将自阀制动手柄置于“抑制位”1 s 以上并缓解监控装置常用制动。

（2）操纵端处理无效，确认“IPM”上“CPUOK”指示灯为“绿色”显示时，换端操纵维持进站。

2. 大闸运转位列车制动管不充风

（1）大闸手柄置抑制位或重联位，等待“动力切除”消失后，回运转位充风。

（2）大闸紧急制动或列车分离、使用放风阀、使用紧急停车按钮后，列车制动管排为 0，大闸手柄需在紧急位停留 60 s 后，再回运转位充风。

（3）如动力切除不消失，应在 LCDM 上按 F3 键，查看制动机设置信息，并确认设置为操纵端和投入状态。

3. 操纵端 LCDM 屏黑屏或死机

（1）操纵端 LCDM 屏电源指示灯是否亮，电源指示灯正常时立即手压显示屏下方 F1～F8 任意键，1～3 s 后恢复正常。

（2）若 LCDM 屏电源灯不亮，拉回机车电钥匙，将控制电器柜上 QA55“电控装置”脱扣开关脱掉 10 s 后恢复，再给电钥匙后观察 LCDM 屏是否启动正常。

（3）如果不能恢复，到制动屏柜处，检查“集成处理器模块”（IPM）上的“CPU-OK”指示灯是否亮。

① 若指示灯亮，在时间允许的情况下可互倒 A/B 端 LCDM 屏，否则可按《本务机车 CCB-Ⅱ型制动系统故障应急处理办法》（附件一或附件二）维持运行或维持进站处理。

② 若指示灯不亮，需断开机车 QA61“蓄电池充电”脱扣开关 60 s，恢复后若正常，则继续运行。

③ 若故障依旧，可直接按《本务机车 CCB-Ⅱ型制动系统故障应急处理办法》（附件一或附件二）维持运行或维持进站处理。

（4）LCDM 屏互倒方法及注意事项

① 先拉回电钥匙开关，再断开本务机车 QA61“蓄电池充电”脱扣开关。

② 在更换 LCDM 屏时，为节省时间，最好两端同时进行拆除。先拆掉 4 个安装螺丝，拔下 2 个航空插座，再拆掉接地线（注意：对换到非操纵端的故障 LCDM 屏可不安装，但需将非操纵端接地线包扎好）。

③ LCDM 屏互倒完毕后，合本车 QA61“蓄电池充电”脱扣开关，在 LCDM 屏起机后，对操纵端 LCDM 屏进行重新设置，主要内容是机车号（A/B）端、本机的重新设置。

4. 运行中机车自动起非常（紧急制动），LCDM 屏下方对话框内提示：紧急制动作用

将本务机车自阀置“紧急位”60 s 后拉回运转位，观查列车制动管是否能正常缓解。

（1）若能正常缓解，可先维持运行。

（2）若不能正常缓解，操作 LCDM 屏（按压 F3“电空制动”键→按压 F7“维护菜单”键→按压 F2“事件记录”）进入故障记录界面，查看故障记录内容，根据以下相关信息提示做相应处理。

① 紧急制动：操作员

含义：乘务员将自阀置“紧急”位

处理：自阀置“紧急位”60 s 后回运转位自动恢复正常。

② 紧急制动：ATP

含义：人为按紧急制动按钮或列车监控记录装置放风。

处理：需检查恢复机车紧急按钮或解锁列车监控记录装置。

③ 紧急制动：列车制动管线

含义：全列列车制动管线有快速排风或较大泄漏现象。

处理：

a. 关闭机后第一位列车制动管折角塞门，自阀置“紧急位”60 s 后，重新缓解列车，若列车正常缓解，则可判断故障为车辆问题。

b. 故障依旧时，恢复机后第一位列车制动管折角塞门，关闭本务、重联机车连接处列车制动管折角塞门，自阀置“紧急位”60 s 后重新缓解，如列车制动管正常缓解，则为后位重

联机车列车制动管存在故障。若仍不能正常缓解，则为本务机车列车制动管线存在故障。

c. 根据上述步骤判断列车制动管排风处所，若为本务机车或重联机车列车制动管线存在故障，可根据《本务机车 CCB-Ⅱ型制动系统故障应急处理办法》(附件一)或《重联机车 CCB-Ⅱ型制动系统故障应急处理办法》(附件三)维持运行进站处理。

④ 紧急制动：列车制动管线（伴随 LCDM 主画面显示 F014-53 代码）

含义：非操纵端自阀在“紧急位”。

处理：检查恢复非操纵端及后位机车各 EBV，将自阀锁定在“重联位”。

⑤ 紧急制动：ATP/（伴随 TCMS 屏显示：警惕动作）

含义：安全警惕装置动作。

处理：拉回手柄及电钥匙，给电后自阀“紧急位”60 s 后缓解正常。

（3）若本务机车 LCDM 屏故障记录内无任何故障记录

① 立即上重联机车检查，若发现重联机车操纵端 LCDM 黑屏时，可按 LCDM 黑屏处理办法处理。

② 若重联机车操纵端 LCDM 屏工作正常，则需进入 LCDM 屏故障记录页面，检查其故障记录内容，根据故障记录做相应处理。若无法处理时，可按《重联机车 CCB-Ⅱ型制动系统故障应急处理办法》(附件三或附件四)维持运行或维持进站处理。

5. 运行中 LCDM 屏突然无列车制动管、均衡风缸压力显示，机车自动停车，LCDM 屏显示“空气制动故障——XXX”、故障栏提示“自动制动不能被单独缓解，本车设置为拖车”，实际列车也不缓解

（1）将本务机车自阀置“紧急位”，待 60 s 后重新缓解列车。

（2）若列车不能正常缓解，将本务机车制动屏柜上方 A24 总风截断塞门关闭待排风结束后再开启，将自阀再次置“紧急位”，待 60 s 后重新缓解列车。

（3）若列车依然不能正常缓解，将电钥匙拉回，将控制电器柜 QA55“电控装置”脱扣断开 30 s 后再恢复，缓解列车试验观察。

（4）若故障依旧时，将两台车 QA61“蓄电池充电”脱扣开关断开 60 s 后重新合上，将自阀置“抑制位”后拉回“运转位”缓解列车。

（5）若故障依旧时，在确认牵引力足够的情况下，可按《本务机车 CCB-Ⅱ型制动系统故障应急处理办法》(附件一或附件二)维持运行或维持进站处理。

6. 司机台“弹停制动”灯不灭，LCDM 屏显示“动力切除”不消失，弹停制动不缓解

（1）检查总风缸压力是否在 450 kPa 以上、B40 塞门在正常位。

（2）将“弹停制动”开关置缓解位，观察弹停制动是否能缓解。

（3）下车检查四个弹停制动器及风路有无漏风现象。

（4）以上各项检查均正常时，可手压活动 B40 弹停模块上的双向脉动电磁阀左、右侧紫红色柱塞，听是否有充风或排风声，观察故障现象是否消失。

（5）若故障依旧时，可断开机车 QA61“蓄电池充电”脱扣开关 60 s 后恢复，观察故障现象是否消失。

（6）应急处理办法：

① 断开故障机车 QA61“蓄电池充电”脱扣开关。

② 在Ⅱ端司机室背后端子柜内找到 1733 线（1 排 9 号柱）与 440 线（1 排 4 号柱），分别将其破皮并用短接线短接。

③ 关闭 B40 塞门，下车手动缓解四个弹停制动器。

④ 闭合 QA61“蓄电池充电”脱扣，给“车底灯”扳钮，闭合电钥匙，弹停制动灯灭，LCDM 屏“动力切除”消失，机车试验正常。

7. 本务机车无动力，单节重联机车满足牵引力需求的故障应急处理办法

（1）断开本务机车控制电器柜 QA55“电控装置”开关。

（2）本务机车自阀置“重联位”，单阀置“运转位”。

（3）到重联机车给电钥匙，将 LCDM 屏设置“本机”模式。

（4）重联机车自阀置“抑制位”后回“运转位”，解除惩罚制动，缓解列车。

（5）本务机车乘务员负责瞭望，重联机车乘务员负责操纵。

（6）重联机车自阀减压后，通过侧压单阀只能解除后车制动缸压力，不能解除本务机车制动缸压力。只有将重联机车单阀置“运转位”才能同时解除两台机车制动缸压力。

8. 本务、重联机车均有动力，在困难线路对牵引力需求较大的情况下重联操纵应急处理办法

（1）断开两台机车 QA61“蓄电池充电”脱扣开关、并断开本务机车 QA55“电控装置”开关。

（2）将本务机车自阀置“重联位”、单阀置“制动位”。

（3）在本务机车控制电器柜背后，找到 CN7 号插头内 1 号芯 801 线、CN7 号插头 5 号芯 805 线、CN8 号插头 3 号芯 355 分别将其破皮。

（4）用短接线将三根线短接，并进行绝缘包扎。

（5）闭合两台车 QA61“蓄电池充电”脱扣开关，到重联机车给电钥匙开关，进入双机重联控制模式。

（6）将重联机车 LCDM 设置为“本机”模式，重联机车自阀置“抑制位”后回“运转位”，解除惩罚制动，缓解列车。

（7）本务机车负责瞭望，重联机车负责全面操纵。

（8）重联机车自阀减压后，通过侧压单阀只能解除重联机车制动缸压力，不能解除本务机车制动缸压力。只有将重联机车单阀置“运转位”才能同时解除两台机车制动缸压力。

9. 重联机车无动力，适用于单节本务机车满足牵引力需求的故障应急处理办法

（1）断开重联机车控制电器柜 QA55“电控装置”脱扣开关。

（2）将重联机车 EBV 自阀置“重联位”，单阀置“制动位”。

（3）到本务机车给电钥匙，点击 TCMS 屏进入单机状态。

（4）确认本务机车 LCDM 屏“本机”模式。自阀置“抑制位”回“运转位”缓解列车，单阀置“运转位”缓解重联机车制动缸压力。

（5）本务机车自阀减压后，通过侧压单阀只能解除本务机车制动缸压力，不能解除重联机车制动缸压力。只有将本务机车制动单阀置“运转位”才能同时解除两台机车制动缸压力。

10. HXD_3型电力机车 EAB（电子空气制动）自检步骤、故障代码和改正措施（见表 7-8）

11. HXD_3型电力机车 CCB-Ⅱ型制动机 IPM 诊断、故障代码和改正措施（见表 7-9）

表 7-8 HXD$_3$型电力机车 EAB（电子空气制动）自检步骤、故障代码和改正措施

步骤	进行的测试	故障原因	导致失败代码	最可能原因	改正措施	如果还不好，试着：
1	测试 ER 模块，列车制动管切除（MV53 电磁阀得电），ER 缓解，充风 ER 到作用阀压力	ER 不在作用阀压力的 ±2 psi 内	1102 在缓解时 ER 控制错误	AW-4 误动作或 ERCP 上控制节点故障	标定 ERT。如果还不好，更换 ERCP	检查制动柜后面的软管和风缸、ERG 管线及 ER 测试装置泄漏
2	ER 在缓解时偏离。验证 ER＋1，－1 为 5 s	ER 不在步骤 1 压力的 ±1 psi 内（偏移）	1103 在缓解时 ER 偏移	AW-4 误动作或 ERCP 上控制节点故障	标定 ERT。如果还不好，更换 ERCP	检查制动柜后面的软管和风缸、ERG 管线及 ER 测试装置的泄漏
3	ER 全制动设置 ER＝FV-26	ER 不在（FV-26 psi）空气压力的 ±2 psi 内	1104 在全制动时 ER 控制错误	AW-4 误动作或 ER 上控制节点故障	标定 ERT。如果还不好，更换 ERCP	检查制动柜后面的软管和风缸、ERG 管线及 ER 测试装置的泄漏
4	ER 在全制动时偏离。验证 ER＋1，－1 为 5 s	ER 不在步骤 3 空气压力读数的 ±1 psi 内（在全制动偏移）	1105 在全制动时 ER 偏移	AW-4 误动作或 ER 上控制节点故障	标定 ERT。如果还不好，更换 ERCP	检查制动柜后面的软管和风缸、ERG 管线及 ER 测试装置的泄漏
5	MVER 失电 5 s，接着 MVER 得电。等 2 s 读取 ERT 压力读数	MVER 排气速率不在限制 38～52 psi 内	1106 MVER 失电测试（制动率降低）	13CP 塞堵被堵住或 MVER 卡住	检查 13CP 排气塞堵（底部）。如果没有堵，更换 ERCP 并标定 ERT	检查制动柜后面的软管和风缸、ERG 管线及 ER 测试装置的泄漏；更换 13CP
6	MVER 得电。等 18 s。验证 ER＋3，－3	ER 压力从步骤 5 空气压力偏移 ±3 psi	1107 MVER 得电测试	泄漏（AW-4 线路没有被激活）	检查 ERCP 和 13CP 总管垫泄漏；软管和总管后面的风缸泄漏	检查 ERCP 测试装置泄漏；更换 ERCP
7	测试 BP 模块柔性转到列车投入状态。ER 目标：BP+5 MV53 失电					
8	BP 充风。设置 ER＝FV－40。等 30 s；验证 BP＋2，－2	BP 不在（FV-40 psi）空气压力的 ±2 psi 内	1205 BP 控制错误（充风）	BP 泄漏。ERT 或 BPT 标定失误	保证端部塞门是关闭的，标定 ERT 和 BPT	检查 BPCP 的泄漏。更换 BPCP

续表 7-8

步骤	进行的测试	故障原因	导致失败代码	最可能原因	改正措施	如果还不好，试着：
9	MV53/BPCO 切除列车制动管，设置 ER＝FV。列车制动管压力不应随均衡风缸压力增加而增加	BP 不在（FV-40 psi）空气压力的 $^{+3}_{-8}$psi 内（允许 0.5 psi/sBP 泄漏）	1207 MV53/BPCO 没有切除	MV53/BPCO 没有切除。或 BPCO 关闭不严	标定 ERT 和 BPT。重新运行自检。如果 BP 高于允许范围，更换 BPCP	如果 BP 低于允许范围，找出 CCB-Ⅱ或机车上 BP 泄漏
10	MV53/BPCO。列车制动管投入，验证列车制动管大于（FV-30）psi	BP 不大于（FV-30 psi）空气压力	1208 MV53/BPCO 没有接入	MV53/BPCO 没有接入。或列车制动管大量泄漏	保证 MR 在 FV 压力以上。保证端塞门是关闭的	更换 BPCP
11	等 5 s。列车制动管完成充风。验证 BP＝ER＋3，－3	BP 不在 ER 压力的±3 psi 内	1206 在缓解时 BP 控制错误	标定失败	标定 ERT 和 BPT。重新运行自检。保证端塞门是关闭的。确保没有 BP 或 BPCP 泄漏	关闭 A、B 端的折角塞门
12	ERT/BPT 在不补风状态下的标定	BPT 没有低于 ERT 压力的 4～17 kPa	1212 ERT/BPT 在不补风状态下的标定错误	ERT/BPT 没有正确标定	标定 ERT/BPT	重新标定 BPT 使其压力低于校验表大约 4 kPa
13	低 BP BPCO，设置 ER＝0，等 60 s，验证列车制动管是在（8.4～14）psi 内	BP 不在 8～14 psi 内	1209 在 BP 低压时，BPCO 不切除。	在 BP 低压力时 BPCO 不切除	标定 BPT，保证端塞门是关闭的。确保没有 BP 或 BPCP 泄漏	更换 BPCP
14	MVEM 设置列车制动管＝40，等 40s 后切除列车制动管，MVEM 得电产生紧急。等 5 s；验证列车制动管小于 5 psi	BP 大于 5 psi	1210 MVEM 故障	MVEM 故障 PVEM 故障 机车放风阀无动作	如果 BP 到 0psi，而放风阀不动作，检查放风阀	更换 BPCP。检查制动柜后面列车制动管排风口是否被堵
15	等 70 s 放风阀复位					
16	EMV 设置 BP＝40，等 40 s；切除列车制动管。EMV 得电产生紧急作用，等 5 s，验证列车制动管小于 5 psi	BP 大于 5 psi	1211 EMV 故障	EMV 故障 PVEM 故障 IPM 输入/输出故障 接线故障	检查接线盒连接器。更换 IPM，RIM。如果还不好，更换 BPCP	拆去从 IPM 到 RIM 到 PSJB 的电缆。更换 PSJB
17	等 70 s 放风阀复位					

续表 7-8

步骤	进行的测试	故障原因	导致失败代码	最可能原因	改正措施	如果还不好，试着：
18	20CP LRU 设置 20 管压力为 55 psi，等 7 s 让 20 管稳定	20 管压力不在 50～60 psi 之间	1301 20 管不充风	AW-4 误动作或 20CP 上控制节点故障或平均管泄漏	保证端部塞门是关闭的，平均管没有泄漏。标定 20T。如果还不好，更换 20CP	检查制动柜后面的软管和风缸及 20 管测试装置的泄漏
19	排放 20 管压力，等 7 s 让 20 管排气	20 管压力大于 5 psi	1302 20 管不排风	AW-4 误动作或 20CP 上控制节点故障	保证端部塞门是关闭的。标定 20T。如果还不好，更换 20CP	可能制动柜后面泄漏。更换 20CP
20	MVLT 设置 20＝55。设置到补机。排放 20 AW4 压力，等 5 s，读 20TT，验证大于 50 psi	20 管压力小于 50 psi	1303 MVLT 在本机时卡住	MVLT 故障或 PVLT 在本机时卡住；平均管泄漏	保证端部塞门是关闭的，没有 20 管泄漏。检查 20CP 垫是否泄漏	更换 20CP
21	20 管排气					
22	测试 13LRU 设置 BP＝FV					
23	MVER 失电，13S 失电。等 10 s，列车制动管压力下降，产生制动					
24	MVER 得电，停止 ER/BP 减压。MV16 失电，BC 由控制压力由备用模式提供。等 5 s。让系统转换。BC 大于 35 psi	BC 压力小于 35 psi	1506 没有 BC 的备用模式	DBTV 故障或 BCCP 故障或制动缸泄漏或 13CP 故障，单缓功能一直作用	检查 BC 和 BCCO 相关管路的泄漏。标定 16T 和 BCT.运行自检。替换 DBTV	检查管路柜后面的风缸，以及 16 管 BC 测试接头的泄漏。 替换 16CP。 替换 BCCP。 替换 13CP
25	13S 得电，使 13/BO 管压力等于总风压力。等 10 s。BC 小于 5 psi	BC 大于 5 psi	1401 13 管没有充风	13/BO 管压力没有增加到 25 psi 以上。DBTV 上的单缓阀故障，没有排掉 16TV 管的压力	检查 MR 压力大于 25 psi。替换 13CP	检查 EPCU 后 13 号口的泄漏，或者 13 号过滤器的泄漏。替换 DBTV
26	测试 16LRU。缓解自动制动和单独制动。设置 ER＝90 psi					

续表 7-8

步骤	进行的测试	故障原因	导致失败代码	最可能原因	改正措施	如果还不好，试着：
27	16/BC 充风。设置 BC=72，等 5 s；验证 16 管在 71～77 psi 范围内	16 管压力不在 71～77 psi 之间	1503 16 管不充风	AW-4 误动作或 16CP 上控制节点故障	标定 16T 和 BCT。重新运行自检。如果还不好，更换 16CP	检查制动柜后面的软管和风缸及在 16 管测试装置的泄漏
28	16/BC 充风，设置 BC=72，验证 BC 在 69～75 psi 范围内	BC 不在 69～75 psi 之间	1600 BC 不充风	16CP 上控制节点故障，或 BCT 故障或制动缸泄漏	标定 16T 和 BCT。检查 BC 和 BCCO 相关管路的泄漏。重新运行自检。如果还不好，更换 16CP	如果通过 1503 但未通过 1600，且 BC 没有泄漏，更换 BCCP
29	16/BC 排风。设置 BC=30，等 5 s，验证 16 管在 28～34 psi 范围内	16 管压力不在 28～34 psi 范围	1504 16 管不排风	AW-4 误动作或 16CP 上控制节点故障	标定 16T 和 BCT。检查 BC 和 BCCO 相关管路的泄漏。重新运行自检。如果还不好，更换 16CP	检查制动柜后面的软管和风缸及在 16 管测试装置、BC 测试装置的泄漏
30	16/BC 排风。设置 BC=30，验证制动缸在 27～33psi 范围内	BC 压力不在 27～33 psi 之间	1601 BC 不排风	AW-4 误动作或 BCCP、BCT 上控制节点故障	检查制动缸泄漏；标定 16T 和 BCT。重新运行自检。如果还不好，更换 16CP	检查制动柜后面的软管和风缸及 BC 测试装置的泄漏。更换 BCCP
31	设置 ER = FV+1。等 30 s。让 MVER 失电，ER/BP 减压。等 10 s。产生自动制动。让 MVER 得电。让 MV16 失电					
32	BC 备份转换到 BC 备份（16TV 到 16Vol.）。等 5 s，验证 BC 大于 35 psi	BC 小于 35 psi	1506 没有备份 BC	DBTV 故障；BCCP 故障；制动缸泄漏	检查 BC/BCCO 相关管路的泄漏。标定 16T 和 BCT。运行自检程序。更换 DBTV	检查制动柜后面的软管和风缸及在 16 管测试装置、BC 测试装置的泄漏。替换 16CP。替换 BCCP
33	设置 16（AW4）=0。等 5 s，检查 16T 小于 2.0 psi	16 管压力大于 2 psi	1505 16 管不排风到 0	标定错误	标定 16T 和 BCT，重新运行检查	更换 16CP
34	BC 备份。单独缓解。设置 13=MR，等 10 s，设置 13=0；验证 BC 小于 5 psi	BC 大于 5 psi	1507 没有备份 BC 单独缓解	没有备份 BC 单独缓解；13 管压可能不大于 25 psi	保证端部塞门是关闭的，运行 13CP 自检。如果通过，更换 DBTV	

续表 7-8

步骤	进行的测试	故障原因	导致失败代码	最可能原因	改正措施	如果还不好，试着：
35	排放辅助风缸小于ELV设定值（450 kPa）反复单独缓解设置					
36	辅助风缸小于ELV设定值。切除BP，激活MVEM。等20 s；验证BC是在ELV设置的5 psi内	BC不在ELV设置的±5 psi内	1508 ELV故障（典型设置为65 psi）	ELV设置偏移或故障	更换16CP	
37	等20 s让放风阀复位。测试BCLRU					
38	MVER和MV16得电。设置BP＝0，BC＝O，并应用单独缓解	BP不小于15 psi，BC不小于2 psi	1204 BP不排风 1601 BC不排风			
39	通过ERBU设置BP＝30（ERBU得电，MV16失电），等10 s	BP不大于25 psi或BC不小于2 psi	1509 ERBU将不得电	标定失败；ERBU不得电	标定BPT、BCT和16T。如果还不好，更换13CP	更换16CP
40	恢复ER备份（MV16得电，ERBU失电），等10 s	ER大于5 psi或BC小于25 psi	1510 ERBU不失点	ERBU不失电或泄漏或制动缸低压泄漏	更换13CP或修理制动缸泄漏	更换16CP
41	测试BC LRU(PVPL)					
42	设置20＝0，等3 s					
43	20CP保压设置16＝40，ERBU得电，PVPL打开。等5 s使20压力等于BC	20压力不在BC压力的±4 psi范围内	1602 PVPL卡住，关闭	PVPL故障，或通道堵塞	替换BCCP	检查管路通道
44	ERBU失电，关闭PVPL。设置20排放。等10 s，20CP保压。等3 s，20压力小于5 psi	20大于5 psi	1603 PVPL泄漏	PVPL故障	替换BCCP	

注：1 psi = 6.89 kPa = 0.0698 kgf/cm^2

表 7-9　HXD_3型电力机车 CCB-Ⅱ型制动机 IPM 诊断、故障代码和改正措施

故障代码	描　述	被…探测	故障原因	改正措施	还不好，请尝试：
001	ERCN 故障	IPN	ERCN 脉冲损失 4 s	可以在备份模式作为牵引机车使用，直到进车间。保证 LON 电缆紧紧座在 ERCP。断电恢复	检查ER控制节点上黄灯，如果稳定或闪烁，重装程序或更换ERCP。如果动力重启后红灯仍亮，更换ERCP
002	ERCP AW4　故障	ERCP	ER > 825 或在 10 s 内压力不在 ±35 kPa 范围内	可以在备份模式作为牵引机车使用，直到进车间。运行 ER 自检。如果通过，断电恢复来清除备份模式失败更换 ERCP	检查管路柜后部的软管和风缸
003	ERT 故障	ERCP	传感器输出电压大于4.5 V或小于0.5 V	可以在备份模式作为牵引机车使用，直到进车间。断电恢复	更换 ERCP
004	MRT 故障	ERCP	传感器输出电压大于4.5 V或小于0.5 V，或者 IPM 探测传感器信号被停止发送 15 s	可以在备份模式作为牵引机车使用，直到进车间。断电恢复	更换 ERCP
006	MVER 失电关闭	ERCP	输出反馈显示失电	可以在备份模式作为牵引机车使用，直到进车间。更换 ERCP	
008	MRT 故障 2（MRT-备份）	BPCP	传感器输出电压大于4.5 V或小于0.5 V或者 IPM 探测传感器信号被停止发送 15 s	系统可不带流量指示操作。在下次进车间时更换。在下次进车间时更换 BPCP	
009	FLT 故障	BPCP	传感器输出电压大于4.5 V或小于0.5 V	系统可不带流量指示操作。在下次进车间时更换 BPCP	
010	BPT 故障	BPCP	传感器输出电压大于4.5 V或小于0.5 V，或者 IPM 探测传感器信号被停止发送 15 s	系统将用备份传感器操作。如果故障仍然存在，断电恢复后，在下一次进车间更换 BPCP	
014	MV53 失电打开	3PCP	连续性损失	设置制动系统为断电状态，并以气动备份作为拖车使用。更换 BPCP	
016	BPCN 故障（BP 通讯丢失）	IPM	BPCN 损失脉冲信号 4 s	AB 系统断电恢复	检查BP控制节点上黄灯，如果稳定或闪烁，重装程序或更换BPCP。如果断电恢复后红灯仍亮，更换BPCP

续表 7-9

故障代码	描　述	被….探测	故障原因	改正措施	还不好，请尝试：
017	MVEM 得电打开	BPCP	输出反馈显示得电	如果系统持续在紧急情况，设置系统断电，并以气动备份状态以拖车使用。更换 BPCP	
018	MVEM 失电关闭	BPCP	输出反馈表示失电	产生紧急情况的备份模块失效。机车可操作，直到进车间，更换 BPCP	
025	MV13S 得电打开	13CP	输出反馈表示得电	检查机车是否正被单独缓解。如果是，设置系统断电，并以气动备份状态以拖车使用。如果不是，机车可以作为牵引机车使用，直到下次进车间，更换 13CP	
026	MV13S 失电关闭	13CP	输出反馈表示失电	按拖车使用，直到进车间。紧急情况的单缓和单缓的备用模式失效。更换 13CP	
027	MV13E 得电关闭	13CP	输出反馈表示得电		
028	MV13E 失电打开	13CP	输出反馈显示失电		
031	13CN 故障（13 通讯丢失）	IPM	13CN 丢失脉冲信号 10 s	按拖车使用，直到进车间。紧急情况的单缓和单缓的备用模式失效。更换 13CP	检查 13 控制节点上黄灯。如果稳定或闪烁，重装程序或更换 LRU。如果断电恢复后红灯仍亮，更换 13CP
032	MVERBU 得电打开	16CP	输出反馈表示得电	可以在备份模式作为牵引机车使用，直到进车间。断电恢复后故障仍存在，更换 16CP	更换 13CP。如果故障在更换 16CP 和 13CP 后仍存在，检查 LON 电缆
033	MVERBU 失电关闭	16CP	输出反馈表示失电	可以在备份模式作为牵引机车使用，直到进车间。断电恢复后故障仍存在，更换 16CP	更换 13CP。如果故障在更换 16CP 和 13CP 后仍存在，检查 LON 电缆

续表 7-9

故障代码	描　述	被…探测	故障原因	改正措施	还不好，请尝试：
036	16CP AW4 故障（AW4-16 故障）	16CP	16 > 690 或在 10 s 内压力不在 ±35 kPa 范围内	可以在备份模式作为牵引机车使用，直到进车间。断电恢复后故障仍存在，更换 16CP	检查制动柜后部的软管和风缸
037	16T 故障	16CP	传感器输出电压大于 4.5 V 或小于 0.5 V，或者 IPM 探测传感器信号被停止发送 15 s	可以在备份模式作为牵引机车使用，直到进车间。更换 16CP	
038	MV16 得电打开	16CP	输出反馈表示得电	可以在备份模式作为牵引机车使用，直到进车间。断电恢复后故障仍存在，更换 16CP	
039	MV16 失电关闭	16CP	输出反馈表示失电	可以在备份模式作为牵引机车使用，直到进车间。更换 16CP	
048	BPT 故障 2（BPT 备份）	16CP	传感器输出电压大于 4.5 V 或小于 0.5 V，或者 IPM 探测传感器信号被停止发送 15 s	可以在备份模式作为牵引机车使用，直到进车间。断电恢复后故障仍存在，更换 16CP	
049	BCT 故障	16CP	传感器输出电压大于 4.5 V 或小于 0.5 V	机车可以不带 BC 表，使用在备份模式，建议按补机或无火使用，直到进车间。更换 16CP	
052	16CN 故障（16 通讯丢失）	IPM	16CN 丢失脉冲信号 4 s	机车可以不带 BC 表，使用在备份模式，建议按补机或无火使用，直到进车间。更换 16CP。保证 LON 电缆安装牢固，断电恢复	检查 16 控制节点上黄灯。如果稳定或闪烁，重装程序或更换 16CP。如果断电恢复后红灯仍亮，更换 16CP
055	20CP AW4 故障（AW-4-20 故障）	20CP	10 s 以内压力变化不在 ±35 kPa 范围内	运行 20 自检。如果自检通过，断电恢复以清除备份模式。如果不能通过，设置成补机。在进车间后更换 20CP	检查制动柜后部的软管和风缸
056	20T 故障（20T/拖车故障）	20CP	传感器输出电压大于 4.5 V 或小于 0.5 V	设置到补机模式。单独制动压力有轻微泄漏。在进车间后更换 20CP	

续表 7-9

故障代码	描　述	被….探测	故障原因	改正措施	还不好，请尝试：
057	MVLT 得电打开	20CP	输出反馈表示得电	可以在备用模式作为牵引机车使用，直到进车间。断电恢复后故障仍存在，更换 20CP	
058	MVLT 失电关闭	20CP	输出反馈表示失电	设置成补机模式。在进车间后更换 20CP	
062	20CN 故障	IPM	20CN 生命信号丢失达到 4 s	保证 LON 总线连接可靠，断电恢复。如果仍然出现故障，设置为补机模式下以气动备份状态使用	检查 20 控制节点上黄灯。如果稳定或闪烁，重装程序或更换 20CP。如果断电恢复后红灯仍亮，更换 20CP
075	自动制动手柄失效	EBV	电位计输出电压小于最小值	设置成补机。更换 EBV	
076	单独制动手柄失效	EBV	电位计输出电压小于最小值	设置成补机。更换 EBV	
077	限位开关打开	EBV	自动制动手柄或单独制动手柄故障	将手柄移开故障位置再将手柄移回	更换 EBV
085	EBVCN 故障	IPM	EBVCN 信号丢失达到 6 s	确保 EBV 的插头和 PSJB 的 J100 插头之间的 LON 总线连接可靠。断电恢复	检查 EBV 控制节点上黄灯。如果稳定或闪烁，重装程序或更换 EBV。如果断电恢复后红灯仍亮，更换 EBV
090	IPM CN 故障（LON 通讯丢失）	IPM	LON 网信息丢失达 1.5 s	断电恢复	检查 IPM 与 RIM 和 PSJB 之间的电缆。如果电缆良好，更换 IPM
098	BPT 和 BPT2 故障	IPM	BPT 和 BPT2 备份故障	断电恢复。如果还出现故障报错，设置系统断电，并按补机模式下的气动备份使用	检查控制节点上黄灯。如果稳定或闪烁，重装程序或更换涉及的 LRU。检查 LON 电缆连接。如果必要，更换 BPCP 和 16CP
099	20TL 故障（20T/本机车故障）	20CP	传感器输出电压大于 4.5 V 或小于 0.5 V	断电恢复。如果故障仍存在，设置到补机模式，使系统断电。在进车间后，更换 20CP	
100	ER 备份并伴有代码 036、051、052	16CP	ER 备份，并且 036、037、052 故障	设置到补机	

【实践与训练】

学习工作单

工　作　单	CCB-Ⅱ型制动系统常见故障判断与处理		
任　　务	1. 熟知CCB-Ⅱ型制动系统故障应急处理时注意事项； 2. 熟知CCB-Ⅱ型制动系统常见故障应急处理方法。		
班　　级		姓　　名	
学习小组		工作时间	
【知识认知】			
1. 简述 HXD_1C 型电力机车CCB-Ⅱ型制动机事件报文、故障代码、代码描述、反应、可能的原因及故障排除方法； 2. 简述 HXD_3 型电力机车制动系统故障判断处理流程； 3. 总结 HXD_3 型电力机车CCB-Ⅱ型制动机常见故障及应急处理方法； 4. 简述 HXD_3 型电力机车EAB（电子空气制动）自检步骤、故障代码和改正措施； 5. 简述 HXD_3 型电力机车CCB-Ⅱ型制动机IPM诊断、故障代码和改正措施。			
【能力训练】			
1. 简述 HXD_1C 型电力机车CCB-Ⅱ型制动机事件报文故障代码002，ERCP AW4故障的代码描述、反应、可能的原因及故障排除方法。			
2. 叙述 HXD_3 型电力机车CCB-Ⅱ型制动机本务机车无动力，单节重联机车满足牵引力需求的故障应急处理办法。			
3. 叙述 HXD_3 型电力机车CCB-Ⅱ型制动机操纵端LCDM屏黑屏或死机的故障应急处理办法。			
4. 叙述 HXD_3 型电力机车EAB（电子空气制动）自检步骤、故障代码和改正措施。			
5. 叙述 HXD_3 型电力机车CCB-Ⅱ型制动机IPM诊断、故障代码和改正措施。			
任务学习其他说明或建议：			
指导老师评语			
任务完成人签字：		日期：　年　月　日	
指导老师签字：		日期：　年　月　日	

任务五 法维莱 Eurotrol 制动机故障处理

【知识要点】

1. 熟知法维莱 Eurotrol 制动机故障代码分类。
2. 掌握法维莱 Eurotrol 制动机 BCU 故障代码说明。

【任务实施】

法维莱 Eurotrol 制动机故障代码分为如下三类：

类型 83：在运行期间请求向驾驶员发送信息的主要故障代码（DM），该信息在 CPU 显示器上显示为 8983。

类型 84：在运行结束时请求向驾驶员发送信息的次要故障代码（DC），该信息在 CPU 显示器上显示为 8984。

类型 87：仅用于维护的一般故障代码，该信息在 CPU 显示器上显示为 8987。

当检测到一个故障时，该故障代码保存于 BCU 内部，仅在维护时进行复位。故障代码的复位删除掉内存中所有的故障列表。因此故障记录的功能必须在 TCMS 中实现。

当一个故障代码被检测到时，BCU 继续工作。BCU 仅在故障被确认和声明后进行反应。故障代码类型 83 与 BCU 信息有关。这些故障代码请求将系统切换到备用模式，同时间、日期（由 TCMS 通过 MVB 网络发送的时钟信号）一起存储于 BCU 内存中。这些故障能够通过对 Eurotrol 先导室 RE 完全排气引起制动。它们通过 MVB 网被送到 TCMS。故障代码类型 84 与 BCU 信息有关。这些故障代码不向驾驶员请求任何操作，仅请求在运行结束时进行维护方面的干预，同时间、日期（由 TCMS 通过 MVB 网络发送的时钟信号）一起存储于 BCU 内存中。它们通过 MVB 网被送到 TCMS。故障代码类型 87 同时间、日期（由 TCMS 通过 MVB 网络发送的时钟信号）一起存储于 BCU 内存中。它们通过 MVB 网被送到 TCMS。BCU 故障代码说明如表 7-10 所示。

表 7-10 BCU 故障代码说明

序号	故障描述	类型
01	BCU 启动错误	83
02	CA1（PRN）CPF 故障	84
03	CA2（PRN）CPF 故障	84
04	CA（PRN）RE 故障	84
05	CA（PRN）CG 故障	84
06	CA2（PRN）CG 故障	84
07	CA1（PRN）RE 故障	84
08	控制列车制动管的压力传感器故障	83
09	CA1（PRN）EQ 故障	87
10	CA2（PRN）EQ 故障	87
11	CA1（PRN）CF1 故障	87
12	CA1（PRN）CF2 故障	87
13	CA1（PRN）FD 故障	84

续表 7-10

序号	故障描述	类型
14	CA（PRN）DEB 故障	87
15	VE1（DG）阀短路故障	84
16	VE1（DG）阀开路故障	84
17	VE2（DG）阀短路故障	84
18	VE2（DG）阀开路故障	84
19	VE（SEC）阀短路故障	83
20	VE（SEC）阀开路故障	83
21	VE（SG）阀短路故障	84
22	VE（SG）阀开路故障	84
23	制动阀 VE（SEC）+VE（SG）故障	83
24	VE-URG1 阀短路故障	84
25	VE-URG1 阀开路故障	84
26	快速缓解阀 VE（GD）短路	84
27	快速缓解阀 VE（GD）短路	84
28	大流量缓解电磁阀 VE（GD）和气动阀 VV（GD）不一致（阀处于小流量缓解）	84
29	大流量缓解电磁阀 VE（GD）和气动阀 VV（GD）不一致（阀处于大流量缓解）	83
30	Eurotrol 电源故障	83
31	缓解阀 VE1（DG）+VE2（DG）故障	83
32	缓解电磁阀 VE（N）开路故障	84
33	缓解电磁阀 VE（N）短路故障	84
34	阀 VE（N）和 VV（N）不一致（非中立状态）	84
35	阀 VE（N）和 VV（N）不一致（中立状态）	83
36	VE（IS）RM 和 VV（IS）RM 不一致（非隔离状态）	83
37	VE（IS）RM 和 VV（IS）RM 不一致（隔离状态）	83
38	遮断阀 VE（IS）RM 开路故障	84
39	遮断阀 VE（IS）RM 短路故障	84
40	电磁阀 VE-Q（P）FR 短路故障	84
41	电磁阀 VE-Q（P）FR 开路故障	84
42	电磁阀 VE-Q（P）FR 和 SW-VE-Q（P）FR 不一致（EPM 没激活）	84
43	电磁阀 VE-Q（P）FR 和 SW-VE-Q（P）FR 不一致（EPM 激活）	84
44	RS 422 通信故障	84
45	司机室 1 制动控制器故障	84
46	司机室 2 制动控制器故障	84
47	CAN 总线故障	84
48	EPM-DISTR 分配阀故障	84
49	EPM-FSE 备用制动故障	84
50	EPM-FD 直通制动故障	83
51	制动显示器故障（RS485）	84
52	传感器 CA1（PRN）EQ+CA2（PRN）EQ 故障	84
53	传感器 CA1（PRN）CF1+CA2（PRN）CF1 故障	84
54	紧急阀故障	83

续表 7-10

序号	故障描述	类型
55	MVB 通信故障	84
56	RB-UM 和 VV（IS）RM 不一致	84
57	传感器 CA2（PRN）CF1 故障	87
58	传感器 CA2（PRN）CF1 故障	87
59	传感器 CA1（PRN）CF2+CA2（PRN）CF2 故障	84
61	VE-URG2 短路故障	84
62	VE-URG2 开路故障	84
63	VE（DG）EQ 短路故障	84
64	VE（DG）EQ 开路故障	84
65	VE-Q（P）FR1 短路故障	84
66	VE-Q（P）FR1 开路故障	84

【实践与训练】

学习工作单

工作单	法维莱 Eurotrol 制动机故障处理		
任务	学习掌握法维莱 Eurotrol 制动机故障原因和故障分类。		
班级		姓名	
学习小组		工作时间	
【知识认知】			
1. 法维莱 Eurotrol 制动机故障分类。 2. 法维莱 Eurotrol 制动机故障代码分类。			
【能力训练】			
1. 造成法维莱 Eurotrol 制动机故障的原因有哪些？			
2. 简述法维莱 Eurotrol 制动机三种故障代码的处理方式。			
任务学习其他说明或建议： 法维莱 Eurotrol 制动机各管路采用的是微机数字化闭环控制，因此制动机本身具备故障检测功能。学习试验过程中要在司机操纵台上或者制动机仿真试验台上通过与 LCDM 显示屏交互操作掌握制机故障检测与故障处理。			
指导老师评语：			
任务完成人签字：　　日期：　年　月　日			
指导老师签字：　　日期：　年　月　日			

附录一

HXD 机车缩写和首字母缩写

A/D ……………………模数转换
A&R……………………作用和缓解
AAR ……………………美国铁路协会
ABCB……………………空气制动线路断路器
AD……………………模数转换
AE1 ……………………1 号自动紧急开关，常闭
AE2 ……………………2 号自动紧急开关，常开
ALR ……………………报警继电器
APP ……………………作用
AR……………………自动缓解开关或辅助风缸
ATP ……………………自动列车保护
AW4-ER……………………模量转换器均衡风缸
AW4-16……………………模量转换器，16 管（控制管）
AW4-20……………………模量转换器，20 管（单独作用&缓解管）
BAL ……………………平衡
BAN……………………电池负极
BAP……………………电池正极
BAT……………………电池箱
BC……………………制动缸
BCCO……………………截断塞门下游制动缸管压力
BCCP ……………………制动缸控制部分
BCEP ……………………制动缸均分管
BCPS……………………制动缸压力开关
BCT……………………制动缸换能器
BCTP ……………………制动缸测试点
BCU ……………………制动控制单元
BG……………………制动栅格

BO……………………………………单独缓解
BO1……………………………………自动制动单独缓解开关
BO2……………………………………单独制动单独缓解开关
BOBU ……………………………………单独缓解备份
BOD……………………………………二进制输出禁止
BP ……………………………………制动管
BPCN……………………………………制动管控制节点
BPCO……………………………………制动管截断阀（制动管压力下降到 11 镑平方英寸关闭）
BPCP……………………………………制动管控制部分
BPG……………………………………制动管表口
BPT ……………………………………制动管换能器
BPR……………………………………制动管继电器
BPVV……………………………………制动管在机车放风阀压力
BU……………………………………备份
C1……………………………………气动塞堵 1
C2……………………………………塞堵 2
CCU ……………………………………中央控制单元
DER ……………………………………熄火引擎调节
EBV ……………………………………电制动阀
EP……………………………………平均管
EPCU ……………………………………电空控制单元（电气控制单元）
ER ……………………………………均衡风缸
ERBU……………………………………均衡风缸备份
ERCP ……………………………………均衡风缸控制部分
ERCN……………………………………均衡风缸控制节点
ERG ……………………………………均衡风缸表接口
ERT……………………………………均衡风缸换能器
ERTP……………………………………均衡风缸测试点
ES……………………………………紧急撒砂
ESR ……………………………………紧急撒砂继电器
EVC ……………………………………电子警报计算机
EX……………………………………排气
EXH ……………………………………排气电磁阀
F/LY ……………………………………每机车年机破
FIG……………………………………图
FLIM……………………………………货运牵引车接入模式
FLOM ……………………………………货运牵引车切除模式
FLT……………………………………流量换能器
FMI ……………………………………现场改造说明

FRA……………………………………联邦铁路管理局
FS………………………………………完全运用
ftlb……………………………………磅英尺
FV ……………………………………输送阀
FVPS…………………………………副司机阀压力开关
GETS …………………………………通用电气运输系统
GEHRE ………………………………通用电气哈里斯铁路电气设备
HDLC…………………………………高位数据连接控制
HEBV…………………………………助手紧急制动阀
HMI……………………………………人机接口
HO……………………………………手柄取出
HVB …………………………………主断路器
Hz……………………………………赫兹（每秒周期）
I/O……………………………………输入/输出
IA&R …………………………………单独作用和缓解
IBR……………………………………单独制动继电器
IBS ……………………………………单独制动开关
ICE……………………………………集成司机室电气设备
IFC ……………………………………集成功能微机
IFD……………………………………集成功能显示器
IHUB…………………………………集成网络中心
ILC……………………………………集成机车微机
IM ……………………………………单独最大允许开关，常开
IND ……………………………………单独
IPM ……………………………………集成微处理器模块
IR ………………………………………单独缓解开关，常开
JB ………………………………………接线盒
KBL ……………………………………克诺尔制动有限公司
L/T ……………………………………牵引车/拖车
L-EB …………………………………电子制动
LED……………………………………二极管灯
LCDM …………………………………机车司机室显示模块
LOCOYEAR …………………………8766 小时
LOCO…………………………………机车
LOCOTROL…………………………通过射频通讯分散动力执行
LON ……………………………………局部操作网络
LPC ……………………………………机车程序控制器
LRU ……………………………………线路可更换单元
LSI ………………………………………机车系统一体化

LVC……………………………………低压柜
LY ……………………………………机车年（8766 小时）
MCB……………………………………小自动开关
MCU ……………………………………司机控制器
MIN……………………………………最小
MIP ……………………………………微处理器接口程序
MMI……………………………………人机界面
MP………………………………………总风管
MPV16…………………………………电磁/控制阀 16 部分
MR ……………………………………总风缸
MREP…………………………………总风缸均分管
MRT ……………………………………总风缸换能器
MTB……………………………………多任务线路断路器
MTBCF ………………………………临界故障间平均时间
MTBF…………………………………故障间平均时间
MTBUS………………………………非计划进车间平均时间
MTTR …………………………………修理平均时间
MU………………………………………重联
MVB ……………………………………多功能列车总线
MVEM …………………………………紧急电磁阀
MVER…………………………………均衡风缸故障电磁阀
MVEREX ………………………………均衡风缸故障电磁阀排气
MVLT…………………………………牵引车—拖车电磁阀
MV13E…………………………………13 管排气电磁阀
MV13S…………………………………13 管供气电磁阀
MV16T…………………………………16 管缺省电磁阀
MV20E…………………………………单独作用排气电磁阀
MV20S…………………………………单独作用排气电磁阀
MV53 ……………………………………制动管切除控制电磁阀
N.C………………………………………常闭
N.O ……………………………………常开
NTF……………………………………未发现问题
NYR……………………………………纽约修理代码
NYS ……………………………………纽约维护说明
NYT ……………………………………纽约测试代码
OEM……………………………………原始设备制造
PCB ……………………………………印刷电路板
PCS ……………………………………气动切除（分解）开关 / 动力控制开关
PDD ……………………………………接近度探测装置

PG………………………………页码
PIR………………………………动力联锁继电器
POV………………………………控制操作阀
PSIG………………………………psi 表
PSJB………………………………电源&接线盒
PTU………………………………便携测试单元
PV………………………………控制阀
PVE………………………………紧急探测控制空气阀
PVEM………………………………紧急控制空气阀
PVLT………………………………牵引车—拖车气动阀
PWM………………………………脉冲宽度调制
REL………………………………缓解
RES………………………………风缸
REV………………………………换向器
RF………………………………电台频率
RIM………………………………继电器接口模块
RLIS………………………………轨道润滑抑制器指示器开关
RM………………………………电台模块
RMA………………………………返回材料授权
RMPS………………………………电台模块电源
RU………………………………可更换单元
SCFM………………………………标准立方英尺每分钟（流量）
SOP………………………………标准操作程序
SPOT………………………………测位仪操作
SPR………………………………测位仪继电器
SUP………………………………供应
TCU………………………………牵引控制单元
TF/LY………………………………每机车年总机破
TIM………………………………列车接口
TL………………………………列车
TPBC………………………………制动缸测试接口附件
TPBP………………………………制动管测试接口附件
TPCB………………………………三相断路器
TPER………………………………均衡风缸测试接口附件
TPMR.………………………………总风缸测试接口附件
TP16………………………………16 口测试附件
TP20………………………………20 口测试附件
TSI………………………………列车状况指示器
TSOC………………………………技术支持操作中心

TV……………………………三通阀
TVB……………………………三通阀单独缓解
TVBM……………………………三通阀单独缓解电磁阀
TVCP……………………………三通阀控制部分
UDE……………………………非期望紧急作用
UIC……………………………国际铁路工程师协会
V……………………………电压
VA……………………………可视空气制动报警
Vdc……………………………直流电压
VID……………………………视频信息显示器
VOL……………………………体积
VPC……………………………视频处理控制器
WTB……………………………机车总线
XDCR……………………………换能器
4QC……………………………4 象限整流器
13CN……………………………13 控制节点
13CP……………………………13 管控制部分
13F……………………………作用管过滤
13T……………………………13 管换能器
16CN……………………………16 控制节点
16CP……………………………16 管控制部分
16RES……………………………16 风缸
16E……………………………排气电磁阀
16S……………………………供气电磁阀
16T……………………………16 口换能器
20CP……………………………20 管控制部分
20F……………………………20 管列车过滤器
20R……………………………20 管中继阀
20T……………………………20 管换能器
26L……………………………工业标准气动制动
#16 PIPE……………………………制动缸作用管（到中继阀）
#20 PIPE……………………………单独（直接）作用和缓解管（只是机车）
#21 PIPE……………………………到电子制动阀控制阀的安全控制管（气动紧急控制器）

附录二

《电力机车制动系统》课程实验

实验一 风源系统压力调整试验

压力控制器是根据总风缸压力的变化，自动闭合或切断主控器压缩机电动机电源，从而控制主空气压缩机的运转或停止，使总风缸内压力空气的压力保持在规定的压力范围内。当总风缸压力达到规定值时，自动切断主空气压缩机电动机的电源电路，主空气压缩机停止工作：当总风缸空气压力低于最小规定值时，自动闭合主空气压缩机电动机电源电路，主空气压缩机恢复打风。

一、试验目的及要求

熟悉机车风源系统，通过对压力控制器的调节掌握压力控制器的工作原理及机车风源系统压力的调节方法。

二、试验设备

机车风源系统、压力控制器和螺丝刀等。

三、试验步骤

1. 观察风源系统的组成，熟悉实验设备。
2. 将压力控制器接入风源系统。

打开表盖，将压力控制器接入压缩机电源控制电路；旋下接头将导压管连接在套筒上，然后旋紧接头使连接管密封，压力空气由导压管进入压力控制器波纹管室，复查安装妥当后装好表盖，接通电源。

注意：

① 压力控制器导线应按规定接好。

② 严禁用手或工具碰撞拨臂，以防改变性能。

③ 取下锁紧螺帽，用螺丝刀旋动调节杆，使风压表指针指在所需控制的下限设定值（750 kPa），然后拧紧螺帽。

④ 用手旋动切换差旋钮以获得所需要的切换差，即被控制压力的压力上限设定值（900 kPa）。

四、调整注意事项

（1）差动旋钮上的数字及调节杆和指针在标尺牌上的数字仅表示上、下切换值的大小而非实际值，实际值应由标准压力表（司机室风压表）读取。

（2）应先设定下限压力值，然后通过差动旋钮调节上限设定值。

五、思考题

试分析压力控制器导线错接能不能实现将压力控制在 750 ~ 900 kPa?

实验二 DK-1 型电空制动机认识实验

一、实验目的

1. 了解 DK-1 型电空制动机的组成及各部件的名称、用途；
2. 熟悉 DK-1 型电空制动机的基本特点及控制方式；
3. 掌握 DK-1 电空制动机各部件的实际安装位置；
4. 掌握基础制动装置的结构、安装位置及作用原理。

二、实验设备

1. 韶山型电力机车司机操纵台。
2. 制动屏柜。
3. 基础制动装置。

三、实验步骤

1. 操纵部分的认识

（1）电空制动控制器的用途及安装位置：

① 电空制动控制器的结构、安装位置；
② 电空制动控制器的 6 个工作位置的作用及操作方法。
（2）空气制动阀的用途及安装位置：
① 空气制动阀的安装位置；
② 空气制动阀的 4 个工作位置的作用及操作方法；
③ 电空转换阀的作用及操作方法。
（3）调压阀 53（或 54）的用途及安装位置：
① 调压阀 53（或 54）安装位置；
② 调压阀 53（或 54）用途及调整方法。

2. 制动屏柜的认识

（1）各电空阀的用途及安装位置；
（2）各继电器的用途及安装位置；
（3）各压力开关的用途及安装位置；
（4）调压阀 55 的用途及安装位置；
（5）转换阀的用途及安装位置；
（6）中继阀和总风遮断阀的用途及安装位置；
（7）分配阀的用途及安装位置；
（8）紧急阀的用途及安装位置；
（9）电动放风阀的用途及安装位置；
（10）初制风缸、过充风缸、均衡风缸的安装位置。

3. 基础制动装置的认识

（1）基础制动装置的介绍：
① 制动缸的用途及安装位置；
② 制动传动装置的用途及安装位置；
③ 闸瓦装置的用途及安装位置。
（2）闸瓦间隙调节器的作用原理：
① 认识闸瓦间隙调节器的各零部件；
② 理解闸瓦间隙调节器的装配关系及作用原理。
（3）操纵电空制动控制器或空气制动阀，观察闸瓦相对于机车轮对的运动，掌握如何进行闸瓦间隙的自动调整与人工调整。
（4）弹簧止轮器与蓄能制动器的安装位置及作用原理：
① 弹簧止轮器的安装位置及作用原理；
② 蓄能制动器的安装位置及作用原理。

四、实验结果

1. 绘制制动屏柜的布置简图；
2. 说明 DK-1 型电空制动机各组成部分的用途。

实验三 DK-1 型电空制动机综合作用实验

一、实验目的

1. 进一步熟练 DK-1 型电空制动机的基本构成；
2. 掌握 DK-1 型电空制动机“电空位”下的操纵方法；
3. 掌握 DK-1 型电空制动机“空气位”下的操纵方法。

二、实验设备

DK-1 型电空制动机模拟操纵装置。

三、实验准备工作

1. 电空位操纵

（1）闭合电源开关。
（2）制动屏柜：
① 转换阀 154 置“货车位”，转换阀 153 置“正常位”；
② 调压阀 55 调整为 500 kPa；
③ 转换开关 463、464、465 均朝下处于“闭合位”；
④ 除 155、156、121、122 塞门外，其余均应置“开放位”。
（3）电空位转换扳钮置“电空位”。
（4）调压阀 53（54）调整为 300 kPa。
（5）启动空气压缩机打风至 900 kPa。
（6）开总风塞门。

2. 空气位操纵

（1）转换阀 153 置“故障位”；
（2）电空转换扳钮置“空气位”；
（3）调压阀 53（54）调整为 500 kPa。

四、实验步骤

1. 电空位操纵

电空位操纵准备工作完成后，即可进行电空位操纵。

（1）将空气制动阀手柄置于运转位，电空制动控制器手柄置于运转位，观察、记录各压力表指针指示情况。

	总风缸（kPa）	列车制动管（kPa）	均衡风缸（kPa）	制动缸（kPa）
操纵前				
操纵后				

（2）空气制动阀手柄置于运转位，电空制动控制器手柄由运转位移至中立位，观察、记录各压力表指针指示情况。

	总风缸（kPa）	列车制动管（kPa）	均衡风缸（kPa）	制动缸（kPa）
操纵前				
操纵后				

（3）空气制动阀手柄置于运转位，电空制动控制器手柄由中立位移至制动位，并往复 2 次，最后电空制动控制器手柄置于制动位，观察、记录各压力表指针指示情况。

	总风缸（kPa）	列车制动管（kPa）	均衡风缸（kPa）	制动缸（kPa）
第一次操纵前				
第一次操纵前				
第二次操纵前				
第二次操纵前				

（4）空气制动阀手柄置于运转位，电空制动控制器手柄由制动位移至过充位，观察、记录各压力指针指示情况。

	总风缸（kPa）	列车制动管（kPa）	均衡风缸（kPa）	制动缸（kPa）
操纵前				
操纵后				

（5）空气制动阀手柄置于运转位，电空制动控制器手柄移回运转位，观察过充压力消除情况。

（6）空气制动阀手柄置于运转位，电空制动控制器手柄移至紧急位，观察、记录各压力指针指示情况。

	总风缸（kPa）	列车制动管（kPa）	均衡风缸（kPa）	制动缸（kPa）
操纵前				
操纵后				

（7）空气制动阀手柄置于运转位，电空制动控制器手柄移至运转位，待各压力指针指示正常后，再将空气制动阀手柄置制动位，观察制动缸表针由零上升至 300 kPa 时间：（　　）s。

（8）空气制动阀手柄移至中立位，制动缸保压应良好。

（9）空气制动阀手柄移至缓解位，观察制动缸压力由 300 kPa 下降至 0 kPa 所需时间：（　　）s。

（10）空气制动阀手柄移至运转位。

2. 空气位操纵

空气位操纵准备工作完成后，可进行空气位操纵。

（1）空气制动阀手柄移至制动位，待减压 140 kPa 后移回中立位，观察、记录各表压力指针指示情况。

总风缸（kPa）	列车制动管（kPa）	均衡风缸（kPa）	制动缸（kPa）

（2）空气制动阀手柄移回缓解位，观察、记录各表压力指针指示情况。

	总风缸（kPa）	列车制动管（kPa）	均衡风缸（kPa）	制动缸（kPa）
操纵前				
操纵后				

（3）空气制动阀手柄移至制动位，待减压 140 kPa 后移回中立位，并下压空气制动阀手柄。观察、记录各表压力指针指示情况。

总风缸（kPa）	列车制动管（kPa）	均衡风缸（kPa）	制动缸（kPa）

五、实验结果

1. 说明电空位操纵时，操作电空制动控制器，各种操纵可实现的作用。
2. 说明电空位操纵时，操作空气制动阀，各种操纵可实现的作用。
3. 说明空气位操纵时，操作空气制动阀，各种操纵可实现的作用。

实验四 DK-1 型电空制动机试验验收

一、试验目的

1. 熟练掌握 DK-1 电空制动机日常试验（五步闸试验）规则；
2. 熟练掌握 DK-1 型电空制动机中检或定修时的试验（八步闸试验）规则；
3. 进一步熟练掌握 DK-1 型电空制动机的综合作用原理；
4. 熟练掌握 DK-1 型电空制动机的操纵方法。

二、试验设备

DK-1 型电空制动机模拟操作试验台。

三、试验准备

1. 电空位操纵

（1）闭合电源开关。
（2）制动屏柜：
① 转换阀 154 置“货车位”，转换阀 153 置“正常位”；
② 调压 55 调整为 500 kPa；
③ 转换开关 463、464、465 均处于“闭合位”；
④ 除 155、156、121、122 塞门外，其余均应置“开放位”。
（3）电空位转换扳钮置“电空位”。
（4）调压阀 53（54）调整为 300 kPa。
（5）启动空气压缩机打风至 900 kPa。
（6）开总风塞门。

2. 空气位操纵

（1）转换阀 153 置“故障位”；
（2）电空转换扳钮置“空气位”；
（3）调压阀 53（54）调整为 500 kPa。

四、试验步骤

1.“五步闸”试验

试验步骤见表 4-9，并将各试验数据填入下表。

操作步骤	列车制动管（kPa）		均衡风缸（kPa）		制动缸（kPa）		总风缸（kPa）
	压力	时间	压力	时间	压力	时间	压力
1		—		—		—	
2				—			
3		—		—		—	
4		—		—		—	
5				—		—	
6		—					

续表

操作步骤	列车制动管（kPa）		均衡风缸（kPa）		制动缸（kPa）		总风缸（kPa）
	压力	时间	压力	时间	压力	时间	压力
7						—	
8		—		—		—	
9		—		—		—	
10		—		—		—	
11		—		—		—	
12		—		—			
13		—		—		—	
14		—				—	
15							
16							

2. “八步闸”试验

试验步骤见表 4-8，并将各试验数据填入下列相应表格。

（1）电空位试验

操作步骤	列车制动管（kPa）		均衡风缸（kPa）		制动缸（kPa）		总风缸（kPa）
	压力	时间	压力	时间	压力	时间	压力
1							
2				—			
3		—		—		—	
4		—		—		—	
5				—		—	
6		—				—	
7		—		—		—	
8		—		—		—	
9		—		—		—	
10		—		—			
11		—		—		—	
12				—			
13		—					
14		—		—			
15		—		—			
16		—		—		—	

续表

操作步骤	列车制动管（kPa）		均衡风缸（kPa）		制动缸（kPa）		总风缸（kPa）
	压力	时间	压力	时间	压力	时间	压力
17		—		—		—	
18		—		—			
19		—		—			
20		—		—		—	
21		—		—		—	
22		—		—		—	
23		—		—			
24		—		—		—	
25		—		—		—	

（2）空气位试验

操作步骤	列车制动管（kPa）		均衡风缸（kPa）		制动缸（kPa）		总风缸（kPa）
	压力	时间	压力	时间	压力	时间	压力
26		—		—		—	
27		—					
28		—		—		—	
29		—		—		—	
30		—		—		—	

实验五 DK-2 型电空制动系统的认识实验、运行模式设置和综合作用试验

一、实验目的及要求

1. 了解 DK-2 型电空制动系统的组成及各部件的名称、用途；
2. 熟悉 DK-2 型电空制动系统的基本特点及控制方式；
3. 掌握 DK-2 型电空制动系统各部件的实际安装位置；
4. 掌握基础制动装置的结构、安装位置及作用；
5. 熟悉 DK-2 型电空制动系统运行模式设置；
6. 熟悉 DK-2 型电空制动系统综合作用试验方法。

二、实验设备

1. HXD_1 型电力机车司机操纵台。
2. HXD_1 型电力机车制动屏柜。
3. 基础制动装置。

三、实验步骤

(一)认识 DK-2 型电空制动机制动控制器部件

1. 自动制动控制器(大闸)的用途及安装位置

(1)自动制动控制器的结构、安装位置;
(2)自动制动控制器的 7 个工作位置的作用及操作方法。

2. 单独制动控制器(小闸)的用途及安装位置

(1)单独制动控制器的安装位置;
(2)单独制动控制器的 3 个工作位置及下压手把的作用及操作方法。

(二)认识 DK-2 型电空制动机的备用制动阀、制动显示屏等

(三)认识 DK-2 型电空制动机制动屏柜

1. 制动控制单元 BCU 的名称代号、用途及安装位置。
2. 分配阀的名称代号、用途及安装位置。
3. 紧急阀的名称代号、用途及安装位置。
4. 中继阀的用途及安装位置。
5. 重联阀的名称代号、用途及安装位置。
6. 放风阀的用途及安装位置。
7. 电空阀的用途及安装位置。
8. 传感器的用途及安装位置。

(四)认识基础制动装置

1. 盘形制动器的用途及安装位置。
2. 铸铁制动盘的用途及安装位置。
3. 闸片的用途及安装位置。

（五）熟悉 DK-2 型电空制动系统运行模式设置

（六）熟悉 DK-2 型电空制动系统综合作用试验方法

1. DK-2 型电空制动系统自动制动作用试验。
2. DK-2 型电空制动系统单独制动作用试验。
3. DK-2 型电空制动系统后备制动作用试验。

四、实验结果

1. 绘制 DK-2 型电空制动系统制动屏柜的布置简图。
2. 说明 DK-1 型电空制动系统各组成部分的用途。
3. 说明 DK-2 型机车制动系统运行模式设置。
4. 说明 DK-2 型机车制动系统综合作用试验方法。

实验六 HXD_3型电力机车 CCB-Ⅱ型制动系统检查及试验

一、试验目的及要求

熟练掌握 CCB-Ⅱ型电空制动系统制动控制静态试验程序、停放制动（蓄能制动）试验和制动缸压力指示器试验。

二、试验设备

CCB-Ⅱ型电空制动系统试验台、秒表等。

三、试验步骤

（一）制动控制静态试验程序

1. 试验前的检查确认

（1）制动显示屏初始化正常，模式设置为本机、货车、不补风、管压 500 kPa（客车 600 kPa）。必须设置停放制动或在车轮下放置止轮器以防止机车移动，缓解弹停装置，确认弹停指示灯熄灭，弹停指示器绿色。

（2）确认机车总风缸风压不小于 750 kPa，均衡风缸、制动管压力 500 kPa，制动缸压力为 0。

（3）检查总风缸截断塞门（A24）打开，总风缸 4 个排水塞门（A12）关闭。

（4）检查制动系统两端制动管塞门（B81）关闭、两端总风管塞门（B80）关闭、两端平均管塞门（BB94）关闭，紧急制动模块上制动缸截断塞门（Z10.22）打开。

（5）确认自动制动阀手柄在【重联】位、单独制动阀在【运转】位。

2. 试验操作程序

项目	序号	操作程序与简要说明	LCDM 显示屏信息
制动试验前的工作	1	合蓄电池自动开关（QA61）； 打开电钥匙开关。 （给制动系统供电、供气）	制动系统得电后，约 60 s，LCDM 显示屏得电并进入主操作画面（此时只有 F3 和 F7 两键有效）。 检查此时总风缸压力：750～900 kPa；制动缸压力：（450±15）kPa；均衡风缸压力：0 kPa；制动管压力低于 90 kPa。
	2	在主操作画面中按 F3 键（电空制动）。 （查询制动系统的设置状态）	主操作画面上出现“电空制动设置”。本机牵引货物列车的正常显示为： 【500 kPa-操纵端-投入-货车-不补风】 微机屏流量表上方显示为【本机】字样。 如参数显示不同，则可通过 LCDM 显示屏进行手动设置。
	3	移动自动制动阀手柄至运转位。 （等待 2 min，观察各压力表结果的稳定性）	均衡风缸压力表数值上升的同时，制动管压力也随之上升；制动缸压力下降。结果为： 均衡风缸增压至（500±7）kPa； 制动管压力增加至均衡风缸压力±10 kPa； 制动缸减压至 0 kPa。动力切除不显示
常用制动	4	移动自动制动阀手柄到初制动位。	均衡风缸减压到 440～460 kPa； 制动管减压到均衡风缸压力±10 kPa； 制动缸压力上升到 70～110 kPa。 主操作画面上方无红色【动力切除】字样显示。
		等待 3 min，观察均衡风缸、制动管、制动缸保压情况。	均衡风缸保持在 440～460 kPa； 制动管压力保持在均衡风缸压力±10 kPa； 制动缸压力不能增加 15 kPa，也不能减少 15 kPa。
	5	缓慢移动自动制动阀手柄到常用制动区使均衡风缸减压至（390～410）kPa（等待 1 min）	制动管减压到均衡风缸压力±10 kPa； 制动缸压力增加到 200～230 kPa。
	6	移动自动制动阀手柄到全制动位（等待 1min）	均衡风缸减压到 335～355 kPa； 制动管减压到均衡风缸压力±10 kPa； 制动缸压力增压到（360±15）kPa。
	7	移动自动制动阀手柄到抑制位	均衡风缸压力保持在 335～355 kPa； 制动管压力保持在均衡风缸压力±10 kPa； 制动缸压力保持在（360±15）kPa。
	8	缓慢移动自动制动阀手柄到抑制位和重联位之间使均衡风缸减压到（300～320）kPa	制动管减压到均衡风缸压力±10 kPa； 制动缸压力为（360±15）kPa； 主操作画面上方无红色【动力切除】字样显示。

续表

项目	序号	操作程序与简要说明	LCDM 显示屏信息
常用制动	9	移动自动制动阀手柄到抑制位	均衡风缸压力保持在 300～320 kPa； 制动管压力保持在均衡风缸压力 ±10 kPa； 制动缸保持作用。
	10	移动自动制动阀手柄到重联位	均衡风缸缓慢减压到 0 kPa（不发生紧急放风）； 制动管减压到 55～85 kPa； 制动缸压力增加到（450±15）kPa。
	11	移动自动制动阀手柄到运转位（等待 2 min）	均衡风缸增压至（500±7）kPa； 制动管增压至均衡风缸压力 ±10 kPa； 制动缸减压至 0 kPa； 主操作画面上方无红色【动力切除】字样显示。
	12	直接将自动制动阀手柄移至全制动位（等待 1 min）	均衡风缸在 5～7 s 内减压至 360 kPa； 制动缸在 6～8 s 内从 0 增压至 340 kPa，并继续增压至（360±15）kPa。
	13	移动自动制动阀手柄到运转位（等待 2 min）	均衡风缸增压至（500±7）kPa； 制动管增压至均衡风缸压力 ±10 kPa； 制动缸减压至 0 kPa； 主操作画面上方无红色【动力切除】字样显示。
紧急制动	14	置换向手柄于前进位，主控制手柄置于牵引起始位。 快速直接将自动制动阀手柄移至紧急制动位（一旦列车实施紧急制动，自动制动手柄必须在紧急制动位滞留 60 s，直至红色“动力切除”字样消失，才可移至运转位）	排风阀（N97）打开； 制动管迅速减压到 0 kPa； 撒砂电磁阀得电并撒砂约 5 s。 确保 Z10.36 紧急电磁阀得电。 均衡风缸缓慢减压到 0 kPa； 制动缸在 3～5 s 内增压至 200 kPa 并继续增压至（450±15）kPa； 微机屏牵引电机指示器减至 0； 【动力切除】信息显示在 LCDM 显示屏上。
	15	移动主控制器手柄回零位。 移动自动制动阀手柄到运转位（等待 1 min）	主操作画面上方无红色【动力切除】字样显示。 均衡风缸增压至（500±7）kPa； 制动管增压至均衡风缸压力 ±10 kPa； 制动缸减压至 0 kPa；
单缓制动	16	置单独制动阀手柄于全制动位（等待 1 min）	制动缸充气到（300±15）kPa； 均衡风缸保持在（500±7）kPa； 制动管保持在均衡风缸压力 ±10 kPa。
	17	置自动制动阀手柄于全制动位（等待 1 min）	制动缸增压到（360±15）kPa； 均衡风缸减压到 335～355 kPa； 制动管减压到均衡风缸压力 ±10 kPa。
	18	侧压单独制动阀手柄	制动缸减压到（300±15）kPa； 均衡风缸保持在 335～355 kPa； 制动管保持在均衡风缸 ±10 kPa。
	19	单独制动阀从侧压位缓解	所有的压力保持不变。
	20	置单独制动阀手柄于运转位（等待 1 min）	制动缸保持在（300±15）kPa； 均衡风缸保持在 335～355 kPa； 制动管保持在均衡风缸 ±10 kPa。

续表

项目	序号	操作程序与简要说明	LCDM显示屏信息
单缓制动	21	置自动制动阀手柄于运转位(等待1 min)	均衡风缸增压至(500±7)kPa; 制动管增压至均衡风缸压力±10 kPa;制动缸减压到0 kPa;
单独制动	22	逐步移动单独制动阀手柄到全制动位	制动缸压力逐步增加。
	23	随着单独制动阀手柄移到全制动位	制动缸压力应为(300±15)kPa。
	24	逐步移动单独制动阀手柄到运转位	制动缸压力逐步减少。
	25	放置单独制动阀手柄到运转位	制动缸压力为0 kPa。
	26	快速移动单独制动阀手柄到全制动位	制动缸压力在2~3 s内增加到255 kPa。
	27	快速移动单独制动阀手柄到运转位	制动缸压力在3~5 s内从3(00±15)kPa减到35 kPa,并继续减压到0 kPa。
	28	置自动制动阀手柄于重联位	LCDM显示屏上信息同初始状态。 给自动制动手柄上锁。

(二)停放制动(蓄能制动)试验

序号	操作程序	具体要求
1	将弹停塞门置于关闭位 (弹停塞门B40.06)	察看塞门关闭信息显示正确 (查看方法:按【机器状态】→【空制状态】) 弹簧制动缸压力排向大气。
2	将弹停塞门置于开放位	塞门开放信息显示正确(方法同上)。
3	实施弹停缓解	在机车两侧弹停状态指示器显示“绿”色; 司机室弹停制动灯灭。
4	实施弹停制动	在机车两侧弹停状态指示器显示“红”色。 司机室弹停制动灯亮。

(三)制动缸压力指示器试验

序号	操作程序	具体要求
1	将制动缸隔离塞门(Z10.22)置于“关闭”位置	信息显示正确; (查看方法:按【机器状态】→【空制状态】) 制动缸排风; 机车两侧制动缸压力指示器显示“绿”色。
2	将制动缸隔离塞门(Z10.22)置于“开启”位置(试验后,缓解自阀)	1. 信息显示正确;方法同上。 2. 制动缸压力上升。 3. 机车两侧制动缸压力指示器显示红色。

实验七 HXD_1C 型机车法维莱制动机试验

一、制动系统设置

法维莱制动系统可通过司机室制动显示屏在“主控投入”状态下设置。在司机室制动显示屏起动完毕后，按压 F3，查询制动系统的设置状态，本务牵引货物列车的正常显示为：

500 kPa 主控投入货车位 不补风

流量表上方显示“主控投入”字样。

如为牵引货物列车第二位重联运行时正常显示为：

500 kPa 从控切除 货车位 不补风

流量表上方显示“从控切除”字样。大闸、小闸置运转位。

如按压 F3 键查询符合以上规定时，按压 F8 键退回。如不符合以上规定需重新设置时，先按 F3 键，显示屏出现“新设置”一栏后，再按需要并根据显示屏上的提示进行相应的设置，设置完毕后按 F1 键确定执行。

系统的设置必须在列车制动管风压为零的条件下进行，即大闸置重联位或紧急位。

“客车位”与“货车位”的转换设置可按压 F6 键。

“500 kPa”与“600 kPa”的转换设置可按压 F3 键。

将“补风”设置为“不补风”时，按压 F3 键“更多”，再按压 F7 键，出现新设置“中立”，再次按压 F7 键即显示“不补风”，设置完毕后按 F1 键确认。

注意事项：

1. 运行中制动显示屏只能显示 F3（空气制动）、F7（显示屏信息）。机车运行且制动机处于正常状态下，空气管路柜的所有塞门位置均处于垂直位置状态。
2. 将制动柜重联阀上的“04.56”塞门置于主控位即可设置为“主控投入”位，“04.56”塞门置于从控位即可设置为“从控切除”位（操作时须先按压塞门手柄弹簧再转动塞门至指定位置）。
3. 牵引客运列车或者行包列车时，只需将列车制动管定压由 500 kPa 调为 600 kPa，严禁在制动屏上进行客/货转换。显示屏上只允许设置为“货车”。
4. 禁止在“从控切除”状态下进行任何牵引作业。
5. 在现有条件下，制动系统显示屏上严禁设置为“补风”，只能设置为“不补风”。注：制动机上电默认为“补风”，司机换端操作、制动系统断电重启、备用模式转正常模式，即制动系统重启后，司机需将“补风”重新设置为“不补风”，开车前必须确认已转换为“不补风”状态。
6. 出现列车制动管起非常或监控装置动作时，应将大闸手柄置“紧急”或“抑制”位，按显示屏的消息框的提示进行操作（紧急制动产生后，必须将自动制动阀手柄置紧急位 60 s 后才可缓解）。
7. 非操纵端大闸手柄应在重联位（紧急位仍然有效，应注意避免误动作），小闸手柄在运转位。
8. 运行中制动系统制动控制单元 BCU、司机制动阀发生故障，可将大闸置重联位或紧急位，再将制动柜的备用制动切换塞门 04.52 置备用位，大闸置抑制位 1 s 以上激活备用模式后回运转位维持运行（备用模式下制动机的机能没有减少，仅不能对客、货位进行转换设置，显示屏上显示“备用模式”红色字样并间隔 3 s 闪烁）。

9. 机车在行车中发现有数据丢失现象，若通过制动显示屏无法调整，可通过低压柜上的制动电源开关（注：现法维莱制动机的制动电源开关仍标示为 CCB-Ⅱ系统，制造厂家暂未做改动），将制动系统断电后再恢复电源（注：断电后将产生制动作用，应在机车停车后实施）。

二、制动机五步闸试验（主控投入位）

		自动制动阀	单独制动阀	检查方法及要求
第一步	1	运转位	运转位	总风缸在 825～900 kPa 之间，均衡风缸 ER 及列车制动管 BP 为 500 kPa（或 600 kPa），制动缸 BC 压力为 0 kPa。
	2	初制位	运转位	自动制动手柄在初制动位减压（50±5）kPa，制动缸压力（100±10）kPa；保压 1 min，列车制动管泄漏不得超过 20 kPa。
	3	制动区→全制位	运转位	自动制动手柄在制动区移动 3～4 次，观察阶段制动是否稳定，减压量与制动缸压力的比例是否正确，至全制位，列车制动管减压量为 140～160 kPa 或 170～190 kPa，制动缸压力应为（360±10）kPa 或（420±15）kPa。
	4	运转位	运转位	将自动制动阀手柄移至运转位，均衡风缸及列车制动管恢复定压，制动缸压力下降为 0。
第二步	5	抑制位	运转位	将自动制动阀手柄移到抑制位，均衡风缸及列车制动管 5～7 s 减压量为（150±10）kPa 或（180±10）kPa，制动缸压力 6～8 s 增加到（360±10）kPa 或（420±15）kPa。
	6	运转位	运转位	将自动制动阀手柄移至运转位，均衡风缸及列车制动管恢复定压。
第三步	7	重联位	运转位	将自动制动阀手柄移至重联位，均衡风缸、列车制动管以常用制动速度降低到 0 kPa（没有紧急放风发生），制动缸压力增加到（450±20）kPa；将单独制动阀手柄向右侧压，制动缸压力降到 0 kPa，松手后制动缸压力自动上升至原压力。
	8	运转位	运转位	将自动制动阀手柄置运转位，均衡风缸及列车制动管恢复定压，制动缸压力下降至 0 kPa。
第四步	9	紧急位	运转位	将自动制动阀手柄移到紧急位，列车制动管 3 s 减压至 0 kPa，均衡风缸压力快速减至 0 kPa。制动缸压力在 3～5 s 上升至 400 kPa，并最终达到（450±20）kPa。
	10	运转位	运转位	等待 60 s 后紧急制动复位，将自动制动阀手柄置运转位，让制动系统充风 1 min。
第五步	11	运转位	制动区→全制位	将单独制动阀手柄阶段移到全制动位，阶段制动作用应稳定，制动缸压力应达到 300 kPa。
	12	运转位	制动区→运转位	将单独制动阀手柄阶段移到运转位，阶段缓解作用应良好。
	13	运转位	全制位	将单独制动阀手柄移至全制位，制动缸压力 4 s 内上升至 285 kPa 以上。
	14	运转位	运转位	将单独制动阀手柄移至运转位，制动缸压力 5 s 内缓解至 40 kPa 以下。

参考文献

[1] 夏演荪，吴培元，等. 120型空气制动机[M]. 北京：中国铁道部出版社，1995.
[2] 刘豫湘，陆缙华，潘传熙. DK-1型电空制动机与电力机车空气管路系统[M]. 北京：中国铁道出版社，2000.
[3] 张开文. 制动[M]. 北京：中国铁道出版社，1981.
[4] 张有松，朱龙驹. 韶山4型电力机车[M]. 北京：中国铁道出版社，2001.
[5] 赵叔东. 韶山8型电力机车[M]. 北京：中国铁道出版社，1999.
[6] 王爱民. DK-1型电空制动机检修及故障处理[M]. 北京：中国铁道出版社，1996.
[7] 那利和. 电力机车制动机[M]. 北京：中国铁道出版社，2002.
[8] 余卫斌. 韶山9型电力机车[M]. 北京：中国铁道出版社，2005.
[9] 李益民. 电力机车制动机[M]. 北京：中国铁道出版社，2008.
[10] 杨永林. 韶山7E型电力机车[M]. 北京：中国铁道出版社，2004.
[11] 彭俊彬. 动车组牵引与制动[M]. 北京：中国铁道出版社，2007.
[12] 李益民，阳东. 电力机车制动机[M]. 北京：中国铁道出版社，2012.
[13] 彭俊彬. 动车组牵引与制动[M]. 北京：中国铁道出版社，2007.
[14] 董锡明. 现代高速列车技术[M]. 北京：中国铁道出版社，2006.
[15] 李益民，阳东. 城市轨道交通车辆制动系统维护与检修[M]. 北京：机械工业出版社，2012.
[16] 张曙光. HXD1型电力机车[M]. 北京：中国铁道出版社，2009.
[17] 张曙光. HXD3型电力机车[M]. 北京：中国铁道出版社，2009.
[18] 夏寅荪. 机车车辆及城市轨道车辆电空制动机[M]. 北京：中国铁道出版社，2000.